Vojtěch
Zamarovský

Den Sieben Weltwundern auf der Spur

F. A. Brockhaus · Leipzig

Übersetzt aus dem Tschechischen
von Hubert Sauer-Žur

Die Originalausgabe erschien unter dem
Titel »Za sedmi divy sveta«
im Verlag Albatros, Praha,

*Die Vorsätze zeigen: Assurbanipal auf Löwenjagd
und assyrische Eroberung Babylons
(Relief aus der 2. Hälfte des 8. Jh. v. u. Z.)*

ISBN 3-325-00006-1

8. Auflage 1990
Lektor: Erika Kunath
Kartenredaktion: Helmut Sträubig
Buchgestaltung: Bernhard Dietze
Illustration: Helga Paditz
Druckerei: Kartographischer Dienst Potsdam
Binderei: Gorki-Druck GmbH Altenburg
Redaktionsschluß: 25.7.1980
LSV 0229 · Bestell-Nr. 587 126 4
Printed in Germany

Inhalt

Zum Geleit

Das Vorwort ist wohl der langweiligste Teil eines jeden Buches; trotzdem bitte ich den geschätzten Leser, es diesmal nicht zu überspringen.

Unsere Reise zu den Sieben Weltwundern führt nämlich nicht nur in ferne Länder, sondern vor allem in ferne Zeiten. Daher sind wir um so mehr gehalten, gut für sie zu rüsten – insbesondere uns mit jenen Menschen bekannt zu machen, die uns begleiten werden. Der erfahrene Globetrotter weiß, daß die Zeit, die er den Reisevorbereitungen widmet, sich ihm unterwegs reichlich bezahlt macht.

Wir haben fünfundzwanzigtausend Kilometer vor uns: durch Palmenhaine an den Ufern des Nils und durch die Ausstellungssäle des Pariser Louvre, quer durch die Mesopotamische Wüste und auf den blauen Wogen des Ägäischen Meeres, unter der Sonne der Hellas und im Dämmerlicht des Britischen Museums. Wir werden die toten Städte Anatoliens und die Metropolen an Tiber und Spree besuchen, wir werden in die schwülen Gänge der Großen Pyramide hinabsteigen und den Hügel über Ninives Ruinen erklimmen, wir werden das Stadion von Olympia umrunden und im Galeerenhafen der Ritter von Rhodos ein Bad nehmen, wir werden auf der Athener Akropolis und an den schwarzen Wässern Babylons rasten...

Es wird kein Trip auf ausgetretenen Touristenpfaden sein; hin und wieder werden wir abbiegen, um Reiche zu erkunden, die bereits darnieder lagen, als unser Kalender noch nicht geboren war. Wir werden zu phantastischen Palästen und Tempeln aufbrechen, die vor Jahrtausenden vernichtet wurden, vor Jahrhunderten in Vergessenheit gerieten und vor einigen Jahrzehnten wiederauftauchten. In diesen versunkenen Welten werden wir Überreste der größten künstlerischen und technischen Werke schauen, die unsere Urahnen als Weltwunder bezeichnet haben, alles werden wir über sie ergründen, was sich nur ergründen läßt, und wir werden uns bemühen, sie in ihrer Großartigkeit und Berühmtheit zu erfassen. Aber nicht allein darum geht es: Wir werden in den Fußstapfen jener Männer wandeln, die diese Welten, diese Bauten, diese Wunder und deren Geheimnisse entdeckt haben. Wer zweifelt wohl daran, daß diese Reise anstrengend, erregend, abenteuerlich sein wird?

Doch es ist an der Zeit, die Frage zu beantworten, die sich der Leser angesichts des Buchtitels gestellt haben wird. »Als die Sieben Weltwunder«, so steht geradezu wörtlich in allen wissenschaftlichen Lexika geschrieben, »gelten jene Werke, die durch ihre technische oder künstlerische Erhabenheit die Bewunderung des Altertums erweckt haben. Es sind: 1. die ägyptischen Pyramiden, 2. die Hängenden Gärten der Semiramis, 3. der Artemistempel in Ephesos, 4. die Zeusstatue in Olympia, 5. das Mausoleum in Halikarnassos, 6. der Koloß von Rhodos, 7. der Leuchtturm auf der Insel Pharos.« Die präziseren enthalten noch den Vermerk, diese Werke habe Philon so aufgezählt und im einzelnen beschrieben. Nun also wissen wir Bescheid, wohin unsere Reise geht und wer unser Reiseleiter sein wird. – Wirklich? Wollen wir in einer fremden Stadt die Adresse einer bestimmten Person feststellen, sehen wir in einem Telefonverzeichnis nach. Wenn wir jemand aus dem Altertum suchen, bedienen wir uns Pauly-Wissowas »Realenzyklopädie der klassischen Altertumswissenschaft«, deren erster Band 1839 und letzter im Jahre 1966 erschien. Philons finden wir dort selbstverständlich, aber nicht einen einzelnen, sondern so viele wie im Leipziger Telefonbuch Müllers. Allerdings hat eben jener Philon, den wir bitten wollen, uns Reiseleiter zu sein, darin eine recht ungenaue Adresse. Sein voller Name lautete Philon von Byzanz, und wir kennen ihn von allen Philons am wenigsten. Es scheint, daß er vor der Regierungszeit Konstantins des Großen (306–337) gelebt hat, also bevor der Cäsarensitz von Rom nach Byzanz kam. Zuverlässig wissen wir lediglich so viel über ihn, daß sich unter seinem Namen ein schmales, etwa zwölfseitiges Bändchen »Über die Sieben Weltwunder« erhalten hat. Aus diesem Büchlein erfahren wir dann auch, daß er kein einziges der beschriebenen Sieben Weltwunder mit eigenen Augen gesehen hat. Er schrieb folglich nur darüber, was er aus zweiter Hand kannte. Aber so verfahren Schriftsteller nicht selten auch heutzutage.

Was Wunder, daß in Anbetracht dieses Mangels an Lebensdaten viele Schriftsteller ihn mit einem anderen Philon verwechselt haben, der ebenfalls aus Byzanz stammte und im 2. Jahrhundert v. u. Z. lebte. Er war Mathematiker und konstruierte Kriegsmaschinen, was eine durchaus einträgliche Beschäftigung war und zuweilen noch ist. Diese beiden Philons brachte zum erstenmal offenbar der erste neuzeitliche Übersetzer des Büchleins »Über die Sieben Weltwunder« ins Lateinische, der Franzose D. S. Boessius, durcheinander, der das griechische Original im Jahre 1640 in der Vatikanbibliothek aufgestöbert hatte. Und da sich in der Literatur nichts so zählebig hält wie ein Irrtum, blieb es bis zu Beginn des vergangenen Jahrhunderts dabei. Aufgehellt hat diese Angelegenheit erst der Schweizer J. C. Orelli, der Philons Heft im Jahr 1816 als erster verlegte.

Unser Philon nennt freilich nicht ganz dieselben Weltwunder, die er nennen würde, hätte er einen Blick in ein modernes wissenschaftliches Lexikon geworfen. Den Leuchtturm auf der Insel Pharos erkennt er anscheinend nicht als Weltwunder an, dafür befinden sich auf seiner Liste die »babylonischen Stadtmauern«. (So erfahren wir aus seinem Büchlein nichts vom Mausoleum in Halikarnassos, es sei denn, daß dieses Kapitel samt dem Teil der Beschreibung des Artemistempels verlorengegangen ist.) Da Philon die Weltwunder nur mit seinem geistigen Auge betrachtet hat (dank der Bildung, die den Menschen der Notwendigkeit zu reisen enthebt und ihm ermöglicht, sich berühmte und bemerkenswerte Dinge daheim aus Büchern zu erschließen), tun wir gewiß gut daran, uns nicht mit Haut und Haar seiner Führung anzuvertrauen, zumal »er in seiner Schrift häufig aufbauscht«, wie J. C. Orelli meint, »und die Wunder, die er den Lesern schildert, eher größer macht und in den Himmel hebt, als sie wahrheitsgetreu wiederzugeben«. Wir sollten uns deshalb an deren genaue Schilderung bei Herodot, Strabon, Diodor, Plinius dem Älteren, Pausanias und einigen anderen antiken Autoren halten – und außer ihnen mit gleichem Vertrauen moderne Archäologen bedenken.

Cicero rühmt Herodot als »Vater der Geschichtsschreibung«, und dieses Attribut verblieb ihm bis in die Gegenwart. Er ist tatsächlich der erste Historiker in der Menschheitsgeschichte; vor ihm waren nur Chronisten. Ihn faszinierte, wozu die Griechen »theoria« sagen und was in strikter Übertragung »Kennenlernen« bedeutet. Er durchstreifte ein erkleckliches Stück Erde (sogar unseren Maßstabs) und befaßte sich überall mit eben dieser »theoria«: lernte Länder, Städte und Leute kennen und schrieb alles auf, was er über deren Geschichte erkundete. Schließlich erwuchsen daraus neun Bücher »Geschichte«, »damit im Laufe der Zeit nicht dem Gedächtnis entschwinde, was sich in der Welt zugetragen hat«. Wir werden hin und wieder daraus zitieren.

Ein zweiter gleich hervorragender antiker Reisender ist Strabon, »Vater der Erdkunde«. Die »ganze bekannte Erde« durchmaß er und füllte mit seinen Erkenntnissen siebzehn Bücher »Geographika«. Auf unserer Reise werden uns am meisten seine Auskünfte über Ägypten und Mesopotamien in ihren Bann ziehen sowie die Aufzeichnungen einiger regionaler Sagen, zum Beispiel über Nino und Semiramis. Wir lassen uns von ihm auch das alte Rhodos zeigen.

Diodoros von Sizilien ist unser dritter Reisebegleiter, ein renommierter Historiker. Von seiner »Historischen Bibliothek« sind für uns am wichtigsten die Kapitel über Griechenland, Ägypten und Babylon, und zwar vornehmlich in jenen Teilen, in denen er nicht von Herodot abschreibt, anderseits aber aus der verschollenen Schrift Ktesias' aus Knidos, des Geschichtsschreibers und Leibarztes des Perserkönigs Artaxerxes II., schöpft. Diodor ist in der sizilianischen Stadt Agira geboren, die sich sonst durch nichts auszeichnet.

Plinius der Ältere hat sich vor allem mit seinem siebenunddreißigbändigen Werk »Naturalis historia« hervorgetan, das besser als durch diesen Titel durch seinen altertümlichen Beinamen charakterisiert wird: »wahre Fundgrube der Humanwissenschaften«. Er trug darin 20 000 Auszüge aus rund 2000 Schriften 475 verschiedener Autoren zusammen. Er zählte zu den fruchtbarsten und vielseitigsten römischen Schriftstellern, befaßte sich mit Erdkunde, Mineralogie, Botanik, Zoologie, Agronomie, Medizin, Geschichte, Politik, Militärwissenschaft und Kunst. Für uns hat die größte Bedeutung sein Kunstinteresse; in seinen Büchern 33–36 notiert er einige Berichte und Gutachten über die Weltwunder. Aber auch darüber hinaus war er ein über die Maßen bemerkenswerter Mann. Seine Lebens- und Schriftstellerkarriere begann er als Offizier in Gallien und als Verfasser einer Schrift über die Ausbildung der Kavallerie. Seine Zeitgenossen behaupten, er habe keinen Augenblick versäumt, sein Wissen zu mehren. Selbst wenn er sich in den Senat tragen ließ, schritt neben seiner Sänfte ein Diener einher und las ihm aus irgendeiner Pergamentrolle vor. Sogar im Bad liegend, ließ er sich vortragen, und stets hatte er einen Schreiber an der Seite, der aufschrieb, was ihm aufschreibenswert schien. Schließlich wurde ihm diese seine Wißbegier zum Verhängnis: Am 24. August 79, er lag gerade als römischer Flottenkommandant unweit Neapels vor Anker, entschloß er sich, aus der Nähe zu beobachten, wie der Vesuv Feuer speie. Von den Schwefeldämpfen erstickt, büßte er dann dort das Leben ein.

Der letzte antike Reiseleiter, den uns Orelli empfohlen hat, ist wieder ein Grieche: Pausanias. Er schrieb eine »Reisebeschreibung Griechenlands« und hatte bis Ende vorigen Jahrhunderts ein seltsames Schicksal: die Wissenschaftler nahmen ihn nicht ernst. Sie warfen ihm mangelnde Objektivität vor, hatte er doch so leidenschaftlich die einstige griechische Größe herausgekehrt, daß man in seinem Buch nicht einen einzigen römischen Bau erwähnt findet. Für ihn existierte einfach nichts Römisches, was an die Unterwerfung seines Volkes hätte gemahnen können. Viele vermuteten deshalb, daß er die beschriebenen Stellen gar nicht in Augenschein genommen hatte. Die Seriosität seines Werkes enthüllte erst Heinrich Schliemann, der berühmte Entdecker Trojas, als er im Jahre 1876 in Mykene, und zwar eben auf Grund dessen Angaben, Agamemnons Grab entdeckte. (Wie es sich später herausstellte, handelte es sich indessen nicht um das Grabmal dieses legendären griechischen Heerführers vor Troja, sondern um den König von Mykene, der etliche Jahrhunderte früher regiert hatte.) Heute aber achten die Wissenschaftler Pausanias.

Von ihm werden die Mauern von Tiryns als Weltwunder bezeichnet. Die Befestigung dieses Heraklessitzes am Golf von Argolis fügt sich aus solch riesigen Quadern, daß die Sagen ihren Transport den einäugigen Kyklopen zuschreiben. Herodot reiht in die Weltwunder ebenfalls den Turm zu Babel, die Euphratbrücke in Babylon und das Labyrinth in der Oase von El-Fayum (in Ägypten). Der römische Dichter Martialis, der den Weltwundern eines seiner Epigramme widmete, räumt den ersten Rang unter ihnen dem römischen Kolosseum ein. Hyginus, ehemaliger Sklave und späterer Bibliothekar Kaiser Augustus', setzt auf die Liste der Weltwunder den Palast des Perserkönigs Kyros in Ekbatana (heutiges Hamadan im Iran); auch der römische Schriftsteller Vibius Sequester zählt ihn dazu. Der Geograph und Historiker des 4. Jahrhunderts u. Z., Lucius Ampellius, kommt sogar auf sieben mal sieben, d. h. neunundvierzig Weltwunder, worunter sich nach seiner Ansicht die Erdölquellen im Irak oder Iran befinden. Und so könnten wir fortfahren – von den bislang nicht aufgezählten Weltwundern würden uns am häufigsten begegnen: das Labyrinth des Minos auf Kreta, das Hadriansgrabmal in Rom (die heutige Engelsburg), das römische Kapitol, die Akropolis von Athen und der Altar des Zeustempels im kleinasiatischen Pergamon.

Die letzten Autoren des vergangenen Jahrtausends, die sich mit den Weltwundern befaßten, waren zwei Mönche: der Römer Cassiodorus (um 490–580) und der angelsächsische Geschichtswissenschaftler Beda (674–735). J. C. Orelli argwöhnt zwar, daß man Beda zu Unrecht ein Buch über die Weltwunder zuschreibe, bzw. behauptet, es »sei ein albernes Büchlein eines äußerst ungeschlachten Mannes«, doch Beda war, »wenn auch ein mittelalterlicher, so doch immerhin gelehrter Mensch, und keineswegs unkundig«. (Eines seiner Weltwunder würden Regierungen von Kolonialmächten gutheißen: das römische Kapitol mit seinen Standbildern versklavter Völker und den Glöckchen darauf, von denen, sobald eines dieser Völker rebelliert, das zuständige selbsttätig zu läuten beginnt). Seit Bedas Tod ist tausendfach die Ernte gereift, haben Könige zu Hunderten den Thron gewechselt und sind Millionen Menschen der schwarzen Pest und Kriegszügen zum Opfer gefallen, bis die Schatten des Mittelalters verblaßten und das erste neuzeitliche Werk über die antiken Weltwunder entstand. Sein Schöpfer war der französische Philologe und Archäologe Bernard de Montfaucon. Auch er war Mönch, obwohl ursprünglich Berufsoffizier, und ein wahrlich wagemutiger Zeitgenosse: Im Jahre 1697 begab er sich nach Griechenland, wo die Willkürherrschaft türkischer Paschas raste, und sammelte dort eine Fülle von Informationen über antike Denkwürdigkeiten. Daraus, was er sah und erkundete, erwuchs in zwanzigjährigem Studium ein zehnbändiges Kompendium »Die Antike in Bildern erläutert und vorgeführt« (1717). Von mehr Gewicht für uns allerdings ist sein »Italienisches Tagebuch«. Im 20. Kapitel dieser Schrift finden wir nämlich ein neues Verzeichnis der Weltwunder, das auf der Grundlage von antiken Dokumenten aufgestellt wurde: 1. das ägyptische Theben, 2. die babylonischen Stadtmauern, 3. das Mausoleum zu Halikarnassos, 4. die Pyramiden am Nil, 5. der Koloß von Rhodos, 6. das Kapitol zu Rom und 7. das Hadriansgrab. Auf Montfaucon folgte schon ein moderner Anonymus, der die Sieben Weltwunder so beließ, wie wir sie eingangs aufgezählt haben. Und in dieser Reihenfolge, die auf Philon zurückgeht, gelangten sie danach von einem wissenschaftlichen Lexikon ins andere und so in Lehrbücher und zu guter Letzt in Anmerkungen und Erläuterungen am Schluß von Romanen.

Und wenn diese Wunder im Bewußtsein des modernen Menschen so haften und leben, wie sie die wissenschaftlichen Lexika kodifiziert haben, gibt es keinen Anlaß, ihre Liste nicht zum thematischen Plan unserer Reise zu erklären. Wir werden uns natürlich nicht mit ihnen begnügen, sondern auch einige der anderen inoffiziellen Weltwunder zumindest flüchtig Revue passieren lassen. Und obwohl »ihre Herrlichkeit der Sonne ähneln mag, die mit ihrem Glanz dermaßen blendet, daß er nichts anderes wahrzunehmen gestattet«, so werden wir doch auch die Welt um sie herum mit Gewinn betrachten.

Das erste Wunder

1

Die ägyptischen Pyramiden

Das erste Weltwunder sind also die ägyptischen Pyramiden. – Warum?

Wegen ihrer Wuchtigkeit: »Steinberge auf Steinberge geschichtet«, sagt Philon.

Wegen ihrer Großartigkeit: »Die unerhörteste architektonische Idee, die nicht zu übertreffen ist«, sagt Goethe.

Wegen ihres Aufwandes: »Verschwenderische Eitelkeit der Pharaonen, die unvorstellbare Summen verschlungen hat«, sagt Plinius.

Wegen ihres Alters: »Alles in der Welt fürchtet die Zeit, doch der Zeit ist bange vor den Pyramiden«, sagt ein arabisches Sprichwort.

Und wegen Eigenschaften, die sie entbehren: »Mit ihrer Lage verschlingen die Pyramiden ihren Schatten, so daß er nicht zu sehen ist«, sagt Hyginus und nach ihm Cassiodorus.

Es gab noch niemanden, der nicht konsterniert vor sie getreten wäre. Ein Hubschrauber, der über ihnen verhält, um uns einen Anblick zu verschaffen, wie er ihren Schöpfern verwehrt blieb, erscheint uns selbstverständlich. Für die versteinerte Geometrie am Nil jedoch fehlt uns ein Superlativ, der unseren Eindruck wiederzugeben vermöchte und nicht tausendfach wiederholte Banalitäten ausdrückte.

Es gibt ihrer etwa siebzig, vielleicht achtzig. Früher waren es mehr; einige fielen dem Zahn der Zeit zum Opfer, andere verloren sich im Meer des Wüstensandes. Ihre genaue Zahl läßt sich heute wohl schwerlich ermitteln.

Erst im Jahre 1952 enthüllte der ägyptische Archäologe Mohammed Zakaria Gonem eine bis dahin unbekannte Pyramide bei Sakkara, keine zwanzig Kilometer von Kairo entfernt! Sie ragen aus einer felsigen Ebene auf, die das lebensträchtige Niltal von der toten Wüste trennt, und reihen sich in einer Länge von einhundert Kilometern von Kairo bis Illahun gleichsam wie auf einem Exerzierplatz, auf dem tagtäglich der

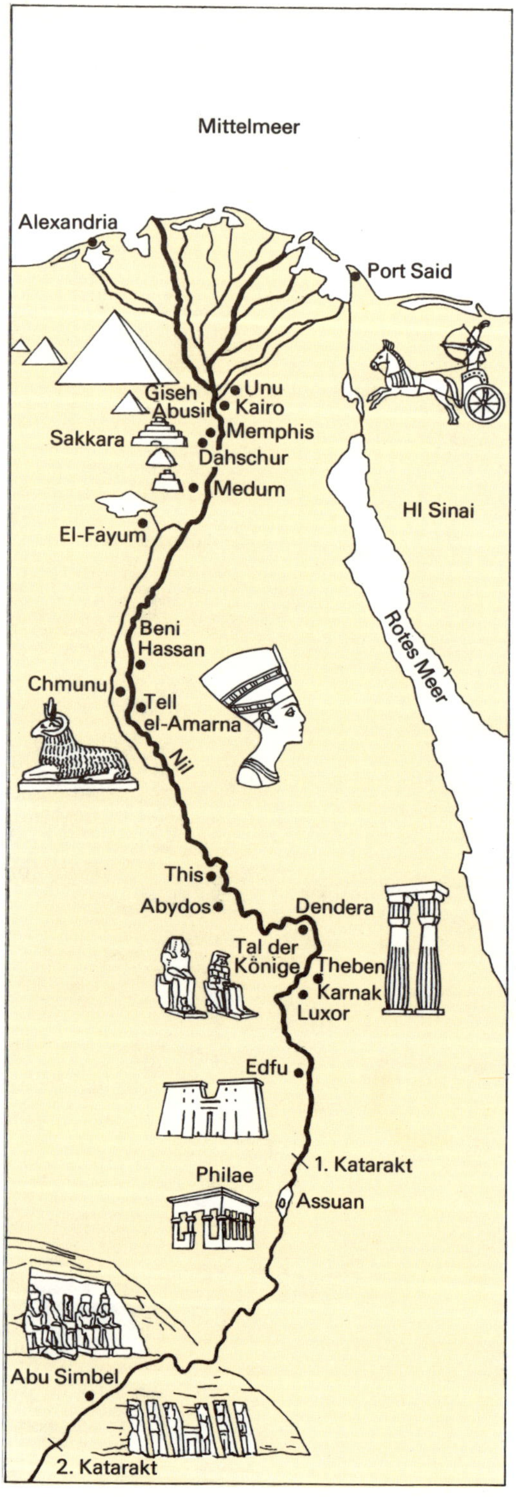

Das alte Ägypten

ägyptische Sonnengott die Parade abnähme. »Pyramide« bedeutet sprachlich gesehen nichts anderes als eine Art Spitzkegel. Diese Bezeichnung wird zuweilen vom griechischen Wort »pyr« abgeleitet, das Feuer meint (denn Feuer züngelt so, daß es einen spitz auslaufenden Kegel formt), dann wieder vom Wort »pyra«, was für »Grabgrenze«, in übertragenem Sinne »Grab« steht – aber auch für »Weizenbrot«, das die Gestalt eines Kegels hatte. Im Altägyptischen existiert nur ein ähnlich lautendes Wort, »pr-m-vs« und bezeichnet eine nicht näher bestimmbare Figur der Raumgeometrie. Es kann sein, daß es sich um den Kegel handelt, sicher indessen ist es nicht.

Nicht alle Pyramiden aber sind regelmäßige Körper. Ihre älteste Form repräsentiert die Stufenpyramide in Sakkara, die sich der Pharao Djoser erbauen ließ. Ihre Ausmaße sind beachtlich: das Fundament bildet ein Rechteck von 125 × 115 Metern, hoch ist sie rund 60 Meter. Ihr Alter? Die Archäologen schätzen es auf 4600 bis 4800 Jahre.

Außer den wenigen weiteren, größtenteils unvollendeten Stufenpyramiden sticht noch eine außergewöhnliche Pyramide bei Dahschur hervor. Sie hat geknickte Wände und sieht aus, als hätten ihre Erbauer sie wesentlich höher errichten wollen und sich dann, als sie das untere Drittel fertig hatten, entschlossen, den Übergabetermin um etwa zehn Jahre vorzuverlegen. Damit erschöpft sich eigentlich die Vielgestaltigkeit der ägyptischen Pyramiden (unter den Rivalinnen in Mexiko gibt es sogar eine mit kreisförmigem Grundriß), und diejenigen, die den Weltwundern zugehören, sind regelmäßige vierseitige Kegel mit quadratischem Grundriß und ähneln einander wie ein Ei dem anderen.

Philon spricht von »Pyramiden bei Memphis« (das altägyptische Mennofer, die erste Hauptstadt des vereinigten Ägyptens), die Mehrzahl der Schriftsteller von Pyramiden »überhaupt«, die Minderheit

Die Pyramide des Djoser bei Sakkara aus dem 27. Jh. v. u. Z.

von drei Pyramiden bei Giseh, und die penibelsten attestieren den Titel lediglich der »Großen Pyramide« Cheops'. Sie ist rund einhundert Jahre jünger als die von Djoser, d. h. vom Anfang des 26. Jahrhunderts v. u. Z., ansonsten aber übertrifft sie sie in jeder Hinsicht. Auch was ihre Erreichbarkeit anbelangt: Eine zweispurige Asphaltstraße, gesäumt von einer Palmenallee, führt zu ihr, und wir fahren direkt aus dem Stadtzentrum Kairos mit einem bequemen Bus dahin. Noch unlängst, als Giseh ein Dorf war und keine elegante Vorstadt Groß-Kairos, benutzte man zum ersten Weltwunder die altväterische Straßenbahn der Linie 14 – die Zeiten ändern sich.

Aus der Ferne, etwa beim Blick von der Kairoer Zitadelle, ähneln die Pyramiden dunklen Dreiecken; kommen wir ihnen jedoch näher, erscheinen uns ihre Konturen sonderbar zittrig. Sobald wir aber an der Endstation beim Hotel *Mena-house* aussteigen, sind alle Halluzinationen verweht, und wir sehen einen gewaltigen Steinberg – die Große Pyramide. Obgleich sie sich breit, hoch und am Scheitelpunkt schroff erhebt, schweift unser Auge im selben Moment seitwärts ab: ja, dort rechts ist der Chefren. Doch wo ist Menkaure (Mykerinos), die dritte Pyramide von Giseh? Verschämt verbirgt sie sich hinter Chefren, und das mit gutem Grund: sie mißt ganze 62 Meter. Und wo lauert der Sphinx, die unverzichtbare Staffage aller Aufnahmen der Großen Pyramide? Er duckt sich in den Sand, einen Viertelkilometer hinter ihrer Südkante. Noch bleibt er uns verborgen. Herodot bekam ihn vor zweieinhalb Jahrtausenden überhaupt nicht zu Gesicht. Damals stak er bis über beide Ohren im Sand.

Natürlich war uns bekannt, daß die Cheopspyramide aus Felsblöcken erbaut ist, von denen die Einfassung bereits fiel, als in Europa noch kein einziges Steinhaus stand. Daß aber die Zacken an ihrem Rand, die wir von Fotografien kennen, eigentlich die Konturen von mehrere Meter hohen Quadern sind, überrascht uns immerhin. Und diese gewaltigen Brocken sind einfach aufeinandergeschichtet, nichts verbindet sie, allein ihre Eigenmasse hält sie zusammen.

Und noch etwas macht uns staunen. Wir wissen, daß Philon der Phantasie die Zügel schießen läßt, wenn er schreibt: »In den Bau sind abwechselnd verschiedene Gesteinsarten gefügt: hier ist es weißer Marmor, dort wiederum äthiopischer schwarzer Marmor, ihm folgt rotes Gestein, das Blutstein heißt, dann farbiger und grünlich durchscheinendes, das aus Arabien stammt. Manche Steine erinnern in ihrem Farbton an flimmernde Himmelsbläue, andere hingegen sind einfach, aber von gelber Schattierung, wieder andere sind purpurfarben, vergleichbar scharlachrot gefärbten Stoffen ...« Dennoch hatten wir nicht angenommen, die Cheopspyramide trage die schlichte Farbe des Sandsteins. Im Morgengrauen, wenn ihre Spitze noch im Dunstnebel taucht, kommt sie uns pfirsichrot vor, in den seltenen Augenblicken, da am Himmel eine Wolke steht, sepiaschwarz, bei kaltem Mondlicht gleicht sie einem verschneiten Hochgebirgsgipfel.

Falls Zahlen die Vorstellungskraft erregen können wie Verse von Dichtern, dann gilt das von der Großen Pyramide. Vom Fuß bis zum Scheitel mißt dieser steinerne Vulkan 137,3 Meter. Ursprünglich war sie rund zehn Meter höher; ihr Gipfel ist wer weiß wann davongeflogen, hat lediglich eine kleine Plattform hinterlassen, auf der sich während des zweiten Weltkrieges eine britische Flakbeobachtungsstation postierte. Eine Seite ihres quadratischen Fundaments ist 230,4 m lang; einstmals war sie zwei Meter länger. Der Rauminhalt der Großen Pyramide, ein einfaches Rechenexempel, wenn man die Formel kennt, beträgt etwa 2 500 000 Kubikmeter. Die Grundfläche erstreckt sich über 54 000 Quadratmeter, das sind 5,4 Hektar. Zweihundert solcher Villen, wie sich der letzte ägyptische König Faruk eine am Fuße dieser Pyramide hatte bauen lassen, brauchten nicht mehr Fläche. Selbst zu Zeiten höchster Machtentfaltung und Ruhmsucht eines beliebigen europäischen Reiches verfügte dessen Herrscher über keinen Palast, der sich mit seiner kompakt bebauten Fläche mit diesem Pharaonengrab hätte messen können: kleiner ist der Buckingham-Palast in London, kleiner Versailles, kleiner das ehemalige Winterpalais der Zaren, kleiner auch der Escorial bei Madrid, der Palast jener Könige, über deren Reich die Sonne nicht unterging!

»Chufus' Horizont« (Achtej Chufu, Bezeichnung dieser Pyramide im alten Ägypten; Chufer = Cheops) ist etwas höher als Michelangelos Kuppel über der römischen Peterskirche, die als eines der berühmtesten Gotteshäuser gilt. Er ragt höher als die Londoner St.-Pauls-Kathedrale, als die Pariser Notre-Dame, als der St.-Veits-Dom auf dem Hradschin. Wäre diese Pyramide hohl, ginge eine ganze Startrampe für Weltraumraketen samt Turm hinein.

Für den Bau der Großen Pyramide wurden, gewiß nur schätzungsweise, etwa 2 250 000 Steinquader mit je 1 Kubikmeter Rauminhalt und 2,5 Tonnen Gewicht benötigt. Wollten wir die Gesteinsmassen aller ägyptischen Pyramiden verwerten, könnten wir damit sämtliche Wohnhäuser wiedererstehen lassen, die in Europa seit dem Dreißigjährigen bis zu Beginn des zweiten Weltkrieges, d. h. grob gerechnet im Verlauf von dreihundert Jahren, durch Kampfeinwirkung vernichtet worden sind.

Nun aber stellen sich uns unausweichliche Fragen: Was sind diese Pyramiden eigentlich? Wozu wurden sie aufgetürmt? Mit welchen Mitteln? Wann?

Auf die erste Frage weiß jedermann ohne Zögern zu antworten: Grabdenkmale der Pharaonen. Für die weiteren Antworten indessen müssen wir tiefer in Ägyptens Geschichte loten – in die Geschichte seines Volkes, seiner Herrscher, seiner gesellschaftlichen und ökonomischen Struktur, seiner Technik und Kunst, nicht zuletzt seiner Religion, vor allem aber in die Geschichte seiner Entdeckung.

Ägypten ist ein Land uralter Kultur. In einer Epoche, als die Vorfahren der heutigen europäischen Völker in Höhlen hausten und einander mit Streitäxten die Schädel einschlugen, war Ägypten bereits ein Land mit prunkvollen Palast- und Tempelbauten, mit klarem Staatsgefüge und planvoller Landwirtschaft, mit hochentwickelter Astronomie und Medizin; die Vasen seiner Handwerker und die Geschmeide seiner Juweliere könnten den Großen Preis jeder beliebigen Weltausstellung der Gegenwart erringen. Von den Ägyptern lernten unsere Lehrmeister, die Griechen; von ägyptischem Weizen nährten sich die Plebejer im kaiserlichen Rom; das Christentum fiel nirgends auf solch fruchtbaren Boden (noch richtete es soviel Kulturschaden an) wie eben in Ägypten. Doch als die Fundamente zu europäischen Kathedralen gelegt wurden, war Ägypten dem Bewußtsein der Kulturnationen entwichen und in »fellachische Geschichtslosigkeit« versunken.

Das ganze Mittelalter hindurch wußten die Europäer über Ägypten höchstens aus den wenigen Hinweisen der Bibel. Für das einfache Volk war es bestenfalls der Schauplatz jüdischer Verbannung, wo Moses mit seinem Zauberwerk die Überlegenheit des Herrn gegenüber den Göttern des Pharaos demonstrierte: Er verwandelte das Nilwasser in Blut, um dann den Urzustand wiederherzustellen, hexte die Frösche aus Flüssen und Kanälen und bedeckte damit das ganze Land, um sie dann wieder zurückzubeordern, verwandelte den Sand der ägyptischen Wüste in Ungeziefer und später das Ungeziefer in Sand; ohne Vorwarnung beschwor er übers ganze Land eine dreitägige Finsternis herauf und ließ außerdem Heuschrecken einschwärmen, was um so bedrohlicher war, als es damals keine Versicherung gegen Elementarkatastrophen gab. Die gelehrten Mönche kannten Ägypten zudem aus den Lebensläufen frühchristlicher Heiliger und Einsiedler, die in diesen Gefilden solch unglaubliche Kunststücke vollführten, daß sich selbst die Meister des Trickfilms geschlagen gäben.

Nach den mißlungenen Versuchen von westeuropäischen Kreuzfahrern, sich mit Stützpunkten im heutigen Israel auch die Kontrolle über Ägypten zu sichern, stießen in diese Gegend nur vereinzelte europäische Reisende vor.

Der erste Europäer der Neuzeit, von dem wir wissen, daß er die Große Pyramide betreten hat, war Pierre Belon (Bellonius), Professor an der Pariser Sorbonne. Er kroch im Jahre 1553 über den Zugang hinein, den Anfang des 9. Jahrhunderts der Kalif al-Mamun freilegen ließ, als er nach den Schätzen der Pharaonen suchte. Später nahm die Zahl der Pyramidenbesucher zu. Unter ihnen befanden sich allen voran der deutsche Pater Vansleb, der französische Diplomat Maillot, der dänische Marineoffizier Norden. Der Engländer Pococke, der ganz Ägypten durchstreifte, beschrieb im Jahre 1743 insgesamt achtzehn Pyramiden. Der erste Tscheche, der die Große Pyramide betrat, war der Missionar Jakub Řimař aus Kroměříž, und zwar im Jahre 1711 oder 1722. Sein jüngerer Gefährte Václav Remedius Prutký, ein Landsmann aus Prag, sah im Jahre 1751 als erster bekannter Europäer das Innere der Dahschurer Roten Pyramide des Königs Snofru, die älter als die Cheopspyramide in Giseh ist. (Sein Bericht fand damals jedoch, leider, keinen Verleger; erst im Jahre 1968 gab ihn in englischer Übersetzung aus dem Lateinischen der tschechische Ägyptologe M. Verner heraus.)

Schon im Jahre 1638 traf in Ägypten ein Wissenschaftler mit Meßinstrumenten ein, um den Pyramiden von Giseh präzis Maß zu nehmen: der Astronomieprofessor an der Oxforder Universität, John Greaves. Seine Daten überprüfte bald darauf der Franzose Claude Sicard, der Entdecker der altägyptischen Stadt Veset (Theben). Im Jahre 1762 vermaß Carsten Niebuhr die Pyramiden erneut, noch genauer. Trotz allem konnte damals in Europa geschrieben werden, die Pyramiden seien innen hohl und hätten Fensterchen (wie die Venezianer sie im Mosaik der St.-Markus-Kathedrale abgebildet haben), es seien Getreidehaufen, die der biblische Joseph aufgeschüttet hätte, es handle sich um Unterstände gegen die Sintflut usw., ja, sie stammten gar nicht von Menschenhand (H. Kuhn, 1793)!

Einem der Bücher dieser Reisenden und Forscher war ein merkwürdiges Los beschieden: Niebuhrs »Beschreibung von Arabien« aus dem Jahre 1772. Es geriet einem jungen und so gut wie beschäftigungslosen General der Französischen Republik in die Hände, der die Biographie Alexanders des Großen von Plutarch auswendig kannte ...

»Ein Maulwurfshügel ist euer Europa! Nur im Osten, wo sechshundert Millionen Menschen leben, kann man ein großes Reich gründen und eine Große Revolution machen!« Solcherart Ambitionen waren ganz nach dem Geschmack der damaligen Direktoren der Republik; mit ihrer Hilfe konnten sie drei Fliegen auf einen Schlag erledigen: sich der einstigen »Getreidekammer Roms« bemächtigen, die Engländer an der empfindlichsten Stelle treffen und »diesen Bonaparte« loswerden, der ihnen insofern nicht mehr ins Konzept paßte, als er ein sieggewohnter Heerführer war und sich im Geist schon als künftigen Cäsar dünkte.

Und die Republik, die sich feierlich verpflichtet hatte, keinerlei Angriffskriege zu führen, gab dem General Bonaparte 38 000 Soldaten (genausoviel wie Alexander der Große gehabt hatte, als er auszog, die ganze Alte Welt zu unterjochen, und siebzigmal mehr, als Hernando Cortez besaß, als er die Neue Welt eroberte) und 328 Schiffe mit der entsprechenden Zahl Kanonen, Maultiere und – Wissenschaftler. Die letzteren allerdings wählte Bonaparte selbst aus. Er ahnte, daß es nicht allein um Okkupation ging, sondern ebenso um die Erschließung des Reiches am Nil.

Am 19. Mai 1798 stach er von Toulon aus in See, am 2. Juli betrat er ägyptischen Boden: ganze 44 Tage – eine schnelle Überfahrt. (Aber heute absolvieren diese Strecke Flugzeuge in knapp vier Stunden.) Und vor allem war es eine glückliche Reise, denn es gelang ihm, dem englischen Admiral Nelson zu entwischen, der über einen Monat im Mittelmeer kreuzte und einmal auf Sichtweite herankam. Am 21. Juli morgens sichteten die vorgeschobenen Beobachter der französischen Flotte – nach erschöpfendem Marsch durch die Wüste – Pyramiden, die in ihrer schwerfälligen Monumentalität neben dem Wald der schlanken Kairoer Minarette himmelwärts ragten.

Aber zwischen diesen beiden widerstreitenden Anblicken aus der Märchenwelt und den französischen Heereseinheiten standen die Mameluken: eine mustergültig disziplinierte Armee, zehntausend Infanteristen, dreitausend Kavalleristen, eine starke Artillerie (die bei Feldübungen das Sphinxhaupt an der Großen Pyramide zur Zielscheibe benutzte – die Einschläge sind bis auf den heutigen Tag zu sehen) und an der Spitze Murad bej, der ägyptische Vizekönig höchstpersönlich, mit glänzendem Krummsäbel und brillantbesätem Turban. Der untersetzte junge General auf dem weißen Roß und mit dem doppelhörnigen Hut auf dem Kopf formierte seine Divisionen zu einem Karrée und schloß seine Ansprache vor den Trikolorestandarten mit den markigen Worten: »Soldaten! Vierzig Jahrhunderte blicken auf euch!« Die Marseillaise ertönte, niemand ahnte, daß er sie zum letztenmal anstimmte, und ihre Klänge ertranken im stürmischen »Allah! Allah!«. General Desaix blies zum Gegenangriff, und nach blutiger Schlacht, die in die Geschichte als »Schlacht an den Pyramiden« einging, öffneten sich den französischen Seitengewehren Kairos Tore.

Es ist nicht unsere Aufgabe, den kriegerischen Teil dieser Expedition zu würdigen, jene lange Siegesliste der französischen Infanterie auf dem dürren Boden und die Vernichtung der französischen Flotte unter dem einzigen Schlag des erzürnten Nelson bei Abukir, noch die gräßlichen Qualen der ägyptischen Fellachen und französischen Soldaten, die zu Tausenden erblindeten und zu Abertausenden an einer Infektion, von Milliarden Fliegen eingeschleppt (über die sich noch im Jahre 1942 der britische Marschall Montgomery bei El Alamein beklagte), starben. Wir beabsichtigen auch nicht, uns mit der feigen Fahnenflucht Bonapartes am 19. August 1799 zu befassen. (Diese Tat, für die er jeden Soldaten an die Wand gestellt hätte, wiederholte er noch einmal – zur Abwechslung in Rußland.) Den Rahmen unseres Buches sprengte ebenso die politische Analyse dieses Feldzuges. Wir konstatieren lediglich die weitreichenden wissenschaftlichen Ergebnisse dieses kriegerischen Abenteuers: Die zeitweilige Besetzung Ägyptens durch die französische Armee hatte dessen dauerhafte Entdeckung für die Wissenschaft zur Folge. Oder, wie Napoleon selber festhielt: »Der Geist siegt am Ende stets über das Schwert.«

Unter den »gelehrten Zivilisten«, die mit dem französischen Militär in Ägypten Einzug hielten, befanden sich Geschichtswissenschaftler, Architekten, Geometer, Botaniker, Maler und Archäologen. Bonaparte kümmerte sich aufs beste um sie, mindestens so wie um seinen Troß, und vor keiner Schlacht vergaß er den Befehl: »Esel und Wissenschaftler in die Mitte!« Und diese Männer, die von den Soldaten später »Esel und Wissenschaftler« gerufen wurden, stürzten sich auf die ägyptischen Denkwürdigkeiten: soweit möglich, packten sie sie in Kisten, andere wurden vermessen, kopiert, bruchstückweise in Gips gegossen, gemalt und gezeichnet. Sie trugen eine unvorstellbare Beute zusammen, doch nach Frankreich gelangten davon letztlich nur unscheinbare Bruchstücke. Die Engländer vertraten nämlich den Standpunkt, daß diese Sachen ungesetzlich geraubt waren, und beschlagnahmten sie, um der Gerechtigkeit zu genügen, nach der französischen Kapitulation für sich. Im Dezember 1801 ließ ihr General Hutchinson »in seiner Liebe zur Wissenschaft« alles auf Schiffe verladen und nach Portsmouth schaffen; der englische König schenkte es dann dem Britischen Museum, wo es noch immer liegt. (Wenn wir also ägyptische Geschichte aus Originalbelegen studieren wollen, müssen wir uns zunächst nach London begeben, von da nach Paris und – erst dann nach Ägypten. Es klingt sonderbar, aber es stimmt.)

Einen Teil ihrer Trophäe rückten die Franzosen dennoch nicht heraus. Es waren die Zeichnungen französischer Künstler, die, wie französische Diplomaten bei den Verhandlungen mit den Engländern bewiesen, vom Gesichtspunkt internationalen Rechts nicht als Kriegsbeute angesehen werden konnten. (Und vor allem ließen sie sich leicht verbergen und fortbringen.) In französischen Händen blieben auf diese Weise auch die Zeichnungen Vivant Denons, des größten Graphikers seiner Zeit. Seine Fähigkeiten hatte er bereits während des »alten Regimes« mit dem Gemälde »Die Verneigung der drei Könige« bewiesen, das ihm die Mitgliedschaft der Akademie eintrug. Denon konnte aber nicht nur zeichnen; als ehemaliger Diplomat beherrschte er die Kunst, mit Menschen umzugehen, und als ehemaliger Kustos der königlichen Kunstsammlungen hatte er Gespür für Altertumswerte. Mit General Desaix' Expedition stieß er bei der Verfolgung der Mameluken bis zu den Nilkatarakten in Ägyptens äußersten Süden vor. Und was das wichtigste ist: Er brachte alles, was er zu sehen bekam, zu Papier, und er tat es meisterhaft – Pyramiden und Moscheen, kolossale Pharaonenstatuen und Nilbarken, himmelhohe Tempelkolonnaden und in den azurblauen Zenit zielende Obelisken, Bruchstücke von aus dem Sand gegrabenen Skulpturen und auch Reliefinschriften in Bilderschrift, mit denen Bauten ungewöhnlicher Dimensionen und Säulen unglaubhaften Umfanges besät waren. Als er dann im Jahre 1802 seine Zeichnungen in dem zweibändigen Werk »Reise durch Ober- und Unterägypten« herausbrachte, »öffnete er seinen überraschten Zeitgenossen die Augen«.

Bonapartes »gelehrte Zivilisten«, aus denen sich die Ägyptische Kommission konstituierte, versuchten, bevor sie ihre Beute den Engländern überließen, möglichst viel wenigstens in Beschreibungen und Kopien zu bewahren. Welchen Erfolg diese ihre Bemühungen hatten, beweisen einundzwanzig dicke Folianten, die in den Jahren 1809–1822 unter dem Titel »Beschreibung Ägyptens« erschienen. Es hatte bis dahin kein Buch über die Denkmale vergangener Welten existiert, das größeres Aufsehen erregt hätte. Der Subskriptionspreis dieser Sammlung glich der ganzjährigen Unter-

Der große Sphinx bei Giseh. (Denons Zeichnung aus dem Jahre 1798)

haltung einer Equipage samt livriertem Kutscher, doch jeder ihr einzelner Band war unmittelbar nach Erscheinen vergriffen. Alles war hier mit unwahrscheinlicher Akribie und ausgezeichnetem Geschmack zusammengetragen, was Augen geschaut und Ohren gehört hatten: Ägypten auf der Handfläche sozusagen. Reproduktionen von Abbildungen archäologischer Denkwürdigkeiten, Landschaften, Pflanzen und Lebewesen, langer Hieroglypheninschriften (die auch heute bei Graphikern und Typographen Begeisterung auslösen) weckten in ganz Europa anhaltendes Interesse, das nie erlosch.

Allerdings sagten weder die hervorragende »Beschreibung Ägyptens« noch Denons Werk noch andere Schriften, Erinnerungen und Vorträge der Teilnehmer an der ägyptischen Expedition etwas über die Geschichte dieses Landes. Sie zeigten Ägypten vor, erklärten aber nichts.

Konnten ihre Verfasser über die ägyptische Geschichte von den Einheimischen nichts erfahren – von Menschen, die in Städten und zwischen Bewässerungskanälen wohnten, die vielleicht zu gleicher Zeit entstanden waren wie die Pyramiden? Auf die neugierigen Fragen des Franzosen antwortete der Ägypter, wenn er sich überhaupt dazu herabließ: »Allah ist groß, und Mohammed sein Prophet. Viele Dinge gibt es in der Welt, und die Weisheit ist im heiligen Buch des Korans.«

Allein, der Koran bot dem europäischen Gebildeten nur ästhetischen Genuß und erstaunlichen Ansporn zu moralischen Erörterungen. Über Ägyptens Geschichte verriet er bedeutend weniger als die Bibel, die schon längst nicht mehr als autoritative Quelle historischer Informationen Geltung besaß. Von neuem begann man Herodot und Diodoros zu lesen, eingehender als früher wurden Notizen über das alte Ägypten bei den römischen Historikern Tacitus und Ammian Marcellinus studiert, im Jahre 1805 erschien die erste französische Übersetzung Strabons. Doch konnten die Berichte antiker Schriftsteller den kritischen Geist des Europäers vom Beginn des 19. Jahrhunderts nicht zufriedenstellen.

Waren denn die alten Ägypter außerstande, das alte Ägypten auszudeuten? Immerhin hatten sie so mannigfache schriftliche Zeugnisse hinterlassen wie kein anderes Volk der Altzeit auf afrikanischem Boden. (Wer die Inschriften an den Wänden und Säulen des Amuntempels von Karnak abschreiben wollte, brauchte dazu viele, viele Jahre!)

Allerdings gab es da einen Haken: diese Schrift wußte niemand zu entziffern. Ja, es wurde bezweifelt, ob es überhaupt eine Schrift sei, man hielt sie für Ornamente.

Sie war geheimnisumwittert wie Ägypten selbst.

Geradezu unüberschaubar war die Menge ägyptischer Inschriften, die nach London, in Abschriften nach Paris und über die »Beschreibung Ägyptens« in die ganze Welt gelangten. Die Gelehrten aber standen ratlos davor. Dabei hielten den Schlüssel zur Auflösung dieser Schrift, die wiederum hätte das Medium zur Aufhellung der ganzen ägyptischen Geschichte sein können, alle in der Hand. Sie wußten es sogar.

Ein unbekannter Soldat nämlich stieß am »2. Fruktidor des VII. Jahres der Republik« (2. August 1799), als er am Schutzwall der einstigen Festung ar-Raschid, etwa sieben Kilometer nordwestlich von Rosette am Nil, Sand schippte, auf einen flachen Basaltstein, ungefähr wie eine Schreibtischplatte groß. Auf diesem Stein befand sich ein »dreisprachiger Text«: oben in ägyptischen Hieroglyphen, in der Mitte in einer anderen Schrift oder Sprache und unten – griechisch. Dhautpoul und Bouchard, zwei Offiziere, die in der Literatur (wechselweise und zu Unrecht) als Finder des »Steines von Rosette« ausgegeben werden, sorgten für den Transport nach Kairo. Dort las ein französischer General (der im Unterschied zu seinen Kameraden, größtenteils ehemaligen Friseuren und Pfefferkuchenbäckern oder Halsabschneidern von Beruf, klassische Bildung besaß) sofort den griechischen Text; er stammte aus dem Jahre 196 v. u. Z. und hatte den Dank der Priester an Pharao Ptolemaios Epiphanos für erwiesene Wohltaten zum Inhalt. Er endete so: »(Diese Inschrift sei in eine Platte gehauen) aus hartem Stein in heiliger, Volks- und griechischer Schrift und aufgestellt (neben der Statue des ewig lebenden Königs).«*

Die Inschrift also bestätigte, daß die beiden oberen Texte dasselbe aussagten wie der untere und daß sie in zweierlei ägyptischer Schrift ausgeführt waren, die bereits Herodot erwähnt: der heiligen bzw. Hieroglyphenschrift und in der Volks- bzw. demotischen Schrift. Es genügte, ägyptische Äquivalente für die griechischen Wörter zu finden, und der Stein von Rosette gäbe sein Geheimnis preis. Und außer ihm alle ägyptischen Inschriften ...

Der »Europäische Anzeiger«, vom russischen Geschichtswissenschaftler Karamsin herausgegeben, schrieb: »Die neue Entdekkung läßt hoffen, daß mittels der griechischen Inschrift der Sinngehalt hieroglyphischer Zeichnungen enträtselt wird!«

Beachten wir das letzte Wort »Zeichnungen«, d. h. Bilder. Sämtliche Gelehrten hielten ja die Hieroglyphen für eine Bilderschrift. Und das eben war, wie es sich herausstellte, der verhängnisvolle Irrtum, der es auch nach Auffinden des Steines von Rosette verhinderte, die Hieroglyphen auszudeuten, selbst nach Entdeckung des Pilatusobelisken (»des zweiten Steines von Rosette«), die im Jahre 1815 erfolgte!

Die Historie dieses Irrtums ist ein lehrsames Menetekel dafür, wohin die Wissenschaft steuert, wenn sie nicht den Mut oder die Kraft aufbringt zu schöpferischer Initiative und statt dessen bei Zitaten anerkannter Autoritäten verharrt.

Die europäischen Experten, die mit ihrem Latein am Ende waren, wandten sich folgerichtig an ihre griechischen Mentoren. (In diesem Fall rechtfertigte sie teilweise der Umstand, daß die alten Griechen es zu den Hieroglyphen um 20 bis 25 Jahrhunderte näher hatten.) »Die ägyptische Schrift trägt symbolischen Charakter; jedes Zeichen drückt ein Wort oder einen Satz aus«, schrieb der griechische Schriftsteller Plutarch Anfang des 2. Jahrhunderts u. Z. »Die Hieroglyphen sind magische Zeichen«, schrieben andere, weniger bekannte und früher. »In den Hieroglyphen birgt sich die Weisheit ägyptischer Priester vor Uneingeweihten«, schrieb der römische Schriftsteller Apuleius Ende des 2. Jahrhunderts u. Z. Doch all das waren lediglich zufällige Bemerkungen. Die Antike indessen vererbte uns auch ein wissenschaftliches Spezialwerk über die ägyptische Schrift –, und es gab keinen Gelehrten, der sich den Rätseln des alten Ägypten verschrieben hätte, um sie im Dämmer der Kloster- und Universitätsbüchereien liegenzulassen.

Es war das zweibändige Buch »Hieroglyphik« des Horapollon. In diesem Buch stand es schwarz auf weiß, daß die Hieroglyphen eine Bildersprache darstellen. Ja,

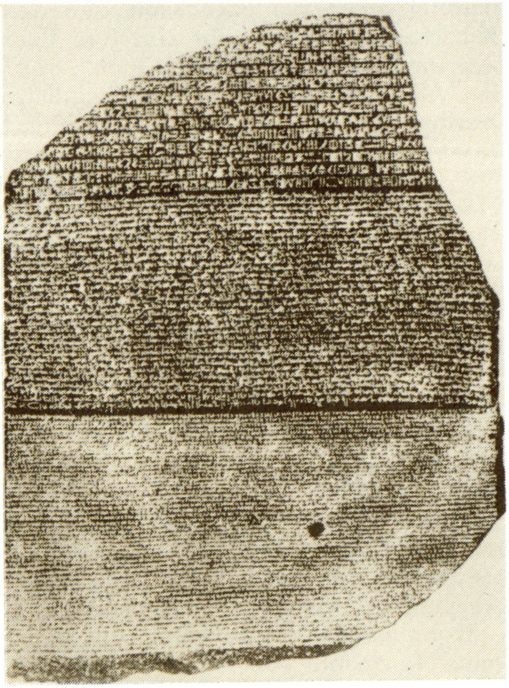

Der Stein von Rosette

* Der Text in Klammern ist nachträglich ergänzt entsprechend der ägyptischen Inschrift, weil die rechte untere Seite der Tafel mit griechischem Text abgebrochen war.

mehr sogar: Da der Autor das Koptische beherrschte, das sich aus dem Altägyptischen entwickelt hatte, war es ihm möglich, einige Zeichen sehr glaubhaft zu erläutern. Zum Beispiel bedeutet das Bild des Hasen in bestimmten Fällen »offen«. Weshalb? »Weil der Hase die Augen unentwegt offenhält«, antwortet Horapollon. Diese Auslegung stimmt natürlich nicht. Das Bild der Biene bedeutet angeblich »Volk«, weil Horapollon (und nicht nur er) wohl wußte, daß das Volk arbeitsam und fleißig ist. Diese Auslegung stimmt, nur daß dieses Zeichen für den »König Unterägyptens« steht. (Das haben wir allerdings erst 1500 Jahre später erfahren.)

Durch Horapollon ließen sich ganze Generationen von Entzifferern ägyptischer Hieroglyphen irreleiten.

Der deutsche Jesuit Athanasius Kircher war ein unbestritten seriöser Wissenschaftler und Ägyptenkenner. Nach zehnjährigem Studium veröffentlichte er im Jahre 1643 das große Werk »Die Erneuerung der ägyptischen Sprache«, das ihn mindestens ebenso berühmt machte wie den Erfinder der Laterna Magica. Nach Horapollons Methoden las er beispielsweise ein Wort folgendermaßen: »Schöpfer der Fruchtbarkeit und der ganzen Pflanzenwelt ist Osiris, dessen lebenspendende Kraft der göttliche Mophta vom Himmel in sein Reich schöpft«. Dieses Wort bedeutet in Wirklichkeit Autokrator, das ist der griechische Titel des römischen Kaisers. Noch zwei Jahrhunderte nach Kircher mußten die Gelehrten vergebens durch die Dickichte der Hieroglyphen tappen, die sich undurchdringlicher und heimtückischer gaben als die Papyrushaine in den Sümpfen an den Nilufern . . .

Der Engländer Warburton ging fehl, obwohl er bereits im Jahre 1738 annahm, daß es in den ägyptischen Inschriften Zeichen gebe, die den Charakter von Buchstaben hätten. Das war ein gewaltiger, wenn auch zaghafter Schritt voran gegen Horapollon.

Es irrte sein Zeitgenosse, der Franzose des Guignes, der eine Verwandtschaft zwischen der ägyptischen und chinesischen Schrift beschwor und daraus schloß, die Chinesen seien eigentlich ägyptische Kolonisten.

Um zu begreifen, welch harte Nuß es zu knacken galt, müssen wir uns wenigstens einige grundlegende Tatsachen vergegenwärtigen. Wie wir bereits wissen, ahnte damals niemand, ob die einzelnen Zeichen Buchstaben, Silben, Wörter oder gar ganze Sätze darstellten. Außerdem war niemand klar, ob diese Inschriften von rechts nach links oder von links nach rechts, von oben nach unten oder von unten nach oben zu lesen waren. Und schließlich, darin aber erschöpft sich die Problematik bei weitem nicht, kannte niemand die Sprache, in der diese Inschriften verfaßt waren. Gewiß war es Ägyptisch – nur welcherart war sein Wortgehalt, wie beschaffen seine Morphologie, welche grammatische Regeln hatte es? Es handelte sich ja um eine Sprache, die seit einem Jahrtausend tot war, und nicht nur tot, sondern völlig verschollen! Wie es sich bald herausstellte, hatte dieses Altägyptisch nicht einmal soviel gemein mit der Sprache der neuzeitlichen Ägypter wie unsere Muttersprache mit Latein.

Doch ein Mann immerhin ging schließlich nicht in die Irre und wußte den Stein von Rosette zu lesen – und danach alle in Granitwände der Tempel eingemeißelten Inschriften und mit Schilfrohr auf feine Papyrusrollen geschriebenen Texte. Er war damals zweiunddreißig Jahre alt – und hatte ein zwanzigjähriges Studium toter Sprachen des Orients und der alten ägyptischen Reiche hinter sich. Jean François Champollion.

Leben und Werk dieses Mannes sind ein einzigartiges Beispiel dafür, was unbeugsame Energie und zielbewußte Mühe zu leisten vermögen. Er war sicherlich ein Genie, aber hat etwa nicht Edison, in dieser Hinsicht bestimmt kompetent, gesagt, Genialität sei zu 99 % Fleiß!

Jean François Champollion lernte ohne Unterstützung Erwachsener lesen und schreiben, und zwar anhand des Vergleichs eingeübter Gebete mit den entsprechenden Textstellen im mütterlichen Gebetbuch.

Neunjährig beherrschte er bereits Griechisch und Latein; diese beiden Sprachen eignete er sich aus Büchern seines Vaters an, der Buchhändler war. Elfjährig las er schon die Bibel im hebräischen Original; da studierte er freilich bereits in Grenoble, wo sein älterer Bruder Jacques als Professor der griechischen Literatur wirkte. Als er dreizehn Jahre alt war, begann er sich mit Arabisch und dann mit Koptisch zu befassen. (»Ich führe mein Tagebuch auf koptisch, so zur Übung ...«) Kaum fünfzehnjährig, lernte er Persisch, das »Latein des Orients«, und die schwierigsten Sprachen des antiken Ostens: Zendisch, Pahlewi, Parsi und natürlich Sanskrit (»zur Zerstreuung auch Chinesisch«). Mit siebzehn Jahren wurde er Mitglied der Akademie der Wissenschaften zu Grenoble. Als Antrittsvorlesung gab er das Vorwort zu seinem Buch »Ägypten unter den Pharaonen« zum besten.

Vor allem muß festgehalten werden, daß er alles zur Kenntnis genommen hatte, was in den letzten 2500 Jahren über Hieroglyphen und Ägypten überhaupt geschrieben worden war. Solchermaßen gewappnet, dennoch unbeschwert, machte er sich daran, selbständig die ägyptische Schrift zu erforschen, wobei er im Unterschied zu anderen Gelehrten mit der demotischen, d. h. volkstümlichen begann, weil er sie für die einfachste erachtete. (Er hielt sie zunächst – darin irrte er allerdings – für die älteste, logischerweise vermutend, das Komplizierte entwickle sich aus dem Einfacheren; im Falle der ägyptischen Schriften verhielt es sich jedoch umgekehrt.) Über ganze Jahre ging er nach genau abgesteckten Etappen vor; sobald er merkte, daß er in eine Sackgasse zu geraten drohte, fing er von vorn an. »Diese Möglichkeit also ist ausprobiert, erschöpft und aufgegeben. Ich brauche sie nicht wiederaufzunehmen. Das hat auch sein Gewicht.«

So »probierte, erschöpfte und verwarf« er auch Horapollon und mit ihm die falschen Ansichten der ganzen gelehrten Welt. Außer dem Gewappnetsein, der Ausdauer und selbstkritischen Haltung zeichnete ihn folglich auch Mut aus.

Von Plutarch wußte er, daß die demotische Schrift sich aus 25 Zeichen zusammensetzte; er entschloß sich, das zu überprüfen und die dazugehörigen Zeichen herauszufinden. Schon vorher aber kam er zu der Meinung, daß diese Zeichen Laute ausdrücken müßten (und nicht nur durch stilisierte Bilder dargestellte Begriffe, wobei es gleichgültig sein könnte, wie sie ausgesprochen würden). »Wenn sie der Fähigkeit entrieten, Laute wiederzugeben, könnten auf dem Stein von Rosette keine Königsnamen stehen.« Und Königsnamen standen darauf, das wußte er aus dem griechischen Text. Da diese Namen im Ägyptischen ähnlich lauten mußten wie im Griechischen, wählte er sie zum Ausgangspunkt. Nach titanischer Arbeit, die sogar Wissenschaftlern, denen elektronische Rechner zur Verfügung ständen, arge Mühe bereitete, fand er und bestimmte mit Zuverlässigkeit zehn Buchstaben: fast die Hälfte unseres Alphabets!

Inzwischen waren natürlich auch die übrigen Gelehrten nicht untätig. Die Bedeutung einiger Zeichen enthüllten auf dieselbe Weise der schwedische Orientalist Åkerblad, der dänische Philologe Zoëga und der Franzose de Sacy. Und noch mehr als sie trug zur Entzifferung der ägyptischen Schrift der englische Naturforscher und Arzt Thomas Young bei.

Während diese Wissenschaftler einzelne Buchstaben oder Prinzipien erforschten und mit Teilkenntnissen aufwarteten, entdeckte Champollion das System der ägyptischen Schrift. Er förderte die Zusammenhänge zwischen der hieroglyphischen und demotischen Schrift sowie gleichzeitig die Bezüge beider zu der noch rätselhafteren dritten, der hieratischen Schrift zutage (d. h. »priesterlichen«, weil sie hauptsächlich in den Kirchenbüchern der ägyptischen Priester Verwendung fand). Er eruierte die Gesetzmäßigkeiten in der ägyptischen Schreibweise, las ägyptische Texte und übersetzte sie, stellte die Grammatik des Altägyptischen auf ... Er erweckte die tote und in Vergessenheit geratene Sprache der Pyramidenerbauer zum Leben!

Die erste Etappe auf dem Wege zu diesem phantastischen Erfolg, und wer eine Fernsehübertragung vom Mond erlebt hat, wird das möglicherweise nicht zu würdigen wissen, bestand in der Entzifferung einiger Zeichen aus den Königsnamen auf dem Stein von Rosette. Er errang ihn, indem er den hieroglyphischen und den griechischen Text miteinander verglich und solchermaßen die entzifferten Zeichen an den Namen auf einer zufällig gefundenen Papyrusrolle überprüfte.

Die zweite Etappe führte, nach fünfjähriger Anstrengung, zur Erklärung des bis dahin unergründeten hieroglyphischen Zeichens 𓆑. Er kam ihm über das Koptische auf die Fährte, von dem er wußte, daß es zum Ägyptischen eine Brücke schlug. Die koptische Sprache kennt für die sechs Personalpronomina sechs verschiedene Endungen; weshalb sollte nicht auch das Altägyptische sie haben? Und als er ihnen nachzugehen begann, stellte er fest, daß dort, wo im griechischen Text das Fürwort »ihm« steht, im Koptischen das Zeichen ϥ (»f«) zu finden ist und daß diesem Zeichen auf dem Stein von Rosette das stilisierte Bild einer gehörnten Schlange entspricht. Mag diese Kombination auch gewagt erscheinen – sie entpuppte sich als richtig. Mit der gehörnten Schlange wird in den Hieroglyphen tatsächlich der gleiche Laut bezeichnet wie mit dem griechischen φ und dem »f« unserer Schrift.

Die dritte Etappe brachte nach weiteren neun Jahren emsiger Forschung und bescheidener Fortschritte die Entzifferung der Namen Ramses' II. und Thutmosis' III., der beiden größten Könige des alten Ägyptens, ein. Am 14. September 1822 frühmorgens unternahm es Champollion, die Kopie des Reliefs aus dem Tempel zu Karnak zu sezieren, die ihm der Reisende Huyot geschickt hatte. Ein Name darauf begann mit einem kleinen Rad. »Könnte das nicht das Sonnenbild sein?« fragte er sich. »Und wenn ja – Sonne heißt doch auf koptisch ›re‹. Was wäre, hätte die Sonne auch im Altägyptischen re geheißen? Sollte es sich bewahrheiten, daß die hieroglyphische Schrift aus der Bilderschrift hervorgegangen ist – bezeichnet das ursprüngliche Zeichen für das Wort ›re‹ nicht etwa nur den Anfangsbuchstaben dieses Wortes, d. i. *r*?« Falls wir diesem Gedankengang Champollions nicht zu folgen vermöchten, brauchte uns das nicht mißzustimmen: er basierte auf viertelhundertjährigem Studium und vierzehnjähriger konzentrierter Arbeit. Wichtiger wohl ist, daß er ins Schwarze traf. In der Mittagsstunde jenes 14. Septembers rief Champollion jäh aus: »Je tiens l' affaire! Ich hab's!« Vom Glücksgefühl überwältigt, sank er ohnmächtig zu Boden.

Es war ihm zum erstenmal gelungen, einen Namen aus einer ägyptischen Inschrift selbständig, ohne Hilfe des griechischen Textes, zu entziffern. Als er sich nach fünf Tagen aus dem Fieber aufraffte, setzte er sich an den Schreibtisch und schrieb den »Brief an Herrn Dacier über das Alphabet der phonetischen Hieroglyphen.« B.-J. Dacier, klassischer Philologe und Champollions Freund, legte ihn unverzüglich der Französischen Akademie vor. Am 23. September demonstrierte Champollion dann die Richtigkeit seiner Deutung vor den Mitgliedern der Akademie und erläuterte im einzelnen:

Auf dem Stein von Rosette blieben 1419 Hieroglyphen erhalten, denen 486 griechische Wörter entsprechen. Daraus erhellt, daß jedes ägyptische Wort mit durchschnittlich drei Buchstaben geschrieben wird, anders gesagt, daß die einzelne Hieroglyphe nicht unbedingt einen geschlossenen Begriff ausdrücken muß, ja ihn gewöhnlich nicht ausdrückt. Außerdem wiederholen sich viele dieser Zeichen; insgesamt gibt es davon 166 verschiedene. Königsnamen schreiben die Ägypter (gewiß aus Hochachtung) in besondere ovale Rähmchen, »Kartuschen«. Auf dem Stein von Rosette und am Obelisken von Philai gibt es eine Kartusche, die, wie der griechische Text beweist, den Namen Ptolemaios (in altägyptischer Umschrift Ptolmjjs) enthält. Es genügt, sie mit einer anderen Kartusche zu vergleichen, auf der der Name Kleopatra steht. Das erste, dritte und vierte

Zeichen des Namens Ptolemaios stimmen mit dem fünften, vierten und zweiten Zeichen des Namens Kleopatra überein.

Das sind bislang zehn Zeichen (oder direkt ausgedrückt: Buchstaben), deren Bedeutung unbestritten ist. (Die Endzeichen im Namen Kleopatra konnten Champollion nicht beirren; er schloß, daß sie den Frauennamen bestimmen, ähnlich wie die tschechische Endung »-ová«.) Mittels solchermaßen entzifferter Buchstaben lassen sich auch andere Eigennamen lesen: Alexandros, Cäsar, Berenike … und mit Hilfe neugewonnener Zeichen weitere Wörter. Also kann man das ganze Alphabet der hieroglyphischen, der hieratischen und der demotischen Schrift aufstellen. Ebenso ist es möglich, in dieser Art verfaßte Texte anhand der griechischen Inschrift zu übertragen!

Was jedoch soll mit den Zeichen geschehen, die offenbar »überflüssig« sind, d. h. keinen Lautwert besitzen? Die Ägypter schrieben, wie wir schon erfahren haben, abgesehen von Eigennamen keine Vokale. Daher lassen sich beispielsweise die Zeichen □ ○ *(p-r)* wie per, was für »Haus« steht, oder aber wie *pire* (hinausgehen) lesen. Das erforderte, ein Erläuterungszeichen, ein »Determinativ«, anzufügen. Wenn es sich um das Haus handelt, genügte der symbolische Grundriß (⊏⊐), wenn um den Gang, wurde das Bild schreitender Beine (Λ) beigegeben. Oder das Wort *d-p-t* wurde *depet* ausgesprochen und hatte zweierlei Sinn: im ersten Fall bezeichnete es »Schiff«, im zweiten »Geschmack«. Es wurde demzufolge entweder ein Kahn mit Ruderer hinzugezeichnet oder die herausgestreckte Zunge, und kein lesekundiger Ägypter (jeder tausendste Bürger des Pharaonenreiches) verhaspelte sich. Und nach Champollions Vortrag nicht ein Ägyptologe.

Solcher Determinative gab es rund einhundert, sie waren jedoch unveränderlich, und das vereinfachte die ganze Angelegenheit wesentlich. Gewiß, es läßt sich hier fragen: Warum behalfen sich die Ägypter auf diese Weise? Aus welchem Grund führten sie nicht Selbstlaute ein? Wahrscheinlich deswegen, weil die Bewohner des Nordens sich mit den Südbewohnern mündlich nicht verständigen konnten, denn in den Vokalen zeigten sich die größten Dialektabweichungen. Und in schriftlichem Verkehr hingegen gab es bei Auslassung der Selbstlaute keinerlei Schwierigkeiten. Dieses Schriftsystem entsprach ihnen also und begünstigte Ägyptens kulturelle Einheit.

Es gab auch verwickeltere Probleme. Über die eigenständigen Zeichen für einen Laut existierten gleichzeitig Silbenzeichen – zwei- und dreisilbige, einige sogar viersilbig. In manchen Fällen hatte ein und dieselbe Silbe zweierlei Zeichen; der Unterschied in der Aussprache ließ sich nicht genau bestimmen. Allerdings traten auch Kombinationen einzelner Zeichen auf. So verband sich der Buchstabe »j«, dem das Bild des Schilfrohrs entsprach, mit dem Determinativ, das den Gang (Beine) bezeichnet, und es entstand das »Ideogramm« für das Verb »gehen«, »wandeln«.

Determinative: Das hieroglyphische »d-p-t« (depet gesprochen bzw. gelesen). Links bedeutet es »Geschmack«, rechts »Schiff«. Darunter: hieroglyphische Zeichen für Verben und abstrakte Begriffe

Diese Schwierigkeiten nahmen sich im Vergleich zur Entzifferung der ersten hieroglyphischen Zeichen wie ein Kinderspiel aus. Ebenso die zahlreichen anderen, z. B. die Frage, in welcher Richtung die Hieroglyphen zu lesen sind. Champollion antwortete eindeutig: entgegen der Richtung, in die die Zeichen weisen. Wenn infolgedessen die Eule, die den Buchstaben »m« bezeichnet, nach links schaut, oder die Hand, die den Buchstaben »d« bezeichnet, ebenfalls nach links zeigt, werden sie wie unser Alphabet gelesen. Wenn diese Zeichen nach rechts gewandt sind, werden sie von rechts nach links gelesen, vom Ende der Zeile her. Ob die einzelnen Zeichen innerhalb der Wörter stehen, ob im Quadrat, hintereinander, von oben nach unten und ähnlich, ist schließlich unerheblich...

Das Datum der Champollionschen Vorlesung gilt als Geburtstag einer neuen Wissenschaft – der Ägyptologie. Ägyptens wissenschaftliche Erforschung konnte ihren Lauf nehmen. Das Geheimnis der Pyramiden – und nicht nur der Pyramiden, einer der ältesten Kulturen unter unserer Sonne – schien bereit, sich entschleiern zu lassen.

Im Juli 1828 erfüllte sich Champollions Traum: er schaute mit eigenen Augen den steinernen Zauber am Nil.

Er kam hierher an der Spitze einer wissenschaftlichen Expedition. Der Louvre hatte ihm stattliche Finanzmittel und zwei Schiffe, die »Isis« und die »Hathor«, zur Verfügung gestellt.

In Alexandria legte er an: »Ich küßte die ägyptische Erde, als ich nach langen Jahren ungeduldigen Wartens sie betrat.« Er besuchte Rosette, auf dem schiffbaren Flußarm des Nildeltas gelangte er nach Kairo. Die arabische Architektur interessierte ihn nicht übermäßig. Das Pyramidengebiet bei Giseh war sein Ziel, dann das bei Abusir und Sakkara. Er streifte durch Städte und Ruinen, deren Geschichte er besser kannte als sonstwer in der Welt. Die Inschriften der Pharaonen an den tausendjährigen Bauten las er und verstand sie als erster Mensch unserer Zeitrechnung...

Nach der Besichtigung Sakkaras kehrt er zum Fluß zurück. Er kommt in den Dattelhain und untersucht verstreute Steinblöcke, findet Inschriften, schätzt ihr Alter. Er steigt in halbverschüttete Keller, verjagt aus ihnen Hyänen, sondiert die Fundamente, auf denen sich einst weitläufige Bauten erhoben hatten... Ja, er steht auf dem Boden Mennofers, der ersten Metropole des vereinigten Ägyptens, die die Griechen Memphis tauften. Vor fünf Jahrtausenden wurde diese Hauptstadt des großen Reiches gegründet, vor drei Jahrtausenden stand sie in voller Blüte, vor zwei Jahrtausenden noch war sie eine »herrliche volkreiche Stadt«, und nun schreien hier schon seit Jahrhunderten Eulen aus der Wüste. Fatimidische Prunksucht und die Mamelukenwirtschaft beschworen das Schicksal eines Steinbruches auf sie herab; ihre Häuser wurden nach und nach zerstört, und die Steine, woraus sie bestanden hatten, wurden zu Wasser stromabwärts geschafft, damit aus ihnen etwas tiefer am rechten Nilufer die Paläste und Moscheen der neuen Hauptstadt Kairo emporwüchsen...

Er setzte seine Reise gegen die Strömung des erdlängsten Flusses fort – als Araber gekleidet, mit blankgeschorenem Haupt und einem Turban darauf, die Beine in hohen Stiefeln aus gelbem Leder. (Als Machiavelli seine »Zehn Bücher über Titus Livius« schrieb, trug er eine Toga, um sich in den Geist der Römer einzufühlen. Champollion schwebte eher eine praktische Ausrüstung vor: Wer länger in Ägypten gelebt hat, wird bescheinigen, daß die lose und leichte arabische Kleidung in der dortigen Glut entschieden angebrachter ist als die europäische.) Vornehme Mudire und einfache Fellachen plaudern mit ihm wie mit einem Rechtgläubigen und reden ihn mit »Ja achuja!« (Mein Bruder!) an, was unter den Anhängern des Propheten keine hohle Phrase ist. Und ehe er in der entlegensten Siedlung eintrifft, ist schon die Nachricht dort, daß »ein Franzose den toten Steinen die Gabe der Sprache wiedergebracht« habe.

Er schreitet von Entdeckung zu Entdekkung. Als er die Überreste Ebosevs untersucht, erkennt er darin die einstige Hauptstadt Oberägyptens, die die Griechen Abydos genannt hatten. In Tell el-Amarna stellt er fest, daß der große Bau, den man für einen Hügel hielt, ein uralter Tempel war. So dringt er bis zu seinem größten Triumph und stärksten Erlebnis vor, zum Tempel von Dendera (Tentore).

Er gelangt dahin in einer Mondnacht, nach abenteuerlichem Marsch durch einen Palmenhain. (Die Einheimischen sahen in ihm den Häuptling einer Räuberbande; es fehlte nicht viel, und sie hätten ihn samt seiner ganzen Expedition mit Stöcken vertrieben.) »Ich will gar nicht erst versuchen, den Eindruck zu schildern, den der große Tempel und insbesondere seine Säulenvorhalle auf uns gemacht hat. Gewiß kann man ihn vermessen, doch ihn so zu beschreiben, daß jemand ihn sich vorstellen könnte, ist ausgeschlossen. In ihm paart sich Erhabenheit mit Majestät auf höchstmöglicher Stufe. Zwei Stunden verweilten wir dort und waren entzückt...«

Aber auch Kritik wird geäußert:

»Uralt soll dieser Tempel sein? ... Erstens ist er nicht Ese, der Naturgöttin geweiht, sondern Hathor, der Göttin der Liebe. Und zweitens verdankt er sein definitives Aussehen den Ptolemäern, und erst die Römer vollendeten den Bau. Er ist herrlich? Vielleicht ist er ein Meisterwerk der Architektur, doch bedecken ihn Skulpturen schlimmsten Stils... Seine tiefen Reliefs sind abscheulich, und dem kann auch nicht anders sein, denn sie stammen aus der Epoche des Niedergangs. Möge mir die geschätzte Ägyptische Kommission das nicht verübeln!«

Er reist weiter nach Karnak und Luxor, nach Theben...

Homers »hunderttoriges Theben«, das altägyptische Veset, das die Antike mit soviel Ruhm bedeckt hatte, daß Montfaucon es ohne Zaudern den Weltwundern zuordnete, findet er, versteht sich, in Schutt. Aber in was für welchem! Die Säulen des Amuntempels, die drei Männer nicht zu umfassen vermögen, sind vom Fuß bis hinauf zum wunderschönen Kapitell mit Hieroglyphen bestreut; Champollion entziffert nicht viel davon, sondern liest sie. Er untersucht Obelisken und Pylonen, höher als der höchste Bau im damaligen Paris; er setzt über den Nil zu den »singenden Statuen«, Memnonkolosse genannt; er wandelt zwischen den Kolonnaden des Felsentempels der Königin Hatschepsut in Der el-Bahri; er besucht das Tal der Könige, die Städte der Toten und die toten Städte... Und allerorts zeichnet, schreibt er vor allem ab, vergleicht , analysiert: er erholt sich bei der Arbeit, arbeitet während der Rast. »Ich denke, wir können zu Recht behaupten, daß die ägyptische Geschichte, der ägyptische Glaube und die ägyptische Kunst berühmt sein und gebührend gewürdigt werden erst nach Veröffentlichung der Ergebnisse meiner Expedition.«

Er brachte in Ägypten eineinhalb Jahre zu. Half das gesündeste Klima auf Erden seine Tuberkulose heilen? Sehr nahm er es nicht in Anspruch. Ganze Tage und Nächte hielt er sich in Grabstätten auf, wohin schon seit Jahrtausenden keine frische Luft hineingeweht hatte: bei blakendem Kerzenlicht, das die letzten Sauerstoffpartikel verschlang, kopierte er die Inschriften. Wiederholt verlor er die Besinnung; kaum hatten ihn die Freunde hinausgeschafft, schon kehrte er, den Tod zum Nachbarn, in die Tiefen zurück. »Ich bedaure, daß der Tag nur vierundzwanzig Stunden zählt.«

Zweieinhalb Jahre nach der Heimkehr, am 4. März 1832, starb er. Er hatte den Rat der Ärzte, sich zu schonen, verschmäht. Außerdem verfügte der berühmteste Wissenschaftler seiner Zeit, Professor der Pariser Universität, nicht über genügend Geld für Kuren und ausreichende Kost!

Nicht einmal das Erscheinen seiner »Ägyptischen Sprachlehre« zu erleben war ihm vergönnt, auch sein »Ägyptisches Wörterbuch« kam postum heraus. Das jedoch änderte nichts an seinen Verdiensten; auch die Hetzschriften, mit denen vorwiegend deutsche Professoren gegen ihn wetterten, vermochten sie nicht zu schmälern. – Jeder Ägyptologe arbeitet bis in die Gegenwart auf den Grundlagen, die Champollion geschaffen hat.

Karnak: Die riesigen Säulen des Amuntempels sind mit Hieroglyphen versehen

Die Auflösung von Schrift und Sprache der alten Ägypter entfesselte einen Strom von Forschern, die dann das Niltal förmlich überfluteten. Es brachen dahin nicht etwa ausschließlich Gelehrte auf, wie beispielsweise der Engländer W. J. Bankes, oder Künstler, wie F. Catherwood, der sich mit seinen Zeichnungen von Pyramiden und Statuen der alten Maya im mexikanischen Yucatán einen Namen gemacht hatte. Im Tschechischen gibt es die Redewendung: »Nach Ägypten fahren«. Sie entstand um die Mitte des vorigen Jahrhunderts. Zaorálek deutet im Wörterbuch volkstümlicher Redewendungen ihren Sinn: »Auf Raub gehen.«

Als der Begründer einer langjährigen Tradition »wissenschaftlicher Plünderung« Ägyptens gilt der Italiener Giovanni Battista Belzoni. (Die kriegerische Plünderung Ägyptens blickt freilich auf eine viel ältere Tradition zurück.) Nach vielen Versuchen in allerlei Berufen erfand er als Maschinenkonstrukteur eine Art »sensationelle Wasserpumpe«, mit der er in Ägypten sein Rennen machen wollte, und brach dorthin auf. Er führte sie dem ägyptischen Vizekönig Mohammed Ali vor, und während er abwartete, wie sich dieser Albaner (und ehemaliger Kaffeehändler, der sich in der Uniform eines türkischen Offiziers des ältesten Thrones der Erde bemächtigt hatte) äußern würde, fielen ihm die Pyramiden ins Auge. Und da er sich nicht vorstellen mochte, diese Riesenbauwerke könnten etwas anderes sein als Schatzkammern der Pharaonen, entschloß er sich, sie sich näher anzusehen. Unter übermenschlicher Anstrengung löste er einige zwei Tonnen schwere Brocken aus der Wand der Chefrenpyramide (er wählte sie deshalb, weil in der Cheopspyramide bereits ein seitliches Loch klaffte, woraus er schloß, daß sie schon ausgeraubt sei) und schlüpfte am 2. März 1818 durch einen schmalen Schacht in die Grabkammer. Er fand darin nur den leeren Granitsarkophag, in dem einst der Königsleichnam geruht haben mußte. Sonst war sie restlos gefleddert – wie die Kammern sämtlicher Pyramiden.

Die erfolgreiche Eroberung der zweitgrößten Pyramide von Giseh konnte der Aufmerksamkeit des britischen Konsuls in Kairo, Henry Salt, nicht entgehen, dessen wissenschaftliche und geschäftliche Ambitionen in dieselbe Richtung zielten wie Belzonis. Ihre Bekanntschaft wurde von der Übereinkunft gekrönt, daß Belzoni sich verpflichtete, Salt alle ägyptischen Denkwürdigkeiten zu übereignen, die er von der Stelle zu bewegen vermöchte, und Salt als Entgelt Belzoni eine angemessene Summe in ägyptischen Pfund zu zahlen versprach. Ein Sonderabkommen schlossen die beiden später über die Lieferung der Memnonkolosse frei Schiff via Nil. Doch der schon im Zirkus als »stärkster Mann der Welt« aufgetretene Belzoni kam mit diesen Figuren nicht vom Fleck, was zu begreifen ist, denn sie erreichen eine Höhe von achtzehn Metern, und selbst der Däumling unter diesen Kolossen mißt einen reichlichen Meter. Als Ersatz dafür besorgte er Salt einen anderen Koloß, die Riesenstatue Ramses' II. (sie befindet sich im Britischen Museum), einige Hundert Skarabäen (heilige Käfer aus Halbedelsteinen und mit hieroglyphischen Inschriften versehen) und etwa ein halbes Dutzend Obelisken (einer fiel ihm beim Verladen in den Nil, aber es hätte nicht Belzoni sein dürfen, um ihn nicht herauszufischen). Und mit einer Gründlichkeit, wie man sie einem Menschen solchen Typs nicht zugetraut hätte, durchforstete er ganz Ägypten und nahm mit seinen Sammlerleistungen Napoleons Ägyptische Kommission für sich ein. Schließlich wurde ihm offizielle Ehrung zuteil, und er wurde zum »Mitarbeiter und Lieferanten des Britischen Museums« berufen. Im Jahre 1820 veranstaltete er gar eine Ausstellung seiner Trophäen in London – mit ungeheurem moralischem Erfolg und letztendlich (was ihm viel eher am Herzen lag) mit finanziellem Gewinn.

Mögen Belzonis Motive und Methoden sonstwie geartet gewesen sein, Tatsache bleibt, daß er sich um die Entdeckung altägyptischer Denkmale und vornehmlich um ihre Bewahrung für die Wissenschaft Verdienste erworben hat. Unter damaligen Verhältnissen wären sie wahrscheinlich unrettbar und unwiederbringlich verlorengegangen – nicht allein für Ägypten, sondern für die ganze Menschheit.

Die aufwendigste Forschungsreise nach Ägypten seit Champollion rüstete der preußische König Friedrich Wilhelm IV. aus. (Unter der einzigen Bedingung: daß sie

Die Memnonkolosse bei Theben (18 m hoch). Die nördliche der beiden Sitzfiguren soll bei Sonnenaufgang durch das Springen der Steine infolge des Temperaturwechsels singende Töne hervorgebracht haben

eine Tafel mit seinem Namen samt allen Titeln an der höchsten Pyramide anbringe. Es geschah. Sie prangt noch heute dort.) Initiator dieser Expedition war der Nestor der deutschen Gelehrten, Alexander von Humboldt; die Leitung übernahm Richard Lepsius (1810–1884). Sie wirkte drei Jahre in Ägypten. Im Jahre 1843 durchforschte sie die Ruinen Mennofers, im Jahre 1845 grub sie fast acht Monate im Tal der Könige und in Veset; sie legte unter anderem die Spuren bzw. Überbleibsel von dreißig damals unbekannten Pyramiden frei. Das wertvolle Material, das sie herbeibrachte, arbeitete Lepsius in der Folgezeit mit sprichwörtlicher deutscher Gewissenhaftigkeit auf: auf sein »System der ägyptischen Geschichte« stützen wir uns seither.

Deutsche Spitzhacken und Spaten wurden in Ägypten später wieder von englischen und französischen abgelöst. Im Jahre 1850 kam Auguste Mariette (1821–1881), Assistent am Pariser Louvre, nach Kairo, um irgendwelche koptische Handschriften aufzukaufen. Er wollte sich nur ein paar Tage dort aufhalten, der Blick von der Kairoer Zitadelle jedoch schlug ihn in seinen Bann, er mußte zu den Pyramiden, unwiderstehlich zog es ihn in deren Inneres. Bei der Besichtigung der Begräbnisstätte von Sakkara erblickte er auf einmal das Haupt des Sphinx, der aus dem Sand hervorlugte. Er erinnerte sich an Strabon: »In Memphis steht der Tempel Serapeion, hineingesetzt in solch sandiges Gebiet, daß die Winde ganze Sandberge aufgehäuft haben, aus denen wir nur Sphinxe herausragen sahen, die einen halb, andere bis an den Kopf verschüttet.« Er beschloß, sie ausfindig zu machen. Nach mehrmonatiger Arbeit und nicht geringen Widrigkeiten seitens örtlicher Behörden gelang es ihm eine Allee von 141 Sphinxen auszumachen (manche waren schon von einer dreißig Meter dicken Sandschicht überlagert); sie führte ihn zum Eingang einer unterirdischen Grabstätte heiliger Stiere, die in Särgen aus ganzen Blöcken schwarzen oder roten Granits von nahezu 65 000 Kilogramm Gewicht bestattet waren. Die Särge waren längst gefleddert – allem Anschein nach von christlichen Fanatikern, die Erinnerungsgegenstände heidnischen Kults tilgten. Doch an ihren Wänden waren die biographischen Daten der Stiere erhalten: wann sie zur Welt gekommen, wann sie gestorben sind, was ihr Begräbnis gekostet, was sich zu ihren Lebzeiten ereignet hat – wichtige Dokumente nicht allein für das Studium der Religion, ebenso für die Erschließung des politischen Geschehens im antiken Ägypten. Dann glückte ihm eine weitere Entdekkung: Unweit des Serapeions stieß er auf das unversehrte Grabmal des Magnaten Cuj, bekannt auch unter dem Namen Ti; es war gleichalt der Großen Pyramide, und darin bargen sich prachtvolle Wandmalereien mit Darstellungen aus dem öffentlichen und privaten Leben der alten Ägypter. Die meisterlichen realistischen Zeichnungen zeigten, mit welchen Geräten die Ägypter den Acker bestellten, wie sie Vasen formten, Stein brachen, was und wie sie kochten, mit welchen Waffen sie kämpften, wie sie Leinen webten, wie ihre Getreidelieferungen organisiert waren. Vögel, Pflanzen, wilde und Haustiere – das alles war so anschaulich skizziert, daß sogar ihre Gattung zu unterscheiden war. Und über allem wachte der Herr Cuj, dreifach, fünfmal größer als seine Knechte...

Im Serapeion fand Mariette neue Texte, im Grabmal des Cuj neue Illustrationen zur ägyptischen Geschichtsschreibung. Er setzte seine Entdeckungen in Edfu, Karnak und Der el-Bahri fort. Überall begegnete er nicht nur unschätzbaren historischen Denkmalen, sondern spürte ebenso deren rücksichtslose Plünderung und Verschleppung auf. Sein wissenschaftliches Gewissen empörte sich. Er erwirkte bei der schwächlichen ägyptischen Regierung, daß sie sich mit starker Hand durchzugreifen aufschwang: Sie erließ ein Dekret, wonach ab sofort Ausgrabungen nur mit Genehmigung vorgenommen werden durften und der wesentliche Teil aller Entdeckungen dem Ägyptischen Museum, das er gegründet hatte, zugedacht werden mußte. (Die Ägypter zollen ihm bis heute Dank dafür: Sein Standbild vor dem Ägyptischen Museum in Kairo wurde selbst während der französischen Luftangriffe auf Port Said nicht entfernt.)

Der zweite jener Männer, die mit ihrem Spaten unbekannte Stätten ägyptischer Geschichte aufschlossen, war der Engländer William Matthew Flinders Petrie (1853–1942). Er war Archäologe eines anderen Typs: eigentlich Chemiker und Mathematiker, dann Antiquitätensammler, schließlich fast ein halbes Jahrhundert lang »Schürfer mit Metermaß und Wasserwaage«. Im Nildelta entdeckte er die griechische Siedlung Naukratis aus dem 7. Jahrhundert v. u. Z., in Nebesch grub er die Ruinen des Ramsestempels aus, vermaß die Memnonkolosse und errechnete deren Gewicht, fand den Eingang zur Amenemhetspyramide in Hauwara und durchstöberte vor allem die Große Pyramide aufs peinlichste; er arbeitete darin ganze Nächte durch, nackt, wohnte in einer nahen geplünderten Grabstätte. Er legte die Elle präziser an und eingehender als irgendwer vor ihm, und zwar nicht nur von außen, sondern auch innen: die Dimensionen der Kammern, die Winkelgrößen der Gänge, die Neigung der Wände, die Lage nach den Himmelsrichtungen. Dazu bewogen hatten ihn wissenschaftliche Erkenntnisse, außer ihnen natürlich auch sein Streben, einer Art Epidemie Einhalt zu gebieten, der sein Vater zum Opfer gefallen war, als er, beeinflußt von Büchern des Astronomen Piazzi Smyth, den Meßwerten der Großen Pyramide mystische Bedeutung zuzuschreiben begonnen hatte. Er wies nach, daß Smyth sich einige Einheiten ausgedacht und andere »angepaßt« hatte, ertappte schließlich einen von dessen Anhängern, wie er einen Stein bearbeitete, der diesen Maßen nicht entsprach. Daß allerdings diese »Zahlenmystik« trotz allem weitergrassierte, dafür konnte Petrie nicht.

Zur »Mystik um die Große Pyramide« noch dies: Ins Leben gerufen hat sie der Londoner Buchhändler John Taylor, der im Jahre 1859 ein Buch herausgab, in dem er behauptete, die Große Pyramide sei nicht als Grabstätte entstanden, sondern ein Denkmal uralter Maßeinheiten. Piazzi Smyth »offenbarte« daraufhin in diesen Einheiten alle möglichen Daten, zum Beispiel die Kenntnis der Ludolfschen Zahl, der genauen Dauer des Sonnenjahres, des Umfanges unseres Planeten sowie dessen Entfernung zur Sonne usw. Endlich stellte er fest, daß ihr eigentlich das gesamte Schicksal der Menschheit samt der Geschichte ihrer Zukunft einchiffriert sei. Seine Jünger J. und M. Edgar sahen in ihr den »göttlichen Plan der Zeiten«, A. Jarolímek (Inspektor einer Tabakfabrik in Hodonín) »den mathematischen Schlüssel zum Goldenen Schnitt«. F. Noetling »errechnete« nach den Pyramidenmaßen (die nebenbei gesagt, die Ägypter nicht benutzten) das Atomgewicht einzelner Elemente und das Tempo menschlichen Wachstums. Viele prophezeiten aus ihr bedeutsame historische Geschehnisse; so hatte laut J. Garnier, W. Wynn und G. Barbarin am 11. Juli 1927 das Parlament der Republik Andorra den Islam zur Staatsreligion auszurufen, und die Armeen des russischen Zaren sollten im Jahre 1936 Jerusalem besetzen. Auch den ersten und den zweiten Weltkrieg sagte, sich auf sie berufend, jemand voraus; den ersten für das Jahr 1913 und den zweiten für das Jahr 1927... Wissenschaftliche Beweise und praktische Erfahrungen liquidierten diese mystische Epidemie im Laufe der Zeit. Im Jahre 1968 brach sie jedoch von neuem aus, und das zur Abwechslung in einer »kosmonautischen Form«: im Verfolg des Buches jenes schweizerischen Hoteliers E. von Däniken »Erinnerungen an die Zukunft«.

Doch weder aus den Maßen der Großen Pyramide noch aus irgendwelchen mystischen Spekulationen, sondern aus unermeßlichem Material, das Ägyptologen aller Spezialrichtungen zusammengetragen und bearbeitet haben, wurde schließlich die Geschichte Ägyptens rekonstruiert – die Geschichte jenes Nilreichs, das von der Entstehung bis zum Untergang dreitausend Jahre überdauerte...

Es wäre sicherlich aufschlußreich, die Arbeit jener Forscher zu verfolgen; ihr Verzeichnis jedoch enthält einige hundert Namen, und deshalb müssen wir uns mit den gewichtigsten bescheiden. Unter den Archäologen waren es in erster Linie die Franzosen Maspero, Morgan und Lauer, die Deutschen H. und E. Brugsch, Borchardt und Junker, die Engländer Firth, Quibell und Carter, die Amerikaner Reisner und Rowe, der Schweizer Naville und eine Reihe weiterer, an deren Ende vorläufig der Ägypter Gonem steht. Zu den Philologen zählen die Franzosen Rougé und Chabas, der Italiener Rosellini, der Russe Golenischtschow, die Engländer Grifith und Gardiner, die Deutschen Sethe, Spiegelberg, Edel, Erman und Grapow. Hinter dieser trockenen Aufzählung birgt sich immense Arbeit, die den Schleier tausender altägyptischer Denkmale, zehntausender Kunstwerke und hunderttausender Schriftstücke gelüftet hat; dies alles ermöglichte dann die Entstehung großer Kompendien der Geschichtwissenschaft. An der Spitze der Geschichtsschreiber über das antike Ägypten gehören nach Champollion, Lepsius, Maspero und E. Brugsch vor allem der Amerikaner J. H. Breasted (Verfasser der häufig zitierten, wenn auch inzwischen überholten »Geschichte Ägyptens« aus dem Jahre 1905), weiter der Begründer der russischen und sowjetischen Ägyptologie, B. A. Turajew, (und seine Nachfolger W. W. Struve, I. M. Lurje, W. I. Awdijew u. a.) und schließlich die Franzosen E. Drioton und J. Vandier, deren »Völker des östlichen Mittelmeeres« aus dem Jahre 1952 gegenwärtig zugleich als das letzte Wort zur ägyptischen Geschichte gelten.

Und wenn wir gerade bei den Vertretern der Ägyptologie sind, sollten selbst in der knappsten Übersicht die Namen tschechischer Gelehrter nicht fehlen: Die Tschechoslowakei ist letztlich nicht nur eine Hokkey- und Motorrad-, sondern auch eine Orientalistikgroßmacht. Initiiert hat hier die Ägyptologie das Akademiemitglied František Lexa (1876–1960): Seine achtbändige »Demotische Grammatik« ist das bedeutendste Werk seiner Art in der Fachliteratur. Sein Schüler Jaroslav Černý (1898–1970), Professor an der Oxforduniversität und hervorragender Kenner des hieratischen Ägyptisch, wurde in den beiden jüngsten Jahrzehnten als erster Ägyptologe der Welt geschätzt. Ein anderer Schüler Lexas, Zbyněk Žába (1917–1971), Professor an der Karlsuniversität und Direktor des Tschechoslowakischen ägyptologischen Instituts, errang Weltruhm mit seiner Arbeit über die altägyptische Astronomie und mit seiner archäologischen Forschung in Nubien; nur der Tod hinderte ihn daran, seine Ausgrabungen im Grabmal des Potentaten Ptahschepses (Erster Minister eines oder zweier Könige gegen Ende des Alten Reiches), das als größte nichtkönigliche Grabstätte Ägyptens anzusehen ist, zu vollenden.

Dank diesen und vielen weiteren Wissenschaftlern (und besonders ihrer Zusammenarbeit, die zum Vorbild beispielsweise bei der Krebsforschung dienen könnte) ist uns die Geschichte Ägyptens ebenso geläufig wie die griechische und römische – und entschieden besser als meinethalben die Geschichte des Großmährischen Reiches, obwohl wir es zu dessen Untergang grob gerechnet um viertausend Jahre näher haben als zu dem des ägyptischen Staates.

Nicht minder trugen zum Geschichtsbild Ägyptens auch antike Autoren mit ihren satten Farben bei: die Griechen Herodot, Strabon und Diodoros, die Römer Tacitus und Ammian Marcellinus und der jüdische Schriftsteller Josephos Flavios. Und ihnen gleich ein ägyptischer Priester: Manehto, der um das 4.–3. Jahrhundert v. u. Z. lebte und in den »Ägyptischen Denkwürdigkeiten« ein Verzeichnis der Herrscher von der »Vereinigung Ägyptens durch Menes« bis zur »Eroberung Ägyptens durch Kambyses« hinterließ. In dieser Schrift, bereits griechisch verfaßt und nur bruchstückhaft erhalten, sind die ägyptischen Herrscher in dreißig Dynastien gegliedert. Als Dynastien begreifen sich dabei Herrschergruppen, die aus einem Land stammten oder in einer Stadt regierten (d. h. nicht Herrschergeschlechter nach Blutsverwandtschaft). Bald fanden sich weitere und ältere Dokumente in Hieroglyphen, die Manehtos Daten ergänzten und präzisierten. Dazu zählen vor allem die »Tafeln von Palermo« mit den Königsnamen der 1. bis 5. Dynastie, der sogenannte »Turiner Papyrus« mit dem Verzeichnis und den unvollständigen biographischen Daten der Könige der 1. bis 28. Dynastie, die sogenannten Annalen Thutmosis' III. und andere. Eine der ergiebigsten Quellen dieser Art ist die Wandmalerei in dem Grabmal des Königs Setchis I.; er betet mit seinem Sohn Ramses (dem späteren Ramses II., dem Großen) zu den Ahnen, und dieser Vorfahren gibt es dort immerhin sechsundsiebzig an der Zahl!

Manehtos Gliederung der Dynastien in drei Dekaden brachte Lepsius auf den Gedanken, Ägyptens Geschichte in drei große Epochen zu teilen: in das Alte, Mittlere und Neue Reich. Zum Alten Reich schlug er die 3. bis 6. Dynastie, zum Mittleren die 11. und 12., zum Neuen die 18. bis 20. Über die Zwischenzeiten standen ihm weniger Berichte zu Gebote; er schloß daraus, daß es sich da um Etappen politischen und wirtschaftlichen Verfalls gehandelt habe. Den Rest bezeichnete er am Ende als Spätzeit. Diese Zäsur bildete sich zur Grundregel ägyptischer Geschichtsschreibung heraus, an die sich die Wissenschaft seither hält.

Für die zeitliche Einordnung der Pyramiden (und anderer Bauwerke in Ägypten vom Range der Weltwunder) und zu besserem Verständnis der Gesamtzusammenhänge wird eine geraffte Skizze der ägyptischen Geschichte bestimmt nicht zum Schaden gereichen, zumal nicht wenige Daten, insbesondere in älteren Publikationen aufgeführte Jahreszahlen, durch neuere wissenschaftliche Erkenntnisse überholt sind. Wir liefern sie in Form eines Extraktes aus den Früchten der Zusammenarbeit von Ägyptologen aller Disziplinen und Nationalitäten (und dem Leser, der sich mit der ägyptischen Historie intensiver beschäftigen möchte, empfehlen wir vorerst Awdijews »Geschichte des antiken Orients«, worin er auch ein reichhaltiges Literaturverzeichnis vorfindet).

Das prähistorische Zeitalter, aus dem wir gesicherte Belege über die seßhafte Bevölkerung Ägyptens besitzen, beginnt im 6. bis 5. Jahrtausend v. u. Z. Sie siedelte, wie auch heute, im Stromgebiet des Nils zwischen den südlichen Katarakten und dem Delta. Wie es scheint, baute sie schon im 4. Jahrtausend v. u. Z. Kanäle, die während der Überschwemmungen von Juni bis September die Nilwässer auf die anliegenden Äcker leiteten, damit sich fruchtbarer Schlamm darauf absetzte. Eintragungen über den Wasserstand zu den verschiedenen Perioden gaben wahrscheinlich den Hauptanstoß zur Entwicklung der Schrift; der Kanalbau legte das Fundament zur Geometrie. Grundlage der Wirtschafts- und Gesellschaftsorganisation war die Gemeindeflur; in Hieroglypheninschriften erhält sich bis in die Spätzeit hinein für die Gemeindeflur (bzw. für das Dorf, später Land, im Griechischen »nomos«) das Zeichen, das einen rechteckigen, von Bewässerungskanälen gefurchten Landstreifen markiert. Archäologische Funde vom Anfang des 4. Jh. v. u. Z. weisen verbreiteten Gebrauch von Metallen, hauptsächlich Kupfer, beachtliche Entfaltung des Handwerks und Handels (auch Außenhandels; z. B. importierte man Obsidian, aus dem Messer und Sicheln hergestellt wurden, aus Nubien und Vorderasien) und eine erstaunlich hohe Stufe der Metallschlägerkunst nach. Grabstätten zeugen von der Konsolidierung religiöser Ideen und von fortschreitender Schichtung der Besitzverhältnisse. Mit dem Zerfall der Dorfgemeinschaft und der Festigung der Klassengesellschaft entstehen Kleinstaaten, die sich (sicherlich nicht ohne Gewaltanwendung) zu Oberägypten (im Süden) und Unterägypten (im Norden) vereinigen. Es setzt die historische Epoche ein, das heißt jenes Zeitalter, aus dem uns schriftliche Zeugnisse überkommen sind.

Nach Manehtos Ansicht beginnt die Geschichte Ägyptens mit der Vereinigung Ober- und Unterägyptens durch König Menes (oder Menej, laut einigen Ägyptologen hieß er mit Zweitnamen Narmer oder Aha). Das war um 3000 v. u. Z., wobei eine Abweichung von ± 100–200 Jahren nicht ausgeschlossen sein dürfte. Und wenn es

Einer der ältesten Nachweise ägyptischer bildender Kunst und hieroglyphischer Schrift: die Schminkpalette des Narmer (Rückseite)

wahrscheinlich ist, daß die zeitweilige Vereinigung Ägyptens bereits früher erfolgte, wird Menes allgemein als Begründer der 1. Dynastie ägyptischer Könige anerkannt. Seinen Sitz hatte er ursprünglich im oberägyptischen Cinev (griechisch This), nach der Vereinigung beider Länder erkor er zur neuen Hauptstadt Mennofer (Memphis).

Die Epoche der beiden ersten Dynastien bezeichnen wir als archaisches Zeitalter. Daraus sind uns mehr als fünf Monarchen bekannt: Sie vereitelten die zentrifugalen Versuche regionaler Herrscher, festigten den Staat im Innern und nach außen und eröffneten große Feldzüge in benachbarte Gebiete, die (wie in der gesamten weiteren Geschichte Ägyptens) den Charakter von Raubkriegen trugen. Ihre Herrschaft schuf die Voraussetzungen zum Ausbau des ersten wirklichen Reiches – des ältesten bekannten Großreiches der Menschheitsgeschichte.

Es war das Alte Reich (etwa 2700–2270 v. u. Z.), das die Regierungszeit der 3. bis 6. Dynastie, der »Pyramidenbauer«, umfaßt. Als erster König des Alten Reiches und zugleich als erster Pyramidenbauer gilt Djoser; seine Stufenpyramide bei Sakkara ist der erste steinerne Monumentalbau der Welt, der zweite ist die unvollendete Pyramide seines Sohnes Sechemchet. Die größten Pyramiden ließen sich die Könige der 4. Dynastie im 25. vorchristlichen Jahrhundert errichten: Snofrev, Chufev, Chafre und Menkaure. (In älterer Literatur werden sie gewöhnlich unter den griechischen Königsnamen geführt: Snofrev-, Cheops-, Chefren- und Mykerinospyramiden.) Unter Chafres Nachfolger, offenbar Radschedef, brach der erste nachweisbare Volksaufstand aus: Nach Berichten sollen ihn die unerträglichen Lasten ausgelöst haben, die Chufev und Chafre mit der Zwangsarbeit am Pyramidenbau den Massen aufbürdeten. Von den Herrschern der 5. Dynastie hinterließen Venis, Sahure, Veserkaf die stattlichsten Pyramiden, aus der 6. Dynastie Teti, Merenre und Piopej I. und II.

Im Verlaufe der Regierungszeiten von fast dreißig Königen des Alten Reiches entwickelte sich der ägyptische Staat zu einer festgefügten zentralisierten Sklavenhalterdespotie, die sich vorrangig auf eine starke Armee, die Beamtenschaft und das Priestertum stützte; die ökonomische Basis bildete ein ausgereifter Ackerbau mit einem entwickelten Bewässerungssystem, den Reichtum der Herrscher mehrten Eroberungskriege. Das halbe Jahrtausend des Alten Reiches war zugleich durch eine hoffnungsvolle Blüte der Kultur gekennzeichnet: Die Hieroglyphenschrift erreichte die Endstufe, ein beachtliches Niveau hatten außer der Architektur vor allem die Reliefkunst und die Bildhauerei. Aus diesen alten Zeiten stammen zum Beispiel auch die herrlichen realistischen Skulpturen des Gemeindebürgermeisters, der heute das Ägyptische Museum in Kairo ziert, und des Sitzenden

Schreibers, der sich im Pariser Louvre befindet.

Die erste der Zwischenzeiten (ungefähr 2270–2070 v. u. Z.) hebt mit der Schwächung der Zentralgewalt an, die zu fortschreitendem Zerfall des Reiches in Nomoi führt. Dem zersplitterten Staat gebrach es an Kraft für Invasionen, die unverzichtbar waren für die Versorgung der Wirtschaft mit Sklaven; das Bewässerungsnetz versiegte, und Ägypten geriet an den Rand des Ruins. Im ganzen Land griff Chaos um sich, und auf den diversen Thronen saßen insgesamt über vierzig unbedeutende Herrscher, von denen die mächtigeren sich im unterägyptischen Nennisovet (Herakleopolis) und im oberägyptischen Veset (Theben) niederließen. Kaum einem der Regionalregenten gelang es, die Ordnung aufrechtzuerhalten, um sich wie der Siovter Chetej brüsten zu können: »Jeder Beamte war an seinem Platz, es gab keinen, der gekämpft, keinen, der geschossen hätte. Niemand erschlug ein Kind im Angesicht der Mutter und den Mann neben der Frau... Wenn die Nacht hereinbrach, pries mich der Wanderer, der sich am Wege zur Ruhe legte, denn er fühlte sich wie daheim: die Furcht vor meinen Soldaten war ihm Obhut.«

Das Mittlere Reich (es währte etwa 2070–1790 v. u. Z.) schließt die 11. und 12. Dynastie ein. Es beginnt mit der neuerlichen Vereinigung des Landes durch den Veseter Herrscher Mentuhotep I., der »die Oberhäupter beider Gebiete in Fesseln gelegt, Ober- und Unterägypten sowie fremde Territorien sich unterworfen hat«. Seine späteren Nachfolger Amenemhet I. bis IV. und Senvosret I. bis III. weiteten das Netz der Bewässerungsanlagen aus, zogen einen Kanal vom Moiris-See zum Nil und kolonisierten ausgedehnte Gebiete in den eroberten Ländern. Ägypten verwandelte sich (nach einem erhaltenen Lobgesang) »in einen blühenden grünen Garten«, die Metallbearbeitung wurde vervollkommnet, allem voran schwang sich das Juwelierhandwerk zu einer hohen Stufe auf. Erneut wurde der Pyramidenbau aufgenommen, wenn auch in geringeren Dimensionen und nicht mehr ausschließlich aus Stein; die gewöhnlichen bestanden im Kern aus ungebrannten Ziegeln und wurden nur mit Steintafeln umrüstet. Zu den herausragendsten Bauten dieser Periode zählen der Mentuhotep-Tempel in Der el-Bahri und die Pyramiden von Lischt, Dahschur, Hauwara und Illahun. Großzügig aufgebaut wurde auch die Stadt Hotep-Senvosret in der Oase von El-Fayum, die man mit dem Bewässerungssystem der Wüste entrissen hatte. Der Stadtplan ist erhalten geblieben: Die Straßen verlaufen schnurgerade und kreuzen sich rechtwinklig wie in amerikanischen Großstädten, die Elends- und Handwerkerviertel sind von den Reichen- und Beamtenvierteln durch einen Steinwall deutlich getrennt. Das Zentralgebäude der neuen Metropole, in dem anscheinend die höchsten Organe der Staatsmacht ihren Sitz hatten, bekam von den Griechen die Bezeichnung »Labyrinth«: angeblich fanden darin dreitausend Räume mitsamt den geschlängelten Gängen und eine ganze Reihe skulpturgeschmückter Säulenhallen Platz. Herodot hielt es für ein Weltwunder: »Ich habe es geschaut, und mir verschlägt es die Sprache... Es übertrifft sogar die Pyramiden!« Errichten ließ es ebenso wie den Verbindungskanal zwischen dem See und dem Nil König Amenemhet III. (um 1850–1805 v. u. Z.), ein bei weitem größerer Machthaber als sein Vorgänger Senvosret III., der einseitig auf die Eroberung fremder Gebiete ausgegangen war.

Die zweite Zwischenzeit (ungefähr 1790–1580 v. u. Z.) leiten breite Volkserhebungen ein, deren unmittelbare Ursachen bislang nicht eindeutig feststellbar sind. Doch ist bekannt, daß die führende Rolle darin die Landarmut innehatte, der sich die Sklaven und teilweise die Mittelschichten des städtischen Bürgertums anschlossen. In das brodelnde Land, auf dessen Thron die Regenten wechselten wie die Apostel an der Prager Turmuhr (in knapp einhundertfünfzig Jahren regierten ihrer ungefähr hundert), fielen zu allem Übel Nomadenstämme aus Asien ein. Während der 15. Dynastie überfluteten Ägypten die Hyksos

(»Hirtenherrscher«) und unterwarfen es sich vollends. Neue Aufstände entbrannten, diesmal gegen die Fremdherrschaft: Den endgültigen Sieg trug der Veseter König Ahmose I., der Begründer der 18. Dynastie, davon.

Das Neue Reich (um 1580–1090 v. u. Z.) erstreckte sich über die 18. bis 20. Dynastie und prägt die Epoche des stärksten politischen, ökonomischen und kulturellen Aufschwungs des alten Ägyptens. Die Könige Thutmosis III. und Amenhotep II. begründeten es durch Eroberungspolitik und Annexion. Unter Amenhotep IV. (um 1367–1350 v. u. Z.) vollzog sich in Ägypten eine überraschende Religionsreform: Der König ersetzte die althergebrachte Vielgötterei durch die Verehrung des einzigen Sonnengottes Aton (er selbst änderte sich seinen Namen in

Ramses II.

Achnaton, »Atons Glanz«,um). Das politische Ziel dieser Reform ist offensichtlich in der Ausschaltung der Macht der Vesetpriesterschaft und deren Konzentration in den Händen des Herrschers zu suchen. Die Reformergebnisse jedoch vermochten Achnaton nicht lange zu überdauern; sein zweiter Nachfolger Tutenchamun bekehrte sich zum alten Glauben und willigte selbst in die Zerstörung der Hauptstadt Achnatons, Achetaton, ein. Unter Ramses II. (um 1290–1224 v. u. Z.) aus der 19. Dynastie erreichte Ägyptens Hegemonie ihren Gipfel; dafür mag nicht zuletzt die Tatsache stehen, daß der Name dieses Königs mit dem Attribut »der Große« auch ohne Hinzutun der Historiker uns erhalten geblieben ist – durch die bloße Weitergabe von Generation zu Generation. Ruhmesmale Ramses' sind die kolossalen Tempel in Abu Simbel, Karnak, Luxor und anderswo. (Seiner Regierungszeit werden auch Mosis Wirken in Ägypten und das Aufkommen des Pharaonentitels, wie ihn die modernen Sprachen übers Griechische aus dem biblischen Hebräisch übernommen haben, zugeschrieben.) Die großen Bauten und die unentwegten Kriege Ramses' II. entkräfteten jedoch das Land zusehends. Nach seinem Tode herrschte Chaos, bis Setnachte, Begründer der 20. Dynastie, von sich zu sagen wagte: »Ich habe das ganze Land zur Ordnung geführt, das vorher von lauter Aufruhr überquoll. Ich habe die Aufrührer geschlagen, die sich im ägyptischen Land breitgemacht hatten. Ich habe Ägyptens hehren Thron gereinigt«. In seiner Nachfolge lösten einander weitere zwölf Ramsesse ab, die allerdings mit ihrem großen Vorgänger lediglich den Namen gemein hatten. Unter dem ersten von ihnen, Ramses III., kam es um das Jahr 1160 v. u. Z. zum ersten geschichtlich belegten Streik, der sich zum Aufstand auswuchs: Die Arbeiter an der Veseter Begräbnisstätte, an der Spitze die Steinmetze, legten nach vorheriger Absprache die Arbeit nieder, überwanden die fünf Wälle, die das Arbeiterghetto von der Herrenstadt schieden, drangen in den Tempel Ramses' II. ein, wohin die aufgescheuchten Beamten geflüchtet waren, und trugen, wie der Bericht an den Pharao aussagt, ihre Beschwerde vor: »Seit achtzehn Tagen haben wir nichts zu essen... Wir sind gekommen, weil uns Hunger und Durst hergetrieben haben. Wir haben keine Kleidung, keinen Fisch, uns fehlt es an Gemüse.« Der Aufstand wurde (wie so oft in der Geschichte) mit einem Massaker an den Arbeitern und der Hinrichtung ihrer Führer niedergeschlagen.

Die Spätzeit (um 1090–332 v. u. Z.) nimmt mit der 21. Dynastie ihren Anfang. Zu Ägyptens Hauptstadt wurde Dshaanet (Tanis) im Nildelta erhoben. Während der 22. Dynastie übertrugen die ägyptischen Könige die Metropole nach Pubast, von wo aus zu den Feldzügen in fremde Länder aufgebrochen wurde. Am berüchtigsten ist Scheschonk I., der Jerusalem einnahm und Salomos Tempel schändete. Nach seinem Tode verschlimmerten sich die Zustände im Lande Schritt um Schritt, und Ägypten geriet unter nubische Knechtschaft. Erst das Haupt der 25. Dynastie, Taharka, stellte die Ordnung wieder her. Seiner Inschrift ist zu entnehmen, daß »jedermann morgens lange schlief und nicht bei jeder Gelegenheit murrte: o, hätte ich doch dies und das! In der Verwaltung ließ man sich von Gerechtigkeit leiten, und die Lüge war an den Boden genagelt«.

Im Jahre 670 v. u. Z. überwältigten die Heere des Assyrerkönigs Assarhadon Ägypten, doch schon im Jahre 663 v. u. Z. bemächtigte sich der Regent der Stadt Saïs, Psammetich I., Gründer der 26. Dynastie, der Regierung. (Und eben um diese Zeit beginnen die Griechen von den Ägyptern zu lernen – begeistert von deren künstlerischen und wissenschaftlichen Fähigkeiten; als die einzigen Ausländer bezeichnen sie die Ägypter nicht als Barbaren.) Mittlerweile aber dehnte sich im Osten das Persische Reich aus, dessen Herrscher sich die Welt zu erobern entschlossen hatten, und Ägypten brachte nicht mehr genügend Abwehrkraft auf. Im Jahre 525 v. u. Z. marschierte der Perserkönig Kambyses ein, schlug in der Schlacht am Pelusion die ägyptische Streitmacht und entthronte den letzten der saïtischen Dynastie, Psammetich III.

Nahezu zweihundert Jahre fristete Ägypten daraufhin das Dasein einer Randprovinz des Persischen Reiches; nach und nach

Ägyptische Götter. Von links nach rechts: Amun, Thout, Anup, Sobek, Ese, Sechmet, Hathor, Usire

gewann es zwar eine bestimmte Unabhängigkeit unter eigenen Regenten wieder, doch beileibe weder Macht noch Ruhm von einst. Alexander der Große befreite es im Jahre 332 v. u. Z. vom persischen Joch und empfing aus den Händen der Priester von Mennofer die Doppelkrone ägyptischer Könige. Er gründete auch eine neue Hauptstadt, die seinen Namen bis heute trägt. Damit beginnt die griechisch-römische Periode der ägyptischen Geschichte, die fast ein Jahrtausend währte – bis die Araber Ägypten okkupierten (642 u. Z.). Das aber ist schon ein Zeitabschnitt, mit dem wir uns im Kontext des siebenten Weltwunders befassen werden, des Leuchtturmes auf der Insel Pharos.

Nach dieser Übersicht der Erschließung Ägyptens für die Wissenschaft und durch die Wissenschaft und nach dem knappen Abriß seiner antiken Geschichte können wir nunmehr zur Beantwortung jener Fragen übergehen, die sich uns beim Anblick der Großen Pyramide aufdrängen.

Gewiß haben die Gelehrten recht, die behaupten, daß die Pyramiden »zu dem Zweck erbaut wurden, dem ganzen Volk anschaulich klarzumachen, welch ungeheure Macht in den Händen des Königs liegt«. Nur, warum ließen die Könige sich zu diesem Behufe gerade riesige spitzkegelige Grabmale errichten und nicht etwa noch imposantere Paläste als sie schon hatten? Mit solchen Palästen, Burgen und Festungen in einem hätten sie doch ihre Macht ebenso überzeugend demonstrieren können… Und nicht nur zeigen, sondern gleichzeitig sichern!

Nach vergeblicher Mühe, die Beweggründe des Pyramidenbaus anhand der politischen Institutionen und der ökonomischen Basis des alten Ägyptens zu ergründen, bleibt uns nichts anderes übrig, als in jenen Bereich hineinzuloten, der dem heutigen Menschen schon recht fern liegt – in den Bereich der Religion. Und darin wiederum in jenen dunklen Winkel, in dem sich die ältesten Vorstellungen vom Fortleben des Menschen nach seinem irdischen Dasein bergen.

Massenhaft sind uns religiöse Texte und Erinnerungsgegenstände aus sämtlichen Zeitabschnitten der ägyptischen Geschichte erhalten geblieben. Sie ermöglichen es uns, die Entwicklung der ägytischen Glaubenslehre (die bereits den Griechen »fremdartig und sonderbar« erschienen war) zu rekonstruieren, und zwar seit der Stammesgründung. Diese Entwicklung verlief relativ langsam, ähnlich der Entfaltung des ägyptischen ökonomischen und gesellschaftlichen Gefüges, und bewirkte, daß in Ägypten die Überbleibsel ursprüng-

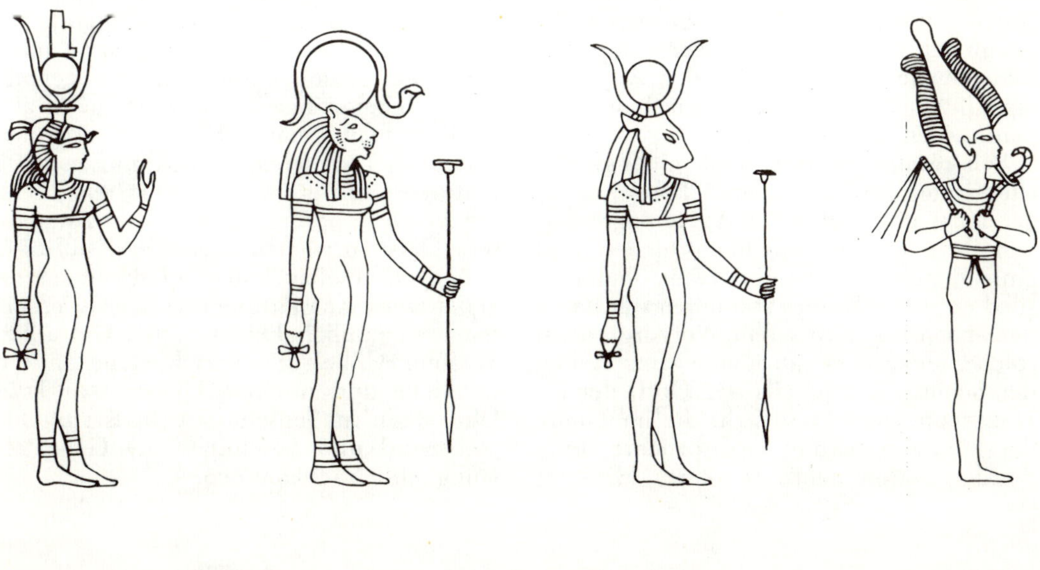

licher Glaubensformen außerordentlich lange fortbestanden. Das gilt insbesondere für die weitverbreitete Tieranbetung, die in verschiedenen Resterscheinungen sogar die Annahme des Christentums und des Islams überlebte. So wurde in der alten Hauptstadt Mennofer seit undenklichen Zeiten der heilige Stier Hapi (Apis) verehrt, in der Stadt Puto die Giftschlange Vedjo, in Chmunev und Siot der heilige Widder, in Schedet und Nubet das Krokodil, in Cinev der Löwe und in On die Löwin, in Veset der Schafsbock, in Tentore die heilige Kuh Hathor. Die Götter hatten wenigstens partiell tierische Ähnlichkeit und Eigenschaften: der Gott des Todes und der Grabstätten Anup wurde in Menschengestalt mit dem Kopf eines Schakals oder als sitzender Schakal dargestellt, der Sonnengott Hor (der bei der Krönungszeremonie »sich dem König inkarnierte«) in Form eines fliegenden Falken oder eines Menschen mit Falkenkopf, der Gott der Überschwemmung und der Bodenfruchtbarkeit Chnum als Mann mit Widderkopf, der Gott des Mondes und der Weisheit Thout als Ibis oder Mann mit Ibiskopf usw. Es bedarf keiner überschäumenden Phantasie, um zu erkennen, wie diese Götter den Vorstellungen der alten Ägypter entsprungen sind und weshalb sie solche Symbole verkörperten – genauso wie sie beispielsweise den König in Gestalt eines gewaltigen Löwen mit Menschenhaupt abbildeten (der Sphinx ist bei den Ägyptern im Unterschied zu den Griechen stets männlichen Geschlechts).

Wir können an dieser Stelle nicht sämtliche Götter Revue passieren lassen; es ist gar nicht notwendig: die Ägyptologen haben ihrer aus schriftlichen Quellen und Kunstdenkmalen weit über zweieinhalbtausend ermittelt. Keiner von ihnen war dabei der »höchste« in unserem Wortsinn, denn solcher »höchster« gab es eine ganze Reihe; der höchste war jeweils der Gott, der als Hauptgott jener Stadt galt, die im Lande die Führungsstellung beanspruchte. Eine Sonderposition nahm in dieser Hinsicht außer dem Sonnengott Re der Falkengott Hor ein, der ihm gleichgestellt wurde, sodann der Herrscher des unterirdischen Reiches Usire (Osiris) mit seiner Gattin Ese (Isis). Seit Urzeiten wurde auch der ägyptische König als Gott verehrt, was weitreichende politische Folgen zeitigte. Der König war somit mehr als ein Sterblicher, sein Wort war Staatsgesetz und Gottesgebot, in seiner Person fand die Gesamtstruktur der ägyptischen Gesellschaft mitsamt ihren abgrundtiefen Klassengegensätzen ihr religiöses Gepräge. Niemandem standen gegenüber dem König irgendwelche Rechte zu, ebensowenig wie irgendeinem anderen Gott gegenüber; der König regierte alle seine Untertanen absolut. Seine Macht endete gemäß der öffentlichen Lehre nicht einmal nach dem Tode: der König »herrschte ewig«.

Schon den ältesten Denkmalen entnehmen wir, daß der Ahnenkult und die damit verbundene Totenanbetung einen wesentlichen Bestandteil der ägyptischen Religion bildete. Die Ägypter glaubten, der Tod bedeute nicht die Vernichtung des menschlichen Wesens, sondern lediglich dessen Wechsel in eine andere Welt, die sie sich als eine phantastisch verklärte irdische Welt dachten; in dieser Welt lebte dann der Verstorbene in Gestalt eines Geistes fort. Diese Seite der ägyptischen Religion erscheint uns (möglicherweise unter dem Einfluß verwandter Glaubensvorstellungen der Christen) gleichsam unfaßbar. Doch gerade ihre gedankliche Durchdringung bis in die letzte Konsequenz, der wir in markantestem Zuschnitt eben in der ägyptischen Religion begegnen, führt sie ad absurdum. Damit nämlich der alte Ägypter nach dem Tode leben könnte, mußten zwei Bedingungen erfüllt sein: erstens sein Leichnam unberührt bleiben und zweitens sein Geist (bzw. sein »geistiger Zwilling«, auf ägyptisch »ka«) von den Lebenden eine gebührende Ausstattung fürs Jenseits erhalten, vornehmlich Lebensmittel, Getränke, Waffen, Möbel und verschiedene andere nützliche und unnütze Dinge. Der Tote lebte dann im Jenseits seinem Besitz entsprechend und beschützte als Gegenleistung seine Nachkommen.

Das Bestreben, dem Toten ewiges Leben zu gewährleisten, äußerte sich insonderheit in der Bestattungsweise. In Vorzeiten wurde sein Leichnam in Leder, Matten oder Stoffe gehüllt; später legte man ihn in Holzsärge, die wiederum in steinerne Sarkophage eingelassen wurden. Über das Grab mit der Ausstattung wurden einst Ziegel-, danach steinerne Monumente gesetzt, die den Leichnam (und natürlich auch die Ausstattung) in ihrer ewigen Ruhe vor Unbilden bewahren sollten. Die Reichen konnten sich eine bessere Sicherung ihrer sterblichen Hülle leisten, ja schließlich gar einen speziellen Raum für die Lagerung der Vorräte; die Armen mußten sich mit einer Sandkuhle und höchstens einer Liebesgabe in einer Schatulle bescheiden.

Aus dieser Ambition, den Leichnam zu erhalten, entwickelte sich die Mumifikation. Das ursprünglich einfache Einreiben des Körpers mit Harz und Öl wandelte sich mit der Zeit zu einer äußerst komplizierten Prozedur. »Dazu sind besondere Leute bestimmt, die das als Handwerk ausüben«, schreibt Herodot in seinem zweiten Geschichtsband. »Sobald die Hinterbliebenen den Leichnam bringen, bekommen sie drei bemalte Holzfiguren der Toten gezeigt und gesagt, die erste und prachtvollste ähnele dem und dem . . .; dann weist man die zweite, schlechtere und billigere vor, endlich die dritte und wohlfeilste. Man nennt ihnen die Preise und fragt, nach welchem Muster sie den Leichnam balsamiert wünschten.« Bei der Mumifikation erster Klasse entfernen die Spezialisten Hirn und Eingeweide, gießen in den Körper Lösemittel, spülen ihn mit Palmwein aus, streuen Duftpuder und füllen ihn mit Harz und Zimt. Dann betten sie ihn für siebzig Tage in Natronlauge, reiben ihn mit balsamierenden Ölen ein (deren Zusammensetzung bis heute nicht enträtselt werden konnte), schneiden die Männer kahl, ondolieren den Frauen die Haare, stopfen die sezierten Körperteile mit harzigen Sägespänen und Kies zu. Zuletzt wickeln sie den Leichnam in Binden aus feinem harzgetränktem Gespinst. Die Eingeweide konservieren sie ähnlich und legen sie in spezielle Behältnisse (Kanopen). »Die dritte Balsamierungsart, die sich auch die Unvermögenden leisten können, geschieht so: in die Därme wird Rettichöl gegossen, dann liegt die Leiche siebzig Tage in Natronlauge und wird unmittelbar darauf den Anverwandten übergeben, damit sie sie fortschaffen.«

Bereits während des Alten Reiches erreichten die Balsamierer eine solche Fertigkeit, daß es ihnen nicht nur gelang, den Körper des Toten zu konservieren, sondern sogar die individuellen Gesichtszüge frisch zu erhalten. Die älteste uns bislang bekannte Mumie stammt aus der Epoche der 5. Dynastie; entdeckt hat sie im Jahre 1972 der ägyptische Archäologe Ahmed Moussa bei Sakkara, nahe der Pyramide des Königs Venis. Es handelt sich um die Mumie des nicht sonderlich denkwürdigen königlichen Sängers Nefer; nach fast 4400 Jahren befindet sie sich in einem Zustand, daß wir sein Gesicht (»das älteste erhaltene menschliche Antlitz auf unserem Planeten«) unter Hunderten anderer herausfänden; die Übereinstimmung mit seinem Aussehen wird übrigens auch durch den Vergleich mit seinen Konterfeis an den Wänden des Grabmals bestätigt. Howard Carter, der die unversehrte Mumie König Tutenchamuns freilegte, behauptet gleichfalls, dessen Gesicht sei ebenso vollkommen bewahrt geblieben, wie akkurat und künstlerisch gekonnt es die goldene Totenmaske offenbart. Wer Tutenchamuns mumifiziertes Haupt gesehen hat, kann dem nur beipflichten, obwohl durch Einwirkung der Luft die Haut gesprungen, die Nase eingefallen und der Schädel ein wenig deformiert sind. Als Emil Brugsch den Sarg König Setchis I., des Vaters Ramses' des Großen, öffnete, rief er erstaunt aus: »Dieser frühägyptische Verstorbene macht einen wohlbehalteneren Eindruck als mancher unserer altersschwachen Zeitgenossen!«

Die Sorge darum, den mumifizierten Leichnam vor Schaden oder Vernichtung (durch Hyänen und Feinde des Toten) zu bewahren und die Grabausstattung vor Raub zu schützen, führte zu speziellen Gräbertypen. Die ursprünglich einfach ausgemauerten oder mit Steinen eingefaßten Gräber in einer Sandhöhle entwickelten sich nach und nach zu sogenannten Mastaben. (Mastaba ist ein arabisches Wort und heißt soviel wie die Bank; in den wissenschaftlichen Begriffsschatz wurde es von den Grabungsarbeitern übernommen, die damit das Oberteil einer Grabstätte bezeichneten, weil es an die Backsteinbank vor dem Haus eines ägyptischen Bauern erinnerte.) Die ältesten Mastaben kennen wir aus der Zeit der 1. Dynastie, ausgegraben hat sie kurz nach dem zweiten Weltkrieg der englische Archäologe Walter B. Emery bei Sakkara. Sie setzen sich aus zwei Teilen zusammen: aus dem ober- und dem unterirdischen. Im unterirdischen Teil befinden sich stets die Grabkammern mit dem Sarg des Toten und der Raum (gelegentlich auch mehrere) für die Grabausstattung; der oberirdische ist gewöhnlich aus Ziegeln gefügt und gewährleistet einen sicheren Schutz. An den späteren Mastaben begegnen wir besonderen Anbauten mit einem Raum, in dem die Hinterbliebenen dem Geist des Toten Opfergaben darbrachten.

Je vornehmer und reicher ein Ägypter war, desto größer und kostbarer fiel auch seine Grabausstattung aus, und um so größer und prunkvoller war zudem der Raum für die Opfergaben, der sich im Laufe der Epochen zur »Totenkapelle« oder zu einem Tempel auswuchs. Vorrechte genossen selbstverständlich die Herrscher, die allen Sterblichen übergeordnet und für Götter erachtet waren. Ein Königsgrab mußte also deshalb nicht allein das größte, das sicherste und mit dem geräumigsten Totentempel versehen sein, sondern sich auch durch seine Innenarchitektur von den Gräbern der Würdenträger und Beamten unterscheiden, von den niederen Schichten der ägyptischen Gesellschaft ganz zu schweigen. Aus der Mastaba wurde die Pyramide.

Wie die Ausgrabungen belegen, besaßen die Königsgräber die Form normaler Mastaben. Sie waren freilich höher und vor allem ihre Seelenkapellen großartiger, denn die Opfergaben heranzuschaffen oblag dem Staate, und daran nahmen zahlreiche Würdenträger, Priester, Beamte und andere Persönlichkeiten teil, die bei solchen Zeremonien nicht fehlen durften. Die oberirdischen Grabteile wurden flächiger und flächiger – und zwar nicht ausschließlich um der Repräsentation willen, sondern ebenso aus Sicherheitsgründen, denn auf die Mumien mit Schmuck unter den Verbänden, auf die kostbaren Gefäße und Kleinodien aus der Grabausstattung lauerten Diebe. Deshalb wurden sie seitlich und von oben stärker umwehrt: die Mastaben der Könige streckten sich in die Breite und in die Höhe.

Als erster historisch bezeugter Schritt von der traditionellen Mastaba zur Pyramide gilt die »Stufenpyramide« bei Sakkara, die sich das erste Oberhaupt der 3. Dynastie, Djoser, errichten ließ. Sie hat mit der Mastaba den Grundriß (nahezu quadratisch) gemeinsam und neigt zur Pyramide insofern, als sie über etliche mächtige »Deckel« verfügt, die sich nach oben hin verjüngen. (Ludwig Borchardt, einer der prominentesten Pyramidenkenner, nennt sie »Stufenmastaba«; das kommt der Sache vielleicht näher, doch die traditionelle Bezeichnung hat sich schon zu stark durchgesetzt, um verdrängt zu werden.) Gesäumt war sie von einem weiten Gebäudekomplex: der Eingangskolonnade mit der Halle, dem Hof samt den Bauten zur Feier des dreißigjährigen Regierungsjubiläums (auch nach dem Tode des Königs errichtet, herrscht er doch als Gott weiter), dem sogenannten Südlichen und Nördlichen Palast (für den König als Machthaber Ober- und Unterägyptens) und außer allem übrigen dem Totentempel. Unterhalb der Pyramide befanden sich die Räume für die Grabausstattung und die Grabkammern für etwa zehn Mitglieder der königlichen Familie (was für eine Pyramide nicht typisch war); rund 26 Meter tief barg sich die nicht übermäßig große Grabkammer Djosers selbst. Dieser ganze Komplex war von einer zehn Meter hohen Schutzmauer aus weißlichem feinkörnigem Kalkstein umfriedet; sie ahmte verständlicherweise die berühmten weißen Mauern von Mennofer nach, die der Schmied der ägyptischen Einheit, Menes, erbaut haben soll. Die Überlieferung bewahrte den Namen dieses ersten steinernen ägyptischen Monumentalbaus, und die Entzifferung der Inschrift an der Djoserstatue, unter den Trümmern des Totentempels aufgefunden, bekräftigte ihn: es war Imhotep, der höchste Würdenträger (»catej«, in unserer Terminologie ungefähr Erster Minister) König Djosers, der legendäre Schirmherr von Wissenschaft und Literatur, dem spätere Generationen göttliche Tugenden attestierten.

Imhotep hat wahrscheinlich auch die zweite ägyptische Pyramide gebaut – im Auftrag Sechemchets, des Nachfolgers Djosers. Sie blieb unvollendet, offenbar infolge vorzeitigen Ablebens des Königs; heute sind kaum zwei Stufen davon übriggeblieben. Aus ihrer Struktur läßt sich schließen, daß sie ursprünglich sieben solche Plattformen hatte; auch ihr Fundament war größer (120 × 120 Meter). Ihre Bauart beweist im Vergleich zur Djoserpyramide einen beachtlichen technischen Fortschritt; sie besitzt ein sorgsam ausgebautes Fundament mit einer Vielzahl regelmäßig ausgestalteter Räume für die Grabausstattung und eine große Grabkammer mit einem Sarkophag aus Alabaster (der geschlossen, aber leer entdeckt wurde, was ein Rätsel aufgab, das bis heute nicht gelöst werden konnte). Auch die Ruinen weiterer Pyramiden von Königen der 3. Dynastie, die uns in Zavijet-el-Arjan (nördlich von Sakkara) überkommen sind, legen Zeugnis davon ab, daß die ägyptischen Architekten und Bauleute seit Djosers Zeiten viel hinzugelernt hatten. Am deutlichsten zeigt sich das an der Pyramide des letzten Königs dieser Dynastie, Hunej, die bei Medum (rund 40 Kilometer südlich Sakkaras) aufragt. Es war anscheinend eigentlich eine Stufenpyramide geplant, größer als alle ihre Vorgängerinnen, aber Hunej schaffte es nicht, sie zu Ende zu bauen; sein Nachfolger Snofru erledigte es für ihn, wobei er die Fugen zwischen den einzelnen Stufen auffüllen ließ, so daß sie schließlich die Gestalt eines regelmäßigen Kegels annahm. Die Füllungen jedoch gaben der Last der Einfassungsquader nach, und so sank ihr gesamter Innenteil ein. Heute starrt uns von ihr lediglich der entblößte Innenkern entgegen, der sich in dem Schutthaufen und den Sanddünen wie ein halbverfallener Leuchtturm inmitten der Wüste ausnimmt. Die einheimische Bevölkerung nennt ihn durchaus treffend »haram el-kaddáh«, die »falsche Pyramide«.

Die Medumer Pyramide war mithin die erste, deren Form einer regulären Pyramide entsprach, allerdings nicht lange. Sie stürzte bestimmt kurz nach der Fertigstellung ein, und zwar zu der Zeit, als Snofru sich bei Dahschur eine eigene Pyramide baute und sie etwa ein Drittel der geplanten Höhe erreicht hatte. Diese Pyramide sollte ungefähr die gleiche Kantenneigung haben wie die Medumer; deren Einsturz erschreckte ihn natürlich, und er ließ den Rest in weitaus gemäßigterem Winkel vollenden. So entstand die bekannte Pyramide mit den zwei Abdachungen oder auch die sogenannte Knickpyramide, die aus der Ferne einem Beduinenzelt ähnelt. Da die Grabstätte in dieser Gestalt Snofru nicht gefallen mochte, ließ er sich etwas nördlicher eine neue Pyramide mit sehr flachem Gefälle der Wände errichten. Es ist die erste »echte Pyramide« auf ägyptischem Boden, die bis heute steht, das Urbild aller späteren Pyramiden. Der erste Mensch der Neuzeit der sie betrat, war der tschechische Missionar Václav R. Prutký.

Die Pyramiden im Gebiet von Giseh sind unmittelbare Nachkommen dieser Snofru-Pyramiden; auch ihr Zubehör und ihre Innengestaltung waren im Grunde die gleichen. Jede von ihnen hatte ihren Totentempel, in dem die Bestattungsfeiern stattfanden und die Opfergaben zu Ehren des Herrschers dargebracht wurden. Am Nil stand ihr Taltempel, in dem der Leichnam mumifiziert wurde. Unmittelbar an ihn grenzten die kleinen (Satelliten-) Pyramiden der Königinnen. Dazu gehörten desgleichen der gepflasterte Dammweg, der den Taltempel mit dem Totentempel verband, und die gigantische Umfassungsmauer. In der Pyramidenmasse oder darunter lagen die königliche Grabkammer und eine Reihe weiterer Räumlichkeiten und Gänge; der Weg zum Pyramideneingang, der nach der Bestattung des königlichen Leichnams peinlichst getarnt wurde, führte in jedem Fall von der Nordseite her. Rings um jede Pyramide dehnte sich eine ganze »Totenstadt« – Grabstätten königlicher Würdenträger und Bediensteter, die auch nach ihrem Tode ihrem Herrn und Gott nahe bleiben wollten.

Im besten Zustand erhielt sich nicht etwa die Große Cheopspyramide, sondern die kleinere Chefrenpyramide. Das liegt gewiß nicht daran, daß sie um geringes jünger ist, denn der Unterschied von ein, zwei Generationen spielt in der ägyptischen Geschichte praktisch keine Rolle. Bei einem Blick von der Aussichtsterrasse am Großen Sphinx erscheint diese »Zweite Pyramide« eine Kleinigkeit höher als die Cheopspyramide, doch nur daher, weil der Schein zuweilen trügt. In Wirklichkeit mißt sie 136,5 Meter (einstmals waren es aber 143,5 Meter), was die Höhe der Cheopspyramide um 3,2 Meter unterbietet. Dafür steht sie auf dem höchsten Punkt der Ebene von Giseh, und ihre Kanten steigen zum Gipfel in einem etwas steileren Winkel (52°20′ gegenüber 51°52′). Im Inneren beherbergt sie zwei Kammern, wovon die Bestattungskammer in Höhe des Fundaments und genau unter der Spitze liegt. Von ihrem Zubehör ist nicht viel übriggeblieben. Hingegen stehen an der Menkaurepyramide, die sich 62 Meter hoch emporreckt (das sind 4 Meter weniger als ursprünglich), bis auf den heutigen Tag alle drei Satellitenpyramiden in recht guter Verfassung. Die Chefrenpyramide wiederum hat sich einen beachtlichen Teil ihrer Oberflächeneinfassung erhalten; sie bildet 20–25 Meter unterhalb der Spitze einen zusammenhängenden regelmäßigen Vorsprung, der das Erklimmen des Gipfels zu einer bergsteigerischen Leistung macht.

Nebenbei gesagt: Das Betreten aller Pyramiden von Giseh ist durch polizeiliche Hinweisschilder in allen möglichen Sprachen, auf denen sich Touristen aus aller Herren Länder verewigt haben, verboten. Doch wird dieses Verdikt nicht übermäßig respektiert, was durchaus einleuchtet. Seine Berechtigung allerdings hat es: Von der Cheopspyramide stürzten in der ersten Hälfte unseres Jahrhunderts mehr Menschen ab als von Tatragipfeln.

Lassen wir die übrigen Pyramiden aus; keine davon überragt die Cheopspyramide, auf die wir nun unsere Aufmerksamkeit richten. Unbestritten sind es »Pharaonenberge«, wie die Araber sie in ihrer blumigen Sprache bezeichnen, beziehungsweise waren es; in unseren Tagen gemahnen sie eher an erloschene Vulkane (und manche lediglich an Krater) auf silbriger Sandfläche, so bei Giseh, bei Sakkara, bei Zavijet-el-Arjan, bei Abusir, Dahschur, Medum, Lischt, Illahun – in allen Totenstädten, die sich eine dünne Schicht der herrschenden Klasse des mächtigsten Reiches der Welt vor vierzig bis fünfzig Jahrhunderten zum ewigen Leben hat errichten lassen …

Die Konzentration riesiger Macht in eines Menschen Hand und phantastische Glaubensvorstellungen also initiierten den Pyramidenbau, der unermeßlichen Anspannung der Arbeitskraft unzählbarer Massen entsprossen die wunderbaren Schöpfungen an den Nilufern. Sie sind wahrlich sämtlicher Superlative würdig, die Dichter ersonnen haben und noch ersinnen werden. Eines allein bleiben sie schuldig – nämlich das, was der Mensch unserer Welt und unseres Zeitalters jedem technischen und künstlerischen Werk, jeder Leistung menschlichen Hirns und menschlicher Hand abfordert: den gesellschaftlichen Nutzen.

Und unter diesem Aspekt verlieren die Pyramiden auf der ganzen Linie. Selbst der Turm zu Babel frommte der Gesellschaft in gewisser Weise, schließlich unter anderem als Sternwarte dienend. Die mexikanischen Pyramiden stellten eine Art Kalender dar. Das siebente Weltwunder auf ägyptischem Territorium war ein Leuchtturm … Doch das erste Weltwunder, die Cheopspyramide (gleichermaßen jedwede andere), nützte niemandem, es sei denn einem einzelnen – nicht einmal ihm selbst, vielmehr seiner Leiche, seinem imaginären Geiste!

Das Ergebnis dieser einfachen Überlegung über die Sinnbestimmung der Pyramiden dämpft den überwältigenden Eindruck, den ihre Kolossalität auf uns übt. Wir schütteln den Kopf und begreifen, woher in manchen Sprachen die Redewendung »pyramidaler Nonsens« rührt.

Was die Besucher des Giseh-Geländes wohl am meisten in Bann zieht, ist die technische Leistung der Pyramidenbauer. »Der Verstand erfaßt nur schwerlich, auf welche Weise solch ungeheure Mengen Gesteinsbrocken aufgehäuft worden sein mögen«, sagt Philon, und er hat recht. Sogar heutzutage, da wir wissen, wie die Pyramiden entstanden sind, und da wir die Leistungen eines hochmechanisierten Bauwesens vor Augen haben. Immerhin wiegt der kleinste Quader von der Cheopspyramide zweitausend Kilogramm und der größte viertausend Kilogramm! Die Ladung von einem Eisenbahnwaggon auf die Höhe eines Fabrikschlotes gebracht – ohne Flaschenzüge und Krane!

Als erster versuchte die Art und den Fortschritt des Pyramidenbaus Richard Lepsius zu erläutern. Nach seiner Theorie begann die ganze Arbeit mit dem Aushauen eines abfallenden Ganges in den Felsen, der als Fundament der Pyramide vorgesehen war. Am Ende dieses Ganges wurde dann eine Kammer ausgemeißelt, in die die Mumie in Holzsarg und Steinsarkophag gelegt werden sollte. Exakt über der Kammer war der Pyramidengipfel bestimmt. Der Pyramidenbau nahm daraufhin mit dem Mastaba-»Deckel« seinen Anfang, der sich unten sukzessiv verbreiterte und nach oben hin terrassenförmig verjüngte. So wuchs der Bau, der nach der Thronbesteigung des Königs begonnen wurde, in die Breite und Höhe, bis der König starb. Starb er also in jungen Jahren, hinterließ er lediglich eine kleine Pyramide (a-b-c auf der Abbildung unten), erreichte er ein betagtes Alter, geriet auch seine Pyramide höher (A-B-C auf derselben Abbildung). Demzufolge regierte Cheops zweimal so lange wie Menkaure.

Schema des Pyramidenaufbaus nach Lepsius

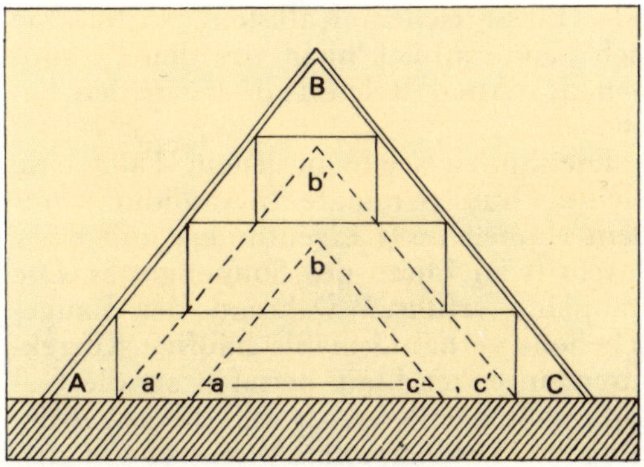

Diese Hypothese wurde in der Wissenschaft lange aufrechterhalten (unter zahlreichen Modifikationen), obwohl sie beispielsweise weder den Bau der kleinen Satellitenpyramiden zu erklären vermochte noch die ökonomischen Möglichkeiten der gegebenen Epoche berücksichtigt wurden. Neuerdings ist sie durch weiterreichende Erkenntnisse überholt. Dazu trug vor allem die Erforschung der Hunejpyramide bei Medum bei, die der Zahn der Zeit bis zum Kern angenagt hatte, so daß sie es gestattete, sie wie ein Modell in der Vitrine eines Museums der Geschichte der Architektur zu studieren. Einen noch bemerkenswerteren Beitrag zu unseren Erkenntnissen brachte der Fund der unvollendeten Pyramide König Sechemchets. Sechsundvierzig Jahrhunderte lag sie unter Sanddünen des Pyramidenfelds Sakkara begraben, und erst im Jahre 1952 zwang Mohammed Zakaria Gonem sie preiszugeben, worüber sich Generationen von Gelehrten in düsteren Mutmaßungen ergangen hatten. Wie bei einer Zeitrafferaufnahme können wir hier den Fortgang der Bauarbeiten verfolgen: wir stehen zum erstenmal vor einer Pyramide, die im Stadium der Entstehung erstarrt erhalten geblieben ist.

Gonem schreibt in seinem Buch »Die verlorene Pyramide«: »Insbesondere sollten wir nicht vergessen, daß die Pyramide einen Bau religiösen Charakters darstellt. Die Grundsteinlegung war mit detailliert vorgeschriebenem religiösem Ritual verbunden. Es scheint, daß der König selbst unter Assistenz von Priestern und Priesterinnen, verkleidet als Götter und Göttinnen, den ersten Spatenstich vorgenommen hat. Die Feierlichkeit setzte sich aus sechs Hauptbestandteilen zusammen: es wurden die Pflöcke eingeschlagen, die Schnüre gezogen, die Erde aufgehackt, Sand gestreut, Ziegel hergestellt und gesetzt.« (Die beiden letzten Teile der Zeremonie sind wahrscheinlich Relikte aus Zeiten, als der Steinbau noch nicht bekannt war und die Grabstätten aus Lehmziegeln gefügt wurden.) »Nach der Weihe der Baustelle und nach den entsprechenden Feierlichkeiten wurde zuerst der Bau des unterirdischen Pyramidenteils in Angriff genommen, dessen Mittelpunkt die in den Felsen gehauene Grabkammer bildete. Sobald die Kammer fertiggestellt war, wurde auf einer schiefen Ebene der Sarkophag hineinbefördert, der einst den Sarg mit dem Leichnam aufnehmen sollte; schließlich wurde der Sarkophag auf sein Postament gehoben. Aber unter dem Pyramidenfundament waren weitere unterirdische Schächte gegraben, die zu den Räumen mit den Vorräten und den ungezählten Steingefäßen für den königlichen Bedarf im Jenseits führten.« (In der Djoserpyramide wogen allein deren Scherben, die man in einem der unlängst entdeckten Gänge gefunden hat, 90 Tonnen!) »Während ein Teil der Arbeiter mit der Vertiefung der unterirdischen Gänge beschäftigt war, ebneten andere das Gelände für den Bau der Pyramide selbst. Mancherorts wurde das Fundament auf festem Felsen angelegt, den man zuvor eingeebnet hatte; anderwärts erwies es sich als notwendig, den gesamten Pyramidenunterbau auf Bruchstein zu gründen. Die Oberfläche des Fundaments wurde wahrscheinlich geglättet, indem man seine viereckige Fläche mit einer Mauer umgab und unter Wasser setzte; dann markierte man an der Eindämmung den Wasserpegel, dem entsprechend das Terrain planiert wurde... Währenddessen entwarf der Baumeister den Plan, dem die Maße in Ellen und der Neigungswinkel zu entnehmen waren. Nachdem der Bauplatz eingeebnet war, mußte die Lage der Pyramide nach den Himmelsrichtungen fixiert werden. Obgleich die alten Ägypter keinen Kompaß kannten, taten sie das mit geradezu unglaublicher Präzision.« (Die gröbste Abweichung vom astronomischen Norden beträgt an der Achse der Cheopspyramide kein ganzes Zehntel eines Grades!) Dann begann der Riesenbau aus dem Sand zu wachsen – Schicht um Schicht vom Fuß hinan bis zum Scheitel...

Sämtliche Pyramiden des Alten Reiches wurden im Grunde nach derselben Methode gebaut. In der Mitte besaßen sie den Kern aus grob zugehauenen Blöcken, der fortschreitend schmaler wurde, um die Stabilität des Baues zu garantieren; auf diesen Kern stützten sich dann die folgenden Schichten mit ihren Vorsprüngen für die Oberflächenbewehrung. Die Quader in der Pyramidenmasse stammten aus dem nächsten Steinbruch; die Verkleidung der Innenkammern und Gänge bestand gewöhnlich aus polierten Granitblöcken, der Außenputz aus feinkörnigem geglättetem Kalkstein, der aus den Brüchen um das heutige Tura und Massara auf dem jenseitigen rechten Nilufer herangeschafft wurde.

Die Pyramiden des Mittleren Reiches hatten ihre Innenmasse aus Feldsteinen oder ungebrannten Ziegeln und waren im Zentrum zur Sicherheit mit steinernen Scheidewänden versteift; ihre Außenverkleidung bestand ebenfalls aus turischem oder massarischem Kalkstein, so daß sie sich beim Anblick nicht von den Pyramiden des Alten Reiches unterscheiden ließen.

Die Spitze setzte in jedem Falle eine kleine Granitpyramide (pyramidion) mit dem Namen ihres Eigentümers und einer Inschrift zu Ehren des Sonnengottes. Die Baupläne erfuhren während des Baugeschehens verhältnismäßig häufige Korrekturen; in erster Linie betrafen sie die Gesamtmaße der Pyramide und die Lokalisierung der Grabkammer. Wenn es um den

Plan und den eigentlichen Bau der Cheopspyramide geht, geben wir das Wort erneut jenem Mann, der am ehesten zuständig ist, dem deutschen Ägyptologen Borchardt:

»Die Große Pyramide sollte ursprünglich nur eine Grabkammer haben, in den Felsen gehauen, zu dem eine schiefe Ebene führte. Doch ehe diese Kammer vollendet war, ersetzte der Bauherr den ursprünglichen Plan durch einen anderen, wiewohl seine Ausführung auch am überirdischen Bauteil fortschritt (die beabsichtigten Dimensionen kennen wir nicht). Nach diesem zweiten Plan, der größere Maße festlegte, sollte die Grabkammer über der Erde untergebracht werden, d. h. in dem Bauteil, dessen Kern bereits fertig war. Deswegen mußte auch die Richtung des früheren nach oben führenden Ganges geändert werden, und zwar so, daß er ungefähr in Höhe der Grabkammer waagerecht abbog, wobei es sich erforderlich erwies, den inzwischen abgeschlossenen Teil des Baukerns einzureißen. Auch dieser zweite Plan verrät uns nichts über die vorgesehene Größe der Pyramide. Es steht jedoch fest, daß gleichfalls er noch vor der Pflasterung der neuen Grabkammer und des waagerechten Schachtes verworfen wurde und einem neuen, letzten weichen mußte. Danach erhielten die sogenannte Große Galerie, d. h. der erweiterte Teil des abschüssigen Ganges, sowie die neue (die dritte in der Folge) Grabkammer mit der nachgerade unfaßbaren Anhäufung von Entlastungskammern über der Decke ihre Gestalt. Erst aus diesem letzten, definitiven, zur Realisierung bestimmten Entwurf erfahren wir die Dimensionen des Baues. Offenbar gingen sie über diejenigen der früheren Pläne hinaus.«

Dieser Deutung aus Borchardts Vorlesung »Gegen die Zahlenmystik um die Große Pyramide« (1922) sind ein paar Bemerkungen anzufügen. Borchardt erläutert hier vorrangig einige Entstehungsphasen der Großen Pyramide und den Zweck ihrer einzelnen Kammern. Zu Recht spricht er von »der unvollendeten Grabkammer im Felsen« (statt vom »unterirdischen Königsgrab« – ein einziger Mensch kann schließlich nicht in zwei Grabstätten beigesetzt sein), weiter von »der ersten verlassenen Grabkammer« (die in der Literatur unbewiesenermaßen »Grabmal der Königin« hieß) und führt für das sogenannte »königliche Grabmal« den treffenderen Terminus »Bestattungskammer« ein. Allein einer seiner Behauptung können wir nicht zustimmen: »mit der unfaßbaren Anhäufung von Entlastungskammern«.

Und auf dieser kleinen Grabkammer nun (selbstverständlich nur relativ klein: ihr Grundriß mißt 5,2 × 10,4 Meter und ihre Höhe 5,8 Meter) ruhen die oberen zwei Drittel der Pyramide mit ihrer zermalmenden Last. Damit dieser Druck sie nicht knickt, war es unerläßlich, ihn zu verteilen. Die ägyptischen Ingenieure lösten das Problem, indem sie über die Decke der Bestattungskammer jeweils zwei Riesenquader mit schrägen Kanten legten, die sich in stumpfem Winkel gegeneinander lehnten und gleichsam ein kolossales, wuchtiges Dach bildeten. An kleineren Pyramiden genügte das, an der Cheopspyramide hingegen erforderte die Sicherheit, dieses »Dach« höher zu setzen, so daß das Gewicht nicht unmittelbar auf die Bestattungskammer wirkte, sondern auf den Hohlraum über ihr, der durch steinerne Zwischenwände abgestützt war. Nach modernen statischen Berechnungen, die sich mit Material-, Arbeits- und Zeiteinsparung befassen – den Pyramidenbauern ungeläufigen Kriterien –, scheint diese Entlastung der Bestattungskammer in der Großen Pyramide übertrieben. Doch bauen nicht auch wir Brücken mit fünffachen Sicherheitskoeffizienten und Flugzeuge sogar mit zehnfachen? Technisch läßt sich an dieser Abteufung nichts aussetzen – uns bleibt nur die Bewunderung für die Ingenieurkunst der alten Ägypter.

Im Innern der Großen Pyramide gibt es indessen noch vieles, was den Forschern einst Kopfzerbrechen bereitet hat und heute die Achtung der Besucher erregt. Zum Beispiel Cheops' Sarkophag in der Bestattungskammer, der dort seit Jahrtausenden reglos steht: er ist aus einem Block graubraunen Granits gemeißelt und übertrifft nach Breite und Höhe das Eingangstor. Wie ist er da hineingeraten? Bestimmt bereits während des Pyramidenbaues, als von der Bestattungskammer erst der Fußboden fertig war. Oder die sogenannte Große Galerie: ein nahezu fünfzig Meter langer und neun Meter hoher steil ansteigender Gang, dessen Wände aus Kalksteinquadern wie aus Metall gegossen erscheinen. Das System von Innengängen und Verbindungsschächten, von denen viele blind sind und in tückischen Schluchten enden, bildet jedoch kein solches Labyrinth, wie sie in den Pyramiden des Mittleren Reiches zu finden sind, und zeugt so von jener Tiefsinnigkeit, mit der die Pyramidenbauer sich in ihrer Materie zu orientieren wußten und dabei gleichzeitig eventuelle Störenfriede der königlichen ewigen Ruhe in die Irre zu führen gedachten. Der Zugang zur Pyramide war derart perfekt getarnt, daß ihn selbst die Diebe des Altertums nicht ausmachen konnten – und das heißt schon etwas! Noch fanden ihn die Forscher von dem Bagdader Kalifen al-Ma 'mun, des Sohnes Harun ar Raschids aus »Tausendundeiner Nacht«. Deshalb gruben die Fledderer einen neuen Pyramideneingang (jenen, zudem die Touristen sie heutzutage betreten), und al-Ma 'mun verschaffte sich mit Rammböcken Zutritt, die an ihrer Nordfront ein riesiges, an einen Bombentrichter gemahnendes Loch hinterließen.

Die Ausmaße der Pyramide, das System der unterirdischen Gänge, die Entlastung der Bestattungskammer – all das kündet von dem hervorragenden technischen Wissen der ägyptischen Bauleute. Die präzise Ausrichtung der Pyramiden nach der Windrose und untereinander (so deckt sich die nordöstlich-südwestliche Diagonale der Cheopspyramide genau mit der Verlängerung der Diagonale der Chefrenpyramide) wiederum beweist die einmaligen Kenntnisse ägyptischer Astronomen und Geometer. Doch mögen diese Leistungen uns noch so sehr staunen machen, sie verschwimmen vor unseren Augen wie Nilkähne im Abenddunst bei einem Blick von der Plattform der Großen Pyramide, wenn wir im scharfen Licht der Scheinwerfer an den Wänden der Bestattungskammer die kaum wahrzunehmenden Kleinigkeiten erfassen: Die Steinquader sind so peinlich bearbeitet und fü-

Das Pyramidenfeld bei Giseh

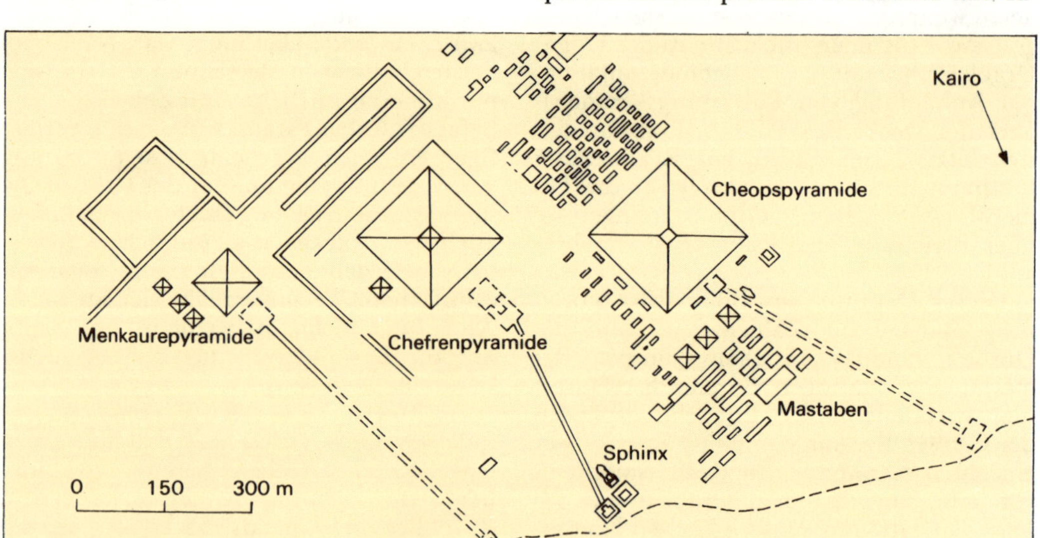

gen sich so lückenlos aneinander, daß kein Schnipsel Papier dazwischenpaßte.
Doch diese mikroskopisch feine Arbeit, die angesichts der Masse der kolossalen Pyramide so verblüfft, ist schon nicht mehr das Werk ägyptischer Ingenieure, sondern der grauen, namenlosen, geschmähten und geknechteten Scharen aus dem Volke, denen lediglich primitive kupferne Werkzeuge zur Verfügung standen und die gezwungen waren, die Gesteinsblöcke von Hand, mit Sand und Wasser zu polieren.

Hier begegnen wir den eigentlichen Pyramidenbauern. Die Große Pyramide errichtete ja nicht Cheops; er gab nur den Befehl dazu. Noch ist sie das Werk der Architekten und Ingenieure; sie entwarfen nur die Baupläne (alle Achtung!) und leiteten die Bauarbeiten. Wer also hat sie gebaut? All die übrigen? – Hm ...

»Hm« bedeutet in diesem Fall keinen Ausruf, der die Verlegenheit aus Unwissen artikuliert, vielmehr die Transkription der Hieroglyphe für den Begriff »Knecht«, »Sklave«, »Diener«. Dieses »hm«, das nach Ergänzung durch den Selbstlaut »hem« ausgesprochen wurde, taucht in den Inschriften aus dem Alten Reich nicht auf. Einige Forscher schlossen daraus, daß, wenn die alten Ägypter das Wort für den Sklaven nicht gekannt haben, es bei ihnen keine Sklaven gegeben haben kann. Von diesem Schluß braucht es nur einen Schritt zur Behauptung, »die Sklavenhaltung der Ägypter habe sich als ... sinnlos erwiesen«. In Wahrheit kannte die Sprache des Alten Reiches nur nicht diesen Sammelbegriff für Sklaven, sie verfügt aber über andere, beispielsweise »mryt«, was sich bekanntlich von der Bezeichnung für die Hacke (mr) herleitet, oder »dshet«, was ursprünglich den Körper umschrieb, und sie unterschied sogar eine ganze Menge von Spezialtermini für Sklaven, die in Steinbrüchen und in der Landwirtschaft beschäftigt wurden.

»Sklaven waren in Ägypten zuvörderst Kriegsgefangene, zu denen auch nichtkämpfende Männer, Frauen und Kinder im Kampfgebiet aufgegriffen und nach Ägypten verschleppt, gehörten. Darüber hinaus rekrutierten sie sich aus Ägyptern, die für schwere Verbrechen abgeurteilt waren, und endlich aus Personen, die sich selbst in die Sklaverei verkauften oder freiwillig ihre persönliche Freiheit gegen Knechtschaft eintauschten ... Da die Arbeiter und Bauern in Ägypten Freie, Kriegsgefangene aber rar waren, gab es dort auch nicht allzu viele Sklaven ...« Soweit das Akademiemitglied Lexa in dem arrivierten Werk »Das öffentliche Leben im antiken Ägypten« (1955).

Übergehen wir das Adverb »freiwillig« im vorletzten Satz und beachten lieber die Feststellung, es habe in Ägypten »nicht allzu viele Sklaven« gegeben. Halten wir uns auch nicht bei der Untersuchung der feinen Unterschiede in der rechtlichen Stellung von Sklaven, Leibeigenen und Bediensteten diverser Kategorien auf noch bei den juristischen Finessen, die zur Isolation dieser Bevölkerungsgruppen von »freien Bauern und Arbeitern« angewandt wurden. Die komplizierteste wissenschaftliche Analyse wird uns ohnehin zu demselben Schluß führen wie diese einfache Feststellung: Einen solch gigantischen Bau, wie ihn die Cheopspyramide repräsentiert, vermochten nicht wenige Sklaven, sondern einzig und allein riesige Massen »freien Volkes« zu schaffen. Und um sie erbauen zu können, mußten sie ungeachtet ihrer rechtlichen Stellung faktisch versklavt sein.

Haben wir irgendwelche Informationen über diese Menschen? Wieviele haben an der Großen Pyramide gewirkt, wie lange, mit welchen Werkzeugen, wofür? Wir haben sie!

Die ältesten stammen von Herodot und Diodoros, die jüngsten aus den Ausgrabungen britischer, deutscher und amerikanischer Archäologen. Sie ergänzen einander in erstaunlichem Maße und – bestätigen sich.

Herodot, der Ägypten mehr als zweitausend Jahre nach der Errichtung der Pyramiden von Giseh besuchte, stützt sich verständlicherweise auf bloße mündliche Überlieferungen – auf eine nahezu zehnmal ältere Überlieferung, als wir sie über die Türkenkriege kennen. Doch diese Tradition war in Ägypten nach wie vor lebendig, und über Cheops (wie Herodot den Namen Chufev schrieb) erfuhr er alles erdenklich Schlimme. Vor dessen Regierung existierte in Ägypten angeblich eine »durchaus gute Ordnung«, mit dem Bau seiner Pyramide aber »stürzte er das ganze Land in jeder Hinsicht ins Elend«. Diodoros schließlich bemerkt, die Bevölkerung habe ihn dermaßen hassen gelernt, daß sie seinen Leichnam aus dem Grabmal hinauswarf. Dies stellte die höchste Strafe und gleichzeitig die revolutionärste Tat dar, deren Konsequenzen in alle Ewigkeit nachwirken sollten: Die Vernichtung des Leichnams Cheops' verwehrte es Cheops' Geist, im Totenreich über die Geister der einfachen Ägypter zu herrschen. Es war eine Rebellion wider König und Gott. Das Volk nahm solchermaßen Rache für die Bürde, die er ihm mit dem Bau seiner Pyramide auferlegt hatte.

Ein ähnliches Schicksal soll auch Chefren ereilt haben. »Diese beiden Könige verabscheuen die Ägypter so heftig, daß es ihnen widerstrebt, ihren Namen in den Mund zu nehmen; ja, selbst ihre Pyramiden nennen sie nach dem Hirten Philitos, der einst in diesem Gebiet seine Herden gehütet hat.«

Kehren wir indessen zum Bau der Großen Pyramide zurück und geben dem »Vater der Geschichtsschreibung« das Wort: »Als Cheops damals König wurde, stürzte er das Land in jeder Hinsicht ins Elend. Zuerst schloß er sämtliche Tempel und hinderte die Ägypter, Opfergaben darzubringen; dann zwang er sie alle, für ihn zu arbeiten. Die einen hieß er Felsbrocken aus den Steinbrüchen im Arabischen Bergland an den Nil zu schleppen; anderen befahl er, diese Blöcke, die über den Fluß geflößt wurden, zu entladen und bis zu den Libyschen Höhenzügen zu transportieren. Und es arbeiteten zehn Myriaden Menschen in Gruppen, jede über jeweils drei Monate. Zehn Jahre brauchte das geknechtete Volk, den Weg zu befestigen, auf dem die Quader bewegt wurden. Die Anlage dieser Strecke steht meines Erachtens hinter dem Bau der Pyramide selbst nicht wesentlich zurück ... Dieses Werk und der Bau der unterirdischen Kammern in dem Hügel, auf dem die Pyramide thront, dauerte daher ganze Jahrzehnte ... Zwanzig Jahre erforderte die Errichtung allein der Pyramide, deren jede Seite zehn Plethron mißt. Fast ebenso hoch erhebt sie sich; aufgetürmt ist sie aus polierten und aufs feinste gefügten Quadern, wovon keiner kleiner als dreißig Handbreit ist.«

Zu Beginn einige Anmerkungen: Eine Myriade bedeutet zehntausend; also arbeiteten laut Herodot an der Pyramide insgesamt 100 000 Arbeiter gleichzeitig. Ein Plethron ist ein Sechstel des Stadions, d. h. nach den Maßen des attisch-euböischen Systems, das Herodot anwandte, 29,6 unserer Meter. Demzufolge war eine Pyramidenseite 236,8 Meter lang – eine verhältnismäßig genaue Angabe, denn die Differenz zu neuzeitlichen Berechnungen ihrer ursprünglichen Länge (232,4 Meter) beträgt kaum 2 %. Seine Notiz über die Höhe weicht ab (im Original allerdings ist der Text zweideutig und vielleicht von den Abschreibern verstümmelt), doch die Daten der Quader sind wieder exakt. Ebenso stimmt seine Kunde über den großartigen Schliff, die Verbindung der Blöcke und deren Herkunft mit unseren Erkenntnissen überein.

Wenn wir Herodots Angaben zugrunde legen – ältere und zuverlässigere besitzen wir nicht –, dann erhellt daraus, daß der Bau der Großen Pyramide (selbst wenn wir die Unterbrechung während der landwirtschaftlichen Arbeit einrechnen) etwa fünf Milliarden Arbeitsstunden verschlungen hat.

Erscheint uns das viel? – Das Bauwerk enthält rund 2 250 000 Steinquader. Diese Quader mußten vor allem gebrochen werden. Der Stein wurde möglicherweise so gewonnen, daß in die Steinbruchswand ein Loch gemeißelt, und sobald es groß genug war, ein Holzkeil eingestemmt wurde, den man so lange mit Wasser begoß, bis das Holz aufquoll und den Felsen sprengte. Wahrscheinlicher jedoch ist, daß die Quader unmittelbar aus der Wand gebrochen wurden, und zwar terrassenförmig von der oberen Schicht zur unteren. Einige solcher noch nicht abgespaltener Quader haben sich bis auf den heutigen Tag in den Steinbrüchen von Mokattam und Assuan erhalten – sogar samt den Leinen, an denen die fertigen Blöcke ins Tal gelassen wurden. Der gebrochene Felsblock mußte behauen werden, selbstverständlich von Hand mittels eines kupfernen Meißels. (Weder Bronze noch Eisen kannten die Ägypter damals; sie verstanden sich aber aufs Kupferhärten – etliche solche Werkzeuge wurden gefunden, und sie sind relativ hart.) Dann mußte jeder einzelne Block zum Bauplatz geschafft werden: War es ein Stück aus feinkörnigem Kalkstein, dann kam er aus dem Turischen und Masarischen Gebirge und wurde zuerst einige Kilometer weit zum Nil geschleift, wo er auf ein Floß gehievt, nach dem Übersetzen auf einen Holzschlitten oder rollenunterlegte Balken geladen und schließlich von davorgespannten Arbeitern zum Bauplatz gezogen wurde (Pferde waren den Ägyptern dazumal fremd, und andere Tiere zu solch schwerer Arbeit zu benutzen, hüteten sie sich). Dort bekam er dann seine erwünschte Form. Da jeder Block sechs Seiten hat, mußten rund 13,5 Millionen Seitenflächen zugerichtet und poliert werden.

All das aber gehörte lediglich zur Vorbereitungsphase, der eigentliche Bau nahm erst danach seinen Lauf. Ohne Krane, ohne Flaschenzüge – wir haben über sie aus der Epoche des Alten Reiches keinerlei Beleg, weder aus dem Grabmal des Herrn Cuj noch von den Mastbäumen der Schiffe. Allein durch Muskelkraft und mit Hilfe einfachster technischer Mittel hievten die ägyptischen Bauleute die Riesenbrocken in die Höhe und schichteten sie übereinander, bis sie die Pyramidenspitze erreichten.

Wie sahen diese »einfachsten technischen Mittel« aus? Wir zögern nicht zu sagen: genial. (Alles Geniale ist letztlich einfach, wenn auch nicht alles Einfache genial zu sein braucht.) Sie gründeten sich auf den Gebrauch des Hebels, der Rolle und der schiefen Ebene. Petrie übrigens rekonstruierte nach Wandbildern, archäologischen Funden und Herodots Beschreibungen »Hebezeuge« der alten Ägypter. Unter einen langen Steinblock schoben die Arbeiter zwei Kanthölzer, und zwar in unmittelbare Nähe des Schwerpunktes; dann drückten sie den Quader auf einer Seite nieder, so daß die ganze Last auf dem einen Kantholz lag, und unter das zweite Kantholz, das in diesem Moment unbelastet war, legten sie eine Steinplatte; daraufhin übertrugen sie das Quadergewicht auf dieses zweite Kantholz und unterlegten das erste usw. Unter Quader, bei denen sich das Hebelgesetz nicht anwenden ließ, schoben sie hölzerne »Wiegen«, die es ermöglichten, sie von der einen Seite auf die andere zu neigen; dem entlasteten Teil unterlegten sie Holzkeile. Diese »Maschinen« wurden entweder direkt auf die einzelnen Stufen der Pyramide oder auf eine schräg an die Pyramidenwand geschmiegte Rampe gesetzt. Reste solcher Rampen sind uns überkommen bei der Pyramide Amenemhets I. in Lischt und an der Hunejpyramide bei Medum; im Jahre 1952 stieß Gonem gleichfalls an der unvollendeten Pyramide Sechemchets bei Sakkara auf eine.

»Dieses ganze Werk verlangte eine verzweigte und komplexe Verwaltung« schreibt Gonem. »Nur so war es möglich den Betrieb in den Brüchen, den Transport der Verschalungsquader aus feinkörnigem Kalkstein über den Fluß sowie den Pyramidenbau selbst zu gewährleisten. Eine Armee von Schreibern führte die verschiedensten Listen, kennzeichnete die Blöcke und sorgte für Unterkunft und Verpflegung für die Massen der Handwerker und Arbeiter in den Steinbrüchen und auf dem Bauplatz. Bisweilen finden wir Spuren dieser antiken Arbeiter: Körbe, wie sie bis in die Gegenwart üblich sind, Drehköpfe und Schabgeräte aus Granit, kupferne Meißel, Seilfetzen ... Die Arbeiter waren in Arbeitsgruppen zu 800 bis 1000 organisiert. So wurden beispielsweise Namen solcher Arbeitsgruppen überliefert, die Steine für die Cheops- und die Menkaurepyramide bearbeiteten: »Mannschaft Cheops weckt Liebe«, »Mannschaft Weiße Cheopskrone ist stark« ...

Herodots Auskunft über die Zahl der Arbeiter, die jeweils am Bau der Cheopspyramide beschäftigt waren, erachteten manche Forscher für einigermaßen übertrieben. Neuerdings wurde ihre Angemessenheit, um nicht zu sagen: Richtigkeit, durch Petries und Reisners Ausgrabungen bei Giseh bestätigt. Hacken und Schaufeln förderten dort Überbleibsel einer Arbeitersiedlung zutage, in der etwa zehntausend Handwerker mit ihren Familien gelebt haben mochten. Das sind genau jene 10 % der von Herodot erwähnten Gesamtzahl der Arbeiter, die den »Kaderbestand« der qualifizierten Stammbelegschaft bildeten.

Herodot vergaß auch nicht die »finanzielle Seite« der Pyramide, für die sich die übrigen antiken Schriftsteller nicht minder interessiert zeigten. »Es ist an der Pyramide in ägyptischer Schrift festgehalten, wieviel Rettich, Zwiebeln und Knoblauch für die Arbeiter gekostet haben, und ich erinnere mich gut, was der Priester angab, der diese Inschrift vorlas: sechzehnhundert Silbertalente. Wenn dem so ist, wieviel mochte da für die Werkzeuge ausgegeben worden sein, mit denen die Arbeiter hantierten, wieviel für ihre gesamte Ernährung und Kleidung!«

1600 Silbertalente sind eine enorme Summe (nach ihrer Aufschlüsselung je Arbeiter hingegen kommen nur ein paar Mark heraus). Die Ausgaben für Rettich, Zwiebeln und Knoblauch können freilich nur ein Bruchteil der Lebenshaltungskosten der Arbeiter und erst recht des eigentlichen Bauaufwandes der Pyramide ausmachen. Verzeichnisse anderer Aufwendungen fand weder Herodots antiker Reisebegleiter noch ein moderner Archäologe. Wieviel betrugen sie wohl im ganzen? Und vor allem: Wer brachte sie auf?

Es gibt nur eine Antwort: die Pyramidenbauer selbst! Jene »freien Arbeiter und Bauern«, die hierher zusammengetrieben waren und sich selbst ernähren mußten – ähnlich wie ihre viel späteren Nachfahren, die feudalen Leibeigenen, wenn sie ihren »Frontag« auf dem herrschaftlichen Boden ableisteten. Die Massen des versklavten Volkes errichteten die Pyramiden also nicht nur eigenhändig, sondern finanzierten auch ihren Bau.

Aus Blut, Tränen und Seufzern, aus Millionen mit Muskelkraft in schwindelnde Höhe beförderter Felsblöcke ist die Große Pyramide mit ihren Kammern, Gängen und Galerien entstanden. Für Cheops, für seine Mumie, für sein »ka«.

Hat sie ihren Zweck erfüllt? Haben die übrigen Pyramiden, die Chefren, Menkaure, Sahure und andere Könige des antiken Ägyptens sich errichten ließen, ihren Zweck erfüllt?

Sie hatten alle Voraussetzungen dazu. Es waren Festungen. Massivste Bunker, die selbst die über Hiroshima abgeworfene Bombe nicht vernichtet hätte. Die Armee bewachte sie – ausgewählte Einheiten der pharaonischen Leibwache mit Lanzen und Streitäxten, die durch ihren bloßen Anblick Furcht erregten. Priester beschützten sie – religiöser Aberglauben, der das Produkt der Stärke unbezwinglicher Quader und gezückter Waffen derart potenzierte, daß es sich der moderne Mensch schwerlich vorzustellen vermag.

Und dennoch versagten sie. Vom Schicksal der Mumien Cheops' und Chefrens haben wir mittlerweile vernommen. Ähnlich erging es auch den übrigen Königen, angefangen bei Djoser und endend beim Erbauer der letzten Pyramide, Chendjer. »Ihre Opfersteine sind leer wie die Opfersteine der armen Teufel, die ohne Angehörige am Uferdamm gestorben waren.«

Warum? Staatliche und private Banken auf der ganzen Welt legen ihre Tresore mit den Schätzen unauffällig unter der Erde an. Die phantastischen Schatzkammern der Pharaonen hingegen forderten mit ihrer Gewaltigkeit geradezu heraus: Komm zu uns, wer kann! Und für die Wahrnehmung dieser Aufforderung versprachen sie einen Preis, der sich durch nichts beziffern läßt.

Eine Ahnung, aber nicht mehr als eine Ahnung, davon, was sie bargen, vermittelt uns das einzige Pharaonengrab, das sich beinahe unversehrt den Gelehrten bot. Howard Carter förderte im Jahr 1924 allein aus der Vorderkammer des Grabmals Tutenchamuns vierunddreißig schwere Kisten Goldsachen, Schmuck, Edelsteine, Gold und nochmals Gold. Und als er in die Bestattungskammer drang, fand er darin eine vergoldete Truhe des Ausmaßes von 5,20 × 3,35 × 2,75 Metern und in ihr wiederum eine zweite vergoldete Truhe und in dieser eine dritte vergoldete Truhe und in dieser dritten vergoldeten Truhe endlich den aus einem Block von edelstem gelbem Kristall gemeißelten Sarkophag. Damit aber begnügte sich diese überdimensionale Matrjoschka nicht: in dem kristallenen Sarkophag befanden sich drei ineinander gefügte vergoldete Särge, und erst im letzten von ihnen, der in purem Gold prangte, ruhte die Mumie des Königs. Das Antlitz war mit einer goldenen Maske bedeckt, an den Fingern funkelten goldene Ringe, am Hals eine zweifache Goldkette. Als er die leinenen Verbände der Mumie abwickelte, entdeckte er darin eine solche Menge Juwelen, daß er sie bei ihrer Beschreibung in 101 Gruppen gliedern mußte. Außerdem war die Grabstätte vollgepfropft mit künstlerisch wertvollen Statuen des Königs und dessen Schutzgöttern, mit reichverzierten Möbeln, Thronsesseln, ausgelegten und gemalten Schatullen, Paradestreitwagen, Waffen, Vasen, Festgewändern, luxuriösen Gegenständen des täglichen Bedarfs. Kurzum, wie Carter es zusammenfaßte: »Beim Anblick dieser Schätze verstummte der Mensch!« Das bescheinigen auch wir heute, wenn wir die Schätze aus Tutenchamuns Grab im Ägyptischen Museum zu Kairo betrachten: sie füllen dort zehn Räume, deren Fläche sich weiter erstreckt als ein Fußballplatz ... Dabei war dieser Tutenchamun ein völlig unbedeutender Herrscher: Wir wissen noch nicht einmal seine Regierungszeit genau und haben lediglich aus der Obduktion seines Leichnams erfahren, daß er mit etwa achtzehn Jahren verstorben ist. Welche Schätze mögen sich in den Gräbern großer Machthaber gehäuft haben, wie beispielsweise Ramses' II.? Welche in den Pyramiden?

Der obere Teil des Goldsarges Tutenchamuns

Wie konnten jedoch diese Königsgräber trotz all der unglaublichen Sicherheitsmaßnahmen ausgeraubt worden sein? Zwei Geschichten helfen uns den Schleier dieses Geheimnisses lüften. Die eine zählt drei Jahrtausende, die andere neunzig Jahre. Beide sind gleichermaßen aktuell.

Die erste, von der die Gerichtsakten erhalten geblieben sind, begab sich zu Zeiten Ramses' IX., d. h. irgendwann in den Jahren 1137–1120 v. u. Z. in Veset (Theben). Der Überlieferung nach sagten vor Gericht acht auf Grabfledderei spezialisierte Diebe aus: »Wir haben ihre Särge und Hüllen geöffnet, in denen sie lagen. Wir fanden den ehrwürdigen Leichnam des Königs ... Um den Hals hatte er viele Amulette und goldenen Zierat. Sein Antlitz war mit einer goldenen Maske bedeckt. Die edle Mumie des Königs war über und über mit Gold besät. Die Verbände waren innen und außen mit Gold und Silber behäuft und mit verschiedenen Juwelen durchwirkt ... Ähnlich fanden wir auch die Gemahlin des Königs vor ... Das Gold, das wir an den Mumien dieser Göttin fanden, sowie die Amulette, die Juwelen und Verbände haben wir zu Achteln unter uns geteilt.« Das Gericht, dem irgendein unbestechlicher Würdenträger vorsaß, erklärte sie für schuldig. Welche Strafe sie erhielten, entzieht sich unserer Kenntnis. Wir wissen nur, wie die Grabfledderer geheißen haben: Hapi, der Steinmetz, Iramun, der Handwerker, Amenmesse, der Bauer, Kemvesse, der Wasserträger, Enhufre, der schwarze Sklave. Drei weitere und die Hintermänner blieben für alle Ewigkeit anonym.

Diese Story bezeichnet den Weg, wie dem Rätsel der Grabplünderung auf den Grund zu kommen ist: es fledderten die Gräber diejenigen, die sie bewachen sollten. Die »schmutzige Arbeit« vertrauten sie Leuten an, die von ihnen abhingen. Die Gang der Fledderer hielt zusammen: Wurde die Sache ruchbar, liquidierte sie ohne Erbarmen, wer ihr ins Gehege kam, und opferte die Werkzeuge, mit deren Hilfe sie ihr Metier betrieb.

Eine zweite Geschichte nahm ihren Anfang im Jahre 1881. Gaston Maspero, Direktor des Ägyptischen Museums zu Kairo, beraumte eine Geheimberatung seiner nächsten Mitarbeiter an und erklärte, so könne es nicht weitergehen. Die ägyptische Polizei habe sich als unfähig erwiesen, so bleibe kein anderer Ausweg, als daß einer der jungen Herren sich der Affäre annähme; ein Archäologe sei ohnehin ein halber Detektiv, doch werde es nicht ganz einfach sein. Die nötigen finanziellen Mittel stünden zur Verfügung.

Sechs Jahre lang tauchten nämlich auf dem Schwarzen Markt ägyptischer Altertümer wertvolle Gegenstände auf, die unbestritten aus den Gräbern der 19. bis 21. Dynastie stammten, aus Gräbern, von denen niemand die geringste Spur kannte. Präziser gesagt: keiner der Ägyptologen. Da aber diese Sachen über allen Zweifel an ihrer Originalität erhaben waren, mußte logischerweise jemand über diese Gräber Bescheid wissen, und zwar jemand, der nicht zu den Ägyptologen gehörte, jemand, der aus dem Raub ein einträgliches Geschäft machte. Nun ging es darum, ihn zu stellen und die kostbaren Denkmale für die Wissenschaft zu bewahren.

Die ägyptische und europäische Polizei trug ein reichhaltiges Beweismaterial zusammen; es half aber nicht weiter. Einen beschlagnahmten Skarabäus aus der 19. Dynastie hatte einem deutschen Universitätsprofessor irgendein Fellache verkauft, und zwar mitsamt den echten altägyptischen Perlen. Einen Papyrus mit bis dahin unbekanntem Text aus der 20. Dynastie erstand ein amerikanischer Privatmann von einer Person, »die den Eindruck eines reichen Scheichs machte«. Das Spiel um Wolf und Schafe, mit dem sich nach ihrem Tode eine Prinzessin aus der 19. Dynastie die Zeit vertrieben haben sollte, erwarb ein anderer Sammler von einem »gewissen Dragomanen«. Die Personenbeschreibung paßte auf 90 % des ägyptischen Volkes.

In dieser Situation langte Masperos junger Assistent in Luxor an, keineswegs als Archäologe, vielmehr als vermögender Tourist, den das Verbot des Handels mit altägyptischen Denkmalen wenig kümmerte. Ihn sprachen Schacherer mit »garantiert echten« Antiquitäten an, er lachte sie aus und erklärte, keine Fälschungen zu kaufen. Daraufhin boten sie ihm irgendeine Kleinigkeit an, in der er ein Teilchen aus der Grabausstattung der 19. Dynastie identifizierte; er kaufte sie und gab zu verstehen, sich für etwas Größeres zu interessieren. Eines Abends traf er bei seinen Basarkontrollen auf einen arabischen Händler, der ihm gegen ein angemessenes Bakschisch versprach, einen Mann zu vermitteln, »der mit sich reden lasse«. Dieser Mann hieß, wie es sich später herausstellte, Abd el-Rasul; er stammte aus dem nahegelegenen Dorf Kurna und war das Haupt einer allgemein geschätzten Familie. Als er mit dem jungen Franken engere Bekanntschaft geschlossen hatte, brachte er ihm einige Dinge aus einem Pharaonengrab der 19. und 20. Dynastie. Und Masperos Assistent ließ ihn verhaften.

Nur daß die Recherchen beim örtlichen Mudir Da'ud ergaben, daß Abd el-Rasul rein wie die Lilie war. Die unwiderlegbaren Beweise des Assistenten vermochten nichts zu bewirken; der Mudir hieß ihn Geduld zu üben. Die Zeit sei die höchste Macht der Erde, es werde sich schon zeigen ... Der Assistent wartete einen Tag, wartete zwei Tage und brach dann seelisch zusammen.

Einen Monat später traf ein Verwandter Abd el-Rasuls beim Mudir ein und nahm alles auf sich – nach der einen Version deswegen, weil er sich bei der Verteilung der Beute mit dem Familienoberhaupt zerstritten habe, nach einer anderen, bei aller offensichtlichen Unwahrscheinlichkeit der wahrscheinlichsten, wohl weil der Mudir bedeutet hatte, daß es an der Zeit sei, die Wahrheit zu sagen. (In den patriarchalischen Verhältnissen des damaligen Ägyptens besaß der Mudir immerhin eine Autorität, von der wir schwerlich auch nur zu träumen wagen.) Doch sei es wie auch immer, Abd el-Rasul sagte aus, er habe vor sechs Jahren in Der el-Bahri nahe dem Tal der Könige eine unauffällige Einbuchtung im Felsen und darunter ein etwa elf Meter großes Loch entdeckt, das in eine Höhle mit Mumien mündete. Von seiner Entdekkung habe er nur den zuverlässigsten Familienangehörigen etwas verraten, und alle gemeinsam hätten sich unter Eid verpflichtet, Stillschweigen zu wahren und von der Beute nur für den eigenen Bedarf zu nehmen. Dann hätten sie sechs Jahre lang das Geheimnis gehütet und von »dem mumifizierten Bankkonto« ihren Reichtum gemehrt.

Der Mudir teilte dies sofort dem Assistenten mit; als er merkte, daß dieser sich von dem Schrecken noch nicht erholt hatte, sandte er ein Telegramm nach Kairo. Maspero war gerade nicht anwesend, und so machte sich sein Assistent Emil Brugsch auf den Weg. Und als er am 5. Juni 1881 sich in die Höhle hinabseilte, zu der ihn auf Geheiß des Mudirs Abd el-Rasul persönlich geführt hatte, fand er hier zu seinem unbeschreiblichen Erstaunen vierzig Särge mit den Mumien von Königen und deren Familien vor. Unter ihnen waren, wie er aus den Inschriften las, die Mumien Setchis I., dessen Sarkophag Belzoni im Tal der Könige entdeckt hatte, und der beiden größten Herrscher des Neuen Reiches, Thutmosis' III. und Ramses' II.! An den Wänden der Särge, die dieses Massengrab der Pharaonen enthielt, wurde es Brugsch offenbar, wann, warum und wie sie hierhergelangt waren. Priester hatten sie aus Sicherheitsgründen an diesen Ort übergeführt, um der Plünderung der ursprünglichen Grabstätten und der Vernichtung der mumifizierten Leichen zuvorzukommen. Jedem Grab, das den Leichnam eines Herrschers und dessen Grabausstattung barg, drohte mit Gewißheit die Plünderung. »Indem der König auf sorgsame und kostspielige Ausstattung seiner Mumie bedacht war«, schreibt Carter, »leistete er selbst deren Zerstörung Vorschub. Die Versuchung war allzu groß. Der Reichtum, der die kühnsten Träume der ausgepichtesten Raffzähne überstieg, harrte wohlbereitet dessen, der Wege und Mittel ersann, ihn zu erobern; früher oder später erreichte der Plünderer sein Ziel.«

Diejenigen Priester, die die Leichname ihrer Herren beschützten, bildeten jedoch, zumal zu Zeiten des Verfalls der königlichen Macht, eine unbedeutende Minderheit. Es wurden Berichte überliefert, wonach sich diese Getreuen den Weg der Pharaonenmumie zum neuen Unterschlupf mit der Waffe in der Hand bahnten und daraus bald wieder woandershin (unter ähnlichen Begleitumständen) umziehen mußten. Die anderen Priester und Würdenträger gaben gegenüber dem Gottesdienst der Gottesfledderei den Vorrang. Doch die Grabschänder rekrutierten sich nicht ausschließlich aus dem »Rahm und dem Bodensatz der Gesellschaft«, hinzu gesellten sich vornehmlich die Grabwächter, die Architekten, die das System der Geheimgänge kannten, und die Vorarbeiter, die sich den Pyramideneingang merkten. Unterstützt wurden sie nicht nur durch die labilen Verhältnisse, sondern hauptsächlich durch die Zeitläufte: Was den Vätern nicht glückte, gelang den Söhnen und Enkeln, was ein Jahrhundert nicht zuwege brachte, vollendete ein zweites, drittes ...

Die Geschichten von den Grabfleddereien und »wandernden Mumien« lassen uns ahnen, wie auch die Pyramiden ausgeraubt wurden. Und diese Pyramidenplünderung, zu der es wahrscheinlich während der Zwischenperioden nach dem Scheitern des Alten und Mittleren Reiches kam, läßt uns ebenso einsehen, weshalb im Neuen Reich keine Pyramiden mehr errichtet wurden. Statt der Grabmale, die herausfordernd verkündeten: »Wir haben etwas zu verbergen«, bauten sich die Pharaonen Geheimgräber tief in den Felsen und mit peinlichst getarnten Zugängen. Die Arbeiter, die den Ruheort der Pharaonenmumie herausmeißelten, wurden nach Vollendung aus Sicherheitsgründen hingerichtet. Die Totentempel fanden zuweilen in kilometerweiter Entfernung von den Grabstätten Platz – ohne Rücksicht darauf, daß dadurch dem Pharaonen-ka keine geringen Beschwernisse bereitet wurden. Aber selbst von diesen Gräbern entging kein einziges dem Sakrileg – bis auf das von Tutenchamun, und das auch nur teilweise: Die damaligen Diebe wurden bekanntlich gestört, und so gelangte ihre erhoffte Beute schließlich ins Ägyptische Museum zu Kairo.

Die offenkundige Sinnlosigkeit der Pyramiden, die sogar die Pharaonen eingestehen mußten, bewirkte allerdings nicht allein, daß von deren Bau Abstand genommen wurde. Der Pyramidenbau erschöpfte die wirtschaftlichen Ressourcen des Landes: »Der Bau der Großen Pyramide kam einem verlorenen Krieg gleich.« Auch ihre Erhaltung verursachte hohe Kosten; es wurde eine Inschrift entziffert, wonach ein Pharao für die Pflege seines Grabes und an Opfergaben für seinen Geist den Ertrag von zwölf Gemeinden verschwendete. Vielleicht war er ausnehmend großzügig, möglicherweise entsprach aber solcher Aufwand den gültigen Normen.

Der Pyramidenbau neigt sich während der Wirrnisse in der Ersten Zwischenperiode dem Ende zu; die Könige des Mittleren Reiches greifen ihn wieder auf, doch ihre Nachfolger im Neuen Reich lassen ganz von ihm ab. Diese späten Pyramiden verfügten immerhin über massiv befestigte Bestattungskammern und herrliche Kalksteineinfassungen, waren andererseits bekanntlich nur aus kleinkörnigem Bruchstein oder ungebrannten Ziegeln gebaut. Eine davon besuchte Herodot, und sein ägyptischer Reisebegleiter zeigte ihm an ihr einen Stein mit der Inschrift, die er folgendermaßen übersetzte: »Verachte mich nicht, indem du mich mit den steinernen Pyramiden vergleichst; denn ich überrage sie wie Zeus die anderen Götter. Die Menschen tauchten Stangen auf den Grund des Sees, schabten den Morast, der daran klebte, ab, sammelten ihn und formten daraus Ziegel, um mich wie ich bin, zu errichten.« Doch auch der Bau dieser Pyramide lähmte Ägypten ökonomisch. »Der Geldumlauf im Lande stockte gewaltig«, schreibt Herodot, »und Kredit konnte man nur dann bekommen, wenn der Schuldner den Leichnam seines Vaters oder seine eigene Grabstätte verpfändete.«

»Möge der Bau sich recken, der sich einbildet, in seiner verschwenderischen Kostspieligkeit nach den Sternen zu greifen!« Mit diesen Worten nimmt Philon Abschied von der Großen Pyramide. Auch wir verabschieden uns von ihr, um nach Kairo zurückzukehren – in seine engen verwinkelten Gassen im Stadtviertel Muski und auf die breiten Boulevards mit ihren dreißigstöckigen Wolkenkratzern, zu seiner Zitadelle mit der Alabastermoschee und auf den Turm el-Borg, der Lotosblume ähnelnd, an das Ufer des majestätischen Nils und in die Parkanlagen unter den Palmenwipfeln, in die Museen mit den unschätzbaren Kostbarkeiten. In die zwölf Millionen Menschen beherbergende und unablässig wachsende Großstadt voller faszinierender Kontraste, die das Herzstück ist des neuen, eine neue Seite seiner Geschichte schreibenden Ägyptens, hoffnungsvoller als jene, deren Denkmal die Pyramiden bilden.

Wir verweilen nicht lange hier. Uns erwartet die Reise in ein Land mit noch älterer Geschichte ... Ägypten aber werden wir zu gegebener Zeit noch einen weiteren Besuch abstatten.

Das zweite Wunder

2

Die Hängenden Gärten der Semiramis

In das Land zwischen den beiden Strömen, wo sich der Bibel gemäß das irdische Paradies erstreckte, in das rätselhafte Land, das wir aus Tausendundeiner Nacht kennen, führt unsere Reise zum zweiten Weltwunder. Wir brechen auf nach seiner Metropole Babylon, der größten Stadt des Altertums und der imposantesten Festung der Welt überhaupt, nach dem »Sündenpfuhl« und dem »prunkvollsten aller Königreiche«, das vom Erdboden verschwand, als die Fundamente Roms gelegt wurden, doch sich in nicht geringerer Pracht wieder erhob, um sich schließlich in einen Unterschlupf für Strauße und ein Ziel für Archäologen zu verwandeln.

In diesem Land und in dieser Stadt werden wir die Hängenden Gärten der sagenumwobenen Semiramis suchen. Philon macht uns hier auf ein weiteres Weltwunder aufmerksam: auf die Stadtmauern Babylons. Herodot wird ihm beipflichten, doch zu einem noch größeren Wunder den Babylonischen Turm erküren! Und im Verlaufe der Debatte um diese drei Weltwunder in einer einzigen Stadt, in der sich die Übereinstimmung der Ansichten des »Vaters der Geschichtsschreibung« und des »Vaters der Erdkunde« (sowie anderer antiker Gelehrter und Reisender, unter ihnen Diodoros, Ktesias und Berossos) zeigt, wird unvermittelt die Gestalt eines Mannes mit Professorenbart und Schaufel auftauchen: »Nach eurer Meinung müßte also Babylon im Baedeker drei Sterne haben wie echter Kognak. Meine Herren, kommen Sie noch einmal her! Sie haben Marduks Prozessionsweg zu vergessen geruht!«

Diesem Mann gebührt das Recht, antike Historiker zu bestätigen und zu ergänzen. Zu Beginn unseres Jahrhunderts hat er immerhin alle diese Weltwunder in Babylon freigelegt, genauer gesagt: ihre Spuren. Er heißt Robert Koldewey, und wir bitten ihn, sich unseren im Vorwort bereits genannten Reiseleitern beizugesellen.

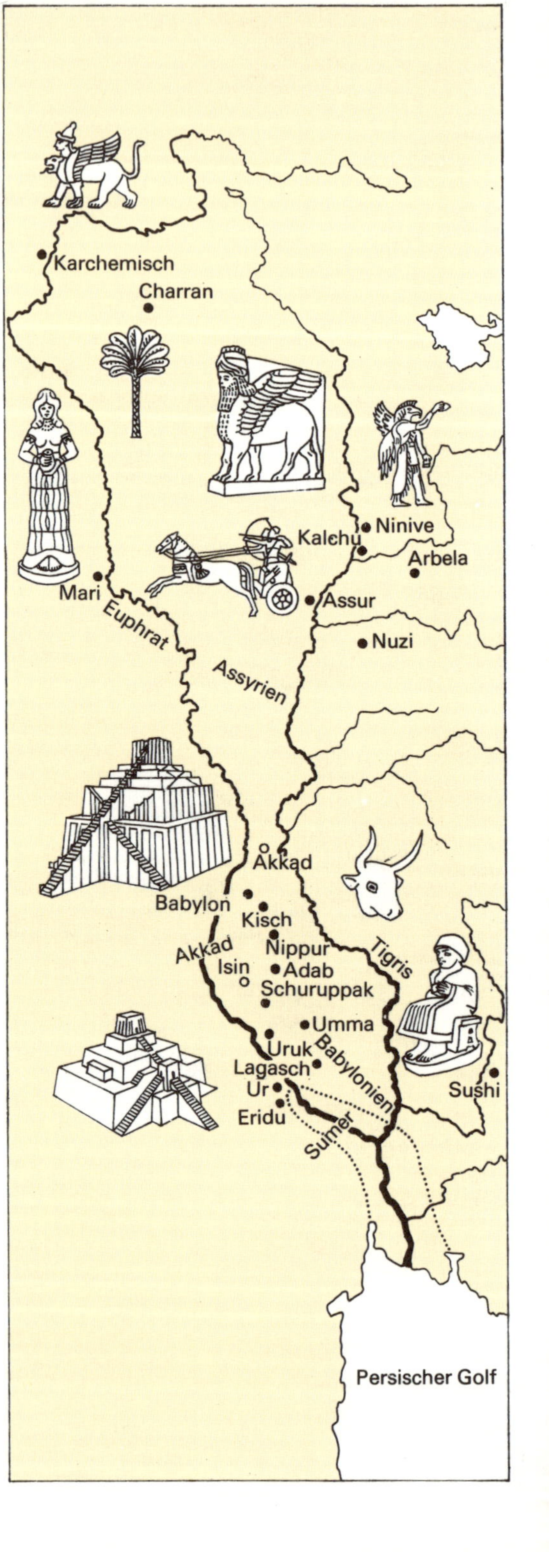

Mesopotamien

Zahlreiche Namen hat dieses Land mit der ältesten Geschichte der Erdkugel in seiner historischen Entwicklung geführt, einer bleibt ihm jedoch für alle Zeiten: Mesopotamien. Ihn verliehen ihm die Griechen, er bedeutet Zwischenstromland, das heißt das Territorium zwischen Euphrat und Tigris. Diese beiden Flüsse besitzen für Mesopotamien die gleiche Bedeutung wie der lebenspendende Nil für Ägypten: vom März bis September bringen sie massenhaft Wasser von den Bergen und bewässern die Ebene, die künstliche Kanäle durchfurchen – zu Zeiten, als der Turm zu Babel stand, ebenso wie Jahrhunderte zuvor und heute. Dennoch haben sich Euphrat und Tigris seit jenen Epochen verändert: in ihrem Bett. Gegenwärtig fließen sie rund 150 Kilometer vor der Mündung in den Persischen Golf zusammen und bilden den Riesenstrom Schatt el-Arab. Im Altertum mündeten sie gesondert für sich, und das Meer reichte um einhundert Kilometer tiefer ins Festland. Die Trümmer von Ur, woher laut Bibel der Urvater Abraham stammte, oder von Eridu, wo nach babylonischen Sagen der erste Mensch Adapa lebte, wurden im Binnenland entdeckt; aus den gefundenen Inschriften jedoch wissen wir, daß es sich um einstige Städte auf Küstenlagunen handelt. Sippar, Kisch, Uruk und Larsa östlich vom Euphrat sind heute Ruinen; im Altertum lagen sie an dessen Ufer. Der Tigrislauf wiederum verschob sich nach Nordosten. Beide Flüsse waren demzufolge in der Antike einander näher als heute. Und dort, wo sie sich am nächsten waren, erhob sich auf dem linken Euphratufer die imposante Stadt Babylon.

Als Herodot diese Stadt besuchte, bot sich ihm nur noch ein Mahnmal ihres Ruhmes und ihrer einstigen Macht. Im Jahre 539 v. u. Z., also keine hundert Jahre vor Herodot, drang eines Herbstmorgens der persische König Kyros in sie ein (mit einem großen Heer und in Übereinkunft mit einheimischen Verrätern) und stürzte den letzten neubabylonischen König vom Thron. Ohnehin stellte das solcherart zerstörte neubabylonische Reich lediglich noch den, wenn auch schillernden Widerschein, doch eben nur den Abglanz des altbabylonischen Reiches dar, das Freibeuter aus dem Norden längst verwüstet und das Assyrische Reich sich einverleibt hatten. Und so war die altbabylonische Kultur nicht mehr als eine späte Blüte einer weit älteren Kultur, deren Wurzeln bis in jene Epochen zurückreichten, woher die ersten historischen Nachrichten vom Menschengeschlecht rühren.

Diese Kultur fiel gleichfalls dem Vergessen anheim, vielleicht gar gründlicher als die ägyptische. Doch lebte sie im Unterbewußtsein der antiken Völker fort, vieles aus ihr übernahmen Griechen und Juden sowie neuzeitliche Nationen, doch ihrer einstigen Existenz wurde bis ins 19. Jahrhundert niemand gewahr. – Sie mußte entdeckt werden.

Diese Entdeckung der uralten babylonisch-assyrischen (oder in einem Wort: akkadischen) Kultur vollzog sich nicht minder dramatisch als die Entdeckung der Kultur des antiken Reiches am Nil. An ihrem Anfang allerdings agierten im Unterschied zu Ägypten nicht Bajonette und Kanonen europäischer Armeen, sondern Spaten der Archäologen. Das will nicht sagen, es seien hierher niemals Eroberer aus Europa vorgedrungen – denken wir nur an Alexander den Großen und seine Makedonier–, doch das lag weit zurück. (Übrigens kam es auch später zu Invasionen, aber darüber wird noch zu berichten sein.) Auch hier waren die Franzosen zuerst zur Stelle; nach ihnen kamen Engländer, die Mesopotamien gleichsam in der Nachbarschaft hatten (Indien), dann Deutsche, ihnen folgten Angehörige vieler europäischer Völker, schließlich auch Amerikaner. Gewiß läßt sich nicht behaupten, all diese Archäologen hätten stets rein wissenschaftliche Ziele im Auge gehabt. Von Beruf waren sie vorwiegend Diplomaten, Militärberater einheimischer Potentaten, Agenten von Spionagediensten, und seit dem Zeitpunkt da neben dem Duft exotischen Gewürzes der Erdölgeruch heraufwehte, zog es auch Geologen an. Selbst deren Wetteifer war nicht immer Rivalität um Erwerb wissenschaftlicher Erkenntnisse; trotzdem aber leisteten sie beachtliche Pionierarbeit, ohne die wir uns die Enthüllung der Kulturdenkmale und der Geschichte des alten Mesopotamiens nicht vorstellen können.

Mesopotamien galt für Europäer bis tief in die Neuzeit als kaum zugängliches Land; dahin wagten sich noch weniger Reisende denn nach Ägypten. Im 12. Jahrhundert brach der abenteuerlustige Rabbiner Benjamin von Tudela auf, den es auf seiner Wallfahrt durch denkwürdige Stätten der Juden auch nach Ägypten verschlug. Er kehrte wohl unversehrt heim, doch das Buch, das er dann schrieb, erlebte seine Drucklegung erst dreihundert Jahre später. An der Wende vom 15. zum 16. Jahrhundert gelangte der bayrische Ritter Schiltberger als Gefangener dahin, an der Neige des 16. Jahrhunderts der schwäbische Arzt und Botaniker Rauwolf; beide besuchten auch Babylon. Zu Beginn des 17. Jahrhunderts durchstreifte der Italiener Pietro della Valle das Gebiet, und zwar gemeinsam mit seiner Gattin Sitti Maani aus Bagdad, die er auf seiner Pilgerreise ins Heilige Land kennengelernt hatte. In seinem »Reisebericht eines Pilgers« (1650–1658) veröffentlichte er die ersten Proben der antiken »assyrischen Schrift«. In diplomatischer Mission kamen danach die Engländer Sherley und Cotton hin; unterwegs allerdings starben sie, doch ihr Begleiter Thomas Herbert brachte wenigstens die Unterlagen für die ersten Abbildungen der dortigen »biblischen Stätten« mit (ausgeführt hat sie der bedeutendste Kupferstecher seiner Zeit, der tschechische Verbannte Václav Hollar). In der Folge machten sich die Franzosen Tavernier und Chardin als Kaufleute und ihre weiteren Landsleute als Missionare auf den Weg. Der Pariser Arabist Jean Otter brachte in Mesopotamien ein ganzes Jahrzehnt zu, um die Überreste von Ninive und Assur aufzuspüren, leider vergebens. Neue Proben der dortigen altertümlichen Schrift beförderten nach Europa der Deutsche Engelbert Kaempfer und der Holländer Cornelius de Bruin; der Engländer Thomas Hyde bezeichnete sie als »literae cuneiformes«, »Keilbuchstaben«, und dieser Begriff blieb ihnen bis heute. Die umfangreichsten und gewissenhaftesten Abschriften keilschriftlicher Texte lieferte dann Carsten Niebuhr, der auf seiner »unglückseligen Reise durchs glückliche Arabien« (auf der ihm nach und nach alle Begleiter umkamen) im Jahre 1765 über Ägypten und den Jemen bis nach Persepolis, der ehemaligen Hauptstadt der Perserkönige, kam. Er publizierte sie mitsamt den Skizzen der Trümmer dortiger Paläste in dem uns bereits geläufigen Buch »Beschreibung von Arabien« aus dem Jahre 1772.

All das aber war nur das Vorspiel zur wissenschaftlichen Erkundung der Vergan-

Geflügelter Stier mit menschlichem Kopf. Er ist aus Alabaster, 3 m hoch

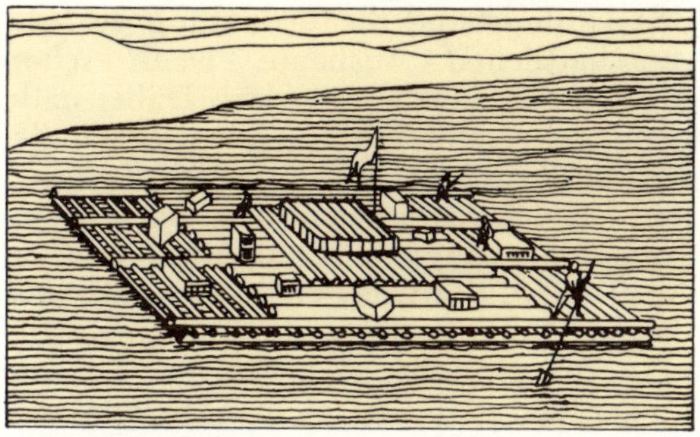

Botta verlud die Kunstschätze auf Flöße und brachte sie den Tigris hinab

genheit dieses Landes, noch dazu auf einer Bühne, die sich irgendwo östlich des eigentlichen Mesopotamiens befand. Die materiellen Denkmale deren früher Kultur waren Europa vollends unbekannt. Und sofern es um die dortige Schrift geht, war sie geheimnisumwitterter als die ägyptischen Hieroglyphen. Viele schließlich bezweifelten, ob es sich überhaupt um eine Schrift handele: »Immerhin sieht sie aus wie die Fährten in feuchtem Sand laufender Vögel.«

Zum Pionier der archäologischen Erforschung Mesopotamiens wurde der Franzose Paul Emile Botta. Von Beruf war er Arzt, auf seiner Weltreise (»zur Allgemeinbildung«) stand er in Mohammed Alis Diensten in Ägypten, später avancierte er zum Konsul in Alexandria. Gegen Ende des Jahres 1840 wurde er als französischer Konsularvertreter nach Mossul, einem dazumal unansehnlichen Städtchen am oberen Tigris, entsandt. Und da er dort über mehr Zeit als Arbeit disponierte und immerzu mit irgendwas sich beschäftigen wollte (in Ägypten sammelte er Käfer), fing er an, die rätselhaften Hügel zu untersuchen, die überraschend aus der unendlichen Ebene aufschossen und wie geborstene Brotlaibe auf staubigem Wege aussahen. Aus einigen förderte er Trümmer von Ziegelmauern ans Tageslicht, an denen knappe Keilschrifttexte standen, aus anderen wiederum Bruchstücke von Tongefäßen und Keilschrifttafeln. Die Funde brachten ihn auf die Idee (die allerdings vor ihm manch ein Reisender geäußert hatte), die ausgedehnten Telle, wie diese Hügel auf arabisch heißen, seien Anwehungen von Lehm und den Jahrhunderten über den Ruinen alter assyrischer Städte. Von dieser Inspiration bis zum Entschluß, sie zu entdecken, brauchte es nur einen Schritt: Er ging mit Leidenschaft und vor allem mit einer Beharrlichkeit, wie sie bei einem Diplomaten verblüfft, zu Werke. Im Jahre 1842 begann er an einem besonders auffälligen Hügel (namens Kujundshik) zu graben, fand aber »nichts, was es wert wäre«. Da machte ihn ein Araber darauf aufmerksam, daß bei ihnen zu Hause in Chorsabad, etwa 16 Kilometer von Kujundshik entfernt, die Leute sich Heime und Ställe aus Ziegeln bauten, an denen den verehrten Franken interessierende Zeichen seien. Botta schickte ein paar Arbeiter hin. Schon tags darauf kehrte ihr Brigadier mit dem Bescheid zurück, auf einen Schutzwall gestoßen zu sein. Er begab sich an Ort und Stelle, und in knapp zwei Wochen fiel ihm wie Schuppen von den Augen, daß er im Begriff war, einen Palast vom Ausmaß einer ganzen Stadt freizulegen.

Er entdeckte aber nicht nur den Palast, aus dem Boden krochen einzigartige Reliefs und bis dahin nicht geschaute Statuen riesiger geflügelter Stiere mit Menschenhäuptern – und nahmen ihren Weg nach Paris. Gewiß verlief nicht alles ohne Hindernisse: Einige zerbrachen unterwegs, andere fielen beim Verladen auf Flöße in den Tigris, über weitere schlugen in der Tigris- und Euphratmündung die Wogen zusammen, eine ganze Reihe versenkten beduinische Raubhorden, die Bottas Expedition vor Basra überfielen, doch sechsundzwanzig (von ursprünglich 235) erreichten immerhin wohlbehalten den Pariser Louvre. Sie lösten Staunen und Begeisterung aus: Es waren Werke, die jederzeit den besten Erzeugnissen der Ägypter und Griechen gleichgestellt werden konnten. Auf die Fragen der angerührten Pariser, die sich angesichts der frappanten Offenbarungen »vom Nil« kaum zu fassen wußten, antwortete

Botta: »Ich denke, daß ich Skulpturen entdeckt habe, die man getrost der Blütezeit Ninives zurechnen darf!«

Ninive? An die Existenz dieser Stadt hatten die Gelehrten doch nicht glauben wollen, sie verwiesen sie ins Reich der Sagen und Märchen wie Platons Atlantis oder Homers Troja. Und da sollen diese Werke Assyrer geschaffen haben, für die biblische Propheten nichts als Bannflüche und Schimpfwörter übrig hatten?! Sollten die Assyrer etwa gleichermaßen geschickt den Bildhauermeißel wie das blutige Schwert geführt haben? Die Bedenken zerschellten endgültig an den steinernen Kolossen. Es dauerte nicht lange, und Wissenschaftler bestätigten: Es handelt sich um wirkliche Schöpfungen assyrischer Künstler, um Belege für die Existenz einer Kultur, von der das moderne Europa keine Ahnung hatte.

Nach diesem Erfolg hängte Botta sein diplomatisches Metier an den Nagel (ebenso wie vorher sein medizinisches) und beschloß, sich voll der Archäologie zu widmen. Die französische Regierung bot ihm stattliche finanzielle Mittel an, und Botta verschleuderte sie nicht: Er holte dutzendweise kolossale Säulen und zu Hunderten kleine Alabasterfiguren, etliche ausladende Portale, eine Fülle Tontafeln und insbesondere eine Reihe meisterlich ausgeführter Reliefs aus der Versenkung der Jahrtausende herauf. Und als er von Chorsabad schied, um ruhmbedeckt nach Paris heimzukehren, war er sich bewußt, daß er das »Versailles des assyrischen Sargon« ausgegraben hatte, das Sommerpalais des Eroberers Babylons mit seinen 209 Räumlichkeiten und 30 Höfen, den der biblische Jesaja erwähnt...

Bottas fünfbändige »Ninives Denkmale« (1847–1850), illustriert von dem Maler E. N. Flandin, der am Tigris eine gleiche Rolle gespielt hat wie Denon am Nil, begründeten eine neue Wissenschaftsdisziplin – die Assyriologie.

Noch erfolgreicher als Botta war mit seinen Ausgrabungen der Engländer Austen Henry Layard, zumindest im Hinblick auf den Umfang und die Bedeutung der wissenschaftlichen Ausbeute, wenn schon nicht bezüglich der Priorität. Dabei hätte nicht viel gefehlt, und er wäre selbst in diesem Punkt seinem französischen Kollegen und Rivalen zuvorgekommen. Nach Mesopotamien gelangte er nämlich vor ihm, im April 1840, doch das Geld ging ihm aus, das er für die Reise zusammengespart hatte, und er mußte nach wenigen Monaten umkehren, allerdings nicht nach England, sondern nach Konstantinopel. Dort mühte er sich lange, den britischen Gesandten Sir Stratford Canning von den günstigen Entdeckerchancen zu überzeugen, bis ihm 60 Pfund bewilligt wurden, auf daß er sein Glück versuche. Es war zwar ein lächerliches Scherflein im Vergleich zur großzügigen Förderung, die Botta von seiten der französischen Regierung genoß, aber Layard war frohgemut. Er kaufte Pferd und Gewehr und zog los. Als echter viktorianischer Engländer vergaß er natürlich die Bibel nicht.

Aus der Bibel schöpfte er auch seine Hauptkenntnisse über Mesopotamiens Geschichte. Der Gleichklang des Namens eines Hügels unweit Mossuls (am Zusammenfluß des Tigris und des Oberen Zabu) mit dem Namen des biblischen »großen Weidmanns vor dem Herrn«, Nimrod, ließ ihn schließen, daß sich darunter eine Stadt bergen könne. Im Jahre 1845 machte er sich ans Graben und fand fünf große Paläste; später stellte es sich heraus, daß dieser »Nimrodshügel« eine tausendjährige Düne über Kalchu, der Hauptstadt des assyrischen Reiches zu Zeiten des Königs Assurbanipal (668–626 v. u. Z.) bildete. Daher wandte er sein Augenmerk dem Hügel Kujundshik zu, wo Botta müßig gegraben hatte. Mit dem ersten Hieb der Spitzhacke im Wortsinn traf er auf Ninives Stadtmauer; der Zufall gilt bei allen Entdeckungen tatsächlich als unberechenbarer Faktor. Daraufhin begab er sich nach Babylon, das mittlerweile schon der britische Konsul von Bagdad, Claudius J. Rich (1811), provisorisch unter die Lupe genommen hatte. Proben seiner mesopotamischen Funde zeigte er im Jahre 1854 auf der Londoner Ausstellung, wo er auch den rekonstruierten Hof des assyrischen Königspalastes mit Kriegs- und Jagdszenen, mit Begebenheiten aus der Festungsbelagerung und dem höfischen Treiben, mit Statuen und Reliefs von Tieren, Pflanzen, Menschen und gigantischen Wesen aufbaute. Der Okzident stand erneut verzückt und sprachlos vor Denkmalen eines mächtigen Großreiches des alten Orients ... Layard verstand es allerdings seine Entdeckungen nicht nur gebührend hervorzukehren, sondern auch trefflich zu schildern; er gehörte zu den wenigen Archäologen, denen zugleich schriftstellerisches Talent eignete. Der Zweibänder »Ninive und seine Überreste«, den er im Jahre 1849 herausgab (und das spätere »Ninive und Babylon«), verzeichnete eine Nachfrage wie die Dickensschen Erzählungen – wobei es hier um wissenschaftliche Bücher, zumal »der langweiligsten aller langweiligen Disziplinen«, ging.

Layard arbeitete unter Bedingungen, vor denen eine heutige archäologische Expedition die Koffer gepackt und die Ausgrabungen auf Sankt-Nimmerleins-Tag verschoben hätte. Das Land zwischen Euphrat und Tigris wurde vom Fieber des Aufstandes gegen die türkische Fremdherrschaft geschüttelt, die der ungewöhnlich strenge Statthalter Ismail Pascha in Mossul verkörperte; die Aufständischen und die Regierungstruppen wetteiferten miteinander in Gewalttätigkeiten, allerorts schweiften zügellos Räuberbanden umher, die öffentliche Sicherheit lag darnieder. Der Mossuler Pascha, vermeinend, Layard suche Schätze (anders konnte er sich die Motive seines Tuns nicht erklären), ließ insgeheim Grabsteine auf den Nimrodhügel fahren, um gegen den »Grabschänder« die religiös empfindende Bevölkerung aufzuwiegeln. Und als Layard die Nimrodsäule freischaufelte, untersagte ihm Ismail Pascha die Weiterarbeit, bis mit Gewißheit festgestellt würde, ob jener Nimrod rechtgläubig gewesen sei oder ein gottloser Hundsfott. Doch der »Mann mit Gewehr und Bibel« überstand alle Schikanen, seine Biographen behaupten, er habe es »allein mit ungebrochener Energie und der Kunst, mit Menschen umzugehen«, geschafft.

Sicher ist er dank diesen Eigenschaften später einmal zum britischen Geheimen Unterstaatssekretär aufgerückt, im Jahre 1868 zum Minister für öffentliche Arbeiten berufen und schließlich als britischer Gesandter nach Madrid und Istanbul geschickt worden. Seine politische Karriere jedoch interessiert uns in diesem Zusammenhang nicht. Als verhältnismäßig unscheinbarer Jüngling absolvierte er das Jurastudium, um eine Advokatur aufzunehmen; nach sechs Jahren sah er ein, daß dieser Weg zu Ruhm und Reichtum für seinen Geschmack zu beschwerlich wäre, und entschloß sich »irgendwie die Aufmerksamkeit auf sich zu lenken«. In Anbetracht seiner Vorlieben erschien es ihm am günstigsten, sich in den Orient zu begeben und dort einige berühmte Städte zu entdecken, die in die Bibel eingegangen sind. Unter diesem Gesichtspunkt entpuppte er sich als diametraler Gegensatz zu Heinrich Schliemann, der (als noch ärmerer Jüngling) in die Welt gezogen war, um als Kaufmann in Petersburg und Bankier kalifornischer Goldgräber Vermögen zu erwerben, das ihm gestattete, seinen Kindheitstraum zu verwirklichen: Homers Troja auszubuddeln. Doch so oder so: Beide vollbrachten ein großes Werk. Wer gedächte heutzutage eines Layard, wäre er nur Minister, wer Schliemanns, wäre er nur Millionär gewesen?

Was Layard auf seiner Londoner Ausstellung mit solch sensationellem Effekt vorgeführt hatte, spielte für die Kenntnis der Geschiche Mesopotamiens eigentlich nicht die größte Rolle. Seine bedeutendste Entdeckung konnte er aber noch nicht voll verwerten. In Kujundshik, wo Botta nicht so recht vorankommen wollte, grub er nämlich den Palast König Assurbanipals aus, einen der größten Paläste am Tigrisufer, und darin zwei Räume voller – Bücher, Bücher auf Tontäfelchen und in Keilschrift, eine Bibliothek mit 20 000 Exemplaren!

Seinen Erfolg vollendete Hormuzd Rassam, der einzige »Eingeborene« unter den Archäologen dieses Pionierzeitalters. Er war chaldäischer Christ und stammte aus

Mossul. Nach seinem Studium in Oxford trat er in britischen Diplomatendienst; während seiner Mission beim äthiopischen Kaiser Theodor II. geriet er ins Gefängnis, wo er zwei Jahre zubrachte, bis ihn die britische Armee unter dem Befehl General Napiers befreite. Seine Erfahrungen aus den finsteren Zellen des schwarzen Despoten heilten ihn von seinem politischen Ehrgeiz, und er wandte sich der Archäologie zu. Als Layard den Palast am Tigris gegen den Palast an der Themse tauschte, empfahl er Rassam dem britischen Museum als seinen Nachfolger. Und Rassam grub und fand in Assurbanipals Palast weitere wichtige Dokumente (Königslisten, diplomatische Korrespondenz, medizinische, mathematische und andere Literatur, einschließlich Zauberbücher und Traumdeutungen).

Unter dieser zentnerweise aus den Kellern der Assurbanipalbibliothek heraufgeschafften Literatur befanden sich Fragmente eines Werkes von einmaligem künstlerischen und historischen Wert: eines der ältesten Epen in der Geschichte der Weltliteratur: das Gilgameschepos. Allerdings hatten weder Layard und Rassam noch die Experten im Britischen Museum eine Ahnung davon. Hier liegt auch der Grund dafür, weshalb ihre Entdeckungen nicht wahrgenommen werden konnten: Die Keilschrift verstand niemand zu lesen, und die Sprache der Assyrer war nicht bekannt. Viele befaßten sich zwar mit deren Entzifferung, Fortschritte wurden erzielt, doch vorläufig reichten sie nicht aus.

Jetzt müssen wir aber für einen Moment die Archäologie in Mesopotamien allein lassen, denn das Ringen um die Enthüllung der Geschichtsrätsel dieses Landstriches tobte an einer älteren und zu dieser Zeit wichtigeren Front: in Europa. Und ihr Hauptabschnitt lag dort, wo ihn niemand vermutet hätte: in der stillen deutschen Stadt Göttingen, nicht einmal an ihrer renommierten Universität, vielmehr im bescheidenen Studierstübchen eines Hilfslehrers am dortigen Gymnasium.

Der Mann, der zum Champollion der Keilschrift wurde, hieß Georg Friedrich Grotefend. Von Kind auf löste er gern Bilderrätsel (was wahrlich keine schlechte Vorbereitung für einen Assyriologen ist), und seit seiner Studentenzeit interessierten ihn Schriftprobleme (im Jahr 1799 erschien von ihm das Buch »Über die Passigraphie oder die Universalschrift«). Im Frühjahr 1802 wettete er siebenundzwanzigjährig mit seinem Freund Fiorillo, Sekretär der Göttinger Bibliothek, daß er die geheimnisvolle Keilschrift entschlüsseln werde. Es klingt unglaubhaft, doch dieser Lehrer, dessen Leben den alltäglichsten Weg eines Staatsbeamten nahm und im Direktorenamt einer hannoverschen Mittelschule kulminierte, hatte dabei keine andere Ambition, als die »von vornherein aussichtslose Wette« zu gewinnen. Fiorillo beschaffte ihm Kopien der Inschriften von Persepolis: wenige Zeilen aus dem Buch von Pietro della Valle und ein paar Seiten aus Niebuhrs Reisebericht. Daraufhin ging Grotefend an die Arbeit.

Ergebnis war seine Broschüre »Neue Beiträge zur Erläuterung der persepolischen Keilschrift« vom September 1802. Er bediente sich einer anderen Methode als Champollion; er stand ja vor einer anderen (kaum leichteren!) Aufgabe. Er studierte die zugängliche Literatur über die Keilschrift, aber lediglich zur Information – »ohne sich den Kopf mit Wissenschaften vollzustopfen, von denen es nicht feststand, ob sie nicht Hirngespinste sind«. Es ging hauptsächlich um Arbeiten der beiden berühmten Forscher Oluf G. Tychsen (Orientalist) und Frederic Ch. K. H. Münter (Philologe). Beide waren zu Teilerkenntnissen vorgedrungen, die sich allerdings in einer Menge unrichtiger Mutmaßungen verloren. Tychsen erriet, daß man im häufig auftretenden »schrägen Keil« ein Trennzeichen zwischen zwei Wörtern sehen müsse, und Münter mutmaßte, daß die Inschriften ungefähr aus den letzten Jahren der persischen Dynastie der Achämeniden stammten, d. h. aus der Zeit um die Hälfte des 4. Jahrhunderts v. u. Z. Dann verließ sich Grotefend auf sich.

Zuerst fand er heraus, wie ein solcher Text technisch verfertigt wurde. Die Keile wurden offensichtlich in Stein gehauen oder in Ton geritzt, und zwar in der Richtung, wie sie sich fortschreitend verjüngen: also senkrechte Striche von oben nach unten und waagerechte von links nach rechts. Die Zeilen verliefen natürlich waagerecht und begannen links wie bei unserer Schreibweise; das umgekehrte Verfahren wäre für den Schreiber unbequem gewesen, und auf der Tontafel verwischte sich auf diese Art der bereits geschriebene Text. (Uns erscheint das auf den ersten Blick selbstverständlich; im Orient wurde indessen und wird noch sehr oft von rechts nach links, von oben nach unten geschrieben, und die Schriftrichtung wechselt von Zeile zu Zeile u. s. f.)

Georg Friedrich Grotefend zählte die Zeichen, und als er feststellte, daß es relativ wenige gab, folgerte er, diese Schrift sei offenkundig eine alphabetische Schrift. (Bereits Niebuhr hatte erkannt, daß die Inschriften von Persepolis in drei Schriftsystemen gehalten sind und »das einfachste davon insgesamt 42 verschiedene Zeichen enthält«.) Und schließlich beschloß er – weil er anders nicht konnte –, an die Entzifferung nicht philologisch, sondern logisch zu schreiten, indem er die Zeichen verglich, die Häufigkeit ihrer Verwendung analysierte und Betrachtungen anstellte, was sie eventuell bedeuten mochten.

Die Begleitumstände der Entdeckung wiesen darauf, daß die Texte, die ihm vorlagen, Inschriften verkörperten. Und da sie aus dem größten Palast von Persepolis stammten, lag es nahe, daß es sich um königliche Inschriften handelte. Auf den Inschriften wiederholt sich der Text gewöhnlich (»Diesen Bau vollendete . . .«), und königliche Inschriften pflegen mit Titel und Namen des Herrschers zu beginnen (»Wir XY, von Gottes Gnaden König des Landes Z . . .«). Nehmen wir an, sagte sich Grotefend, diese Prämissen seien richtig . . .

In Persepolis hatten persische Könige ihren Sitz. Demgemäß ist zu vermuten, daß einige der Inschriften persisch lauten. Doch glaubwürdiger dürfte sein, daß sie auf diesen oder jenen persischen König Bezug nehmen. Die Namen der persischen Könige sind uns geläufig. Wir kennen sie zwar in griechischer Version, doch sie können vom Original nicht allzu stark abweichen. (Wie es sich später herausstellte, gab das griechische Dareios das persische Darajavausch wieder, Xerxes Chschajarscha.) Wir kennen auch ihre Titel: »König«, »Großer König«, »König der Könige« und wissen, daß sie ihrem Namen in der Regel auch den Vatersnamen beifügten. So sei

Palast Sargons II., dessen Ruinen Botta bei Chorsabad entdeckte

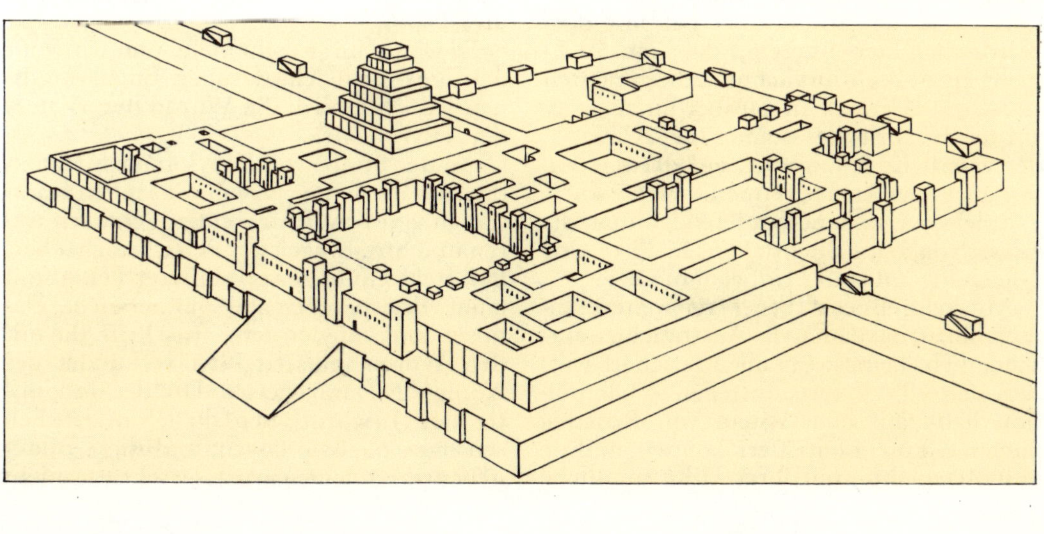

denn die Probe aufs Exempel gemacht: »König B, Sohn des Königs A. König C, Sohn des Königs B.« Nach dieser ebenso simplen wie genialen Überlegung fing Grotefend an, Namen zu suchen (»Zeichensysteme«), die in dieses Muster passen könnten.

Wir verzichten darauf zu schildern, wie er die Wiederholung dieses Musters sondierte; wieviel Geduld und Beharrlichkeit er darauf wandte, kann sich jedermann ausrechnen. Begnügen wir uns mit der bloßen Feststellung, daß er sie wirklich herausfand, und zwar in diesem Wechsel: »König B, A's Sohn. König C, Sohn des Königs B.« Das besagt, daß König B nicht königlicher Herkunft war, weil dem Namen seines Vaters (A) der Königstitel fehlt. Wenn dieser Schluß stimmt, ist zu fragen, bei welchen Königen der persischen Geschichte eine solche Thronfolge eingetreten ist. Er zog Herodot, Diodoros und neuzeitliche Geschichtsforscher zu Rate. Möge er es uns nur selbst verraten, wie er weiterkombiniert hat: »Kyros und Kambyses konnten es nicht sein, denn die Namen auf der Inschrift haben keine gleichen Anfangsbuchstaben. Weder Kyros noch Artaxerxes konnten es sein, da der erstere Name hinsichtlich der Zeichenzahl auf der Inschrift zu kurz und der zweitere zu lang ausfällt. Es blieben nur die Namen Dareios und Xerxes übrig, und das stimmte so gut mit dem Schriftcharakter überein, daß ich nicht mehr zu zweifeln brauchte, richtig geraten zu haben. Hierzu kam darüber hinaus, daß auf der Inschrift des Sohnes (bei König C) der väterliche Königstitel, auf der des Vaters aber noch keiner vermerkt war . . .«

Solcherweise kam Grotefend hinter die Lesart von zehn Buchstaben. Er löste eine Gleichung mit lauter Unbekannten!

Mit zehn Buchstaben (drei weitere kamen hinzu, bei denen die Aussprache wahrscheinlich, keineswegs aber gesichert war) ließ sich schon etwas anstellen. Champollion hatte auf dem »Stein von Rosette« auch nicht mehr entziffern können, und sie gestatteten ihm, mit ihrer Hilfe sämtliche Hieroglyphen zu dechiffrieren, alle Systeme der ägyptischen Schrift und letztlich zugleich das alte Ägyptisch überhaupt zu fixieren. Das gleiche und auf dieselbe Weise vollführten Grotefends Fortsetzer.

Wir bezeichnen sie als Fortsetzer, da Grotefend sich nach der gewonnenen Wette mit der Keilschrift nicht mehr herumplagte. Er führte seine Entdeckung nicht wie Champollion zu Ende, er fand lediglich den Schlüssel zu den Schriften und Sprachen der Inschriften von Persepolis; doch auch dies reichte dazu aus, daß er für alle Zeiten als einer der Hauptbahnbrecher der Keilschriftforschung gilt. Nebenbei: Die wissenschaftliche Welt nahm seine Entdeckung kaum zur Kenntnis. Immerhin war er weder »Fachmann« noch Akademiemitglied, ja, noch schlimmer, er war Sohn eines einfachen Schusters, was im damaligen Deutschland ungeheuerlich schien. Und so verscholl seine Leistung – auf länger als dreißig Jahre!

Einen weiteren Schritt auf der Strecke zur Enträtselung der Keilschriften taten erst der Franzose Eugène Burnouf und, unabhängig von ihm, der Norweger Christian Lassen. Ihre Arbeiten erschienen im Jahre 1836 und steuerten die Lösung von 23 Zeichen der Altpersischen Schrift (aus der Gesamtzahl von 39) bei. Das eröffnete auch jenen Forschern eine neue Perspektive, die sich erkühnten, die Geheimnisse der Schrift und der Geschichte des antiken Mesopotamiens direkt auf deren Boden zu attackieren.

Es waren ihrer nicht viele, und wir wundern uns nicht sehr darüber. Einer von ihnen jedoch erwarb die Würde des »Vaters der Assyriologie«.

An der Straße von Babylon nach Hamadan, auf der schon vor Jahrtausenden Karawanen von Kaufleuten entlanggezogen waren und Streitwagen der Perser geächzt hatten, steht ein hoher zerklüfteter Felsen mit einer dreisprachigen – altpersisch, elamisch und babylonisch – Inschrift, die mit den Worten einsetzt: »Es verkündet der König aus Darajavausch: Du, der du künftig diese Inschrift lesen, die ich in den Felsen habe meißeln lassen, und diese Bilder neben ihr schauen wirst, wische sie nicht aus und zerstöre nichts daran!« Tatsächlich hat niemand diese Schrift verwischt und zerstört. Vielleicht nicht einmal deshalb nicht, um Dareios' Gebot zu respektieren, als eher deshalb, weil sie unerreichbar war. Und so gelangte selbst jener Mann, der als erster diese Sonntagsnummer der »Times« in der Steinausgabe abschrieb, nicht anders dahin als auf einem mit Spezialflaschenzug von der Felsspitze hinabgelassenen Gerüst. Solche Forschungsarbeit zwischen Himmel und Erde erforderte sicherlich Mut, denn dieser Ausflug in die Abgründe der Vergangenheit hätte leicht in einer hundert Meter tiefen Felsenschlucht enden können. Doch daran gebrach es diesem Mann wahrlich nicht. Es war ein siebenundzwanzigjähriger Engländer, damals gerade Major der persischen Armee und gleichzeitig Agent des britischen Geheimdienstes, zuvor Heereszahlmeister der Ostindischen Gesellschaft und danach britischer Konsul in Bombay und Botschafter in Teheran – Henry Creswicke Rawlinson (1810–1895).

Und wenn uns an einem Mann diesen Schlages die Waghalsigkeit auch nicht wundernimmt, so macht uns doch der Bieneneifer staunen, mit dem er neben seinen so vielfältigen Berufsaufgaben sein Stekkenpferd geritten hat: die Erforschung der keilschriftlichen Denkmale der alten Perser und Babylonier. Viele Wochen brauchte er zur Anfertigung einer präzisen Kopie der Dareios-Inschrift am Felsen von Behistun (sie war sieben Meter hoch und zwanzig Meter lang), und auf ähnliche Weise wie Grotefend, über Königsnamen und -titel, enträtselte er daraus bereits im ersten Stadium der Arbeit achtzehn Zeichen der persischen Keilschrift. Dabei wußte er damals von Grotefends Entzifferung nichts; manchen Schriftstellern erscheint das unglaubwürdig, doch auch in der Technik verzeichnen wir nicht selten Doppelerfindungen und -entwicklungen, bisweilen gar dreifache, ohne daß die Urheber voneinander wissen. Er erzielte folglich damit keine Erstentschlüsselung, wichtiger jedoch ist es, daß es ihm gelang, einen ganzen altpersischen Text zu lesen und zu übersetzen. Bei seinen weiteren Bemühungen halfen ihm auch Veröffentlichungen anderer Forscher, mit denen er sich später vertraut machte, in erster Linie aber verdankte er den Erfolg dem Vorzug, daß er vor Ort forschte. Sein Werk »Die Persischen keilschriftlichen Inschriften zu Behistun«, im Jahre 1846 erschienen (mit einer Übersetzung ins Lateinische als allgemein bekannte Sprache der Intellektuellen), wurde zur Grundlage jener Wissenschaft, für die schon zu Bottas und Layards Zeiten die Bezeichnung »Assyriologie« kreiert worden war.

Das reichhaltige Material, das Rawlinson sammelte (genauer: mittels befeuchteter und gipsversetzter Pappe kopierte), ermöglichte die Entzifferung auch der beiden weiteren Schriftsysteme des Dareios-Textes. Das Verdienst darum gebührt ihm selbst, außerdem aber seinen Landsleuten Norris und Talbot, dem Iren Hinck, dem Dänen Westergaard, dem Schweden Löwenstern und schließlich neben anderen dem französischen Orientalisten Saulcy. Es waren im Grunde Silbenschriften (mit zahlreichen Ideogrammen): das elamische System besaß insgesamt einhundert verschiedene Zeichen, das babylonische über sechshundert. Die Silben darin setzten sich aus Vokalen und Konsonanten zusammen, die, und das bereitete den Entzifferern die ärgsten Schwierigkeiten, einzeln dies und in Verbindung mit anderen das bedeuteten. (Zum Beispiel klang der Name des berühmten babylonischen Königs Nebukadnezar bei richtigem silbenhaftem Lesen Nabu-kuduri-uschur, »O Gott Nabu, beschütze die Grenze«, und bei selbständigem Buchstabenlesen An-ak-scha-duschisch!) Doch damit nicht genug: Manche Zeichen konnten unterschiedliche Lautwerte haben und ein und dieselbe Silbe durfte auf verschiedene Weise geschrieben werden.

Es mutet geradezu absonderlich an, daß eine solch komplizierte Schrift bestehen mochte – der Weg zur Einfachheit ist halt lang und beschwerlich. Doch unfaßlicher noch scheint, daß sie enträtselt werden konnte. Mögen wir auch zweifelnd den Kopf schütteln – es verhält sich so.

Die Entschlüsselung dieser Schriften und längst toter Sprachen liefert den eindrucksvollen Beweis, daß es für die Wissenschaft kein unlösbares Problem gibt – wenn die Wissenschaftler aller Völker ihre Anstrengungen und Erkenntnisse für das gemeinsame Ziel vereinigen. Und gleichermaßen belegt sie überzeugend das gesamtmenschheitliche Anliegen, das nicht nur die Unterschiede zwischen Völkern und Rassen überwindet, sondern auch über die Klüfte der Jahrtausende Brücken schlägt. Nimmer wären die Gelehrten der Neuzeit zu diesem Triumph gelangt, hätten die antiken ihnen nicht zugearbeitet. In der Bibliothek des Assurbanipal-Palastes fanden sich Werke der assyrisch-babylonischen Sprachwissenschaftler: Wörterbücher und Grammatiken, sogar Umschriften der Ideogramme nach ihrer Aussprache, Lehrbücher mit Erläuterung des grammatikalen Aufbaus damaliger lebendiger und toter Sprachen. Und nicht das allein: In den Trümmern mesopotamischer Städte wurden Gebäude freigelegt, mit Räumlichkeiten, in denen seltsame lange Bänke standen – Schreibschulen mit Tafelsammlungen, die Schüleraufgaben aus der Zeit vor dreitausend Jahren enthielten, und zwar mit Lehrerkorrekturen. An den »Übungstafeln« hafteten sogar Fingerabdrücke und verrieten uns das Alter der altbabylonischen Schüler, die ihre Kenntnisse den Gelehrten unseres Jahrhunderts übermittelten.

Fünfzig Jahre nach Grotefends »Beiträgen« wurden folglich nicht nur die Inschriften der Persepolis entziffert, sondern auf ihrer Grundlage ebenso alle mesopotamischen Schriftsysteme aufgedeckt: Babylonier und Assyrer sprachen zu uns in eigener Sprache. Hunderttausende Dokumente förderten inzwischen die Spaten der Archäologen zutage. Pioniere, die erst aus den Erfahrungen vor Ort lernten, wurden von wissenschaftlich ausgebildeten Kadern, Einzelarchäologen von vortrefflich ausgerüsteten Expeditionen abgelöst. Nach Persepolis, Ninive, Kalchu kamen weitere uralte mesopotamische Städte an die Reihe, darunter auch Babylon. Das von Botta und Layard entworfene Bild vervollständigten später mit neuen Funden vor allem die Franzosen Place, Genouillac und Parrot, die Amerikaner Peters und Frankfort, die Engländer Woolley und Mallowan (der Gatte Agatha Christies), die Deutschen Koldewey, Andrae und Lenzen, endlich auch die Iraker Safar und Bakir. Weiße Flecken allerdings gibt es bis heute darauf.

Um die Erforschung der Geschichte und Kultur Mesopotamiens machten sich freilich nicht allein »Männer mit dem Spaten« verdient, sondern ebenso Mitarbeiter der »Wissenschaftsetappe«, Philologen und Historiker europäischer und amerikanischer Universitäten, die ihr Leben dem Studium keilschriftlicher Zeugnisse geweiht haben.

Interessant ist, daß eine der größten Entdeckungen in der Geschichte Mesopotamiens eben diesen Forschern aus den stillen Universitätsstuben gelang – und die

Robert Koldewey

Forscher vor Ort sie später lediglich bestätigten. Die detaillierte Erforschung der assyrisch-babylonischen Inschriften erwies nämlich, daß auch die ältesten Typen ihrer Schrift das Produkt einer langläufigen Entwicklung darstellen. Die Wissenschaftler begannen Überlegungen anzustellen und kamen schließlich zu der Überzeugung, daß diesen Schriften irgendeine ältere zugrunde liegt, aus der sie in einem komplizierten Prozeß hervorgingen. Um welche Schrift mochte es sich aber gehandelt haben, welches Volk hat sie wohl erfunden? Die standhaftesten Verfechter der Theorie von jener »Urschrift« nannten zu guter Letzt deren Erfinder: Jules Oppert taufte sie Sumerer (nach Sumer, dem südlichsten Zipfel Mesopotamiens). Das wäre in Ordnung gewesen; die »Arbeitshypothese« ist in der Wissenschaft unverzichtbar. Nur daß von der Existenz dieses Volkes nichts bekannt war. Es gab nicht den geringsten Fund aus auch nur einer seiner Städte oder Kulturschicht. Und als diese Theorie bereits unhaltbar schien, begab sich etwas, was sogar in einer phantastischen Erzählung als unwahrscheinlich gälte: Die Sumerer wurden entdeckt! Mit der gleichen Unabdingbarkeit wie die vorausberechneten unbekannten Elemente in der Mendelejewschen Tabelle!

Als erster kam diesem rätselhaften Volk im Jahre 1877 der Franzose Ernest de Sarzec (wieder ein Konsul, kein Archäologe von Beruf) auf die Spur. An einem Hügel im südlichen Mesopotamien grub er eine merkwürdige Basaltstatue aus, die sich in ihrem Stil von allen bis dahin jemals in Mesopotamien freigelegten unterschied und auf den ersten Blick (durch ihre Strenge, um nicht Primitivität zu sagen) um vieles älter als die älteste babylonische erschien. Sie stellte einen Mann dar, der auf dem Schoß einen Bogen mit keilschriftlichem Text liegen hatte, und die Schrift des Textes entpuppte sich eindeutig als jene Urschrift, aus der die babylonische und assyrische erwuchsen. Der entschlüsselte Text eröffnete, daß die Statue den sumerischen Priesterkönig Gudea aus der Stadt Lagasch verkörperte und ungefähr aus dem 23.–22. Jh. v. u. Z. stammte.

Spätere Ausgrabungen von französischen, deutschen und amerikanischen Archäologen führten um weitere Jahrhunderte zurück ... In den zwanziger Jahren unseres Jahrhunderts stieß dann der britische Archäologe Leonard Woolley auf das Grab der Sumererkönigin Schubad (Puabi), bestattet mit herrlichem Kopfschmuck und in Gesellschaft ihrer hingerichteten Hofdamen, die ihr im Jenseits zu dienen hatten. Diese Sitte kündete vom ungewöhnlichen Alter der Grabstätte; Schubad war offenbar die älteste Königin auf Erden, mit der wir Bekanntschaft geschlossen haben.

Und bei weiteren Schachtarbeiten im Hügel el-Obeid, etwa zehn Kilometer von den Ruinen der Stadt Ur entfernt, fand er eine Kalksteintafel mit keilschriftlicher Inschrift, der er den Namen des Königs Aannipada, des Sohnes Mesannipadas, des ersten Königs der Ur-Dynastie, entnahm, die laut den babylonischen Königsverzeichnissen die dritte Dynastie nach der Sintflut bildete.

So sind wir zu jenem Punkt vorgedrungen, an dem wir uns der Geschichte Mesopotamiens zuwenden können. Oder der Menschheit?

Aus Berichten von Archäologen und Geologen (und den Forschungen, auf die sie sich gründen) dürfen wir schließen, daß es in Südmesopotamien einst zu einer katastrophalen Überschwemmung gekommen ist, die in den Literaturdenkmalen des gesamten Vorderorients, vornehmlich im assyrischen und babylonischen Schrifttum, im Gilgameschepos, ihren Niederschlag fand.

Dieses literarische Werk, wesentlich älter als die Bibel, enthält eine Episode, in der die Sintflut gestaltet wird, und zwar mit den gleichen Details wie in der Bibel, im Ersten Buch Mosis. Utanapischtim, der assyrisch-babylonische Noah, baute sich auf Anraten des Gottes Ea ein siebenstöckiges Schiff, darein lud er die ganze Familie und »jeder Art Tiere«. Dann setzte ein gewaltiger Regen ein, und das Wasser trat aus dem Meer, bis eine solch schreckliche Flut entstand, das selbst die Götter »sich, wie Hunde geduckt, am Himmelsrand zusammenpferchten«. Als nach sieben Tagen das Wasser fiel, sandte Utanapischtim »eine Täubin aus, doch sie kehrte zurück, denn es gab keinen Ort, an dem sie hätte rasten können«; er versuchte es dann mit einer Schwalbe und »brachte schließlich einen Raben auf den Weg. Der Rabe flog und sah die zurückweichende Flut. Er schaut, flattert und krächzt, doch umkehren mag er nicht«. Die Sintflut war vorbei, und alles, was nicht auf Utanapischtims Schiff versammelt war, kam um.

Diese Geschichte erschütterte die christliche Welt – da sie am Glauben in den göttlichen Ursprung der Bibel rüttelte; es war einhellig, das nicht Gott das Sintflutereignis den Bibelautoren eingegeben hatte, sondern sie es den Assyrern beziehungsweise den Babyloniern entlehnten. Der Verkünder dieser Erkenntnis geriet in eine verzwickte Situation. Es war George Smith (1840–1876), ehemals Graveur einer Banknotendruckerei, der in der Freizeit die Schriften und Sprachen des antiken Mesopotamiens erlernte und dann mit dreißig Jahren zum Aufseher in den Sammlungen des Britischen Museums aufstieg. Die Schilderung der Großen Flut fand er im Herbst 1872 auf einer jener Tafeln, die Layard und Rassam in König Assurbanipals Bibliothek aufgestöbert hatten. Sie war leider nicht ganz erhalten; ihre Fortsetzung wurde in den Sammlungen des Museums nicht gefunden. Der Londoner »Daily Telegraph« schrieb eine Prämie von eintausend Pfund aus für denjenigen, der ihren Schluß beibrächte. Galt es doch als unbestritten, daß dazu niemand imstande wäre und folglich der definitive Beweis, die Bibel sei nicht »der älteste Quell des Glaubens und der Wissenschaft« nicht erbracht werden könnte. Smith jedoch zog ohne Zaudern aus zum Kujundshik-Hügel, und es geschah, was niemand erwartet hatte: Er fand jene sagenhafte Nadel im Heuhaufen und überführte diesen fehlenden Teil des Gilgameschepos nach London.

Nicht genug daran. Im Jahre 1914 fiel dem Assyriologen Arno Poebel im Museum von Philadelphia das Bruchstück einer anderen Tafel auf, und als er es übersetzt hatte, stellte er fest, daß deren Text eine viel ältere Vorlage des biblischen Berichts über die Sintflut präsentierte, und nicht nur des biblischen, sondern sogar des assyrisch-babylonischen. Es war eine sumerische Tafel – vielleicht um zehn bis fünfzehn Jahrhunderte betagter als die Tafel aus Assurbanipals Palast.

Die Funde vom Beginn unseres Jahrhunderts belegten, daß im südlichsten Teil Mesopotamiens eine hochentwickelte Kultur schon vor dieser Sintflut existiert hatte (natürlich keineswegs vor einer Überschwemmung der Welt, sondern nur einem bedrohlichen Hochwasser in diesem Gebiet). Unter der zwei bis fünf Meter starken Schicht einer Sandablagerung und einem flachen Schwemmland las Woolley kleinere und größere Keramikscherben, Relikte von Schmuck und Gerätschaften auf, die davon zeugten, daß hier Menschen gewohnt hatten – eine menschliche Gesellschaft, die die Anfangsstufe ihrer Entwicklung längst hinter sich gebracht hatte.

Entsprechend den babylonischen beziehungsweise sumerischen Königsverzeichnissen herrschten hier acht »vorsintflutliche Könige«, und zwar abwechselnd in fünf Residenzen insgesamt über 241 200 (!) Jahre. Der erste hieß Alulim und regierte in der Stadt Eridu; der letzte war König von Schuruppak, Ubaratutu. Die erste Dynastie nach dem Hochwasser mit dreiundzwanzig Königen residierte in der Stadt Kisch, und zwar, wie aus den Verzeichnissen unleugbar hervorgeht, 24 510 Jahre, drei Monate und dreieinhalb Tage. Ein weiteres, das Königshaus von Ur, zählte zwölf Herrscher, die im Vergleich zu ihren Vorgängern relativ kurzlebig waren: Ihre Macht dauerte nur 2310 Jahre. (Ähnlichen Zeitangaben begegnen wir übrigens auch in der Bibel: Adam lebte 930 Jahre, sein Sohn Seth 912 und der legendäre Methusalem gar 969 Jahre.)

Es erübrigt sich wohl, daran zu erinnern, daß all diese Dynastien und Persönlichkeiten rein mythisch zu begreifen sind. Doch die erste Dynastie von Ur läßt sich bereits zeitlich einordnen, wenn auch nicht vollends zuverlässig. Woolley verlegte sie in die

Jahre 3100–2930 v. u. Z.; derzeit senkt sich die Datierung um rund drei bis vier Jahrhunderte. Aber wie auch immer, es geht um eine der ältesten Monarchien der Welt, deren Glieder uns schriftliche Belege über sich hinterlassen haben: ihr Begründer Mesannipada ein Siegel mit Inschrift und Mesannipadas Sohn Aannipada eine Inschrift auf einer goldenen Perle und einer keilschriftlichen Tafel.

Nach dieser Dynastie von Ur lösten in Südmesopotamien noch sieben andere einander ab. Sie herrschten über zwei »Völker«, die Sumerer, die in den Küstenbezirken siedelten, und die Akkader, die weiter nördlich lebten. Ihre Vorfahren waren wahrscheinlich aus den östlichen Gebirgsländern gekommen, jedoch kaum als erste zur Mündung von Euphrat und Tigris vorgedrungen; bereits vor ihnen saß hier ein anderes, bislang nicht näher bestimmbares Volk mit bemerkenswert hoher Kultur. Die Akkader waren semitischer Herkunft; die Sumerer zwar nicht, ansonsten aber gehen die Meinungen über ihre ethnische Zugehörigkeit auseinander. An der nördlichen Grenze des sumerischen Siedlungsgebietes und auf der kulturellen und politischen Tradition dieses Volkes erwuchs später Babylon.

Sargon I. Bronzemaske aus dem 24. Jh. v. u. Z.

Die ältesten Spuren der ständigen Besiedlung Südmesopotamiens rührten aus dem 5. bis 4. Jahrtausend v. u. Z.; gefunden wurden sie in den Städten Eridu und el-Obejd, danach in Uruk, Ur, Lagasch und Kisch. Die Sumerer tauchten hier etwa um die Hälfte des 4. Jahrtausends v. u. Z. auf, die Akkader um einiges später. Aus der Zeit um das Jahr 3300 v. u. Z. verfügen wir bereits über die ersten Proben sumerischer Bilderschrift, aus deren nahezu zweitausend Zeichen sich nach und nach die Keilschrift entwickelte – die älteste Schrift auf unserem Globus. An der Wende vom 4. zum 3. Jahrtausend v. u.Z. entstehen die ersten sumerischen Monumentalbauten: die Stufentempel, Zikkurate genannt, Urmuster des Turmes zu Babel. Aus dem Beginn des 3. Jahrtausends v. u. Z. erhielten sich Wagendarstellungen, die beweisen, daß die Sumerer schon das Rad gekannt, ja es selbst erfunden haben – eine Erfindung, die den Maya oder Azteken bis zu Kolumbus' Amerikaentdeckung nicht gelang. Dieselben (und möglicherweise noch ältere) Epochen übermitteln uns aus Südmesopotamien auch die Kunde von künstlichen Bewässerungssystemen und mit ihr Entstehungsdokumente erster Staaten.

Zwischen den sumerischen zeitweilig vereinigten Stadtstaaten und den Staaten Akkads bestanden seit undenklichen Zeiten Verbindungen – wirtschaftliche, kulturelle und militärische. Die langwierigen Kämpfe endeten um die Wende vom 25. zum 24. Jh. v. u. Z. mit dem Sieg Akkads, dessen König Sargon I. (»König der vier Himmelsrichtungen«, wie er sich titulierte) nach dem ersten staatlichen Zusammenschluß Mesopotamiens ein Weltreich gründete: es erstreckte sich vom heutigen Iran bis ans Ägäische Meer. Rund zwei Jahrhunderte hielt es sich; seine größte Ausdehnung erreichte es unter Sargons drittem Thronfolger Naramsin. Vernichtet wurde es, abgesehen von den unentwegten Aufständen der unterjochten Völker, durch den Einfall der wilden Gutäer. (In einem sumerischen Gedicht wird ihre Herrschaft besungen: »Das Land ist in den Händen grausamer Feinde. Die Götter sind in Gefangenschaft verschleppt. Die Bevölkerung schmachtet unter der Fron und den Steuern. Die Kanäle sind verwahrlost. Der Tigris hat aufgehört, schiffbar zu sein. Die Äcker werden nicht bewässert, nichts gedeiht darauf.«)

Die Gutäer, die das Land etwa 125 Jahre regierten, assimilierten sich allmählich und nahmen (wie fast alle unterentwickelten Eroberer in der Geschichte) die höhere und ältere Kultur der unterworfenen Völker an. Sumer erkaufte sich während ihrer Herrschaft eine gewisse Selbständigkeit, unter der Lagasch, die Residenzstadt des Priesterkönigs Gudea, an Bedeutung gewann. Gudea, dessen Statuen Sarzec ans Licht förderte, ist nicht in der gewöhnlichen Pose eines Heerführers mit Lanze in der Hand gestaltet, sondern hält einen ausgebreiteten Bauplan auf dem Schoß. »Wie die Kuh, die ihren Blick auf ihr Kälbchen richtet, wandte er seine ganze Liebe dem Tempelbau zu«, heißt es in der Inschrift über ihn.

Nach Vertreibung der Gutäer (ungefähr um die Mitte des 22. Jh. v. u. Z.) bricht eine neue und letzte Blüteperiode Sumers an. Die Könige von Uruk erneuern die Zikkurat der Liebesgöttin Inanna (Ischtar), die im Gilgameschepos erwähnt wird, und die Könige von Ur lassen das gleiche der Zikkurat des Mondgottes Nannar (Sin) angedeihen, deren Fundamente bis ins 30.–28. Jh. v. u. Z. zurückreichen. Beide Bauwerke stehen bis heute und sehen aus wie wirkliche »künstliche Berge« in der Wüste. Das von Uruk büßte bereits seine Hülle aus gebrannten Ziegeln ein, und sein Kern aus ungebrannten Ziegeln ist teilweise zu formloser Masse verfallen; trotzdem lassen sich darin die Matten ausmachen, mit denen die einzelnen Schichten abgedeckt waren. Die Zikkurat von Ur blieb besser erhalten; sie erhebt sich über einen Grundriß von 62,5 × 43 Metern, besitzt drei Stufen und drei Treppen, auf ihrer Plattform in etwa 30 Meter Höhe ragen noch Reste der Fundamente des Tempels, »zu dem Gott herabzuschreiten pflegte«. Die irakische Denkmälerverwaltung ließ es unlängst partiell restaurieren – unter Verwendung der Originalziegel, älter als die Gesteinsblöcke der ältesten Pyramiden.

Auf den Trümmern des Staates von Ur (Anfang des 19. Jh. v. u. Z. zerstörten ihn nomadisierende Stämme der Amoriter und Heere der Elamiter) entstanden zwei kleinere Königtümer, das isinische und das larsische, dem sich bald ein drittes, das babylonische, anschloß. Und dessen erste Machthaber vereinigten Sumer und Akkad wieder – unter dem Namen Babylon.

Die Zikkurat des Gottes Nannar in Ur. Links nach den Ausgrabungen Woolleys im Jahre 1925, rechts die Rekonstruktion

Stele mit einem Relief, das König Hammurabi vor dem Sonnengott Schamasch zeigt

Mit der Gründung dieses Reiches, des Altbabylonischen Königtums, betreten wir historischen Boden, auf dem wir uns mit fast der gleichen Sicherheit bewegen wie in der Kiewer Rus oder im Frankreich der Kapetinger. Elf Könige folgten nacheinander auf dem Thron, und über manche von ihnen besitzen wir dermaßen erschöpfende Informationen, daß es angesichts des Abgrundes der Jahrhunderte, aus denen sie stammen, geradezu unglaublich anmutet. Die meisten erhielten sich über den größten, Hammurabi, der um die Jahre 1791–1749 v. u. Z. geherrscht hat.

Nicht dadurch, daß er der »größte unter den Königen« war, wie er von sich selbst behauptet, sondern dadurch, daß er einen umfänglichen Kodex regionalen und sittlichen Rechts veranlaßte, setzte Hammurabi sich ein beständigeres Denkmal als die Basaltstele, auf deren Spitze er sich gemeinsam mit dem Sonnengott Schamasch verewigen ließ. »Auf daß der Starke den Schwachen nicht schädige, auf daß den Waisen und Witwen Gerechtigkeit widerfahre . . ., auf daß Geschädigte entschädigt werden«, schrieb er »seine hehren Worte auf Stein und befestigte sie vor seiner Statue des Königs der Gerechtigkeit«. Und aus den 282 Paragraphen dieses Gesetzbuches erblicken wir gleichsam wie im Spiegel der Rechtsnormen fast das gesamte wirtschaftliche und gesellschaftliche Leben des antiken Babyloniens: Die Gesellschaft zerfällt in drei Grundklassen (Avile, das sind Freie, Muschkene, das sind Halbfreie, Untertanen, und Vardume, das sind Sklaven); der Privatbesitz wird vor Diebstahl und Raub strikt geschützt; gewährleistet sind die Pflichterfüllung gegenüber dem Staat (Steuern, Kriegsdienst usw.) und die Unterhaltung der Bewässerungskanäle; Strafen fallen ungewöhnlich drakonisch aus (etwa fünfzigmal wiederholt sich: ». . . wird getötet!«). Und in diesem Gesetzbuch lesen wir neben mannigfachen Verfügungen über

das Besitz-, das Familienrecht, über Handelsverträge und das uns geläufige »Aug um Aug, Zahn um Zahn«, das über tausend Jahre später von der Bibel aufgegriffen wurde. (§ 196: »Wenn jemand einen anderen blendet, wird ihm das Auge ausgestochen.«) Die Entdeckung dieses großen gesetzgeberischen Werkes, entstanden mehr als zweitausend Jahre vor Justinians Kodifikation des Römischen Rechts, die ebenfalls auf ihre 1 500 Jahre zurückblickt, gehört zu den größten, uns von mesopotamischer Erde bescherten Überraschungen. Noch mehr vielleicht als sein Alter (später wurden noch ältere Gesetzessammlungen gefunden, die älteste geht auf den König von Ur Urnammu im 22. Jh. v. u. Z. zurück) verblüfft uns seine »Modernität«: die Strafe vollzieht nicht der Geschädigte oder im Tötungsfalle der Verwandte, sondern ein Staatsorgan im Namen des Herrschers.

Unter Hammurabi erlangte das Altbabylonische Königreich seine größte Ausdehnung, die höchste Macht und, wie es scheint, auch die festeste innere Geschlossenheit. Doch das scheint tatsächlich nur so: »der streng organisierte und einheitliche Staat« mit »harmonischem Gleichgewicht zwischen den verschiedenen Bevölkerungsgruppen« existierte lediglich in den Werken bürgerlicher Historiker. Die tiefe Kluft zwischen den Klassen, die Auflehnungen der Armen und Sklaven gegen die Reichen sowie die zentrifugalen Tendenzen (zumal im sumerischen Süden, der seine einstige Selbständigkeit nicht vergessen konnte) schwächten das Reich im Innern, so daß es ihm um die Mitte des 16. Jh. v. u. Z. an Kraft gebrach, sich der feindlichen Angriffe zu erwehren, und es wie der »Koloß auf tönernen Füßen« zusammenbrach.

Mittlerweile jedoch wurde im Norden Mesopotamiens, am Oberlauf des Tigris, das zweite Kapitel der Geschichte dieses Landes geschrieben – ein mindestens ebenso umfangreiches Kapitel, das von seinem Inhalt her sich mit dem babylonischen bereits seit der Epoche der sumerisch-akkadischen Stadtstaaten zu verquicken begonnen hatte: das assyrische Kapitel. Erst die Verbindung beider Kapitel begründet das Geschichtsbuch des antiken Mesopotamiens.

Die älteste dauerhafte Siedlung Mesopotamiens (oder sagen wir lieber: Assyriens) wurde beim Dorf Muallafat am oberen Zab nachgewiesen; ihr Entdecker, der Amerikaner R. Braidwood, datiert sie auf den Ausgang des 6. Jahrtausends v. u. Z. Eine etwas jüngere Siedlung wurde bei Hassuna, Halaf und Samarra am mittleren Tigris gefunden. (Unter den Fundstücken aus Samarra sind Scherben von Schüsseln mit eigenartigen Ornamenten, die zwar keine erstrangige archäologische Bedeutung haben, aber doch erwähnt werden müssen: begegnen wir doch hier zum erstenmal in der Geschichte dem Hakenkreuz; – dieses »arische« und »urgermanische« Symbol entsproß also semitischem Boden!) Die ersten assyrischen Könige betraten die Szene der Geschichte im 22.–21. Jh.; sie hatten ihren Sitz in Assur am rechten Tigrisufer, wo der untere Zabu mündet, und waren von den Herrschern Urs abhängig. Erst Puzurassur I., und wenn nicht er, dann bestimmt sein Sohn Schalimachum, bezeichnet sich im Unterschied zu seinen Vorgängern nicht als »Diener des Königs von Ur«. Sein späterer Thronfolger Illuschuma wurde im 19. Jh. v. u. Z. gar zum Oberhaupt von Ur; unterworfen hatte er es sich zusammen mit ganz Südmesopotamien. Assyriens Vormachtstellung brach schließlich Hammurabi, der darüber in seinem Gesetzbuch vermerkt, er habe »die verletzte Gerechtigkeit in Assur wiederhergestellt«.

Möge die Geschichte überhaupt interessant sein, im Hinblick auf Mesopotamien verstände ihren Verlauf wohl allein ein Reporter von Tischtennismeisterschaften fesselnd wiederzugeben: den Ball stellen da die mächtigen Heere mit ihren Streitwagen dar, die von den Herrschern Assyriens und Babyloniens je nach momentanem Übergewicht aus dem einen Land ins andere geworfen werden, um »zu vernichten, auszuplündern und zu unterwerfen«, wie der stereotype Satz in nahezu sämtlichen Inschriften über ihre staatsmännischen Taten lautet. Nach Kräften »vernichten, plündern und unterwerfen« sie auch die Nachbarländer – von Indien bis hin zum Mittelmeer, von den armenischen Gebirgszügen bis hin zur Libyschen Wüste in Afrika. Und zur Abwechslung »vernichten, plündern und unterwerfen« kassitische, mitannitische, hethitische und andere Eroberer bei jeder einigermaßen günstigen Gelegenheit Mesopotamiens Städte und Gebiete.

Wir werden uns bei diesen Kriegen nicht aufhalten: Über eintausend haben ihrer rund 250 mesopotamische Könige geführt, deren Existenz nachzuweisen den Historikern bis heute gelang. Von allen grandiosen Siegen, mit denen sich diese »Könige des Alls« oder der »vier Himmelsrichtungen« auf unzähligen Inschriften brüsten, blieb nicht einmal so viel übrig wie von den bescheidensten Erzeugnissen mesopotamischer Töpfer, geschweige denn der Bildhauer, Bauleute, Dichter und Gelehrten. Begnügen wir uns daher mit einem knappen Überblick der Hauptepochen der mesopotamischen Geschichte.

Altbabylonisches Reich heißt die Regierungszeit der Hammurabi-Dynastie, über die wir schon berichtet haben; sie währte ungefähr vom Jahre 1895 v. u. Z., als ihr Begründer Sumnabum den Thron bestieg, bis zum Jahre 1594 v. u. Z., als der hethitische Eroberer Babylons, Mursilis I., ihren letzten Herrscher Samsuditanu stürzte. Dann usurpierten Babylonien die Gebirgsstämme der Kassiten; die Zeit ihrer Oberherrschaft trägt das treffende Attribut »babylonische Finsternis«. Babyloniens Kulturverfall fand selbst nach Aussterben der kassitischen Könige kein Ende, als Nebukadnezar I. auf den Thron kam (um das Jahr 1170 v. u. Z.), und dauerte beinahe bis ins 7. Jh. v. u. Z. hinein.

Das Altassyrische Reich riefen die Führer der amoritischen Stämme nach dem Niedergang des Königtums von Ur ins Leben, zu höchster Macht gelangte es in der ersten Hälfte des 18. Jh. v. u. Z. unter König Samsiadad I., bis Hammurabi es eroberte. Zu neuerlicher Entfaltung brachte Assyrien erst Anfang des 14. Jh. v. u. Z. König Assurbalit, der Begründer des sogenannten Mittelassyrischen Reiches. Dessen mächtigste Herrscher waren Tukulti-Ninurta I. und Tiglatpilesar I., beide Eroberer Babylons und zahlreicher weiterer Städte. Zuletzt übernahm sich Assyrien mit seinen Siegen und fiel aramäischen Interventen zum Opfer.

Das Neuassyrische Reich (885–612) wurde von König Assurnasirpal II. gegründet, dem siegreichen Anführer des antiaramäischen Aufstandes. Sein Nachfolger Salmanassar III. führte während seiner zweiunddreißigjährigen Regentschaft zweiundzwanzig Kriege; er rückte Assyriens Grenze bis an die Mittelmeerküste, doch auf seinem Zug nach Norden schlugen ihn die Heere des mächtigen Staates Urartu (auf dem heutigen Territorium der Türkei, Georgiens und Armeniens) zurück. Die Urartuer zerschnitten die assyrischen Handelsverbindungen und lähmten solcherweise die wirtschaftliche und in der Folge auch die politische Kraft Assyriens für länger als ein halbes Jahrhundert.

Doch gerade bei dieser Niedergangsetappe Assyriens, der sogar die ausführlichsten Geschichtswerke kaum ein paar Zeilen widmen, sollten wir kurz verweilen. Nach Salmanassar III. bemächtigte sich des assyrischen und babylonischen Thrones Schamsiadad V., ein nicht sonderlich überragender Herrscher. Als er um das Jahr 811 v. u. Z. starb, war sein Sohn Adadnirari III. noch unmündig. Die Regierungsgeschäfte übernahm für ihn seine Mutter, Schamsiadads Gemahlin Schammuramat (etwa 810–806 v. u. Z.). Und der Name dieser Königin, die ganze vier Jahre herrschte, zählt zu den bekanntesten in der ganzen assyrisch-babylonischen Geschichte: in der griechischen Umschrift lautet er Semiramis und verknüpft sich mit den berühmten Hängenden Gärten in Babylon. Doch damit erschöpft sich auch schon, was wir über die historische Semiramis wissen. Kein Wörtchen mehr ist belegt. (Wo Fakten fehlen, ist natürlich Raum für Phantasie. Antike Geschichtsschreiber und moderne Romanciers haben ihn in diesem Fall bis an den Rand gefüllt. Dazu kommen wir noch.)

Die Expansionspolitik Assyriens frischte dann Tiglatpilesar III. auf, berüchtigt aus der Bibel als Bundesgenosse des Judenkönigs Achab, »den er mehr plagte als unterstützte«. Nach dessen Sohn Salmanassar V. fuhr in den assyrischen Eroberungszügen Sargon II. (722–704 v. u. Z.) fort, der Begründer einer neuen Dynastie und der Residenzstadt Dur-Scharrukin (nahe dem heutigen Chorsabad, wo Botta die Überreste des Sommerpalais' Dur-Scharrukins entdeckte). Sein Nachfolger Sancherib schrieb sich mit dem Ausbau Ninives und der Brandschatzung Babylons in die Annalen ein. Und wie er gewütet hat! Schutzwälle, Türme, Paläste, Häuser und Tempel ließ er dem Erdboden gleichmachen, und um die Stadt befahl er einen Graben auszuheben, worein dann die Euphratwasser geleitet wurden, um die Ruinen zu überfluten: 208 000 Einwohner führte er als Sklaven ab, und die übrigen wurden gemordet. »Ich habe Babylon gründlicher verheert als das Hochwasser«, prahlt er auf seiner Inschrift; »ich habe es überschwemmt, damit künftig niemand sich der Stelle erinnern könne, wo es gestanden hat, weder seiner Tempel noch seiner Götter.« – Drei Jahre herrschte Sancherib über diesen größten Friedhof der Erde. Dann wurde er gemeuchelt (was in Assyrien als die übliche Weise der Ablösung von Staatsoberhäuptern galt wie in demokratischen Ländern Wahlen). Und sein Nachfolger Assarhadon ließ Babylon wiederaufbauen.

Aber Assarhadon war nicht nur Architekt: Während Hunderttausende Sklaven und »Freie« Lehm für Ziegel mischten, Gräben zogen und Bäume fällten (und die Stämme aus Entfernungen von über hundert Kilometern heranschafften, da es bei Babylon keine Wälder gab), während zu Hunderttausenden Männer und Frauen Mauern in die Höhe trieben, die alle Augenzeugen des Altertums und Archäologen der Neuzeit in Staunen versetzten, brach Assarhadon mit seiner Armee nach Ägypten auf, »eroberte, vernichtete und plünderte in einem halben Tag«, wie es an einem Denkmal heißt, die Hauptstadt Mennofer (Memphis) und usurpierte das Ägyptische Reich.

Sein Sohn Assurbanipal (668–631), in dessen Palast zu Ninive wir die Archäologen Layard und Rassam trafen, war allerdings bereits der letzte namhafte Herrscher des Neuassyrischen Reiches. Er büßte Ägypten ein, warf aber den Aufstand in Babylon und anderen Städten nieder: »Vierzehn Königsstädte und ungezählte Kleinstädte sowie Provinzen Elams – all das habe ich vernichtet, verwüstet, dem Feuer übereignet und verbrannt.« Daraufhin ließ er sich als »König des Friedens« und »Erneuerer der Ordnung« preisen und wandte sich der Kultur zu. »Zum Zwecke privater Lektüre« (offenbar war er der einzige lesekundige Monarch in Assyriens Geschichte) gründete er eine Bibliothek, die mit ihrem Bestand alle übrigen antiken Buchsammlungen des Britischen Museums mit Leichtigkeit ausstickt.

Nach Assurbanipal saßen auf dem assyrischen Thron noch drei Herrscher nacheinander. Im Jahre 614 v. u. Z. überschritten die Meder den Tigris und besetzten Assur. Das war den Babyloniern ein Signal: Sie schlossen sich dem Mederkönig Kyaxar an, und im Jahre 612 v. u. Z. »unterjochten, zerstörten und verwüsteten« zur Abwechslung ihre vereinigten Truppen die Metropole Ninive. Dabei verlor der letzte Assyrerkönig Schinsarischkun das Leben, in Harran bildete sich noch eine Art assyrische Exilregierung, doch deren Liquidation war für die Meder und Babylonier ein Kinderspiel. Im Jahre 605 v. u. Z. wurden die assyrischen Reitertruppen in der Schlacht bei Karchemisch am Euphrat außer Gefecht gesetzt.

Das »prächtige Ninive«, in dem »mehr Kaufleute wohnten, als es Sterne am Himmelszelt gibt« und »allein an Säuglingen, die zwischen der Rechten und der Linken nicht zu unterscheiden wissen, mehr als einhundertzwanzigtausend lebten«, wurde nicht bloß »erobert, zerstört und verwüstet«, sondern verschwand von der Erdoberfläche. Und es wurde spurloser getilgt als Babylon auf Sancheribs irrsinnigen Befehl – definitiv, so, daß es sich nie mehr erholte. Herodot suchte den Landstrich auf, über den es geherrscht hatte, und zwar einhundertfünfzig Jahre nach seiner Ausmerzung, und erfuhr nur soviel, daß es am linken Tigrisufer gelegen haben soll. Diodoros hingegen verlegte es an den Euphrat. Strabon gab sich alle Mühe, es auszumachen, doch er fand von der Stadt, »um einiges größer als Babylon«, keine Spur. Erst Botta gelang es. Aber da wurde schon das Jahr 1842 geschrieben.

Aus der Asche des assyrischen Thrones stieg gleich einem Phönix Babylons Macht auf: das Neubabylonische Reich (625–539 v. u. Z.). Begründet wurde es von Nabopalazar, einem treubrüchigen Heerführer des letzten Assyrerkönigs Schinsarischkun, der sich mit den Medern verbündete. Sein Sohn und Thronfolger Nebukadnezar II. (604–562 v. u. Z.) dehnte dann Babyloniens Herrschaftsbereich bis an die Schwarzmeerküste aus; unter anderem nahm er Jerusalem ein, führte die Juden in die »babylonische Gefangenschaft« und radierte im Jahre 586 v. u. Z. ihren Staat auf der Landkarte aus (abgesehen von einer kurzen Erneuerung seiner Unabhängigkeit nach dem Makkabäeraufstand im Jahre 166 v. u. Z. bis 1948, als die Republik Israel gebildet wurde).

Unter Nebukadnezar II. wuchs Babylon zur größten Stadt der ganzen damaligen Erde; schätzungsweise zählte es über eine Million Einwohner und nannte sich prahlerisch den »Nabel der Welt«. Aber in der Ferne hinter dem Schatten seiner Mauern regte sich inzwischen eine neue Großmacht des Vorderen Orients: das Perserreich. Dessen König Kyros (Kurusch) nutzte die Schwäche des babylonischen Königs Nabonid (555–539 v. u. Z.) aus, der sich eher um den Gottesdienst als die Landesverteidigung kümmerte, und schlug die babylonische Armee bei Opis und Sippar. Dann versicherte er sich mit »reichlichen Gaben« der babylonischen Aristokratie: Im Herbst 539 v. u. Z. zog er durch offene Tore in Babylon ein, entledigte den König des Thrones und verleibte die Stadt seinem Reich ein. Babylon bewahrte sich noch über Jahrhunderte als wirtschaftliches und kulturelles Zentrum einen gewissen Einfluß, Hauptstadt zwischen den beiden Strömen jedoch wurde es nimmermehr.

Und der Vollständigkeit halber: Nach Untergang des Neubabylonischen Reiches sank Mesopotamien in den Rang einer persischen Provinz. Im Jahre 331 v. u. Z. betrat Babylon – nach der Niederlage des letzten Perserkönigs aus der Achämeniden-Dynastie, Dareios III. – Alexander der Große und starb dort acht Jahre später. Daraufhin bemächtigte sich Mesopotamiens sein Feldherr Seleukos, dessen Nachkommen rangen es um die Mitte des 2. Jh. v. u. Z. die Parther ab. Die weitere Geschichte Mesopotamiens weist immer mehr leere Seiten auf bis zur Okkupation durch die persischen Sasaniden (226 u. Z.). Im siebenten Jahrhundert ging es in das Reich der Bagdader Kalifen ein, im 13. Jahrhundert eroberten es die Mongolen und im 16. Jahrhundert die Türken. Das einstige »Paradies auf Erden« verwandelte sich in eine Sandwüste, die Bewässerungskanäle in Unterschlüpfe für Schakale und die Nachfahren der Erbauer der ältesten Städte der Welt in Nomaden. Die Türkenherrschaft über Mesopotamien endete im November 1914, als die britische Okkupationsarmee einrückte. Im Jahre 1922 dann wurde auf seinem Territorium wieder ein selbständiger Staat errichtet, der Irak; bis 1932 stand er unter britischem Mandat, um schließlich unabhängig zu werden – mit der Einschränkung, daß seine Wirtschaft von britischen Erdölgesellschaften diktiert wurde und sein König Faisal nichts als eine Marionette der Briten vorstellte. Im Jahre 1958 wurde der Irak Republik.

Nach diesem knappen Überblick über Mesopotamiens Geschichte und über die Entdeckungen seiner Kultur versetzen wir uns um zweieinhalb Jahrtausende zurück – und führen uns die Reportage zu Gemüte, die Herodot verfaßt und Koldewey illustriert hat.

Zu Herodots Zeiten war Babylon bereits nicht mehr der »Nabel der Welt«, vielmehr eine ausgesprochene Provinzstadt. Dennoch blieb es weiterhin die ansehnlichste

Metropole; Athen und Rom hatten es noch nicht überholt, und das ägyptische Veset (Theben) war bereits eine halbentvölkerte Schutthalde verblichenen Ruhmes.

Das Babylon, das Herodot besuchte, war das Babylon Nebukadnezars II., weder das ältere, das ja unter Sancherib vom Erdboden verschwunden war, noch das jüngere, denn zur Regierungszeit der letzten vier chaldäischen und der ersten vier Achämenidenkönige, die sich hier seit Nebukadnezars Tod bis zu Herodots Visite abgelöst hatten, gedieh es zwar nicht mehr, war aber noch nicht verödet.

Der Schilderung Babylons widmet Herodot acht Kapitel des ersten Bandes seiner »Geschichte«. Beginnen wir mit dem Kapitel 178: »(In Mesopotamien) gibt es zahlreiche große Städte, doch die bekannteste und sicherste ist Babylon ... Diese Stadt sieht so aus: Erbaut ist sie auf einer weiten Ebene im Quadrat, dessen Seiten je 120 Stadien messen; insgesamt beträgt ihr Umfang folglich 480 Stadien. Allein Babylon ist nicht nur die größte, sondern auch die schönste unter all den Städten, die wir kennen. Rund um die Stadt zieht sich ein langer, breiter und wassergefüllter Graben; dahinter erhebt sich die Mauer, die 50 Königsellen breit und 200 Ellen hoch ist.

Es lohnt zu vermerken, wozu der Lehm aus dem Graben verwendet und wie die Mauer errichtet wurde. Während man den Graben aushob, wurden aus dem herausgeholten Lehm Ziegel gefertigt; als eine genügende Anzahl davon vorhanden war, wurden sie in Öfen gebrannt. Dann wurden die Wände des Grabens damit ausgelegt, und zwar in der Weise, daß auf dreißig Ziegelschichten eine Schilfdecke kam; als Mörtel diente heißer Asphalt. Gleichermaßen errichteten sie auch die Stadtmauer. Auf der Innen- und Außenseite der Mauer erbauten sie dann Türme, jeweils zwei und zwei einander gegenüber, und dazwischen blieb Raum für einen vierspännigen Wagen. Die ganze Mauer hat einhundert Tore, und allesamt sind sie bronzen, auch die Zinnen und die Flügel sind aus Bronze.«

Fahren wir mit dem Kapitel 180 fort: »Die Stadt Babylon zerfällt in zwei Teile, weil in der Mitte der Fluß Euphrat fließt, der in Armenien entspringt. Es ist ein starker, tiefer und ungestümer Strom ... Zu beiden Seiten verläuft die Mauer bis ans Flußufer, dort schwenkt sie ein und setzt sich an beiden Ufern als hohe Backsteinwand fort. In der Stadt selbst stehen viele drei- und vierstöckige Häuser in geradlinigen Straßen, die teils parallel zum Fluß, teils direkt auf ihn verlaufen. Am Ende jeder solcher Querstraße sind in der Mauer am Fluß Tore eingelassen; davon gibt es so viele wie Straßen. Auch diese Tore am Fluß sind aus Bronze. Die Außenmauer bildet sozusagen den Panzer der Stadt, dahinter allerdings steht eine weitere, durchaus nicht minder feste, wenn auch schmalere.«

Ehe wir diese Mitteilungen näher untersuchen, überprüfen wir ihre Zuverlässigkeit. Was meint zum Beispiel Strabon, der Babylon an der Wende von der alten zur neuen Zeitrechnung und etwa 450 Jahre nach Herodot besucht hat?

»Babylon liegt in einer Ebene, der Umfang der Mauern beträgt 365 Stadien, ihre Breite 32 Fuß, die Höhe der Mauern zwischen den Türmen 50 Ellen, die Höhe der Türme 60 Ellen. Der Weg auf der Mauer ist so breit, daß auf ihm leicht zwei vierspännige Wagen einander ausweichen können.«

Was sagt Diodoros? Was lassen die Autoren verlauten, auf die er sich beruft? »Diese Mauern waren ein Riesenwehr, dessen Breite für sechs Wagen ausreichte, und Ktesias von Knidos behauptet, ihre Breite sei unglaublich gewesen. Kleitarchos und andere, die sich mit Alexander in Asien aufgehalten hatten, nehmen an, ihr Gesamtumfang habe 365 Stadien gemessen ... Jüngsten Schriftstellern zufolge waren sie nur 50 Ellen hoch, und ihre Breite hat nur zwei Wagen genügt. Türme habe es 250 gegeben ... Zwischen den Mauern und den Häusern sei ein 200 Fuß breiter Raum geblieben.« All diese Autoren ebenso wie Philon (der im ganzen Strabons Daten übernimmt) sind sich darin einig, daß die Mauern aus asphaltgebundenen Ziegeln bestanden haben.

Neuzeitliche Kommentatoren Herodots, Strabons und der übrigen Autoren erachteten diese Informationen für eine gewöhnliche Übertreibung von Reiseschriftstellern, ähnlich jenen phantastischen Berichten über den Fisch mit der Bischofsmitra, mit der Säge über dem Kiefer usf., die Seefahrer im 15. und 16. Jh. heimbrachten. Noch um die Mitte des 19. Jh. wurden diese Daten als Beweis der Unseriosität antiker Schriftsteller abgetan. »Sie sind wie Kinder, übertreiben ...«

Es handelte sich tatsächlich um unglaubliche Feststellungen. Babylons Umfang soll laut Herodot 90 Kilometer gemessen haben, nach Strabon, Diodoros und den übrigen »nur« knappe 70 Kilometer; – doch auch das wäre doppelt soviel wie der Umfang Londons um Mitte des vorigen Jahrhunderts. Wieviel Einwohner mußte diese Stadt demzufolge haben? Immerhin hatte London damals über zwei Millionen!

Doch noch mehr verblüfften die Dimensionen der Gräben und Mauern. Nach den Mindestangaben sollen diese Mauern rund 22 Meter hoch gewesen sein – einem fünf- bis sechsstöckigen Gebäude gleich. Wer hat jemals eine solche Befestigung zu Gesicht bekommen? Nach den Mindestangaben, von antiken Autoren selbst richtiggestellt (die sich damit »eindeutig zur Übertreibung bekannten«), konnten auf der Mauer zwei Wagen zwischen den Türmen zu beiden Mauersteinen aneinander vorbeifahren; sie mußte also wenigstens 6 bis 8 Meter breit sein. Schützten die Babylonier sich etwa vor belagernder Artillerie? Zweitausend Jahre vor der Erfindung des Schießpulvers?

Die Krone setzte diesen Behauptungen die Nachricht auf, daß sich hinter dieser sinnlos überdimensionalen Mauer eine weitere erhob, obgleich schmaler, doch »nicht minder fest«! Zwei Mauergürtel!

Indessen verkündete Koldewey Anfang des Jahres 1900, daß seine Arbeiter nicht etwa einen zweiten, sondern einen dritten Mauergürtel rund um Babylon auszugraben im Begriff seien ...

Und die mühselige Arbeit, in deren Ergebnis stattliche Teile der Stadt freigelegt wurden, erwies, daß die alten Schriftsteller mitnichten den Mund zu voll genommen hatten. Die Stadtmauern Babylons, dieses Weltwunder Herodots, Strabons, Diodoros', Ktesias' und Philons, hatten wirklich existiert.

Selbstverständlich konnte R. Koldewey diese Mauern nicht nach Berlin transportieren und mit ähnlichem Effekt wie Botta seine geflügelten Stiere in Paris oder Layard den Saal des assyrischen Königspalastes in London vorführen. Aber die ganze Welt konnte sie wenigstens auf Fotografien sehen, die Tageszeitungen und Abendblätter, Familien- und wissenschaftliche Zeitschriften füllten. Und in den Museen aller fünf Weltteile bot sich den Besuchern Gelegenheit, die Ziegel in Augenschein zu nehmen, woraus die Mauern bestanden hatten. Es waren gewöhnliche Lehmziegel, an denen es nichts Besonderes gab, als daß sie Nebukadnezars Siegel trugen und von Zeitgenossen der biblischen Propheten gepreßt worden waren.

Wer war dieser Robert Koldewey, der sich »der gigantischsten Aufgabe, die einem Archäologen je beschieden war«, unterzogen hatte? »Der richtige Mann für Babylon«, antworteten amerikanische Berichterstatter; »allseitig gerüsteter, systematischer und gründlicher Forscher«, schrieben die deutschen; »bei der Arbeit mag er den Witz, in der Freizeit Verse und Kognak«, ergänzten seine Charakteristik die französischen. Als er zum erstenmal nach Babylon kam (gemeinsam mit dem später berühmten Walter Andrae als Assistenten und Bruno Meißner als assyriologischem Berater), war er dreiundvierzig Jahre alt. Geboren wurde er im Jahre 1855 in Blankenburg; er studierte Architektur, Archäologie und Kunstgeschichte in Berlin, München und Wien, dann zog er in die »antike Welt« und umschiffte mit irgendwelchen Amerikanern im Boot ganz Griechenland, um es sich peinlich genau anzuschauen; später versuchte er sein Archäologenglück auf der Insel Lesbos, im sizilianischen Selinunte und zum Zeitvertreib auch in Syrien. Er hätte sich gern der Archäologie verschrieben, doch weil er von etwas leben mußte, nahm er eine Lehrerstelle an einer Görlitzer Gewerbeschule an und unterrichtete dort in – Kanalisation. Aus dieser Beschäftigung (und der Vorarbeit zu einem Buch über die Geschichte der Kanalisation) riß ihn ein Angebot des Direktors der Berliner Museen, das ihm den Atem benahm. Er schlug ein und setzte am 1. März 1899 den Spaten über Babylons Ruinen an. (Zuerst allerdings schoß er die finsteren Löcher von Hyänen, Straußen und Schakalen frei. Eigentlich liebte er die Schießerei gar nicht, zumal er selbst den langen Flinten der Räuber aus der Wüste zur Zielscheibe diente: »Zuweilen zermürbt einen das wahrhaftig bei der Arbeit.«) Neunzehn Jahre grub er dann – knapp zwei Millionen Mark gab er für die bescheidenen Löhne der Arbeiter, für Schaufeln und Schubkarren aus – und förderte Babylon aus dem Dunstnebel biblischer Legenden in die Welt der Wirklichkeit.

Seine Ausgrabungen schilderte Koldewey in geistvollen Briefen an seine Freunde, in nüchternen Berichten an das »sehr geehrte Direktorium der königlichen Museen zu Berlin«, in Hunderten Studien und im Buch »Das wiedererstehende Babylon«, das im Jahre 1914 zu Leipzig erschien.

Diese Arbeiten enthielten eine vollkommene Rekonstruktion der Befestigungsanlagen Babylons: Es war von drei Mauern umgeben; die Stärke der ersten betrug 7 Meter, der zweiten 7,80 Meter, der dritten 3,30 Meter. Vor der äußeren Mauer zog sich ein Graben. Die erste Mauer bestand aus ungebrannten, die beiden übrigen aus gebrannten Ziegeln. Die Türme, mit denen die Innenmauer ausgestattet war, hatten einen quadratischen Grundriß von 8,36 Meter Seitenlänge. Voneinander entfernt waren sie jeweils 44 Meter. Solcher Türme legte Koldewey fünfzehn frei; wahrscheinlich gab es insgesamt dreihundertsechzig. Auch Ktesias' Angabe von 250 Türmen an der Außenmauer darf den aufgefundenen Spuren zufolge für glaubwürdig erachtet werden.

Doch stellt sich hier eine Unstimmigkeit ein: Die antiken Schriftsteller sprechen immer nur von zwei Mauern. Wie kommt es, daß sie die dritte übersehen haben? Es scheint, daß der Raum zwischen den beiden ersten (etwa 12 Meter) mit Lehm ausgefüllt gewesen ist. Wenn bereits auf der schmalsten von ihnen ohne Mühe ein gewöhnlicher Wagen fahren konnte, so konnte die beiden breiteren ohne weiteres ein vierspänniger (wie Herodot sagte) befahren – und auf solcherart »erweiterter« Mauer konnten nunmehr zwei (laut Strabon) Vierspänner bequem einander ausweichen. Ja, sogar »vier vierspännige Wagen gleichzeitig konnten auf ihr entlangfahren« – was dem »geradezu unglaublichen« Bericht Philons zu entnehmen ist.

Und nun gestatten Sie einige Rechenspiele und Vergleiche, um uns die Stärke dieser Mauern zu veranschaulichen – und so zugleich die Arbeit zu würdigen, die deren Errichtung beansprucht haben mag.

Zur Grundlage nehmen wir Herodots (höhere) und Strabons (niedrigere) Daten über die Gesamtlänge der Mauern und Koldeweys (genaue) Angaben über ihre Breite. Die Höhe zu enträtseln gelang Koldewey schon nicht mehr; gehen wir aber bei unserer Berechnung, die ohnehin nur ungefähr sein kann, von der Mindestangabe, d. h. 22 Metern, aus, was den übrigen Dimensionen durchaus entspricht. Und

Querschnitt der babylonischen Befestigungsmauern zu Zeiten Nebukadnezars. Nach einem Schema von Koldewey

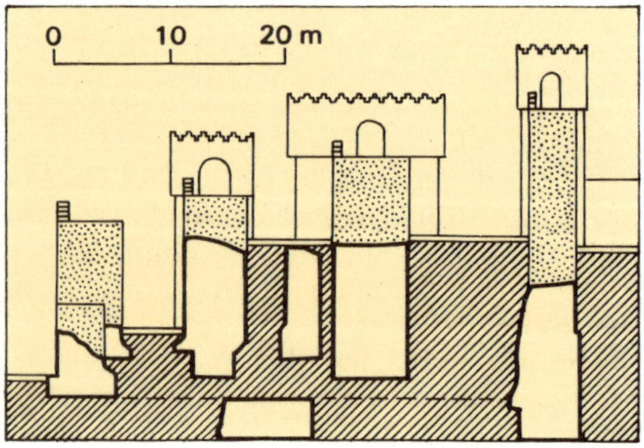

schließlich lassen Sie uns Betrachtungen mit unserem Ziegelformat (29 cm × 14 cm × 6,5 cm und 1 cm Fuge; die babylonischen Ziegel, nach fünf Typen gegliedert, waren ein bißchen größer als unsere) anstellen.

Der Rauminhalt der äußeren Mauer belief sich infolgedessen auf 11 bis 15 Millionen Kubikmeter. Wenn auf einem Kubikmeter Mauer 290 Ziegel entfallen, wurden zu ihrem Bau 3 bis 4 Milliarden Ziegel gebraucht.

Sofern es um die zweite Mauer aus gebrannten Ziegeln geht, hätten zu ihrer Errichtung heutzutage schätzungsweise 250 bis 280 große Ziegeleien mit einer Jahreskapazität von 10 Millionen Ziegeln voll zu tun.

Verwundert es uns daher, daß die antiken Schriftsteller die Stadtmauern von Babylon für ein Weltwunder gehalten haben? Und daß »babylonische Arbeit« in einem römischen Sprichwort etwa soviel bedeutete wie bei uns Sklavenschinderei? Die babylonischen Mauern stellten jedoch keine nackten Wände dar. An der Stirnseite waren sie mit glasierten Ziegeln voller phantastischer Ornamente und Reliefs von Löwen, Gazellen, Drachen und waffenstarrenden Kriegern gefliest. Schon in den ersten Grabungstagen, als kaum zehn Meter Mauer freigeschaufelt waren, stieß Koldewey auf ein rundes Tausend größerer und kleinerer Bruchstücke des Mauerschmucks: Löwenschweife und -zähne, Gazellenläufe und Menschenbeine, Speerspitzen u. a. m. Und Fund reihte sich an Fund ... zwölf Jahre lang!

Stellen wir uns Nebukadnezars Babylon vor: Aus grauer Ebene erhebt sich ein Wall massiger Mauern mit Hunderten Türmen, verziert mit blauen und grünen Kacheln, deren Glanz von der Sonne bis hin zum weiten Horizont reflektiert wird. Diese Mauern und Türme bilden aber lediglich das Postament zu weiteren hohen und herrlichen Bauten – sind gleichsam die Kleinseitner Dächer am Fuße des Panoramas eines orientalen Hradschins! Und über ihnen, vor der Schallkulisse des Verkehrs und des Gebrodels einer Millionenstadt, ragt das höchste Gebäude zwischen Euphrat und Tigris empor – der märchenhafte und dennoch wirkliche Turm zu Babel!

Und führen wir uns, sofern möglich, diese bezaubernde, auf einer zweiten ruhende Halluzination vor Augen: ihrem Widerschein in einem riesigen See, der die Stadt vor einem Angriff auf die unüberwindlichen Mauern schützt! Ein ausgeklügeltes System von Wasserbauten ermöglichte es, bei drohender Gefahr die Tiefebene zu überschwemmen, die Stadt und Festung Babylon säumte. König Nebukadnezar verkündet in seiner Inschrift darüber: »Damit der Feind sich in böser Absicht der Stadtmauer von Babylon nicht nähern könne, habe ich es mit mächtigen Gewässern, aufgewühlter Meeresbrandung ähnelnd, eingefaßt. Ihre Überquerung kommt einer Überfahrt über ein weites Meer voller Salzwasser gleich.«

Doch in höherem Maße noch als diese Mauern, von denen man letztlich gewußt hatte, überraschte Koldewey und nach ihm die ganze Welt eine andere Entdeckung: ein weiterer Teil dieses uneinnehmbaren Bollwerks – die »Straße des Todes«, offiziell »Herrn Marduks Prozessionsweg« genannt.

Dieser Weg führte vom großen Mauertor am Euphratufer zum Haupttempel Esagila (dem »Tempel mit der hohen Spitze«), der dem Gott Marduk geweiht war. Vierundzwanzig Meter breit verlief er schnurgerade zum Ischtartor, diesem massiv befestigten viertürmigen Bau, hin und von da aus rund um den Königspalast und die Zikkurat bis zum Marduktempel. In der Mitte war er mit großen Steinplatten ausgelegt, über die gesamte Länge von roten Ziegelsteinen eingefaßt. Die Fugen zwischen den blanken Platten und den stumpfen Pflastersteinen waren mit schwarzem Asphalt ausgegossen. Auf der Unterseite jeder Platte prangte der keilschriftliche Vermerk: »Ich bin Nebukadnezar, König von Babylonien, Sohn Nabopalazars, des Königs von Babylonien. Ich habe den babylonischen Pilgerweg für die Prozessionen zu Ehren des großen Herrn Marduk mit Tafeln aus grauem Gestein pflastern lassen. Marduk, Herr, beschere ewiges Leben!«

Es war eine großartige Straße – aber nur wie etwa ein Pariser Boulevard mit dem Pflaster des Markusplatzes zu Venedig, vom Bogen der Londoner Admiralität überwölbt. Zum Weltwunder prädestinierte sie erst eine zusätzliche Eigenschaft.

In Wirklichkeit stellte diese Pilgerstraße eine gewaltige gemauerte Schlucht, den prächtig gepflasterten Kanal einer Schiffsschleuse dar. Weder nach rechts noch nach links war ein Blick nach außen möglich, denn von beiden Seiten verstellten sie sieben Meter hohe, glatte, von keinem einzigen Tor unterbrochene Mauern mit spitzen Zinnen, zwischen denen in regelmäßigen Abständen Türme in die Höhe schossen. Die Innenwände dieser Mauern gleißten in glasierten Kacheln, und aus deren kaltblauem Untergrund traten gräßliche ausgreifende Löwen mit grellgelben Mähnen und gebleckten Reißzähnen hervor. Einhundertzwanzig zwei Meter große Ungetüme starrten von beiden Seiten auf die Wallfahrer herab; hinter ihnen, an den Wänden des Ischtartores, grinste und zeigte die Krallen eine Meute schauriger Fabeltiere – irgendwelcher Kreuzungen zwischen Stieren und Tigern und Hunden und Krokodilen mit Mäulern auf langen Hälsen, mit Hörnern auf den Köpfen und Klauen, mit schuppenbedeckten Leibern – Hunderte von Siruschen, babylonische Drachen!

Weshalb mußten die frommen babylonischen Pilger diese Straße des Grauens durchschreiten? Immerhin war der babylonische Glaube, ein Glaube voller Zauber, phantastischer Wesen und »unmoralischer Ausschweifung«, alles andere als eine Religion des Grusels. Die Ausgestaltung der Mardukstraße aber übertraf alles, was uns

Marduks Prozessionsweg in Babylon nach Ausgrabung und teilweiser Wiedererrichtung durch die irakische Denkmalsverwaltung im Jahre 1965

meinethalben von den Wänden des toltekischen Kriegertempels im mexikanischen Chichén Itzá anstarrt, der als versteinerter Graus gilt.

Auf diese Frage wußten die Kenner des babylonischen Glaubens keine Antwort; sie waren auf die Hilfe der Militärgeschichtswissenschaftler angewiesen, insbesondere der Spezialisten jenes Faches, das wir heute als Wissenschaft der psychologischen Kriegführung bezeichnen.

Die Straße des großen Marduk war nämlich gar nicht ausschließlich ein Pilgerweg – das war im Grunde nur ihr Deckname –, vielmehr ein Teil des Verteidigungssystems der größten Festung unter dem Himmelszelt. Gesetzt den Fall, es fände sich ein Gegner, der sich entschlösse, Nebukadnezars Babylon anzugreifen. Zuerst müßte er über den breiten Graben setzen, in den die Euphratwasser geleitet waren. Lassen wir es ihm gelingen. (Dazu verwendete man in Mesopotamien keine Boote, sondern aufgeblasene Schafshäute, worauf die Soldaten schwammen. Wir wissen darüber aus altbabylonischen Reliefs und aus Koldeweys Berichten; seine Arbeiter vom rechten Euphratufer kamen auf diese Weise täglich zur Arbeit.) Nehmen wir weiterhin an, der Feind hätte die erste, die zweite und die dritte Mauer erklommen. Das ist zwar bei der damaligen Kriegstechnik kaum auszudenken, zum Verständnis des Zwecks der Mardukstraße jedoch befleißigen wir uns dessen. Er gelangte da bis zum Haupttor, und wenn er auch dies nähme, stände er schon vor der geraden, im Wortsinn gepflasterten und asphaltierten Straße zum Königspalast. Allein – in diesem Augenblick bräche aus den ungezählten Nischen der Zinnen und von den Türmen ein Regen von Pfeilen, Lanzen und siedenden Asphaltklumpen auf ihn herab; ihm bliebe nicht die geringste Chance, sich zu schützen oder zu entrinnen. Und zum Vorteil der unerreichbaren Krieger in günstiger Schußposition käme etwas noch Unheimlicheres hinzu: der Schlag des »psychologischen Faktors«. Von den Wänden stürzten sich auf ihn die Truppen der Löwen, deren wilde Grimassen ihn in Panik versetzten, und vom Ischtartor, einer weiteren Bastion, die er vor sich sähe, fiele ihn das Rudel der vielhundert Drachen an. Und es bedarf keiner üppigen Vorstellungskraft, um sich zu vergegenwärtigen, wie dies alles auf den Menschen des sechsten Jahrhunderts vor unserer Zeitrechnung gewirkt haben mochte, der an die unmöglichsten Ausgeburten der Phantasie, an Zauber und Wunder glaubte, die in eben diesem Teil der Welt ihre dichtestbesiedelte Heimat hatten.

Marduks Prozessionsweg war also das letzte strategische und taktische Unterpfand der Zitadelle Babylon, das unbezwingbare Hindernis für den Eroberer, die tatsächliche Straße des Todes.

Und trotz allem fiel Babylon. Es fiel, obwohl Nebukadnezars Mauern stehenblieben und niemals eingenommen wurden ...

Es bewies sich hier, daß selbst die mächtigsten Schutzwälle und raffiniertesten Verteidigungsmethoden aus sich heraus den Gegner nicht aufzuhalten vermögen. Mauern und Schanzwehre bilden nur ein Mittel, ein Hilfsmittel der Kämpfer, die sie schützen. Sie sind wertlos, wenn die Soldaten sie nicht schützen wollen oder wenn unfähige Heerführer die Vernichtung der Verteidigungsarmee vor den Mauern zulassen. Und beides traf, wie aus der Geschichte bekannt, auf Babylon zu.

Doch war dies nicht die einzige Ursache des Untergangs Babylons. Aus den Millionenmassen hätten sich auch nach Zerschlagung der babylonischen Armee durch den Perserkönig Kyros neue Verteidiger der uneinnehmbaren Stadtmauern rekrutieren können. Hätten können – unter einer Bedingung: wären sie an deren Verteidigung interessiert gewesen. Babylon jedoch war nicht ihre Stadt, ebensowenig wie das Babylonische Reich ihr Staat war. Aus ihrer Sicht handelte es sich in diesem Fall um nicht mehr und nicht weniger als um den Wechsel allmächtiger Herrscher und despotischer Unterdrücker, der sie nichts anging.

Hatte aber an Babylons Verteidigung nicht wenigstens seine herrschende Klasse Interesse? Als die Macht ihres eigentlichen

Herrn zusammenbrach, orientierte sie sich sofort auf die neue, die ihr die bisherige privilegierte Stellung garantierte. Und als Kyros ihr zusicherte, die Gerechtsame zu achten, die wir getrost als klassenspezifisch bezeichnen dürfen, und als er ihr den Entschluß mit opulenten Geschenken erleichterte, öffnete sie ihm die Tore aller Mauern, sogar das Ischtartor, und die Schilde der dem »Befreier und Herrn« Ehre bezeigenden Soldaten verhüllten die Löwenfratzen auf Marduks Prozessionsweg.

Der Turm zu Babel steht zwar nicht auf der offiziellen Liste der Weltwunder, doch ist er der bedeutendste Bau dieser alten Metropole, deren Name uns bis heute als Symbol für Wirrwarr und Chaos gilt. Viele wissen nichts über die babylonischen Stadtmauern, nur ein enger Kreis von Fachleuten kennt Marduks Prozessionsweg, doch jedermann ist der Turm zu Babel geläufig, die Zikkurat, die Etemenanki, das »Haus der Fundamente von Himmel und Erde«, geheißen hat.

Das Hauptverdienst darum gebührt wohl der Bibel. »Wohlauf, laßt uns Ziegel streichen und brennen«, sagten sich laut 11. Kapitel des Ersten Buches Mosis die Nachkommen Noahs: »Wohlauf, laßt uns eine Stadt und einen Turm bauen, des Spitze bis an den Himmel reiche.« Aber dem Herrgott mißfiel solche Vermessenheit, er stieg herab zu den Menschen, verwirrte ihnen die Zungen, damit sie einander nicht verständen, »verstreute sie von hier in alle Winde, und sie stellten den Bau dieser Stadt ein. Deshalb heißt ihr Name Babel.«

Auf Mosis Informationen ist aber kein Verlaß. Selbst die Bibel widerlegt sie auf den weiteren Seiten, und auch die Berichte antiker Historiker und moderner Archäologen strafen sie Lügen; der Intervention des Herrgotts zum Trotz wurde die Stadt Babel (d. h. Babylon, babylonisch »Babili«, »Gottestor«) schließlich doch errichtet. Und auch ihr Turm entstand!

An dieser Stelle sei jedoch vermerkt: Dieser oder lieber ein solcher Turm wurde nicht nur in Babylon erbaut. Jede sumerisch-akkadische und assyrisch-babylonische Stadt besaß ihre Zikkurat, einen hohen Stufenturm mit dem Gotteshaus auf der obersten Plattform, von dem aus der Mensch »die Himmelssterne berührte« und in den »Gott vom Himmel herabstieg«. Wie es unmöglich ist, eine antike römische Stadt auszugraben, ohne darin ein Bad zu finden, oder eine griechische Stadt ohne Theater und Stadion, ebenso schließt es sich aus, beim Freilegen einer alten mesopotamischen Stadt auf keine Zikkurat zu treffen, oder zumindest auf deren Überbleibsel.

Da die Zikkurat ein Sakralbau ist, müssen wir uns die Deutung ihrer Aufgaben und ihrer Ordnung bei den babylonischen Glaubensvorstellungen holen. Sie sind nicht minder düster als die ägyptischen, aber entschieden einleuchtender. Bis auf den Tag leben ja um uns Menschen, die mit ihrem Aberglauben oder ihrem Begriff vom Himmel über den Wolken und der Hölle unter der Erde den altertümlichen Babyloniern recht nahestehen. Der Zugang zur babylonischen Religion wird uns auch durch die Bibel wesentlich erleichtert, denn sie geleitet uns an vielen Stellen (insbesondere in den sogenannten Prophetenbüchern) mitten hinein ins Babylon Nebukadnezars und macht uns mit seinen Göttern, Tempeln und Bräuchen vertraut. Spielt sich doch beispielsweise das ganze Abenteuer des Propheten Daniel eben hier ab, der die babylonischen Götter und deren Priester, Weise, Zauberer, Sterndeuter und Propheten nicht weniger erfolgreich als Moses die ägyptischen übertrumpft hat. (Es trug ihm außer großzügigen Präsenten den Fürstenrang und die Funktion des Premierministers König Nebukadnezars ein – und darüber hinaus ein erstaunlich langes Leben, denn laut Bibel war er noch unter Dareios I., der den Thron 35 Jahre nach Nebukadnezars Tod bestiegen hatte, Mitglied eines dreiköpfigen Kollegiums des babylonischen Amtes für Staatskontrolle. Auf die Intrigen politischer Widersacher hin gelangte er schließlich in jene »Löwenhöhle«, doch ein Engel des Herrgotts »schloß den Löwen die Mäuler«, so daß diese Prüfung für ihn günstig verlief und Dareios ihn »über das ganze Königtum« erhob. Danach lebte er glücklich, wie wir aus dem sechsten Kapitel seines Buches erfahren, »auch im Königreich Kyros' des Persers«, der 35 Jahre vor diesem selben Dareios auf den Thron gekommen war. Das aber nur nebenbei.)

Die sumerisch-akkadische Weltanschauung, die direkt (zuweilen auf verwickelte Weise) auch in die offizielle Ideologie der Baylonier und Assyrer übernommen und durch sie fortgesetzt wurde, ging von der Annahme aus, daß alles, was auf Erden existiert, lediglich einen Abglanz dessen bildet, was es am Himmel gibt. Länder, Städte, Flüsse, das Meer, Sumer und Akkad, Assur, Ninive, Babylon – all das bestand einst am Himmel, und auf Erden war all das nur (unendlich weniger vollkommen) nachgeahmt. Ebenso geschah alles, was sich am Himmel zutrug, auch auf Erden – gleichsam in einem grob verkleinernden Spiegel. Die Urmuster sämtlicher irdischer Dinge und die Geschicke aller Länder, Städte und Menschen auf dieser Welt standen seit undenklichen Zeiten in den Sternen und deren Systemen, den Sternbildern, geschrieben. Die Sterne übten bestimmenden Einfluß auf alles Irdische aus,

Assyrisch-babylonisches Weltbild

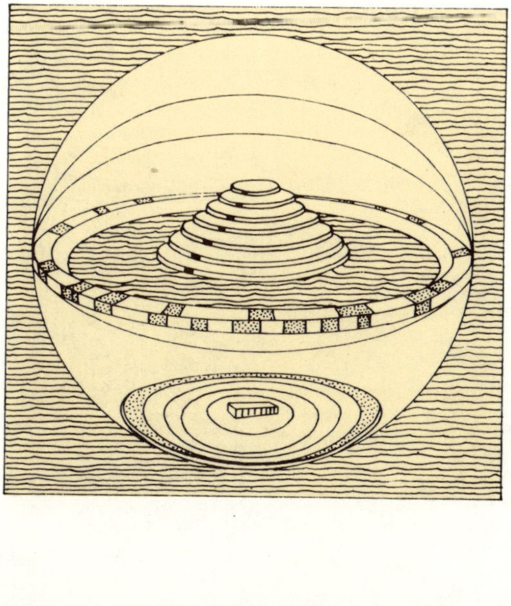

und die irdischen Dinge folgten blind der Bewegung der Gestirne. Aus diesem Lauf der Sterne ließ sich folglich erkennen, und nicht nur erkennen, auch voraussehen, was der Welt vorbestimmt sei: den Städten, den Staaten, dem Individuum, der Menschheit. So verkörperte der Sternenhimmel quasi ein großes Buch, dessen Buchstaben die Sterne waren, und die Lektüre dieses Buches galt als bevorzugte, höchste und für Menschen und Staaten vornehmste Wissenschaft und Fertigkeit.

Himmel und Erde bildeten nach Ansicht der Babylonier und Assyrer eine physische Einheit. Den Himmel dachten sie sich als konkave Halbkugel aus hartem Gestein, über die Erde gestülpt, die wiederum sie für eine im All schwebende Tafel hielten. Er bestand aus drei Schichten, Etagen, in denen die Götter wohnten. Die Erdenbürger sahen nur das tiefste Gewölbe des niedrigsten Geschosses, woran die Sterne hafteten und Fenster klafften, aus denen es regnete. Die Erde gliederte sich ebenfalls in drei Schichten, vom Ozean des Alls durch einen Damm getrennt, und an ihren Rändern standen zwei Berge: hinter dem östlichen ging die Sonne auf, hinter dem westlichen tauchte sie unter. Die obere Schicht der Erde war von Menschen besiedelt, in der mittleren befand sich das Reich des Gottes Ea beziehungsweise Enki, die andere barg das Totenreich mit dem von sieben Wällen umschlossenen Palast, in dem der Gott Nergal mit der Göttin Ereschkigal und sechshundert unterirdischen Geistern residierte.

Über diese ganze Welt, die himmlische, irdische und unterirdische, herrschten Götter mit den verschiedensten Ämtern und Eigenschaften, die im Grunde die verschiedensten Naturkräfte und -erscheinungen repräsentierten. Sie hatten entweder menschliche Gestalt oder waren eine Kombination phantastischer Tiere. An ihrer Spitze standen drei Götter, bereits aus der sumerisch-akkadischen Epoche bekannt: Anu (An), Gott des Himmels, Enlil (Ellil), Gott der Erde, und Ea (Enki), Gott des

Wassers und des Meeres sowie der Weisheit. Eine zweite wichtige Dreifaltigkeit bildeten die Sterngötter: der Sonnengott Utu (in Sumer) oder Schamasch (in Akkad), der Mondgott Nannar oder Sin und die Göttin jenes Sterns, den wir heute Venus nennen, Inanna oder Ischtar. Gott des Krieges und der Jagd war Ninurta (biblisch Nimrod, dessen Name bis in die Gegenwart das Synonym für den Weidmann geblieben ist). Außer Nergal und Ereschkigal, die wir bereits erwähnten, zählten zu den höchsten Göttern Adad, Gott des Sturmes und Regens, und Marduk, Gott und Schirmherr der Weltordnung. Und aus der langen Liste der Kabinettsmitglieder dieser Allregierung lassen Sie mich noch einen nennen, dessen Ressort auch für die Historiker und Schriftsteller zuständig zeichnete: Gott der Schreiber und Wissenschaften war Nabu (Nabur) und sein Stern Merkur.

Obendrein hatte jede Stadt, die wenigstens etwas auf sich hielt, ihren speziellen Gott oder verehrte einen der Hauptgötter ganz besonders. Als solcher galt in Assur der gleichnamige Assur und in Babylon Marduk. Der Gott derjenigen Stadt, die sich im Lande die Vormachtstellung erwarb, wurde zum höchsten des ganzen Landes erkoren. Unter Nebukadnezar war es der babylonische Marduk, Bel oder »Herr« geheißen.

Mittler zwischen Gott (bzw. Göttern) und Mensch waren die Priester. Sie stellten eine eigene privilegierte Bevölkerungsschicht mit präziser Hierarchie und äußerst verwickelter Innenorganisation dar. Wir unterscheiden dreißig Kategorien und Amtswürden der babylonischen Priesterschaft; eine Kategorie befaßte sich mit der Weissagung, eine andere wieder mit der Zauberei, eine dritte mit der Traumdeutung, eine vierte mit dem Sakralgesang usw. Eine geachtete Rolle spielten auch die Priesterinnen, zumal als Prophetinnen und Tempeldienerinnen, die jedermann zu Diensten waren, wer sich dem Venuskult widmen wollte – der babylonischen Liebes- und Fruchtbarkeitsgöttin Ischtar.

Gottes Stellvertreter auf Erden war der König, dem zugleich das höchste Priesteramt oblag. Er begriff sich als Herrscher von Gottes Gnaden, regierte uneingeschränkt, absolutistisch, war Despot im vollen Sinn des Wortes. Um den Gotteswillen zu erfassen (und danach über gewichtige politische, militärische und all die übrigen Fragen zu

Assyrisch-babylonische Götter nach Reliefs und Statuen. Von rechts nach links: Adad mit dem Blitz, die geflügelte Lilit mit den Löwen und Marduk mit dem Drachen

entscheiden), hatte er ein Beraterkollegium von Priestern zur Seite, das sich aus verschiedenen Sektionen und Spezialausschüssen zur Sterndeutung, Traumauslegung, Wahrsagerei u. a. zusammensetzte. Wichtige Voraussagen wurden in Staatsarchiven streng verwahrt und sorgsam studiert. Die erste Königspflicht bestand darin, sich um den Gottesdienst, die Tempel und einen ununterbrochenen Opfernachschub zu kümmern. Dann folgte die Aufgabe, unermüdlich das Reich zu vergrößern. Und daraus leiteten sich die übrigen ab.

Da es zur Ergründung des göttlichen Geheißes vor allem der Sternbeobachtung bedurfte, wurden schon die ersten babylonisch-assyrischen Tempel zu Sternwarten und erhielten die Form eines Turmes, eines »künstlichen Berges«. Diese Gestalt verliehen ihren Gotteshäusern bereits die Sumerer, und zwar offenkundig aus dem Grunde, daß den religiösen Vorstellungen nach, die sie aus ihrer ursprünglichen Heimat mitgebracht hatten, die Götter auf Bergen wohnten. Da es in der mesopotamischen Ebene keine Berge gab, könnte man sagen, konnte man nicht umhin, sich welche zu konstruieren.

Die ältesten Tempel dieser Art, die Zikkurate, besaßen zwei oder drei Stufen, die über drei Treppenaufgänge zum Tor in der Fassade der ersten erstiegen wurden; auf der höchsten befand sich bekanntlich das Heiligtum, das manche Forscher als eigenständige Stufe ansehen. Die einzelnen Stufen waren farbig; so hatte Nannars Zikkurat in Ur die erste Stufe graublau, die zweite rot und die dritte dunkelblau. Diese Stufen nahmen nach und nach zu, gleichzeitig strebten sie kühner in die Höhe. Die babylonische Etemenanki-Zikkurat, sie war die größte und berühmteste überhaupt, die Nebukadnezar II. sich erbauen (oder besser vollenden) ließ, besaß sieben derartige Stufen. Sie erhielt dadurch tatsächlich den Anblick eines Turmes.

Wie sah der Bau aus? Laut Koldewey, der die Fundamente und Trümmer ausgegraben hatte, stand er auf einem quadratischen Grundriß, und jede Seite dieses Quadrats maß 90 Meter. Die Höhe erreichte ebenfalls 90 Meter. 33 Meter hoch war die erste Stufe, 18 Meter die zweite und je 6 Meter die dritte, vierte, fünfte und sechste, 15 Meter die siebente, der Marduktempel.

Er erhob sich auf dem linken Euphratufer inmitten eines geräumigen Gebäudekomplexes – Priesterpalästen, Tempelvorratslagern und Unterkünften für die Pilger, die aus ganz Babylonien hierher wallfahrten. Blaue Glanzkacheln, mit denen seine oberste Stufe verkleidet war, bewirkten einen eindrucksvollen Kontrast zu dem trübgelben Wasser des Euphrats. Den Strom querte unterhalb der Südmauern dieses babylonischen Vatikans eine steinerne Brücke, eines der meistbewunderten Bauwerke des antiken Babylons. Keine ähnliche Brücke existierte auf der damaligen Erdkugel, selbst im Lande solch hervorragender Baumeister nicht, wie es die Ägypter waren. Sie ruhte auf fünf Pfeilern, aus riesigen mit »Eisen und Blei«, um mit Herodot zu sprechen, verbundenen Gesteinsblöcken gehauen, und ihr Fahrdamm, breit wie die Mardukstraße, war mit roten asphaltgefügten Ziegeln ausgelegt. Sie tauchte hinter den Wipfeln eines Palmenhains auf dem rechten Flußufer hervor und mündete in das Eingangstor der Stadtmauern, das eine Art dreißig bis vierzig Meter langen Tunnel bildete, vorn und hinten durch ein Paar aufragender Türme gesichert.

Herodot nahm den Turm zu Babel gründlich unter die Lupe und erklomm außer Frage auch dessen Spitze. Aus seiner Feder (genauer müßten wir sagen: aus seinem Schilfgriffel) erhielt sich uns dessen Beschreibung als die einzige dokumentarische Schilderung eines europäischen Augenzeugen. Fahren wir daher mit dem 181. Kapitel des ersten Bandes seiner »Geschichte« fort, dessen Zitat wir vor neun Seiten unterbrochen haben:

»In beiden Stadtteilen steht je ein ungeheurer eingefriedeter Bau: in dem einen ist es der Königspalast mit seiner großen und festen Mauer, im anderen das Heiligtum

Zeus Bels mit den Bronzetoren, die bis in meine Zeit überdauerten. Dieses Heiligtum ist quadratisch und an jeder Seite zwei Stadien lang. In seiner Mitte steht ein massiver Turm, je ein Stadion breit und lang; auf diesem Turm, ragt ein zweiter und darauf ein weiterer und so fort bis zum achten. Man besteigt sie über eine Treppe, die rund um jeden an der Außenseite verläuft. Ungefähr auf halber Höhe ist ein Rastplatz mit Stühlen, auf denen die Hinaufschreitenden sitzen und verschnaufen können. Auf dem letzten Turm erhebt sich ein großer Tempel; darin steht eine große und prächtig zurechtgemachte Liege, daneben ein goldener Tisch. Doch gibt es da keine Statue, und auch kein Mensch schläft dort – außer einer Frau, die Gott aus allen Frauen dieses Landes auserwählt, wie die chaldäischen Priester dieser Gottheit behaupten. Diese Priester versichern außerdem, daß Gott persönlich den Tempel besuche und sich hier auf der Liege seinen Schlummer gönne; das allerdings will ich nicht recht glauben ...

Neben diesem Tempel gibt es im babylonischen Heiligtum noch einen zweiten, und zwar unten. Dort steht eine hohe Goldstatue Zeus Bels auf dem Thron; vor ihr sind ein Tisch und ein Podest, beide aus Gold, ebenso wie der Thron. Das alles ist, wie die chaldäischen Priester mir sagten; aus acht Talenten Gold hergestellt. Darüber hinaus steht vor dem Tempel ein goldener Altar. Außer ihm ist hier noch ein großer Altar, auf dem ausgewachsene Tiere geopfert werden; auf dem goldenen Altar können nämlich nur Kleintiere geopfert werden, sonst nichts. Auf dem großen Altar verbrennen die Chaldäer jährlich eintausend Talente Weihrauch, wenn sie den Festtag dieses Gottes begehen. Seinerzeit soll in diesem Heiligtum noch eine zwölf Ellen hohe Statue aus massivem Gold gestanden haben. Sie aber habe ich nicht gesehen; ich wiederhole nur, was die Chaldäer sagen ... So also ist dieses Heiligtum ausgestattet; außerdem gibt es da jedoch noch eine Menge privater Gaben.«

Bevor wir Herodots Reportage erörtern, noch ein paar Anmerkungen. Dem höchsten babylonischen Gott verleiht er den Titel Zeus und stellt ihm auf diese Weise dem höchsten griechischen Gott gleich. Ein Talent ist ein griechisches Gewichtsmaß, späterhin auch eine Münzeinheit. Ähnlich wie andere Maßeinheiten unterschied es sich von Epoche zu Epoche und von Land zu Land. Im klassischen attischen System betrug ein Talent 26,2 Kilogramm, im verhältnismäßig weit verbreiteten aiginischen 37,8 Kilogramm; sein Prototyp in Gestalt einer Steinkachel war im Tempel deponiert – ähnlich wie der frühere Prototyp unseres Meters aus einer Platin-Iridiumlegierung unter der Erde in Sèvres bei Paris lagert. »Seinerzeit« bedeutet im Kontext das Jahr 539 vor unserer Zeitrechnung, das ist das Datum von Kyros' Einzug in Babylon.

Laut Herodot verfügte der Turm zu Babel über acht Stufen, deren niedrigste ungefähr 180 Meter breit war. Koldewey gesteht ihm eine Stufe weniger zu und hält die halbe Breite der untersten Stufe, d. h. 90 Meter, für angemessen. Wir vertrauen natürlich Koldewey, weil er unserem Jahrhundert zugehört und trotz seines heiteren Gemüts ein ernstzunehmender Wissenschaftler ist. Aber hat der Turm zu Herodots Zeiten nicht vielleicht auf einer möglicherweise niedrigen Terrasse gestanden, die über die Jahrtausende mit dem Erdboden dermaßen verschmolzen ist, daß sie bei den Ausgrabungen nicht mehr auszumachen war? Dadurch ließe sich eventuell auch Herodots Angabe über die Turmbreite erklären, indem er diese Terrasse für einen Bestandteil des Turmes und sogleich für dessen achte Stufe angenommen hätte. Oder liegt hier ein Irrtum vor? Wir wissen es nicht ...

Es lohnt zu registrieren, daß Koldewey Herodots Information über das quadratische Fundament des Turmes bestätigt hat. Und es ist bezeichnend, wie Europa im Mittelalter und zu Beginn der Neuzeit seine griechischen Lehrmeister in Vergessenheit geraten ließ; als die Pisaer im 12. Jh. die Kampanile, den heutigen Schiefen Turm, errichteten, verfuhren sie nach dem Muster des Turmes zu Babel und gaben ihr ein kreisförmiges Fundament. Genauso tat es Pieter Brueghel der Ältere um die Mitte des 16. Jh., als er sein bekanntes Bild des Turmes zu Babel malte, das lange die Prager Sammlungen Rudolfs II. bereicherte und schließlich ins Wiener Kunsthistorische Museum gelangte.

Herodots Daten (andere stehen uns nicht zur Verfügung) können heute nicht mehr enträtseln, welch einen Goldschatz die Tempel des Turmes vor Babylons Untergang geborgen haben mögen. Zu seinem Besuch fehlte dort insbesondere die »zwölf Ellen hohe Statue aus massivem Gold« – dieser Nachricht hätte selbst Grotefend nichts entnommen. Dasselbe gilt vom »goldenen Altar« und den »privaten Gaben«.

Der Turm zu Babel nach dem Brueghelschen Gemälde

Doch was er über die Mardukfigur nebst Zubehör schreibt, ermöglicht uns über die Schätze in diesem Tempel eine zumindest annähernde Vorstellung zu machen. Wenn er deren Gewicht in babylonischen Talenten meinte, beliefe es sich auf rund 23 600 Kilogramm; gab er es in griechischen wieder, was naheliegt, wöge sie 20 960 oder gar 30 240 Kilogramm. Wir verzichten darauf, diese Goldmenge etwa in heutige Währungen umzurechnen, denn die Schwankungen in Wert und Kaufkraft des Goldes sind für die letzten fünfundzwanzig Jahrhunderte praktisch unerforschlich bzw. nicht zu beziffern.

Doch zum Vergleich: Für die Fertigung dieser großartigen Statue müßten im südafrikanischen Witwatersrand, wo das Erz

bekanntermaßen den höchsten Goldgehalt je Tonne aufweist (in den jüngsten Jahrzehnten etwa 3 pennyweights, das sind 3/20 Unze), ungefähr 6000 Tonnen Golderz gefördert werden. Oder noch anschaulicher: Das von Herodot angegebene Gewicht der Mardukstatue nebst Zubehör bleibt nicht wesentlich unter der Gesamttonnage des in den USA im Jahre 1945 gewonnenen Goldes, die bei 28 600 Kilogramm lag.

Der Turm zu Babel galt zu Herodots Visite eigentlich als Neubau. In Angriff genommen wurde er unter Nebopalazar und beendet unter Nebukadnezar. »In dieser Zeit befahl mir Marduk«, lesen wir auf Nabopalazars Inschrift, »unter die Zikkurat, die vor meiner Zeit verfallen war und abgetragen wurde, ein festes Fundament auf den Schultern der Unterwelt zu legen und ihre Spitze gen Himmel zu richten.« Nebukadnezar ergänzte: »Ich habe Hand ans Werk gelegt, um Etemenankis Gipfel zu erbauen, der an den Himmel stoßen möge.«

Dieser Turm wurde infolgedessen in jener Epoche gebaut, als Babylons Stadtmauern wuchsen, als die Mardukstraße entstand. Über welche Menschen- und Materialreserven mußte der babylonische Despot verfügen, welches Sklavendasein mögen die Volksmassen nicht allein in seiner Stadt, sondern im ganzen Reich geführt haben! Enthält die biblische Notiz von der »Sprachverwirrung« beim Bau des Turmes zu Babel nicht gar das Abbild der historischen Wirklichkeit, daß nämlich zu diesem Weltwunder riesige Volksmassen aus dem ganzen ethnisch und sprachlich kunterbunten Babylonischen Reich zusammengetrieben wurden?

Über die babylonischen Zikkurate sind uns aus älteren Zeiten nur Berichte überliefert. Wir wissen von Hammurabis Zikkurat: sie stand an der Stelle einer älteren, abgerissenen. (Wann allerdings die ältere errichtet worden und ob sie überhaupt die erste war, entzieht sich unserer Kenntnis.) Vor Sancherib zerstörten den Turm zu Babel Tukulti-Ninurta und Sargon; nach ihm wiederholte es Assurbanipal. Nach unvollständigen Geschichtsinformationen wurde der Turm also fünfmal vernichtet und fünfmal wieder aufgebaut.

Als Kyros sich Babylons bemächtigte, ließ er den Turm unversehrt, weil es ihm politisch gelegen kam: »Marduk, der große Herr, hat mich, Kyros, der ihn verehrt, und Kambyses, meinen Sohn, sowie mein ganzes Heer mit Liebe gesegnet, denn wir haben aufrichtig und freudig seine erhabene Gottheit gepriesen.« Schließlich fand Kyros solchen Gefallen an ihm, daß er nach seinem Urbild sein eigenes Grab in den Pasargaden bei Persepolis (es steht heute noch) errichten ließ.

Noch einmal soll diesen Turm Xerxes geschleift haben. Daß er die Schätze, die er darin fand, geplündert hat, ist unzweifelhaft (lediglich Marduks Goldstatue ließ er

Zwei Rekonstruktionszeichnungen des babylonischen Turms nach Koldewey

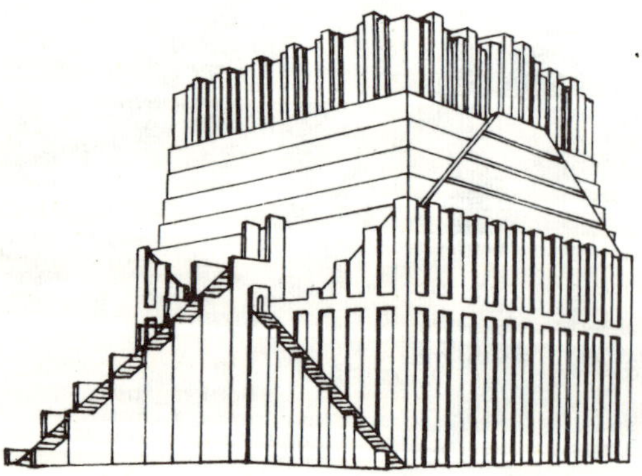

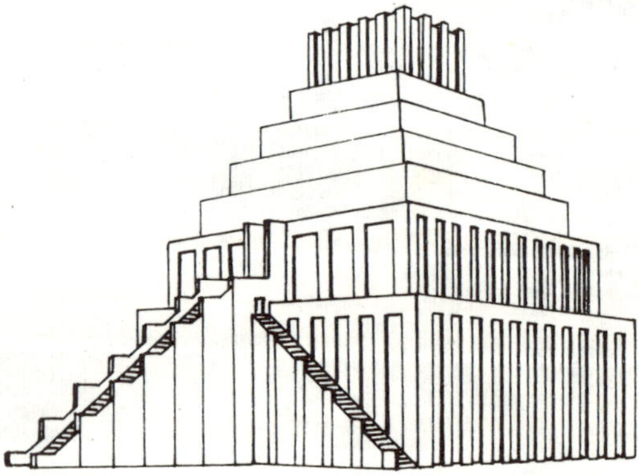

zurück), ob er ihn aber wirklich zerstört hat, darüber gehen die Auffassungen der Historiker auseinander. Fest steht trotz allem, daß Alexander der Große bei seinem Einmarsch in Babylon nur noch dessen Trümmer vorfand. Er wollte ihn erneuern lassen. »Dieses Unternehmen jedoch erforderte viel Zeit und Mühe«, schreibt Strabon; »allein den Schutt zu räumen, brauchten zehntausend Menschen zwei Monate, so daß er seine Absicht nicht verwirklichen konnte, da er kurz darauf starb.«

Also haben die Grundfesten des Turmes zu Alexanders Zeiten noch gestanden. Koldeweys Arbeiter legten sie dann in den Jahren 1900–1911 frei.

Als größtes Weltwunder Babylons wurden im Altertum die Hängenden Gärten der Semiramis betrachtet – weder die Stadtmauern, die nur gigantisch waren, noch der Turm, der lediglich kolossal wirkte, noch Marduks Prozessionsweg, der nichts anderes als monumental war, sondern ein Werk, das sich all dieser Attribute und darüber hinaus der Tugend »entzückender Anmut« brüstete.

In der Neuzeit, bis hin zum Beginn unseres Jahrhunderts, hingegen wurden diese Gärten als purer Wahn und ihre Schilderungen als Stilübungen mit gelockerter Trense dichterischer Phantasie abgetan.

Den ersten Beleg steuerte Semiramis selbst bei. Ihren detaillierten Lebenslauf hatte Ktesias festgehalten und Diodoros fast wörtlich abgeschrieben. Prüfen wir seinen Wahrheitsgehalt.

In alten Zeiten gab es in Syrien die Stadt Askalon und in deren Nähe einen See, an dessen Strand die Göttin Derketa, von Anblick ein Fisch mit Menschenhaupt, ihren Tempel hatte. Die Liebesgöttin Aphrodite faßte (aus nicht ganz geklärtem Grund) Groll gegen sie und veranlaßte sie, sich in einen gewöhnlichen Jüngling aus dem Menschengeschlecht zu verlieben. Als Derketa dann einer Tochter das Leben schenkte, erschlug sie aus Wut über ihre ungleiche Ehe den Jüngling und stürzte sich ins Meer. Des Mädchens nahmen sich Tauben an, kuschelten es unter ihre Fittiche, im Schnabel brachten sie ihm Milch, und als es schon Eiweißstoffe in festem Zustand zu sich nehmen konnte, schleppten sie ihm Käse heran. Nur daß die Hirten, verwundert über die Löcher in ihrem Käse, die von den Tauben hineingepickt wurden, ihnen auf die Fährte kamen (in welcher Weise, wird nicht näher erläutert) und das bezaubernde Kind entdeckten. Sie schafften es zum örtlichen Königlichen Viehinspektor Simnaes. »Er nahm es an Kindes Statt an, gab ihm den Namen Semiramis, was auf syrisch Täubin heißt, und zog es auf.«

»Als Jungfrau überragte sie der Schönheit nach alle Jungfrauen« – und das legte ihrer Karriere den Grund. Anläßlich einer Dienstreise in jenes Land erblickte sie Onnes, Erster Berater des Königs und höchster Inspektor aller Inspektoren, und verliebte sich auf den ersten Blick in sie. Er hielt um ihre Hand an, »machte sie zu seiner rechtmäßigen Gattin und nahm sie nach Ninive mit«, wo sie ihm zwei Söhne gebar. »Da sie außer der anmutigen Gestalt von allen Vorzügen überfloß, hielt sie ihren Mann völlig in ihrer Macht, und er unternahm nicht das geringste ohne sie, und alles geriet ihm zum Besten.«

Dann brach ein Krieg mit dem benachbarten Baktrien aus, und damit nahm Semiramis' atemberaubender Aufstieg seinen Lauf. König Ninos rückte an der Spitze einer durchaus stattlichen Armee ins Feld: »mit 1 700 000 Fußsoldaten, 21 000 Reitern und 10 000 Streitwagen«. Die Heimat erreichten natürlich lauter Siegesmeldungen, nur eine blieb ständig aus: von der Einnahme der Hauptstadt Baktria. Der feige Gegner hielt den heldenmütigen Anstürmern des Niniver Heeres stand, und Onnes, der angesichts seiner Funktion nichts zu tun bekam, begann sich zu langweilen. Er lud also seine hübsche und kluge Frau zu sich an die Front.

»Allem voran ließ sie sich Reisekleidung nähen«, was einleuchtet. Indessen waren es nicht irgendwelche Sachen: erstens waren sie dermaßen elegant, daß ihr Schnitt die Mode der ganzen damaligen besseren Gesellschaft bestimmte; als sie allmählich aus der Mode kamen, übernahm sie das flache

Land als Tracht; zweitens tendierten sie in ihrem Stil dahin, was wir heute unter unisex verstehen, so daß sie nicht zu erkennen gaben, ob eine Frau oder ein Mann in ihnen stak. Angekommen, inspizierte Semiramis die Frontsituation und fand heraus, daß der König unentwegt die Schwachstelle der Befestigung attackierte. Das stimmte zwar mit den Erfordernissen der Kriegstaktik und dem gesunden Menschenverstand überein, doch Semiramis war Frau und demnach von Fachkenntnissen der Krieger nicht vorbelastet. Sie scharte Freiwillige um sich und griff genau die stärkste Stelle der feindlichen Verteidigungsanlagen an, wo nur wenige Soldaten konzentriert waren. Mit Leichtigkeit gelang es ihr, sie zu überwinden; sie nutzte das Überrumpelungsmoment und zwang die Stadt zur Kapitulation. »Der König bewunderte ihre Tapferkeit; zuerst beschenkte er sie großherzig, dann unterlag er ihrer Schönheit und versuchte ihren Gatten zu überreden, sie freiwillig an ihn abzutreten, als Preis bot er ihm seine Tochter Sosanna an. Da Onnes sich jedoch wand, drohte Ninos an, ihm die Augen ausstechen zu lassen, weil er den Befehlen seines Herrn gegenüber mit Blindheit geschlagen sei. Onnes verfiel, von der Furcht vor Gefahren und der Liebe zu seiner Frau zermürbt, dem Wahnsinn und erhängte sich am Seil.«

»Das war der Weg, auf dem Semiramis königliche Würden erlangte«, fährt Diodoros fort. Ninos ernannte in Baktria eine Marionettenregierung, sicherte sein Reich durch natürlichere Grenzen, kehrte nach Ninive heim, und Semiramis gebar ihm den Sohn Ninias. »Nach dem Tode des Königs nahm sie die Macht in eigene Hände.«

Sie heiratete nicht, wenngleich ob ihrer Schönheit zahlreiche Prinzen aus Ninive und Umgebung um sie warben. »Selbst zur Genüge unternehmungslustig, beschloß sie, den Ruhm ihres Gemahls zu übertreffen«: Sie gründete am Euphrat eine neue Stadt Babylon, umgab sie mit Mauern und schlug über dem Strom eine Brücke – »das alles im Zuge eines Jahres«. Danach legte sie im Umkreis Sümpfe trocken und errichtete in der Stadt einen großen Tempel mit einem Turm, »der ungewöhnlich hoch war und auf dem die Chaldäer Aufgang und Untergang der Sterne beobachteten, denn ein solcher Bau eignete sich dazu am besten«. Sie ließ eine Statue Bel Marduks von eintausend babylonischen Talenten Gewicht schaffen, baute zahlreiche weitere Tempel und Städte, und als ihr das kein Vergnügen mehr bereitete, zog sie in den Krieg – den ersten dreißigjährigen.

Wir wissen nicht, welches Argument sie sich dafür hat einfallen lassen (das pflegte zu jenen Zeiten gewiß Nebensache zu sein), sei es wie es wolle, sie drang ins Mederreich ein. Von da aus wandte sie sich gegen Persien, von da aus nach Ägypten, von da aus nach Libyen, von da aus nach Äthiopien; überall errang sie ruhmreiche Siege und bereicherte das Reich um neue Untertanen und die Ethnographie um neue Erkenntnisse. Allein in Indien verließ sie das Glück. Nach anfänglichen Erfolgen, mit denen jeder Angriffskrieg beginnt, büßte sie dann, vom Pech verfolgt, drei Viertel ihrer Armee ein. Das jedoch brach nicht ihre Entschlossenheit, zu siegen um jeden Preis; schließlich aber schrammte ein Speer sie an der Schulter, und da sie das schnellste Roß der Welt ihr eigen nannte, kam sie erst in Babylon zum Stehen. Das erschien ihr als ein Fingerzeig Gottes, den Krieg zu beenden, und so bezähmte sie sogar den Zorn über die ungehörigen Briefe des indischen Königs (er schimpfte sie eine Dirne, bediente sich hin und wieder noch weniger literaturwürdiger Ausdrücke) und regierte weiter in Frieden und Glück. Als es ihren Sohn dünkte, sie habe lange genug geherrscht, »wollte er sie mit Unterstützung eines Eunuchen ums Leben bringen«. Semiramis war aber sattsam gewitzt und sah ein, daß die höchste Kunst eines Mimen darin besteht, rechtzeitig von der Bühne abzutreten; sie übertrug das Regiment dem Sohn. »Dann trat sie auf den Balkon, verwandelte sich in eine Täubin und entflog geradewegs in die Unsterblichkeit.«

Doch auch realistische Versionen wurden von Semiramis' Vita überliefert. Nach Ansicht des griechischen Schriftstellers

Athenaios aus Naukratis war sie erst nur »eine subalterne Hofdame irgendeines assyrischen Königs«, dabei allerdings »eine große Schönheit, die mit ihrer Grazie die Liebe des Königs erwarb«. Als er sie heiratete, »überredete sie ihn, für fünf Tage die Regierung ihr zu übertragen. Kaum hatte sie das Zepter ergriffen und das Königsgewand übergeworfen, gab sie ein großes Gastmahl, auf dem sie die Heerführer und alle Würdenträger für ihre Absichten einnahm; tags darauf bereits ließ sie sich von Volk und Adel als Königin huldigen und warf ihren Gatten ins Verlies. So gelangte diese verwegene und rührige Frau auf den Thron und hielt sich darauf bis ins hohe Alter, wobei sie etliche Großtaten vollbrachte.« Noch andere Lebensbeschreibungen existieren; eine davon kennen wir beispielsweise aus dem Werk eines namenlosen griechischen Schriftstellers aus dem 1. Jh. v. u. Z., das wir als ersten Roman bezeichnen können. »Allesamt aber widersprechen einander ziemlich«, konstatiert Diodoros skeptisch.

Dennoch war Semiramis eine historische Persönlichkeit, und ihr Name ist uns aus dem Verzeichnis der assyrisch-babylonischen Könige in der Form Schammuramat geläufig. Außer ihr gibt es Hinweise auf etliche weitere Semiramiden. Über eine von ihnen berichtet Herodot, sie habe »fünf Menschenalter früher gelebt als die zweite babylonische Königin Nitokris, d. h. um die Mitte des 8. Jahrhunderts v. u. Z. (Er versprach, sie »in der assyrischen Geschichte« zu erwähnen, wurde aber wortbrüchig.) Andere Geschichtsschreiber nennen Semiramis Atossa, Tochter und Mitherrscherin des Königs Beloch gegen Ende des 8. Jh. v. u. Z., andere wiederum Nitokris, Gemahlin König Nebukadnezars II. Im Zusammenhang mit keiner von ihnen indessen erscheint eine zeitgenössische und historisch glaubwürdige Notiz über die Hängenden Gärten.

Das genügte modernen Gelehrten vollauf, Semiramis als halb märchenhaftes Wesen abzustempeln. Ins Märchenreich verbannen sie mithin auch ihre Hängenden Gärten, irgendwo in die Nachbarschaft der Hütte auf Hühnerbeinen.

Mag diese Vermutung auch wissenschaftlich einigermaßen untermauert gewesen sein – Koldewey fand diese Gärten.

Eines Tages stieß er auf irgendwelche Gewölbe. Das geschah ungefähr unter einer fünf Meter starken Lehm- und Geröllschicht auf dem Hügel Kasr, der die Ruinen der »Südfestung« mit dem Königspalast barg. Gewölbe, das klingt keineswegs erhebend, doch nur für uns, anders für den Architekten und Historiker Koldewey. Handelte es sich doch um das erste Gewölbe, das bis dahin in Mesopotamien überhaupt zum Vorschein kam.

Er ordnete an weiterzugraben. Denn unter dem Gewölbe witterte er einen Keller, obzwar es ihm sonderbar erschien, daß dieser sich über den Dächern der Nebengebäude befinden sollte. Aber er fand keinerlei Seitenwände. Die Schaufeln der Arbeiter schaufelten ausschließlich Säulen frei, worauf das Gewölbe ruhte, anscheinend gewöhnliche Stützpfeiler, für den Archäologen Koldewey jedoch höchst aufschlußreich. Sie bestanden nämlich aus Stein. Und Stein gehörte in der mesopotamischen Architektur zu den kostbarsten Raritäten. Bislang wurde er an einer einzigen Stelle dieser Großstadt gefunden, in der Nordwand des Kasr.

Zu allem Überfluß stieß er dann auf Spuren eines tiefen ausgemauerten Brunnens. Es konnte gewiß auch ein hoher Rundturm sein; vergessen wir nicht, daß Babylon von oben nach unten ausgegraben wurde und daß von der unteren Ebene seiner Bauten an diesen Stellen niemand Ahnung hatte. Letztlich stellte sich heraus, daß es doch ein Brunnen war, und zwar ein Brunnen mit einem seltsamen dreifachen spiralförmigen Schacht.

Wer weiß, ob bis auf den heutigen Tag der Zweck dieses Bauwerks begriffen worden wäre, wenn Koldewey nicht sein eigentümliches Steckenpferd geritten hätte, von dem wir schon gehört haben: Geschichte der Kanalisation. Ein Architekt mit dichterischer Phantasie stellt gewiß ein abstruses Spiel der Natur dar, ein Architekt und

Dichter plus Archäologe und Kanalisationshistoriker in Personalunion ist eine Kombination, die wohl bisher nur diesem einzigen Menschen auf Erden beschieden blieb. Und deshalb konnte auch dieser einzige Mensch allein, den die Berliner Museen mit den Ausgrabungen in Babylon betraut hatten, auf die Idee kommen – die er im selben Moment erst einmal wieder verwarf.

Dann aber kramte er doch Diodoros, Strabon und die entschlüsselten Keilschrifttexte der alten Babylonier hervor. Sie bescheinigten ihm, daß Stein lediglich bei einem zweiten Bauvorhaben im gesamten Babylon verwendet worden sei: an der Nordseite des Kasr, wo er ihn inzwischen gefunden hatte, und an den Hängenden Gärten der Semiramis. Und nachdem er einen Abschnitt des siebzehnten Bandes der »Geschichte« Strabons gelesen, die Skizzen seiner Ausgrabungen betrachtet, die zeitgenössische mesopotamische Schöpfanlage überprüft hatte, die sich ohne weiteres an die Schächte des freigelegten Brunnens anschließen ließe, schrieb er nach Berlin einen Bericht über den Fortgang der Arbeit und vermerkte so am Rande, daß er nach diesen Mühen in den Schatten der Hängenden Gärten der Semiramis ausspannen gehe. Das faßte man als gefälliges dichterisches Bild auf, ja, man konnte es auch für einen netten Witz halten.

Lesen auch wir jenen Strabonschen Absatz durch; aus Zeitgründen beginnen wir mit dem dritten Satz:

Pfeiler und Gewölbe der Hängenden Gärten, die Koldewey in Babylon freilegte

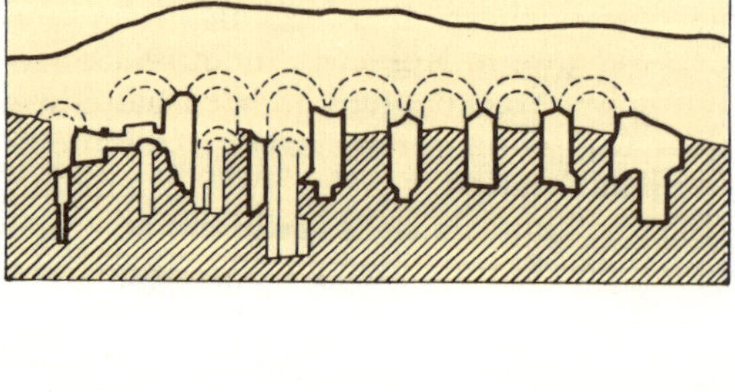

»Und so wird diese Mauer, ebenso wie der Hängende Garten, den Sieben Weltwundern zugeordnet. Der Garten bildet ein Quadrat, und jede Kante mißt vier Plethren«, das sind etwa 120 Meter. »Halt geben ihm auf Sockeln aus würfelartig übereinander geschichteten Quadern ruhende Gewölbe. Die Sockel sind mit Lehm gefüllt, so daß auch die größten Bäume darin wachsen können. Hergestellt sind sie aus asphaltgebundenen Ziegeln; mit Asphalt sind auch die Bögen und Pfeiler aus Steinblökken gefugt. Die höchste Plattform hat Stufenterrassen, und auf diesen Terrassen befinden sich spiralförmige Schöpfanlagen, mit denen dazu bestimmte Arbeiter ununterbrochen Wasser aus dem Euphrat befördern. Dieser Strom fließt ja, ein Stadion breit, mitten durch die Stadt, und neben ihm ist der Graben.« Soweit erst einmal Strabons Beschreibung.

Freilich enthält seine Schilderung auch einige Unklarheiten, doch wenn wir den Querschnitt der Gewölbe und Pfeiler unter dem Garten, wie ihn Koldewey nach seinen Ausgrabungen skizziert hat (s. Schema), in Augenschein nehmen, gewinnt unsere Vorstellung an Konturen. Ehe wir das Bild abrunden, vergegenwärtigen wir uns, wie Philon den Garten beschreibt, indem er sich fraglos auf einige ältere, nicht mehr vorhandene Arbeiten antiker Autoren sowie auf die technische Wiedergabe einiger antiker hängender Gärten stützt, wie der hängenden Promenaden Sostratos', des hängenden Theaters Kurions mit einer Bühne auf hohen Säulen usw., die nach Koldeweys Entdeckung selbstredend allen Fachleuten »schon längst bekannt waren«.

»Als hängend bezeichnet man einen Garten, der die Pflanzen noch über der Erde hervorbringt und in der Luft schwebt ... Das ist seine Definition. Vor allem gibt es hier Steinsäulen, die das ganze Gewicht dieses Bauwerkes tragen; ihre Zierfüße bilden unter der Anlage eine Halle oder Kolonnaden. Auf ihnen liegen Palmenbalken auf, voneinander nur durch schmale Zwischenräume getrennt; dieses Holz ist das einzige, das bei Feuchtigkeit nicht quillt, und wenn es ausdorrt, sich wieder erholt ... Auf diese Balken ist eine gewaltige und hohe Erdschicht aufgeschüttet, und darein sind großblättrige und andere Bäume gesetzt, die in Gärten gehegt werden, sowie verschiedene Blumen mannigfacher Arten, kurzum: alles, was den Augen wohltut und dem Gaumen lieb ist. Die gesamte Fläche wird vor den Pflanzarbeiten mehrmals gepflügt, und sie eignet sich für die Gartenkultur ebenso wie jeder andere Boden. So wird also der Acker mit dem Pflug über den Köpfen derer bestellt, die darunter zwischen den Säulen lustwandeln ... Und die Wasserstrahlen kommen entweder aus den hochgelegenen Brunnen durch eigene Kraft oder werden durch Druck mittels drehbarer Spiralen und Antriebs eines entsprechenden Mechanismus durch die Rohre der Anlage heraufgepumpt. So wird die Krume ständig feucht gehalten, und es gedeihen hier immergrünende Pflanzen und Laubbäume von gesunden Wurzeln in natürlicher Größe und Stärke.«

Die Hängenden Gärten der Semiramis, Querschnitt nach Koldewey

Uns liegen also drei Schilderungen der Hängenden Gärten der Semiramis vor – Koldeweys, Strabons und Philons –, und wir begreifen, warum die Antike sie für ein Weltwunder gehalten hat. Wenn auch andere Bauwerke sie nach Monumentalität und Aufwand übertrumpft haben mögen, so wurden sie von den Hängenden Gärten doch überragt: zum ersten durch die Originalität, Einmaligkeit der Idee, aus der sie hervorgingen; zum zweiten durch die Technik, die Kühnheit des Baues und den Einfallsreichtum des Schöpfsystems; zum dritten durch ihre Erhabenheit. Wir sagen:

zum dritten, die Griechen hingegen setzten in ähnlichen Fällen die Schönheit an die erste Stelle.

Diese drei Beschreibungen aus zwei Jahrtausenden stimmen im ganzen überein und ergänzen einander. Auf ihrer Grundlage ließ die irakische Denkmälerverwaltung im Jahre 1964 die Hängenden Gärten der Semiramis in Babylon rekonstruieren; nach Vollendung der Fundamente jedoch stellte sie die Arbeiten wegen ihrer Aufwendigkeit ein. Es bleibt also unserer Phantasie vorbehalten, wie wir das Bild dieses Weltwunders fertig zeichnen. Und wenn wir es auszumalen beginnen, brauchen wir mit Farben nicht zu geizen – ebensowenig wie die Pflanzenwelt der Euphratufer.

Wird daraus ein Gemälde des Fürstenbergparks mit den Blumenbeeten und Ornamenten der Barocktreppen unterhalb der Prager Burg entstehen – lediglich in orientalischer Ausführung? Oder das Gartenbelvedere, das in Wien Hildebrandt über den Terrassen der künstlichen Höhlen angelegt hat? Oder aber Rastrellis Petershof über die Kaskade von Wasserspielen, oder der Park von Caserta bei Neapel? Es fällt wahrlich schwer, in der Neuzeit ein adäquates Vorbild zu wählen.

Die Antike hat uns aber auf europäischem Boden einige Bauten vererbt, die unserer Vorstellungskraft zu Hilfe kommen. Denken wir an die römische Wasserleitung bei Nîmes in Südfrankreich: Auf ähnlichen Pfeilern, die allerdings in vier Richtungen verliefen, erhoben sich die Gärten der Semiramis. So etwa mag die Kolonnade ausgesehen haben, die die Mauern der »Südfestung« verlängerte und die Terrassen mit dem Palmenhain und der Zypressenplantage trug, worin die Fontänen sangen und silberne Vasen mit Lilien und sternförmigen Anemonen schillerten. In die Mitte dürfen wir einen kleinen Altan, mit blauen, orangefarbenen, weißen und graugrünen Kacheln getäfelt, hineinzaubern – das »Haus der Freuden und Reize«, in dem Semiramis selbst den Tönen der Flötenspielerinnen und den Versen der Dichter lauscht, gekleidet in ein edelsteinbesätes Seidengewand und umfächert von Fächern aus Straußenfedern in Händen ebenholzschwarzer äthiopischer Sklaven. Und ein altmodischer Romancier hätte vielleicht noch hinzugefügt: »Und sobald Sin sein silbriges Licht über dieses Weltwunder goß, erübrigten sich die mit Bienenhonig getränkten Fackeln, die an goldenen Haltern von hohen Tamarisken herabhingen, und die geflügelten Stiere mit Menschenantlitz blickten als Symbol der allgegenwärtigen Macht und Weisheit aus dem Zenit des Bauwerks, das zwischen dem Erdrücken und dem Kristallgewölbe des Himmels aufragt, in die fahlgelben Weiten hinter der Stadt und den Mauern von Babylon hinab.«

Doch all diese Herrlichkeit und sämtliche Wunder »der von zehnmal zehn Myriaden Menschen bewohnten Stadt, deren Wohnstätten eine größere Fläche einnahmen als in manch einem Königtum der Akker«, verwandelten sich in einen Haufen von Sand und verdorrtem grauem Lehm bedeckter Ruinen . . .

Tausender Jahre bedurfte es zu Babylons Untergang. Nicht ein neuer Sancherib verwüstete es, nicht durch Feindeshand wie Montezumas Mexiko fiel es – es starb einen natürlichen Tod. Zu Alexanders Zeiten war es noch eine Halbmillionenstadt, und 1008 Tempel, Heiligtümer und Kapellen standen darin. Unter den Seleukiden wohnten in seinen Palästen die Nachfahren der »Herrscher der vier Himmelsrichtun-

Die Gärten der Semiramis nach einem neuassyrischen Relief

gen«, unter den Parthern die Nachkommen ihrer Bediensteten, unter den Sasaniden arme Ackerbauern und Hirten, unter den Bagdader Kalifen nächtigen dort nomadisierende Beduinen, und nach der türkischen Invasion erfüllten sich Jeremias prophetische Worte, daß Babylon in Trümmer sinke: »Darum sollen Wüstentiere und wilde Hunde darin wohnen und die jungen Strauße; . . .«

Das Vernichtungswerk vollendeten die folgenden Jahrhunderte: Die Bewohner der Umgebung sahen in Babylon ein frei zugängliches Baumateriallager und trugen von dannen, was nicht niet- und nagelfest war. In Hilla beispielsweise steht neben der Polizeistation ein Haus, von dessen unverputzten Ziegeln auf uns noch heute Nebukadnezars Siegel herabschauen. Mindestens die Hälfte aller neuzeitlichen Baulichkeiten und die Mehrzahl der Katen und Ställe in den benachbarten Dörfern besteht aus Ziegeln, die wahrscheinlich Juden in ihrer babylonischen Gefangenschaft hergestellt haben. Nun, auch für den Bau der Talsperre zwischen dem Hinduskanal und dem Euphrat wurden statt Stahlbeton uralte Nebukadnezarziegel verwendet. Sie waren billiger.

Trotzdem verschwand Babylon nicht von der Erdoberfläche. Es blieben nicht allein Ruinen übrig von ihm, die Koldewey mit seinen arabischen Arbeitern und deutschen Assistenten zutage förderte, es erhielt sich nicht nur sein Name als Symbol des Chaos, von Bestand war, und das ist für uns wichtiger als alle babylonischen Weltwunder, sein Beitrag zum Schatz der Menschheitskultur. Wir wissen, daß es sich um keine Originaleinlage handelte; dennoch: Babylon vergeudete das sumerisch-akkadische Vermächtnis nicht, sondern mehrte es. Das Wertvollste aus seinem Kulturerbe lebt bis in die Gegenwart und in allen Erdteilen.

Dieses »Babylons in uns« sind wir uns gar nicht bewußt. Wie oft blicken wir tagsüber auf die Uhr, doch wann besinnen wir uns dabei, daß deren Zwölfersystem babylonischen Ursprungs ist? Rechnen und denken wir doch in Zehnern. Unsere Stunde zählt sechzig Minuten und die Minuten sechzig Sekunden: das Sechzigersystem, daß die bequeme Teilung durch zwei und drei ermöglicht, haben wir ebenfalls von den Babyloniern (und die Babylonier von den Sumerern) ererbt. Unsere Woche hat sieben Tage und der Monat vier Wochen – weil die Babylonier die Zeit solcherweise eingeteilt haben.

Die Babylonier fanden die Methode der Flächenberechnung des Dreiecks, des Rechtecks und des Trapezoids (nur für die Flächenberechnung des Kreises verfügen wir über eine vollkommenere Formel). Das gilt gleichermaßen für die Berechnung des Würfels, des rechteckigen und des schiefwinkligen Prismas, des Kegels und des Kegelstumpfes. Lange vor Pythagoras (etwa 580–500 v. u. Z.) wußten die Babylonier, daß bei einem rechtwinkligen Dreieck die Flächensumme der Quadrate über den beiden Katheten dem Quadrat über der Hypotenuse gleicht. Sie beherrschten auch die zweite und dritte Potenz, besaßen Tabellen der Quadrat- und Kubikwurzel, entdeckten das Prinzip des »Positionssystems« (demzufolge ein und dieselbe Ziffer entsprechend ihrer Stelle im Komplex der Ziffern, d. h. in der Zahl, unterschiedlichen Wert hat), auf das selbst die Römer nicht kamen, spalteten den Kreis in 360 Teile und führten die Grade ein, deren wir uns seither bedienen.

Interessehalber ein paar Beispiele aus einem babylonischen Mathematikhandbuch vom Ende des zweiten Jahrtausends vor unserer Zeitrechnung: »Bestimme die Länge der Diagonale im Rechteck, wenn dir dessen Seitenmaße bekannt sind!« – »Wieviel Erdreich wird zur Errichtung eines Dammes, dessen Dimensionen gegeben sind, benötigt, und wieviel davon muß jeder Träger herbeischaffen, wenn wir deren Zahl kennen?« – »Wieviel Lehm faßt ein Korb, wenn wir seine Ausmaße und Form wissen?« – Oder: »Wieviel wiegt eine Minute?« (Das ist keine Schnurre, sondern ein praktisches Beispiel für fortgeschrittene Schüler. Eine Mine, von der sich unsere »Minute« herleitet, stellte eine Gewichtseinheit dar, zusammengesetzt aus 60 Schekel, das sind grob gerechnet 500 Gramm.

Die Mine war aber zugleich eine Zeiteinheit, nämlich die Länge einer Wache, zwei Stunden entsprechend.) In zwei Stunden floß aus der standardisierten babylonischen Wasseruhr soviel Wasser, wie es eine Mine wog. Also: »Welchen Durchmesser mußte das Wassergefäß in der Uhr haben, wenn es einmal am Tage gefüllt wird, und welchen Durchmesser muß dessen Bodenöffnung haben, damit eine Zeitmine einer Gewichtsmine gleiche?« – Für den Quizfan: Nimm einen Klumpen Lehm, vermische ihn mit Wasser und knete dir daraus eine dünne Lehmtafel; dann versuche – eventuell mit dem Zahnstocher – dieses Exempel auszurechnen. Gelänge es dir schneller, als die Tafel hart wird, hättest du in Babylon Uhrmacher sein können.

Das Sonnenjahr bestimmten die Babylonier mit erstaunlicher Genauigkeit. Bei der Berechnung des anomalistischen Monats (der Frist zwischen zwei Monddurchgängen durch den erdnächsten Punkt) wichen sie gegenüber Astronomen der Neuzeit, die mit den modernsten astrooptischen und fotometrischen Geräten ausgerüstet sind, um ganze 3,6 Sekunden ab; bei der Berechnung des synodischen Monats (der Zeit zwischen zwei Mondphasen, beispielsweise von Vollmond zu Vollmond) um knapp 0,1 Sekunde. Bereits im siebenten Jahrhundert vor unserer Zeitrechnung sagten sie präzis die Mondfinsternis und später auch die Sonnenfinsternis voraus; lange vordem unterschieden sie zwischen Fixsternen und Planeten (sie kannten deren sieben). Unsere Bezeichnungen für viele Sterne und Sternbilder sowie alle Tierkreisnamen (Krebs, Löwe, Stier, Waage) sind nichts anderes als Übersetzungen aus dem Babylonischen. Und wenn wir sagen, jemand sei »unter einem Glücksstern geboren« oder es stehe »etwas in den Sternen geschrieben«, drücken wir uns akkurat in denselben Redewendungen aus wie die Babylonier, die es wörtlich nahmen.

Und an dieser Stelle berühren wir den zweiten Teil des babylonischen Erbgutes. Wir haben gesehen, wie die babylonisch-akkadische Weltanschauung zur Astrologie, zur Zukunftsdeutung aus dem »großen Buch des Sternenhimmels« geführt hat. Die Astrologie breitete sich als »chaldäische Kunst« von Babylon nach Griechenland und Rom sowie später über ganz Europa aus.

Wie in der Erforschung des Sternenhimmels, so verquickten sich bei den Babyloniern exakte Wissenschaft mit Aberglauben auch in der Medizin. Bei zahlreichen Krankheiten gelangten sie zu richtigen oder annähernd richtigen Vorstellungen von Ursache und Charakter. So stellten sie zum Beispiel die Ansteckbarkeit der Lepra, der Krätze und anderer Hautkrankheiten fest und suchten in Staub und Läusen die Infektionserreger. Ebenso fanden sie heraus, daß jene Krankheit, bei der »der menschliche Körper vergilbt, auch das Antlitz vergilbt und schwarz wird, schließlich die Zungenwurzel schwarz wird«, d. h. die Gelbsucht, von einer Störung in der Gallenblasen- und Leberfunktion ausgelöst wird. Sie wagten recht komplizierte chirurgische Eingriffe, selbst wenn ihnen dabei so manch strenges Gebot im Wege stand, wie § 210 des Hammurabigesetzbuches: »Falls ein Arzt in einem (freien) Menschen mit dem Bronzemesser eine beschwerliche Operation ausführt und den Tod dieses Menschen verschuldet oder wenn er einem (freien) Menschen mit dem Bronzemesser den Augapfel öffnet und das Auge erblindet, wird ihm die Hand abgeschnitten.« Sie verstanden sich auf Abhilfe sowohl bei Weit- als auch bei Kurzsichtigkeit. Im Schutt des Assurbanipalpalastes fanden sich Kristallinlinsen für wohlhabende Patienten. Sie kannten Ausgleichsgymnastik und verschrieben Kranken zuweilen Diätkost, der bei den derzeitigen Erkenntnissen von Stoffwechsel und Vitaminen zur Zustimmung gebührt. Dennoch rührten nach ihrer Ansicht zahllose Krankheiten von Hexerei und Zauberei; demzufolge halfen oft nur »gemahlenes Hirschhorn«, »Mäusedreck mit Schlangenfett«, »Spinnwebe aus verlassenem Haus« – und zwar ebenso wirksam wie »Beschwörung der Krankheit im Namen des Himmels«, Gebete »zu den Himmels- und Erdgeistern«, »Kerzenopfer« oder »Bannsprüche gegen unreine Kräfte« ... Wirken einige dieser altbabylonischen Heilpraktiken nicht bis in unsere Tage – keineswegs ausschließlich unter den nomadisierenden Beduinen, sondern auch in Europa? Müssen nicht hin und wieder die Gesundheitsbehörden fortgeschrittener Staaten dagegen aufgeboten werden?

Manche Lottospieler haben glückbringende Zahlen, andere nicht; die babylonischen Priester hätten vortrefflich getippt. Dieser oder jener hat Pech, sobald ihm eine Katze über den Weg läuft, ein anderer, wenn er eine Nonne erblickt. Schwarze Katzen gab es in Babylon, Nonnen in unserem Sinne nicht, lediglich Tempeldienerinnen der Liebesgöttin. Wenn jemand zufällig mit dem Finger auf deren Vorgesetzte zeigte, mußte er ein rechtes Mißgeschick gewärtigen: laut § 127 des Hammurabikodexes wurde er für einen solchen faux pas vor den Richter geführt, der ihm zur Strafe den halben Kopf kahlscheren ließ. Kehren wir indessen zu der wichtigeren Seite des mesopotamischen Vermächtnisses zurück, obwohl wir auch mit diesen obigen Zeilen den sicheren Boden der mit Inschriften auf Tontafeln gepflasterten Wirklichkeit für keinen Augenblick verlassen haben. Worin besteht der Hauptanteil, den Babylonier und Assyrer sowie die sumerisch-akkadischen Vorläufer in die Geschichte der Menschheitskultur eingebracht haben?

Zuvörderst in der Erfindung der Schrift. Die babylonische Keilschrift bzw. die sumerische, aus der sie sich entwickelt hat, gilt als die älteste Schrift der Welt. Benutzt wurde sie in verschiedenen Abwandlungen über dreitausend Jahre, folglich länger als nunmehr die lateinische. Sie war verbreitet vom Armenischen Bergland bis zum Persischen Golf, vom Ägäischen Meer bis an die Flüsse Indiens. »Es ist nicht auszuschließen«, schreibt der Orientalist Bedřich Hrozný »daß die babylonische Schrift auch auf die Entstehung der ägyptischen Hieroglyphenschrift nicht ohne Einfluß geblieben ist.«

Zum zweiten in der Pionierrolle, die Babylons Bewohner in der Landwirtschaft gespielt haben. Sie bauten als erste Weizen und Gerste, Leinen, Linsen, Erbsen an und züchteten vielleicht gar Feigen, Weintrauben und Äpfel. Als erste gebrauchten sie den Pflug (wenn sie ihn nicht selbst erfunden haben). Zu ihren Errungenschaften gehört auch die Erfindung des Rades, von der Marconi meinte, sie sei »die einzige wahrhafte Erfindung, denn alle übrigen stellen lediglich deren Nutzung und Entwicklung dar«.

Drittens entstanden in Babylonien die ersten historisch nachgewiesenen Städte und Staaten. Aus seinem südlichsten Teil, aus Sumer, kennen wir zugleich die ältesten geschriebenen Gesetze und Gerichtsurteile.

Viertens bildet Babylonien die Urheimat hervorragender mathematischer und astronomischer Erkenntnisse, deren einige Europa erst in der Neuzeit überholt hat. Es ist das Geburtsland einmaliger Werke der Architektur und bildenden Kunst. Dort entstand ebenfalls das erste große dichterisch-philosophische Werk der Weltliteratur, das Gilgameschepos. (Philosophisch deswegen, weil sein Zentralmotiv in der Suche nach der menschlichen Unsterblichkeit liegt. – Und der Gedanke, daß die Unsterblichkeit nur durch die Leistung zu erzielen ist, mit der ein Mensch sich um die Menschheit und sein Vaterland verdient macht, ist wahrlich nicht übel für das welterste Gedicht dieses Genres.)

Wir sind verzückt darüber, was die Menschheit den alten Babyloniern und deren Ahnen auf mesopotamischem Boden dankt. Und was daran am interessantesten erscheint: Bis Ende des 19. Jahrhunderts u. Z. hatte sie davon nicht die blasseste Ahnung. Europa hatte die Quelle seiner gesamten Kultur und die Grundlagen seiner Zivilisation bei den alten Griechen und Römern gesucht und gefunden. Und auf einmal fiel es ihm wie Schuppen von den Augen, daß hinter ihnen wesentlich ältere Völker stehen von weitaus älterer Kultur und Zivilisation und an deren Ende schließlich – oder besser: ganz am Anfang die Babylonier! Nimmt es daher wunder, daß als erste Reaktion auf diese Offenbarung die sogenannte Theorie des Panbabylonismus aufkam, nach der alles, was ein Stellenwert besitzt, seine Wiege in Babylonien habe? Daß es die Gelehrten der ganzen Welt allerhand Mühe gekostet hat, das übermäßig ausgeschlagene Zünglein an jener Waage, in deren Schalen die Aktien der einzelnen Völker an der Geschichte der Menschheitskultur gewogen wurden, wieder in die eigentliche Stellung zu bringen?

Die Ausgrabungen in Ägypten, Syrien, in der Türkei und in Indien (ganz zu schweigen von denen in Mexiko und Peru) sowie die Geschichte Europas, Mittelasiens, Chinas und Japans demonstrieren, daß die verschiedenen Völker in den einzelnen Erdteilen ihre Kultur im Grunde selbständig und daß ihre Kultur mitnichten lediglich einen Fortsatz und eine Adaption der babylonischen Kultur bildet, wie es die Theoretiker des Panbabylonismus posaunten. Dasselbe gilt auch für die verschiedenen Ideologietypen und Weltanschauungsformen; wenn hier zahlreiche übereinstimmende Züge zu verzeichnen sind, dann erhellt das vor allem aus dem gleichartigen Entwicklungsweg.

Trotz allem jedoch ist die These von der geschichtlichen Priorität des antiken Mesopotamiens für die ökonomische, politische und kulturelle Entwicklung Vorderasiens und vom starken Einfluß Babyloniens auf die Kulturentwicklung der damaligen vorderasiatischen Völkerschaften, darunter auch der Juden, und danach der Griechen, unanfechtbar. – Und Europa ist sich dessen erst gestern bewußt geworden.

Wenn wir das Land zwischen Euphrat und Tigris verlassen und Abschied nehmen von der Stadt, in die wir auf den Spuren eines Weltwunders gekommen sind und wo wir drei weitere und dahinter die Wiege einer großen Kultur gefunden haben, tragen wir im Gedächtnis nicht bloße Ruinen und Erinnerungswerte vergangener Epochen mit. Zu stark fühlen wir den Puls des neuen Lebens.

»Ich saß am Wasser in Babylon, und im Schoße der Sehnsucht wiegte ich mich . . .«, schrieb einst sinngemäß der Dichter Ady. Wir suchen das Abbild dieser Verse am Wasser im heutigen quicklebendigen und prunkvollen Bagdad, zwischen seinen Hochhäusern und geduckten Basaren, im Glanz der Minarette von der Goldenen Moschee und des breiten Tigrisstromes, unter der sengenden Sonne der wolkenlosen Tage und unter dem Sternenhimmel arabischer Nächte.

Sicherlich wird der Dichter es finden, damit es dem Volk dieses uralten Landes gelinge, die Erinnerungen an das einstige Paradies in neue Realitäten aufzuheben.

Immerhin ist es ein Land mit nicht allein großer Vergangenheit, sondern auch mit Zukunft.

Das dritte Wunder

3

Der Artemistempel in Ephesos

Philon von Byzanz (Autor „über die 7 Weltwunders)
260–200 v. Chr.

»Der Tempel der Artemis von Ephesos ist eine einzigartige Wohnstätte der Götter auf Erden. Wer ihn einmal geschaut hat, ist überzeugt, daß Himmel und Erde hier ihren Sitz getauscht haben und daß die Welt der unsterblichen Götter an diesem Ort vom Himmel auf Erden übergesiedelt ist.«

So eröffnet Philon seine Beschreibung jenes Bauwerkes, von dem in der Antike übereinstimmend konstatiert wurde, daß es das prunkvollste der Welt sei. Dann stellt er Vergleiche an: Die Giganten, die sich auf die Götter stürzten, erlangten mit ihrer Tollkühnheit nicht soviel Ruhm wie die Erbauer dieses Tempels mit ihrer Kunst; Atlas, der das Himmelsgewölbe stützte, besaß nicht soviel Kraft wie die Fundamente ... natürlich des Artemistempels, aber das erfahren wir aus Philons Bericht schon nicht mehr; inmitten dieses Satzes endet die letzte Seite, die sich daraus erhalten hat.

Die Besiedlung Griechenlands während der »Großen Kolonisation«

Was sagen über diesen Tempel andere Schriftsteller? Schenken wir ihnen Gehör, doch vor allem schauen wir uns Ephesos selbst näher an. »Die Augen sind verläßlichere Zeugen als die Ohren«, meinte bereits der Epheser Herakleitos.

Zwei Stunden braucht das Flugzeug heute, um uns von Bagdad nach Damaskus zu bringen; die romantischere Reise mit einer Kamelkarawane dauert vierzehn Tage – gegenwärtig ebenso wie zu Zeiten Harun ar-Raschids. Wir werfen einen letzten Blick auf Tigris und Euphrat, tief unter uns lassen wir das Ruinenlabyrinth Babylons zurück, und schon gleitet der Schatten unserer Maschine über die fahlgraue Staubwüste. Mitunter hüpft er über einen einsamen Hügel (welche Stadt wohl mag darunter schlummern?), um dann in den Ausläufern einer zauberhaften Oase, Damaskus genannt, zu zerfließen – so zauberhaft, daß Mohammed, als er sie zum erstenmal erblickt hatte, sich abwandte und sie zu betreten sich sträubte: sie dünkte ihn das Paradies zu sein, und da es nicht zwei Paradiese geben könne, widerstrebte es ihm, auf das himmlische zugunsten eines irdischen zu verzichten. Von da aus ist es aber nur ein Sprung über Libanons Gebirgskämme und

vom Beiruter Flughafen eine Omnibusstunde bis zum Hafen. Dort erwartet uns ein Schiff und ein Trip über tausend Kilometer zu Wasser nach dem türkischen Izmir.

Izmir, das antike Smyrna, ist unsere letzte Umsteigestation. Es soll keinen Hafen mit schönerer Szenerie auf Erden geben; so hat es schon im Altertum geheißen, und wir können es nur bescheinigen. Die langgestreckte Bucht säumen Waldhänge, die dann Böschungen mit malerischen Häuschen weichen. Über allem thront eine byzantinische Zitadelle. Die Küste begleiten Kordons von Boulevards mit Palmenalleen. Hinter den modernen Bauten zieht sich talwärts die alte Türkenstadt mit den Moscheen und Basaren samt Zutaten. Aus der Antike blieb ein leerer Platz mit einer Reihe korinthischer Säulen und etlichen Aquäduktbögen erhalten. An der Stelle des uralten griechischen Stadtviertels erstreckt sich heute das Messegebäude. Nach Ephesos verkehrt die Eisenbahn von Punta oder der Bus aus dem Stadtteil Konak, der zugleich als Passagierhafen fungiert. Die Fahrkarte gilt bis in das Städtchen Seltschuk, etwa achtzig Kilometer südwärts. Von da aus kommt man zu Fuß ans Ziel.

Das größte antike Ruinenfeld der Welt – das ist das heutige Ephesos, die einstige Hauptstadt Griechisch-Ioniens und Römisch-Asiens. Heimtückische Sümpfe hinter dem Meer marmorner und granitener Ruinen – das ist das früher blühende Kaystrosufer, wo »langhalsige Schwäne nach rechts und links ausschwärmen und sich ihrer Schwingen freuen«, wie Homer schreibt. Überbleibsel der altertümlichen Straße mit noch erhaltenen Brücken am Fuße des Nachtigallenkulms – auf ihr wurden die Säulen aus dem Tempel der heidnischen Göttin Artemis zur Verzierung der christlichen Kirche der Heiligen Weisheit und späteren Moschee Hagia Sophia in Konstantinopel abtransportiert ...

Im sechsten Jahrhundert, als hier die schweren Lastwagen Kaiser Justinians entlangknarrten, war Ephesos jedoch schon eine Stadt, deren Geschichte ihr Ende gefunden hatte. – Wann hatte sie begonnen?

Nach griechischer Überlieferung »kurz nach dem Trojanischen Krieg«, d. h. irgendwann im 12. Jh. v. u. Z. Damals sei Androklos, Sohn des letzten Athener Königs Kodros, hier an Land gegangen und habe mit Leuten von der Insel Samos Stadt, Mauern und Tempel erbaut. Wir zweifeln freilich, ob Androklos ein Mensch von Fleisch und Blut gewesen ist, denn sein Vater hat nur in den Mythen gelebt. Dennoch dürfte sicher sein, daß Ephesos tatsächlich gegründet wurde. Archäologen vermuten an seinem Standort eine griechische Stadt aus dem 11. Jh. v. u. Z.; sie schließen allerdings nicht aus, daß sie bereits um einhundert Jahre früher entstanden sein könnte. Doch wenn wir nichts Fundiertes über die Anfänge der hiesigen griechischen Ansiedlung wissen, können wir mit zweifelhafter Genugtuung behaupten, über ihr Ende vorzüglich informiert zu sein. Am 13. September 1922 drangen in Smyrna, das nach der türkischen Niederlage im ersten Weltkrieg Griechenland zugefallen war, Einheiten der türkischen Armee ein, legten das griechische Stadtviertel in Brand und metzelten die Einwohner, die sich nicht durch Flucht gerettet hatten, einfach nieder. Dieserart Lösung der Nationalitätenfrage, die sie schon vor dem ersten Weltkrieg zum Entsetzen der ganzen zivilisierten Welt in Armenien erprobt hatten, praktizierten die Türken späterhin in mehreren Varianten entlang der ganzen kleinasiatischen Küste. Endgültig strich die griechische Heimat in diesen Gefilden der Friedensvertrag von Lausanne im Jahre 1923 aus, durch den Smyrna der Türkei einverleibt wurde.

Mag die Griechen Androklos oder sonstwer hierhergebracht haben, fest steht, daß er sie nicht in ein menschenleeres Gebiet geführt hat. Es wohnten hier und im weiten Rund die Karer oder Leleger, und sie, so scheint es, setzten der griechischen Besiedlung keinen Widerstand entgegen. Zumindest erwähnt die griechische Geschichtsschreibung, die für Waffenruhm ein gutes Gedächtnis hat, keine Kämpfe. Zudem besetzten und belegten die Griechen lediglich einen schmalen Küstenstreifen und drangen ins Landesinnere nicht vor. Sie ließen dort die alteingesessene Bevölkerung in Frieden, zwangen ihr weder ihre Ordnung auf, noch unternahmen sie etwas dagegen, sie anzunehmen. Lieber jedenfalls trieben sie mit ihr Handel und Wandel, als sie zu bekriegen, was beiden Seiten durchaus frommte.

Ebenso wie Ephesos gründeten die Griechen in diesen alten Zeiten eine Reihe weiterer Städte in Kleinasien, darunter Milet (wohin Androklos' Bruder Neileos Siedler herbeigeschafft haben soll), Halikarnassos, Knidos und um das Jahr 1000 v. u. Z. auch Smyrna. Dabei handelte es sich beileibe nicht um ihre ersten dortigen Siedlungen; schon in der zweiten Hälfte des 2. Jahrtausends v. u. Z. hatten sie sich auf zahlreichen Inseln des Ägäischen Meeres niedergelassen, so unter anderem auf Kreta und Rhodos, sowie auf dem entlegenen Kypros, und auf dem Festland in Kolophon. Später, zu Zeiten der sogenannten großen Kolonisation im 8. bis 6. Jh. v. u. Z., legten sie den Grund zu über hundert neuen Städten an der Schwarzmeerküste, auf Sizilien und in Italien, in Südfrankreich, Nordafrika und auf der Pyrenäenhalbinsel. Aus dieser Epoche stammen die Fundamente solcher Städte wie Sewastopol und Istanbul, Constanţa und Varna, Neapel und Marseille. Die östlichste griechische Stadt war Phasis am Fuße des Kaukasus, die westlichste Emporion bei Barcelona, die südlichste Naukratis im Nildelta.

Die kleinasiatische Küste erachteten die Griechen stets ebenso als Bestandteil ihres Vaterlandes wie die ägäischen Inseln und das europäische Griechenland. Dieser ganze Raum hatte bereits in Vorzeiten eine vom Meer verbundene Einheit gebildet. Ins europäische Griechenland kamen sie früher; dahin gelangt waren sie vermutlich aus ihrer Urheimat in den südrussischen Steppen, und zwar in mehreren Schüben. Der erste, kam ungefähr Anfang des 2. Jahrtausends v. u. Z. an; das Hindernis, das ihnen die einheimische Bevölkerung, die nicht näher bekannten Pelasger, aufrichteten, überrannten sie in massiertem Sturm. Eine zweite Gruppe querte offenbar die Dardanellen und den Bosporus und wurde in Kleinasien seßhaft. Anscheinend gehörten selbst die Trojaner, gegen die die europäischen Griechen den berühmten langen, in Homers Geschichtswerk besungenen Krieg führten, zu den griechischen Stämmen. Weitere Eindringlinge waren die Achäer, der dazumal mächtigste griechische Stamm; sie drangen auf den Peloponnes vor und setzten gleichzeitig auf einige Inseln über. Ihre Herrscher legten feste Burgen an, darunter Homers »goldenes wohlhabendes Mykene« und das »überstarke Tiryns«. Einen anderen dieser Stämme bildeten die Ionier, die um die Mitte des 2. Jahrtausends v. u. Z. sich in Athen ansiedelten. Anfang des 12. Jh. v. u. Z. überschwemmte das Land die letzte große Woge griechischer Einwanderer: es waren die Dorer, die Sieger über die im Trojanischen Krieg (in dem »alle umkamen, die zu den besten Reihen zählten«, wie Homer schreibt) geschwächten Achäer; sie konzentrierten sich in Sparta. Später verschlug es die Dorer auch nach Kreta und über die Inseln der Ägäis an die kleinasiatischen Gestade. Die Ionier, die sich der Dorer erwehrt hatten, wählten daraufhin die Mittel- und Nordwestküste zu ihrer Heimat. Ihre Nachfahren, durch weitere griechische Einwanderer vermehrt, lebten dort dann Tausende Jahre. Sie bezeichneten diesen Teil ihres Vaterlandes mit dem Begriff Anatolien, »östliches Land«. Die nördliche Gruppe rekrutierte sich aus den vermischten Stämmen Äoler und Aitoler. Ihre Nachbarn waren im Westen die Epeireer und im Norden die Makedonier. Die südlichen Gebiete besetzten die Dorer; von den ursprünglichen Stämmen erhielten sich unter ihnen die Arkadier und Reste der Achäer. Die östliche Gruppe bildeten die Ionier. Jede dieser Gruppen zeichnete sich durch bestimmte Eigenheiten in Sprache, Traditionen und psychischer Anlage aus; trotzdem waren ihre Angehörigen sich ihrer Zusammengehörigkeit bewußt. Sie waren Griechen, Hellenen, und begriffen sich als solche.

Die ionische Gruppe, die uns nun am meisten interessiert, richtete sich zwei politische und kulturelle Zentren ein: auf europäischem Kontinent Athen, in Kleinasien Ephesos.

Efes, von den Griechen Ephesos genannt, war laut archäologischen und historischen Zeugnissen schon im 8.–7. Jh. v. u. Z. eine recht ansehnliche Stadt und rangierte zusammen mit dem gleichfalls ionischen Milet und dem dorischen Halikarnassos an der Spitze der ökonomischen und politischen Entwicklung der ganzen griechischen Welt. Früher als im europäischen Griechenland entfaltete und festigte sich hier die sklavenhalterische Produktionsweise mit der Arbeitsteilung zwischen Landwirtschaft und Handwerk, mit der Marktproduktion, dem Handel und der Geldwirtschaft. Auf der reiferen ökonomischen Grundlage dieser Stadtstaaten (wie sie das alte Ägypten oder Babylon niemals erreichten) begannen sich politische Institutionen herauszubilden, und auch Wissenschaft und Kunst, die ihren höchsten Aufschwung dann im »klassischen Griechenland« erlebten.

Ephesos war ursprünglich eine Monarchie, und es herrschte dort ein Geschlecht, das auf Androklos zurückging. Der letzte König wurde etwa um Mitte des 7. Jh. v. u. Z. durch einen Aufstand entmachtet, nach seiner Vertreibung übernahm eine Tyrannis das Ruder. Die historischen Einzelheiten sind verschwommen, doch dürfen wir voraussetzen, daß die Entwicklung in Ephesos insgesamt durchaus ähnlich verlaufen ist wie auf dem nahen Samos unter dem Tyrannen Polykrates (gleichermaßen gut bekannt aus historischen Quellen wie aus zahllosen Sagen, zum Beispiel über seinen Ring), der mit Unterstützung fünfzig Bewaffneter die Macht errang und dann die Entwicklung von Handel, Handwerk und Kunst forcierte. Für Ephesos' politische Konstellation ist bezeichnend, daß um das Jahr 600 v. u. Z. Solon, einer der »sieben griechischen Weisen«, speziell hierher die Gesetze studieren kam und nach ihrem Muster seine Gesetze für Athen erarbeitete.

Unter der Tyrannis blühte Ephesos zu Größe und Schönheit auf. Im Dreieck zwischen dem quirligen Kaystros (heute Kutschuk-Menderes), dem schattigen Pionos (Panaia-dag) und dem schroffen Koressos (heute Bülbül-dag – Nachtigallenkulm) entstanden breite Straßen und stattliche Häuser; die Stadtmitte bildete der einen dreiviertel Kilometer lange und einen halben Kilometer breite Seehafen. Als Ablagerungen des Kaystros das Meerufer westwärts verschoben hatten, erreichten ihn die

Das alte Ephesos

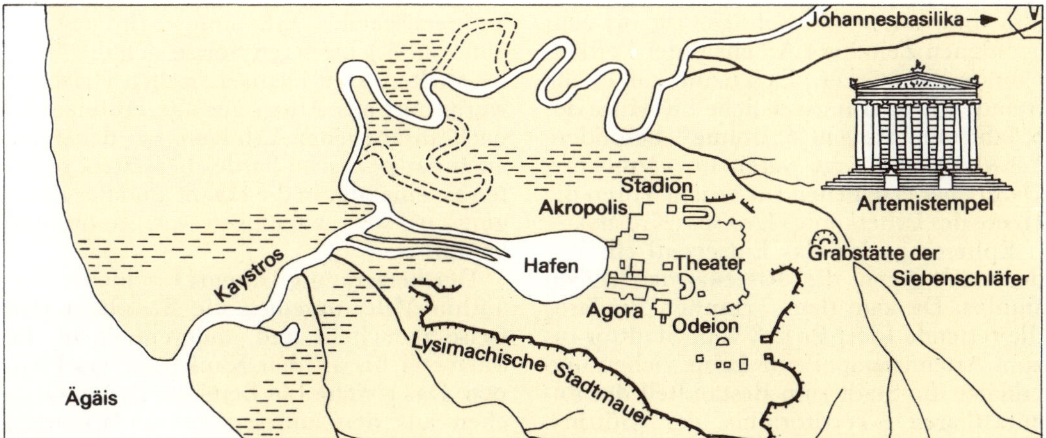

Schiffe über zwei (später drei) künstliche Kanäle. Wie jede griechische Stadt, besaß Ephesos seinen Marktplatz (freilich mit Marmor ausgelegt), sein Theater (für 250 000 Zuschauer), sein Odeon (mit ausgezeichneter Akustik für Musikveranstaltungen), sein Stadion (mit herrlichen bronzenen Zielpunkten), seine Gymnasien und Palästren (die zu Leibeserziehung und Sport dienten) und über der Stadt seine Akropolis. Sein größtes und imposantestes Bauwerk, das sozusagen die Krönung der Architektur und Skulpturkunst darstellte, war allerdings der Artemistempel.

Der Artemistempel, das dritte Weltwunder, stand nicht auf der Epheser Akropolis, wie beispielsweise der Parthenon in Athen, vielmehr in einer Talsenke, etwa drei Kilometer nordöstlich von der Stadtmauer entfernt. Er fiel nicht einmal unter die Kompetenz der Epheser Behörden; er bildete eine selbständige politische Einheit, war gleichsam ein Ministaat mit eigener Regierung, bestehend aus einem Priesterkollegium. Sein Territorium war unantastbar und neutral; wer es ohne Waffe in der Hand betrat, genoß unverletzliches Asylrecht.

War Ephesos, diese große und vermögende Stadt am Rande »barbarischer Gebiete«, imstande, seine Souveränität auf die Dauer zu behaupten? (Ja, Souveränität; Athens Kolonie war es lediglich vom Ursprung her; sonst war es unabhängig von ihm und, was noch wichtiger ist, bis zum »goldenen Zeitalter« Athens unter Perikles ökonomisch stärker.) Es scheint, daß es alle fremden Eroberungsversuche bis Mitte des 6. Jahrhunderts v. u. Z. ohne besondere Schwierigkeiten zu vereiteln vermochte. Dann aber erschienen vor seinen Toren die Heere des Lyderkönigs Kroisos (Krösus).

Ephesos packte das Entsetzen: ein Widerstand gegen die Riesenarmee schien sinnlos. Da kam dem Tyrannen Pindaros die rettende Idee: Er ließ vom Stadttor bis zum Artemistempel eine Leine ziehen und erklärte die Stadt zum Bestandteil des unantastbaren »Territoriums der Göttin«. Nahm sich das angesichts Kroisos' nicht naiv aus? Doch brachten die handelstüchtigen Epheser die Angelegenheit ohne Blutvergießen zu Ende. Sie erkannten Kroisos als »Schirmherrn von Tempel und Stadt« an, Kroisos, der reichste aller Könige, übertraf sich selbst mit großherzigen Gaben für die Verschönerung der göttlichen Bleibe. Solcherweise war die Sache erledigt: Ephesos behielt seine Selbstverwaltung und erweiterte als befreundeter Staat seinen Handel auf das ganze Lyderreich. Seine Fläche und Einwohnerzahl verdoppelten sich nahezu.

Nach Kroisos' Niederlage (am Fluß Halys, den er überschritt, nachdem ihm das Orakel in Delphi versichert hatte, daß er ein großes Reich vernichten werde, wobei er nicht bedachte, daß es sein eigenes Reich sein könnte) geriet Ephesos unter persische Oberherrschaft. Anfangs war sie nur formal und kam den Epheser Kaufleuten durchaus entgegen: sie wurden zu Hauptvermittlern des Handels zwischen Ost und West. Im Interesse ihrer Profite setzten sie letztlich durch, daß die Epheser Regierung den athenischen Plan, die griechischen Städte in Kleinasien zu befreien, boykottierte.

Sobald jedoch die Perserkönige ihre Macht gefestigt hatten, wendete sich das Blatt. Sie begannen den griechischen Handel einzuschränken, die Steuereinnahme änderten sie in Steuereintreibung, und an die Spitze der einzelnen Stadtstaaten, darunter auch Ephesos', stellten sie ihre Statthalter. Das führte zu einer allgemeinen antipersischen Erhebung (im Jahre 500 v. u. Z.), an deren Spitze sich die Mileter stellten. Den kleinasiatischen Griechen wurde nur aus Athen geringe Hilfe zuteil; nach anfänglichen Erfolgen, bei denen sie auch das persische Sardes besetzten, gerieten sie einander in die Haare, und der Zwist ging aus, wie zu erwarten war: sie mußten kapitulieren.

Der Perserkönig Dareios I. schleifte daraufhin Milet und ließ die Bewohner teilweise meucheln und anderenteils in die Sklaverei bis an den Kaukasus verschleppen. Das gleiche Los bereitete er den Griechen aus den anderen gebrandschatzten Städten, doch Ephesos ließ er, weil es am

Aufstand nicht teilgenommen hatte, ungeschoren. Dann beschloß er, Athen zu strafen für die Unterstützung, die es seinen Landsleuten hatte angedeihen lassen, und schickte im Jahre 490 v. u. Z. eine Armee von einhunderttausend Mann dahin. Sie landete bei Marathon. Die Athener vermochten lediglich zehntausend Soldaten aufzubieten; ihnen schlossen sich eintausend aus Plataiai an. Dennoch siegten sie bekanntlich ruhmvoll und warfen bei einem knappen Verlust von 192 Mann den persischen Koloß ins Meer. (Die Zeit des Läufers Pheidippidos, den der Oberbefehlshaber Miltiades mit der Siegesbotschaft nach Athen entsandte, kennen wir nicht; wir wissen nur, daß er diese Strecke – angeblich 42 Kilometer und 263 Meter, wie für den Marathonlauf im Jahre 1908 errechnet wurde – in voller Rüstung ohne Pause zurücklegte und, nachdem er sein: »Freut euch, wir haben gesiegt!« ausgerufen hatte, tot zusammenbrach.) Durch den Sieg bei Marathon war das europäische Griechenland gerettet, Ephesos und die übrigen Städte in Kleinasien jedoch, Dareios' Satrappen auf Gedeih und Verderb ausgeliefert, blieben weiterhin unter persischer Knechtschaft.

Im Jahre 480 v. u. Z. brach Dareios' Sohn Xerxes erneut gen Griechenland auf, um die Scharte von Marathon auszuwetzen. Fünf Jahre hatte er sich auf diesen Feldzug vorbereitet, eine gewaltige Armee aufgestellt (laut Herodot hatte sie etwa 1 700 000 Fußsoldaten) und Ephesos zu einer operativen Basis seiner Flotte (mit rund 1207 Schiffen) ausgebaut. Er überwand die Dardanellen und wandte sich nach Attika. Die Griechen stellten sich ihm am Engpaß der Thermopylen, durch den der Weg ins mittlere Griechenland führte. Der Spartanerkönig Leonidas befürchtete die Zerschlagung des Hauptkontingents der griechischen Truppen und entschloß sich, mit dreihundert Mann die Thermopylen zu verteidigen. Hier fielen dann jene Worte, mit denen der Spartaner Dienekes die ängstliche Bemerkung eines trachinischen Soldaten, sobald die Barbaren ihre Pfeile abschössen, würde deren Menge die Sonne verfinstern, abtat: »Gutes verheißt uns der trachinische Freund, wir werden im Schatten kämpfen!«

Die obere Agora in Ephesos. Im Vordergrund die Überreste aus römischer Zeit

An diesem Ort ließen auch die dreihundert Spartaner ihr Leben mitsamt ihrem König, als der Verräter Ephialtes den Persern den Geheimpfad wies, auf dem sie ihnen in den Rücken fielen. Und hierher stellten die Griechen später den steinernen Löwen mit dem Vers des namenlosen Dichters: »Pilger, berichte den Bürgern von Lakedaimon: ihren Befehlen getreu liegen wir gefallen hier.«

Über die Leichen der Männer hinweg, denen die Ehre geboten hatte, den zu verteidigenden Raum nicht zu verlassen, wälzte sich dann Xerxes' Armee nach Attika hinein und »verwüstete, verbrannte und raubte es aus«; von Athen blieb nicht ein Stein auf dem anderen. Doch Xerxes' Flotte, die von Ephesos ausgelaufen war, wurde noch im selben Jahr von den zusammengeschlossenen griechischen Marineverbänden unter dem Kommando des Atheners Themistokles bei Salamis geschlagen. Xerxes zog sich daraufhin nach Kleinasien zurück. Das Heer, das er in Griechenland beließ (ungefähr eine halbe Million Mann), vernichteten im Jahre 479 v. u. Z. die verbündeten griechischen Truppen in der Schlacht bei Plataiai. Gleichzeitig vernichteten die Athener und Spartaner die Reste seiner Flotte am Kap von Mykale. Dann vertrieben die Athener die persischen Armeen aus dem europäischen und kleinasiatischen Griechenland.

Den Schlußpunkt setzte unter die griechisch-persischen Kriege erst der sogenannte Friede des Kallias aus dem Jahre 449 v. u. Z., bei dem der Perserkönig auf die Oberherrschaft über die griechischen Städte verzichtete. Für Ephesos bedeutete das eine bloße formale Bestätigung des Zustandes, der bereits seit Xerxes' Rückzug existiert hatte. Es knüpfte erneut freundschaftliche Beziehungen zu Athen und machte sich die Vorteile zunutze, die ihm die demokratische Regierung unter Perikles (444–429 v. u. Z.) brachte. Die Bezwinger der Perser vermochten jedoch ihren eigenen Ehrgeiz nicht zu zügeln und zerstrit-

Das Theater in Pergamon

ten sich um die führende Rolle in Griechenland. Der Peloponnesische Krieg brach aus, tobte fast dreißig Jahre und peinigte das Land. Ephesos stand auf Seiten Athens gegen Sparta. Die Spartaner besetzten es daher und traten es aus Rache an die Perser ab. So blieb es unter persischer Botmäßigkeit bis ins Jahr 334 v. u. Z., als Alexander der Große es befreite. Er stürzte die von den Persern eingesetzte kollaborierende Oligarchie und gab Ephesos die Unabhängigkeit wieder. Steuern und Abgaben, zu denen die Epheser gegenüber den Persern verpflichtet gewesen waren, schlug er aus: Er überschrieb sie der Göttin Artemis. Sie sollten für die Renovierung ihres Tempels verwendet werden, den im Jahre 356 v. u. Z. »der Dummkopf Herostratos angezündet hatte, um in die Zeitungen und Schullesebücher zu kommen«.

Mit Alexanders Einmarsch brach für Ephesos eine neuerliche Blütezeit an: die dritte in der Folge. Diesmal wurde sie durch keine Kriegskatastrophe unterbrochen, nicht einmal durch den Untergang des Alexanderreiches, das ebenso rasch zerfiel, wie es entstanden war, sondern durch das stille, dem menschlichen Auge verborgene Werk des Kaystros, der über Jahrhunderte Kiesel für Kiesel auf dem Grund seiner Mündung abgelagert hatte und auf diese Weise Ephesos mit dem Tod drohte.

Davor bewahrt blieb es durch einen radikalen Schritt Lysimachos', eines makedonischen Feldherrn, der sich nach Alexanders Tod eines Teiles Kleinasiens bemächtigt hatte und seinem Königreich auch die Städte Pergamon und Ephesos einverleibte.

Gewiß haben jene Historiker recht, die Lysimachos als einen gewalttätigen Menschen beschreiben, Ephesos indessen konnte sich über ihn nicht beschweren. Im Jahre 290 v. u. Z. ließ er die Altstadt an der Küste abreißen, den Hafen erweitern, die Kanäle vertiefen und neue Stadtteile mit großartigen öffentlichen Gebäuden anlegen. (Er taufte die Stadt sogar um, nämlich auf den Namen seiner Gemahlin Arsinoe; solche Reformen, die Persönlichkeiten schon zu Lebzeiten ehren sollen, haben gewöhnlich keinen langen Atem, und so wurde aus Arsinoeion nach Lysimachos' Ableben wieder Ephesos.)

Nach Lysimachos bestieg den Pergamonthron sein Heerführer Philetairos, und ihm folgte das Attalidengeschlecht (»mit unversiegbarem Goldschatz«). Nach Ephesos strömte auf allen Kanälen vom Meer und allen Wegen vom Festland her Reichtum, den der Außenhandel bescherte. Pergamon als Königssitz gedieh allerdings noch rascher; die Attaliden betrieben eine zielbewußte Wirtschaftspolitik und riefen »Staatsbetriebe« ins Leben, darunter eine Manufaktur feinen Schreibleders, das seither nach ihrer Stadt als Pergament guten Ruf genießt.

Und so wurde Ephesos von Pergamon auch kulturell überholt. Die Bibliothek von Pergamon mit zweihunderttausend Bänden reihte sich unmittelbar hinter der von Alexandria ein, die Stadt schmückten prachtvolle architektonische Werke auf der Akropolis, sie konnte sich eines überdachten Stadions und eines der kühnsten griechischen Theaterbauten (mit 82 Sitzreihen übereinander) brüsten. Und am Südhang der Akropolis ließ König Eumenes II. in den Jahren 180–160 v. u. Z. den Zeusaltar, ein weiteres Weltwunder, errichten. (Heute steht an seiner Stelle nur noch das Postament, worauf zwei Olivenbäume wachsen. Halbverschüttet wurde er im Jahre 1873 von dem deutschen Ingenieur in türkischen Diensten, Karl Humann, aufgespürt; nach der Ausgrabung und Zerlegung in kleine, genau bezifferte Bestandteile, die 462 Behälter füllten, ließ Kaiser Wilhelm I. ihn auf einem Kriegsschiff nach Deutschland schaffen. In Berlin wurde er dann wieder zusammengefügt und in einem großzügig ausgestatteten Saal des neuerbauten Pergamonmuseums aufgestellt.)

Der Aufschwung Pergamons unter den Attaliden forderte die Epheser zum Wettbewerb heraus, den sie schließlich auch gewannen. Als im Jahre 133 v. u. Z. das Pergamonreich den Römern zufiel (als Erbe nach Attalos III.), war Ephesos eine Viertelmillionenstadt und wurde im Jahr 41

v. u. Z. zur Residenz des römischen Statthalters der Provinz Asien gekürt.

Die römische Hegemonie ließ sich nicht glücklich an. Wie die Treuhänder aller Kolonien, beuteten die römischen Administratoren diese Kolonie erbarmungslos aus und führten sich hier überhaupt auf wie Barbaren (die sie für die Griechen übrigens stets blieben). Daher begrüßten die Epheser mit Begeisterung den pontischen König Mithridates VI. als Retter Asiens. Als Mithridates hier jedoch sein »blutiges Dekret« herausgab, zu bestimmter Stunde sämtliche Römer zu töten, erregte er in Ephesos düstere Empörung. Noch schlimmer entsetzte sie die Konsequenz dieser antiken Bartholomäusnacht: der Abbruch der Handelskontakte zu Rom. Als dann Mithridates' Feldherren das Versprechen ihres Oberhauptes, die griechischen Städte für fünf Jahre von Steuerpflichten zu entbinden, brachen und sie mit Gewalt einzutreiben begannen, erhob sich Ephesos und kehrte gemeinsam mit den übrigen Städten unter römische Oberhoheit zurück.

Seitdem ist die Geschichte Ephesos' in die Geschichte des Römischen Imperiums integriert. Kaiser Augustus ließ hier an der Wende zu unserer Zeitrechnung einen neuen Kanal ausheben, Kaiser Claudius das Theater umgestalten, Kaiser Nero um Mitte des 1. Jahrhunderts ein neues Stadion errichten und gleichzeitig die Mehrzahl der Kunstschätze fortbringen. Im 2. Jahrhundert entstand zur Erinnerung an den römischen Statthalter C. J. Celsus eine große Bücherei. Wenn wir den Bau des Serapistempels mit den fünfzehn Meter hohen Monolithsäulen einbeziehen, haben wir die wesentlichsten Marksteine aus der Epoche des römischen Regimes bis zum Jahre 263 erfaßt, als die ungestümen Goten in die Stadt einfielen und sie samt dem Artemistempel brandschatzten.

Doch seit dem ersten Jahrhundert unserer Zeitrechnung verflochten sich Ephesos' Geschicke auch mit der Geschichte des Christentums. Nach kirchlicher Überlieferung wirkte hier in den Jahren 55–58 der heilige Paulus und schrieb in dieser Stadt gleichfalls in einem seiner Briefe (an die Thessalonicher) die bekannten Worte: »... wer nicht arbeiten will, soll auch nicht essen!« An diesem Ort soll nach der wunderbaren Rettung aus dem Kessel siedenden Öls der Evangelist Johannes gelebt haben und 120jährig gestorben sein. Derselben kirchlichen Überlieferung zufolge hat hier angeblich auch die Jungfrau Maria gewohnt und wurde im Jahre 48 von den Engeln in den Himmel geholt; ihre übrigens recht unscheinbare Behausung wird bis in die Gegenwart Touristen gezeigt. Auch zwei gesamtkirchliche Konzile haben hier stattgefunden, und zwar in den Jahren 431 und 449. Auf dem ersten wurde unter anderem die Jungfrau Maria als Gottesmutter bestätigt; das zweite ging in die Kirchengeschichte unter dem wenig schmeichelhaften Attribut »räuberisch« ein.

Mit Ephesos dieser Epoche assoziiert sich auch die Legende von den Siebenschläfern. Ihre Handlung wird in der Zeit Kaiser Theodosius' II. (408–450) angesiedelt. Als dessen früher Vorgänger Kaiser Decius (249–251) die Christen verfolgte, nahmen sieben vornehme Jünglinge aus Ephesos in einer Höhle am Pionhang Zuflucht. Der Kaiser verurteilte sie dafür zum Tode und ließ den Zugang mit Riesenquadern verrammeln. Nach einer anderen Version verstellte ihn der Erzengel Gabriel selbst, um die jungen Leute vor den Augen der Soldaten zu verbergen, die ihnen auf den Fersen waren. Doch sei es wie immer, die Jünglinge sanken in der finsteren Höhle in tiefsten Schlaf, der durch ein Wunder 187 Jahre vorhielt, bis Sklaven eines Adolis, der die Parzelle mit der Höhle geerbt hatte, die Gesteinsblöcke für den Stallbau abzufahren begannen. Sobald Licht in die Höhle fiel, wachten die sieben Schläfer auf und verspürten Hunger. Sie glaubten, nur einige Stunden geschlafen zu haben; nach kurzer Beratung beschlossen sie, daß einer von ihnen sich insgeheim in die Stadt schleichen und Brot besorgen sollte. Das Los fiel auf Jamblich, und als dieser Bursche (falls wir ihn noch so bezeichnen dürfen) nach Ephesos kam, erkannte er seine Heimatstadt nicht wieder. Sein Staunen steigerte sich noch, als er über dem Epheser Haupttor – das Siegeskreuz erblickte. Aber seine ausgefallene Kleidung und archaische Ausdrucksweise erregten bei einem Bäcker Verdacht, zumal er mit längst ungültiger Münze zahlte. Der Bäcker wähnte, den Finder eines Schatzes vor sich zu haben, und als es ihm nicht gelang, ihm etwas abzulisten, entschloß er sich als tugendhafter Christ, ihn dem Gericht zu übergeben. Beim Kreuzverhör kam endlich die Wahrheit ans Licht – und nicht nur die Wahrheit: auch ein erstklassiges Wunder. Der Bischof und der Statthalter von Ephesos eilten zur Höhle und unterzogen sie einer peinlichen Untersuchung; selbst der Kaiser kam die Jünglinge beglückwünschen und ihren Segen erbitten. Als sie das hinter sich hatten, entschlummerten sie wieder, diesmal für immer.

Es gibt wenige Geschichten, die eine solche Verbreitung gefunden hätten. Bischof Gregor von Tours übersetzte sie ins Lateinische, und auf diese Weise machten die westlichen Christen sich mit ihr bekannt; Mohammed erfuhr sie, als er noch Kamele von Mekka auf syrische Märkte trieb, und so ging sie in den Koran ein. Über den Koran gelangte sie dann in die persische und bengalische Volkspoesie und über sie, mag das auch sonderbar klingen, erneut nach Europa.

Doch weder das Siebenschläferwunder noch irgendein anderer Zauber konnte Ephesos vor dem Verderb retten. Sein Hafen versandete dermaßen, daß die durch die Goteninvasion dezimierte Einwohnerschaft nicht mehr die Kraft aufbrachte, ihn freizuräumen. Und im gleichen Maße, wie der Hafen seichter wurde, sank Ephesos' Bedeutung und entvölkerten sich seine halbzerstörten Stadtviertel. Kaiser Justinian ließ dort noch zu Ehren des Apostels Johannes eine Basilika errichten – als letzten Epheser Bau von Rang. In den folgenden Jahrhunderten schrumpfte diese einstige Großstadt zu einem Städtchen und das Städtchen zu einem Dorfflecken, der sich immer weiter ostwärts nach Ajasolük, dem heutigen Seltschuk, zurückzieht. Im 11. Jh. kampieren zwischen seinen Ruinen die türkischen Eroberer Kleinasiens; noch einmal wird es für kurze Zeit zu einer Christenstadt, als ein Kreuzfahrertrupp es besetzt. Seit dem Jahre 1462 gehört es definitiv der Türkei.

Die letzten Nachkommen der griechischen Epheser hielten sich bis Ende vorigen Jahrhunderts in dem Dörfchen Kirkintsche, etwa zehn Kilometer östlich der Trümmerstadt. Im Jahre 1892 wichen sie dem Druck der örtlichen Behörden nach Smyrna aus. Dort lebten sie bis zu jenem Oktobertage 1922, als türkische Armeeeinheiten unter dem bis dahin völlig unbekannten Oberbefehlshaber Oberst Mustafa Kemal einfielen – dem späteren Atatürk, »Vater der Türken« und ersten Präsidenten der Türkischen Republik.

Zwischen Androklos und Atatürk liegen dreißig Jahrhunderte. Annähernd zehn davon bilden die eigentliche Geschichte des altehrwürdigen Ephesos, die uns im Zusammenhang mit dem Artemistempel interessiert. Ehe wir jedoch zu seinen Ruinen und seiner Historie aufbrechen, machen wir uns mit einigen Ephesern vertraut, wenigstens mit jenen, deren Namen bis heute leben.

Es werden keine Militärs sein noch Herrscher, sondern viel beachtenswertere Leute: Künstler und Denker. Auf der entwickelten ökonomischen Basis und unter den Bedingungen der fortschrittlichen Regierung des »vorklassischen Ephesos« erreichte auch die Kultur sehr rasch und überaus folgerichtig eine hohe Stufe. In Ephesos und dessen Umkreis ertönten zum erstenmal die Gesänge aus Homers Ilias und Odyssee, dieser größten und bis in die Gegenwart unübertroffenen epischen Dichtungen, die der griechischen, und europäischen, Literatur Impulse verliehen. Ephesos entsprang die älteste elegische Poesie der Griechen, Ephesos galt über lange Zeit als Zentrum griechischer Malerei, Bildhauerei und Architektur. Hier wurden die ersten Fundamente materialistischer Philosophie gelegt – nicht allein der alten Griechen, vielmehr der Menschheit insgesamt.

Für ihren berühmtesten Bürger und Landsmann hielten die Epheser Homer – weil er wohl in Smyrna, das sie gegründet hatten, zur Welt gekommen war. Sein Geburtsort ist nicht mit Sicherheit festgestellt; man weiß auch nicht bestimmt, wann er gelebt hat. Das entspricht dem geläufigen griechischen Distichon: »Sieben Städte behaupten, Homers Heimat zu sein: Smyrna, Kolophon, Ithaka, Pylos, Argos, Chios, Athen«. Das ebenso verbreitete lateinische Distichon ersetzt Pylos durch Rhodos und Ithaka durch Salamis, Aristoteles führt statt Chios die Insel Ios an. Gelebt haben soll er in der Zeit vom 12. bis 6. Jh. v. u. Z.; am wahrscheinlichsten indessen ist die Spanne vom 10. bis 9. Jh. v. u. Z. Manche Forscher wiederum bestehen darauf, daß es ihn gar nicht gegeben habe und er demgemäß auch nirgendwo geboren wurde. Tausende Bücher wurden geschrieben, um zu beweisen, daß Homer lediglich »ein Symbol dichterischen Volksschaffens« gewesen sei oder eine Art »Dichterkollektiv«; weitere Tausende ereifern sich darüber, daß er, wenn schon Autor der Ilias, dieses Gedichts von 15 693 Versen, nicht die Odyssee und deren 12 110 Verse (oder umgekehrt) verfaßt habe. Neuerdings aber stimmen die meisten Forscher wieder mit der antiken Auffassung überein, daß Homer in der Tat ein Mensch gewesen ist, der sich von Brot und Wein dieser Erde genährt hat, und daß zumindest der Hauptteil dieser beiden Dichtungen seine Schöpfung darstellt. Ja, mehr noch: Die Analyse seiner Dichtersprache erwies, daß sie zahlreiche Dialektelemente aus der Gegend von Smyrna und Chios enthält, woraus zu schließen sei, daß die antike Tradition selbst in dieser Hinsicht nicht erfunden ist. Trotzdem läßt sich nicht einwandfrei belegen, daß die Epheser zu Recht stolz auf Homer waren, noch läßt sich das rundweg bestreiten.

Den Reigen namhafter Epheser Landsleute eröffnet der Dichter Kallinos (erste Hälfte des 7. Jahrhunderts v. u. Z.), allgemein anerkannter Initiator elegischer Poesie. Von seinem Werk überkamen uns nur bescheidene Bruchstücke, doch der Riese fällt schießlich auch neben dem Däumling auf. »Dem Manne gereicht es stets zu Ruhm und Ehre, für die Heimaterde, für die Kinder, für seine Gattin wacker gegen den Feind ins Feld zu ziehen!« singt er in seinem Gedicht »Auf in den Kampf fürs Vaterland!« »Schreite daher geradeaus und voran, erhebe die Lanze und schütze hinter dem Schild das tapfere Herz, stürme los, sobald der Kampf anhebt!«

Der zweite war Hipponax, der in Ephesos nur geboren wurde und zu dichten begann (in der zweiten Hälfte des 6. Jh. v. u. Z.). Er hat die satirische Poesie begründet; sie trug ihm bei den Massen Beliebtheit und bei den Tyrannen Verbannung ein. Er ging daraufhin nach dem unweiten Klazomenä und verschickte von dort seine Verse gegen die Parvenüs und ungebetenen Gäste nach Ephesos. Antike Quellen berichten über ihn, er habe »wie

Homer. Eine römische Kopie nach dem ältesten bekannten Standbild

eine Wespe gestochen«, und moderne Literaturhistoriker der griechischen Dichtkunst rühmen und verurteilen je nachdem seine »einfache volkstümliche Ausdrucksweise«. Wir wissen über ihn noch, daß er von unschönem Äußeren und außerdem arm war, was ihm gewiß nicht beschieden gewesen wäre, hätte er seine Kunst in den Dienst der Kollaborateure mit den Persern gestellt.

Neben Dichtern bot Ephesos auch Malern eine Heimstatt. Parrhasios stammt von dort, laut antiken Nachrichten einer der renommiertesten Künstler. Er verstand es meisterhaft, den seelischen Zustand seiner Gestalten herauszuschälen; leider können wir das nicht beurteilen, weil sich keines seiner Werke erhalten hat. Geboren wurde er in der zweiten Hälfte des 5. Jahrhunderts v. u. Z.; nach ersten künstlerischen Erfolgen siedelte er nach Athen über, wo sein Atelier unter anderem Sokrates und Plato besuchten, um mit ihm über Fragen des Kunstschaffens zu debattieren. Plinius hebt seine Verdienste um die Einführung der Proportionslehre in die Ästhetik hervor. Kurzum: ihm gebühren ein Ehrenplatz in der Kunstgeschichte und der Dank späterer Künstlergenerationen.

Wenn Apelles, der berühmteste griechische Maler, vielleicht nicht in Ephesos das Licht der Welt erblickte, so doch im nahen Kolophon; in Ephesos brachte er seine jungen Jahre zu und erwarb anfängliche künstlerische Ausbildung und Anerkennung. Als reifer Künstler begab er sich nach Sikyon, um beim dortigen Meister Pamphilos seine Fähigkeiten zu vervollkommnen. Dann zog er nach Athen und von da nach Makedonien, wo er zum Hofmaler König Philipps und dessen Sohnes Alexander berufen wurde. Mit Alexander, der sich von niemand sonst porträtieren ließ, kehrte er nach Ephesos zurück, um einige Jahre dort zu bleiben. Später arbeitete er auf Rhodos, in Alexandria und schließlich auf der Insel Kos. Seine Akme, die Hohezeit seines Kunstschaffens, fällt in die Jahre 340–310 v. u. Z. Keiner der griechischen Maler überbot ihn im Hinblick auf die Vollendung seiner Zeichnung, die reiche Farbskala, die Aufteilung der Figuren, die psychologisch feine Charakterdarstellung. Seine bekannteste Arbeit war die «Den Wellen entstiegende Aphrodite«, deren Schilderung Botticelli zu seiner »Venusgeburt« angeregt haben soll; Plinius gab der »Artemis im Reigen frohlockender Nymphen« den Vorzug. Für den Artemistempel schuf er das Bild »Blitzeschleudernder Alexander«; dafür, daß er ihn als olympischen Zeus gestaltete, zahlte Alexander ihm die phantastische Summe von 20 Talenten. (Zum Vergleich: Die Stadt Athen gab für die Veranstaltung der gesamtathenischen Spiele während des Peloponnesischen Krieges, um ihren Reichtum zu demonstrieren, 5 Talente aus.) Nach alten Berichten war Apelles ein ebenso integrer Mensch wie großer Künstler. Dem jungen und begabten Protogenes von Rhodos verhalf er zu besserem Absatz seiner Bilder, indem er das Gerücht ausstreute, er selbst wolle sie aufkaufen und als eigene feilbieten. Die Meinung der Mächtigen, die lediglich kraft ihres Amtes seine Werke zu kritisieren sich berufen dünkten, wußte er ebenso geringzuschätzen, wie er wohlgemeinte Worte einfacher Leute beherzigte.

Über seinen Geistesflug kursieren in der antiken Literatur Legenden, und manche seiner Urteile gerannen zu Sprichworten, die nach Jahrhunderten als Volksweisheit gelten. Dazu gehört auch das bekannte: »Schuster, bleib bei deinem Leisten!«

Epheser war auch Zenodotos (ungefähr 330–260 v. u. Z.), einer der ersten Literaturwissenschaftler und -kritiker, Herausgeber Homers, Hesiods, Pindars und anderer griechischer Dichter. Von den übrigen Söhnen Ephesos' sollten wir eventuell noch den Flötisten Batalos (5. Jh. v. u. Z.), der zum erstenmal eine Frauengestalt auf die Theaterbühne stellte – sich selbst im Frauengewand –, nennen.

Und schließlich ist einer der größten Epheser – ja, sagen wir getrost: der größte – Heraklit (etwa 540–480 v. u. Z.). Er leitete seine Herkunft vom Begründer Ephesos', Androklos selbst, her; er war auch dessen viel späterer Nachfolger in der Würde eines Epheserkönigs (Basileus), die zu seiner Zeit allerdings schon eine reine Priesterfunktion verkörperte. Aus Protest gegen die obsiegende Demokratie und sieghafte Tyrannis entsagte er diesem Titel zugunsten seines Bruders und zog sich vom öffentlichen Leben zurück, um sich der Philosophie zu verschreiben. Es scheint, daß er gut daran getan hat.

Angesichts seiner sozialen Herkunft hatte Heraklit allen Grund, Demokratie und Tyrannis abzulehnen. Ohne Zweifel waren seine politischen Ansichten reaktionär, und zwar selbst bei dem Maßstab, den wir für die Epoche vor fünfundzwanzig Jahrhunderten anzulegen gehalten sind. (»Die Aristokraten streben nach ewigem Ruhm, das Volk drängt sich wie Vieh«, »Die Mehrheit ist schlecht, die Minderheit gut«.) Doch als Philosoph ist er in unseren Augen ein Mensch, der das menschliche Denken angeschoben hat, und – sagen wir es mit Lenins Worten – »einer der Begründer der Dialektik«. Engels würdigt seine Rolle in der Geschichte der Philosophie im Vorwort zu seinem »Anti-Dühring« so:

»Wenn wir die Natur oder die Menschengeschichte oder unsere eigene geistige Tätigkeit der denkenden Betrachtung unterwerfen, so bietet sich uns zunächst dar das Bild einer unendlichen Verschlingung von Zusammenhängen und Wechselwirkungen, in der nichts bleibt, was, wo und wie es war, sondern alles sich bewegt, sich verändert, wird und vergeht. Diese ursprüngliche, naive, aber der Sache nach richtige Anschauung von der Welt ist die der alten griechischen Philosophie und ist zuerst klar ausgesprochen von Heraklit: Alles ist und auch nicht, denn alles fließt, ist in steter Veränderung, in stetem Werden und Vergehen begriffen ...«

Dieses Heraklitische »panta rhei« – »alles fließt« ist einer der Eckpfeiler der Dialektik. Doch Heraklit war nicht nur Dialektiker. Er war auch Materialist.

Von Heraklits bedeutsamer und in der Antike häufig zitierter Schrift »Über die Natur« erhielten sich lediglich Bruchstücke. Zusammen mit Zitaten und Abwandlungen in verschiedenen Kommentaren kennen wir ihrer etwa einhundertdreißig. Manche sind zwar äußerst knapp gehalten und in Anbetracht ihres fragmentarischen Charakters nicht immer verständlich, andere wiederum sind von mittelalterlichen Abschreibern, die beispielsweise das Wort »Natur« durch das Wort »Gott« ersetzten, verstümmelt usw. Führen wir nur einige authentische Stellen an: »Der Kampf ist der Vater von allem und ein König von allem; die einen machte er zu Göttern, die anderen zu Menschen, die einen bestimmte er zu Sklaven, die anderen zu Freien.« – »Gegensätze ziehen sich an, und aus Unvereinbarem entsteht die schönste Harmonie.« – »Gelehrsamkeit ist nicht unbedingt Vernünftigkeit ... Eines allein ist weise: den Gedanken zu kennen, der alles durch alles beherrscht.« Und schließlich noch ein Zitat, das hin und wieder auch Archäologen sich ins Gedächtnis rufen: »Immerzu graben diejenigen, die nach Schätzen schürfen, viel Erde aus und finden wenig.«

Wissen wir etwas über das Schicksal seiner Schrift? Wann und unter welchen Umständen ist sie verschollen? –

Heraklit deponierte sie vor dem Tode am sichersten Ort der Welt, an einer Stelle mit solch unumkehrbarem Asyl- und Unantastbarkeitsrecht, daß während der gesamten Epoche des klassischen Griechenlands (ja sogar während des halben Jahrtausends nach der Schlacht zu Chäronea, die diese Epoche beendet) kein Feind dahin gelangte. An diesem Ort verbargen die griechischen Staaten und deren Bünde in den Kriegen gegeneinander ihre Schätze, hierher brachte Xerxes seine Kinder, als er gegen Griechenland auszog – und niemand rührte sie an. Es war der Artemistempel.

Doch zu unserem tiefen Leidwesen versagte die Große Göttin gerade im Fall der Heraklitschrift. Lassen wir uns von keinen Mutmaßungen leiten, wann und unter welchen Umständen er es mit ihr verdorben haben mag; da ist ohnehin nichts eruierbar. Das einzige, was bewiesen ist: Die letzte Spur des Werkes, das den dialektischen Materialismus aus der Taufe hob, verliert sich hinter dem Bronzetor des Artemistempels zu Ephesos.

»Die Jagdgöttin mit den Goldpfeilen«, die »herrliche Jägerin, die mit dem Speer in der Hand durchs Gebirge eilt«, die »Göttin des tapferen Herzens«, die »tugendhafte Jungfrau« – solche Attribute verleiht Homer Artemis, der überaus schönen und jungen Göttin, die ihre irdische Wohnung im Epheser Tempel innehatte.

Sie war Tochter Zeus', der höchsten Gottheit der alten Griechen, des unumschränkten Herrschers über Götter und Menschen, der auf Griechenlands höchstem Berg, dem Olymp, thronte. Ihren weiteren Stammbaum finden wir daher in dem Gedicht »Über die Herkunft der Götter« von Hesiod, dem ältesten griechischen Poeten nach Homer. Am Anfang war nach seiner Vorstellung das Chaos; daraus entstand alles, auch die Erdgöttin Gaia, die dann den Himmelsgott Uranus gebar.

Zeus' rechtmäßige Gemahlin war seine Schwester Hera, die «Göttin mit den herrlichen Locken«, die »Göttin des Himmels«. Im Rat der Götter oblag ihr das Ehepatronat; insonderheit wachte sie über die Weihe der Ehebeziehungen und half den Frauen bei der Niederkunft. Da sie auf dem goldenen Thron neben Zeus saß, galt sie als die Verkörperung der Erhabenheit und Würde. Privat indessen zankte sie sich mit ihrem göttlichen Gespons ohne Unterlaß, und zwar nicht aus bloßer angeborener Streitsucht: Zeus war immerhin, zumal in seinen jüngeren Jahren, ein rechter Leichtfuß. Es gab keine gut aussehende Göttin, die er in Ruhe gelassen hätte; auch Artemis zeugte er nicht mit seiner Gattin, sondern mit der goldhaarigen Göttin Leto, der Tochter des Titanen Koios. Als Hera dahinterkam, bereitete sie ihm einen solchen Skandal, daß »alle Götter bebten«, was durchaus verständlich erscheint.

Artemis wurde nach der einen Version auf der Insel Delos in den Kykladen, nach einer anderen im ortygischen Hain bei Ephesos geboren. Zur gleichen Zeit kam ihr Bruder Apollo zur Welt, Gott des Lichts und der Sonne, unfehlbarer Schütze und Wahrsager, »der schönste aller Götter«. Keiner der beiden Geschwister schloß im Unterschied zu den vielen übrigen Vertretern der griechischen Götterwelt die Ehe. Apollo hatte ja Geliebte in Hülle und Fülle, was ganz und gar seinem Äußeren und seiner Kraft entsprach; Artemis blieb aber für alle Zeiten die »jüngfräuliche Göttin«.

Diese Deutungsweise der kleinasiatischen Abstammung Artemis' (und Apollos, der das kleinasiatische Troja gegen die Achäer beschützte) ist höchst aufschlußreich. Nach griechischer Überlieferung soll bereits Androklos im ortygischen Hain den Tempel der »jungfräulichen Göttin« entdeckt haben, die die dortigen Karer zugleich als Fruchtbarkeitsgöttin und »Große Mutter« verehrten. Auch die kleinasiatischen Hethiter, die etwa im 14.–13. Jh. v. u. Z. nach Ephesos vorstießen, wo sie die monumentalen Felsreliefs bei Sipylos und Karabela zurückließen, besaßen eine ähnliche Göttin; sie nannten sie Rutasch und beteten sie als Jagdgöttin an, deren heiliges Tier der Hirsch oder die Hindin (Hirschkuh) war. »Das griechische Artemis«, so schreibt Bedřich Hrozný, »kann wohl aus dem hethitischen Ruta-misch, Meine Rutasch, entstanden sein ... Auch die Lydier haben eine Göttin Artimu gekannt.« Wie sich das vereinbaren ließ, daß die »jungfräuliche Göttin« Fruchtbarkeitsgöttin war, ja sogar die »Große Mutter«, vermögen wir logisch nicht zu erklären; in der Religion geht es nun einmal nicht immer logisch zu. Hin wie her, die griechischen Siedler setzten nach Ephesos' Gründung ihre »jungfräuliche Göttin« Artemis mit der »jungfräulichen Göttin« der karischen Alteingesessenen gleich und verehrten sie mit ihr zusammen. Nach Herodots Meinung bildete gerade der Kult dieser Göttin ein wesentliches Bindeglied zwischen Griechen und Karern in Ephesos.

Bei den Griechen war Artemis ursprünglich Beschützerin der Tierwelt, sowohl der Haus- als auch der wilden Tiere. Später erweiterte sich ihr Tätigkeitsbereich, und sie avancierte zur Spenderin von Nässe und Tau sowie zur Hüterin der Wälder, Haine und Äcker; in einigen Ländern gar wurde sie zur Göttin der gesamten Natur, wodurch sie in Kompetenzstreitigkeiten mit der Göttin der Bodenfruchtbarkeit und des Ackerbaus, Demeter, geriet. Im Gegensatz zur gutmütigen Demeter wußte sie ihren Platz konsequent zu behaupten; in Kalydon beispielsweise, wo der König es versäumte, ihr die gebührende Ehre zu zollen, schickte sie zur Ernte einen Keiler. Außerdem griff sie in das Gesundheitswesen ein, da ihr eine Reihe Heilquellen unterstanden und sie Wahnsinn, Lähmung und Tod zu bewirken vermochte. Weil ihr Bruder Sonnengott war, wurde sie Mondgöttin. Diese ihre Funktionen wechselten in den verschiedenen Zeiten und Ländern, gingen auf andere Götter über usw., doch die Einzelheiten brauchen uns hier nicht zu beschäftigen. Vom Standpunkt des ephesischen Artemiskults jedoch ist es von Belang, daß sich darin ohne Unterbrechung die Eigenschaft der Fruchtbarkeitsgöttin erhalten hat.

Von Anbeginn wurde ihr Jagdleidenschaft attestiert. Deshalb stellte man sie als Göttin mit Bogen und Köcher dar, einen Schwan (von Homer wissen wir, daß an den Kaystrosufern am ortygischen Hain massenweise Schwäne beheimatet waren), einen Stier, einen Löwen, Tiger, Leopard oder einen Hirsch an der Hand. Und da Jagd und Waffen eng mit Militärwesen zusammenhängen, entwickelte sie sich sogleich zur Kriegsgöttin, wodurch sie wiederum der Zeustochter Athene ins Gehege kam, die als Göttin des geschickt geführten Krieges galt, sowie dem aufbrausenden Ares, dem Gott des weniger geschickt geführten Krieges. In diesem Amt wurde sie auch in Ephesos und den südlichen griechischen Städten Kleinasiens, schließlich auf dem Peloponnes von den Spartanern geschätzt. Sie brachten ihr in Urzeiten wahrscheinlich sogar Menschenopfer dar; später wurden ersatzweise Jünglinge ihr zu Ehren gepeitscht, was zugleich als gutes Training zur Erduldung jener Leiden zu verstehen ist, die sie späterhin im Krieg zu gewärtigen hatten.

Als ortygische Fruchtbarkeitsgöttin versahen die Griechen Artemis mit einer Menge Brüste sowie mit einem Stern und Halbmond. In ihrer Eigenschaft als Jagdgöttin gaben sie ihr die Gestalt eines schlanken Mädchens in einem einfachen Kleid, hoch geschürzt und gegürtet, mit Jagdsandalen und einer Frisur, wie sie Anfang unseres Jahrhunderts in Mode war. Ihre Statuen der ersten Auffassung kennen wir hauptsächlich aus den Epheser Ausgrabungen; die schönsten stehen im Nationalmuseum zu Neapel und im Seltschuker Museum. Von den Skulpturen der anderen Gattung zählt zu den berühmtesten die sogenannte Versailler Artemis, die römische Kopie eines bekannten Werkes des Athener Bildhauers Leochares aus dem 4. Jh. v. u. Z. (heute im Pariser Louvre). Neuzeitliche Künstler gestalteten sie mit derselben Vorliebe wie die antiken, insbesondere als Jagdgöttin oder als nicht übermäßig verhüllte Jungfrau im Kreis von Nymphen. So begegnen wir ihr, zumeist unter ihrem lateinischen Namen Diana, in Schöpfungen Tizians, Brueghels, Rubens', Bouchers, Renoirs und vieler anderer.

Der Hauptgrund dieser Artemissympathien unter den Künstlern lag (und liegt) augenscheinlich darin, daß die Griechen durch sie eines der Ideale weiblicher Schönheit inkarniert haben. Sie war so anmutig, daß sie an jenem unheilvollen Wettbewerb zwischen Athene, Aphrodite und Hera nicht teilzunehmen brauchte, der letztendlich den Trojanischen Krieg verschuldete. Selbst am Ostfries des Athener Parthenons wurde sie als die verführerischste unter allen Göttinnen abgebildet. Ihr Charme hatte allerdings nichts gemein mit der Grazie einer vornehmen Dame, mit welcher Hera hervorstach, noch mit dem sinnlichen Reiz der Liebesgöttin Aphrodite, noch mit der Erhabenheit der würdevollen und klugen Athene, vielmehr war es, sagen wir, die Schönheit der Sportlerin, der wir in Berghütten, auf Basketballplätzen oder in Schwimmhallen begegnen. Den sport- und kriegsveranlagten Griechen imponierte Artemis mit ihrem Aussehen von allen Göttinnen am meisten.

Von der Unzahl antiker Artemisdarstellungen haben sich uns nur wenige Proben erhalten. Dabei kann man die Originale an den Fingern abzählen: neben den erwähnten Statuen aus Ephesos, die sie als Fruchtbarkeitsgöttin zeigen, sind lediglich ein paar Vasenmalereien (darunter eine von Duris, heute im Louvre, und eine vom Maler des Pan der Leningrader Ermitage). All die übrigen Artemisstatuen und -reliefs, die alle bedeutende Museen zieren, sind bloße Kopien aus der Römerzeit, nicht selten sogar zweitrangige. Zur Rekonstruktion ihrer eigentlichen Entwürfe bedarf es in manchen Fällen recht üppiger Einbildungskraft; zudem dürfen wir sie uns nicht in der heutigen marmornen Leichenblässe vorstellen. Aus unseren Museen griechischer bildender Kunst nähme jeder alte Grieche entsetzt Reißaus; er käme sich wie in einer Geisterwelt vor. Die Griechen bemalten ihre Statuen (ebenso wie sie Säulen und Fassaden ihrer Bauten): sie schwelgten geradezu in scharf kontrastierenden und prachtvoll harmonisierenden Farben. Ein annäherndes Bild davon bietet uns die Statue Artemis' von Pompeji (steht in Neapel), die einer der ersten Archäologen entdeckte, General Alcubierre, Kommandeur der Geniesoldaten des Königs von Neapel, als er im Jahre 1739 mit einer Sprengstoffladung die Lavaschicht aufbrach, die jene Stadt seit dem Vesuvausbruch des Jahres 79

Epheser Münze aus dem 2. Jh. v. u. Z. Auf ihr sind der Artemistempel und eine Statue der Artemis zu sehen

bedeckte. Von ihrer reichen Polychromie hatten sich nur kümmerliche Reste erhalten: die Haare waren vergoldet (Kruste aus purem Gold), das Gewand graublau mit rotem Saum, die Sandalen gelb mit rosafarbenen Riemen, die Fingernägel feuerrot, ebenso die Lippen, allerdings (als Blondine) um eine Nuance heller, Augenbrauen und Wimpern schwarz wie Pech.

Die Verehrung Artemis' als Epheser Hauptgöttin überdauerte Jahrhunderte. Artemis wandelte sich und paßte sich an, erhielt ein neues Äußeres und wurde neu eingekleidet – ein beredtes Muster dafür, wie der Mensch sich seine Götter nach seinem Ebenbild und Ideal schafft; in einem allein blieb sie unveränderlich: Seit Ephesos' Gründung, zu Zeiten seiner Unabhängigkeit sowie unter persischer und römischer Oberhoheit, galt sie wie bei den Karern als »jungfräuliche Göttin« und »Große Mutter« in einem. Konnte demzufolge das Christentum einen günstigeren Ort für die offizielle Verkündigung der Jungfrau-Maria-Verehrung finden als eben Ephesos, wo der Kult der »unbefleckten Jungfrau« und »Erstgebärenden« seit vorgeschichtlichen Zeiten im Schwange war? War es nur Zufall, daß, während der Artemistempel zerfiel, neben ihm die Kathedrale der Jungfräulichen Gottesmutter emporwuchs?

Wie der Artemistempel in ältester Zeit ausgesehen hat, entzieht sich unserer Kenntnis. Wir wissen nur soviel, daß er im 8. Jh. v. u. Z. unweit der Stelle gestanden hat, wo derzeit sich seine Reste befinden, ein kleines Heiligtum mit einer Holzfigur der Göttin. Hier wurden rund eintausend Verzierungen und Münzen aus Bronze, Elfenbein, Bernstein, Silber und Gold ausgegraben, worein sich das Britische und das Istanbuler Museum gütlich teilten. Später, doch spätestens Anfang des 7. Jahrhunderts v. u. Z., wurde diese heilige Stätte umgebaut und vergrößert. Zu ihrem dritten Um- und Ausbau kam es in der zweiten Hälfte des 7. Jahrhunderts v. u. Z.

Diese Etappen gehören aber lediglich

zur Vorgeschichte des eigentlichen Artemisiums. Ein großartiger Bau – es muß nicht unbedingt ein Göttersitz sein – kann nicht aus Rekonstruktionen, Anbauten und Ausbesserungen entstehen; er muß von Grund auf und nach vorher durchdachtem Plan wachsen. Die Epheser entschieden sich daher, einen völlig neuen Tempel an einem neuen Standort zu errichten, weil sie am ehemaligen Standort zu allem Übel auf Grundwasser gestoßen waren. Daraufhin luden sie zwei arrivierte Baumeister von Kreta ein, wo die Monumentalarchitektur bereits auf jahrtausendealter Tradition fußte: Chersiphron aus Knossos und dessen Sohn Metagenes. So zumindest schreiben Strabon und der römische Verfasser der »Zehn Bücher über das Bauwesen«, Vitruvius; Plinius berichtet lediglich über Chersiphron, und es ist durchaus denkbar, daß Metagenes erst später nach Ephesos gekommen ist. Doch noch sein Sohn und Enkel konnten den Bau fortführen; begonnen hatte er etwa um Mitte des 6. Jahrhunderts v. u. Z. und währte, wie die antiken Schriftsteller übereinstimmend feststellen, volle 120 Jahre.

Über diese beiden Architekten sind keine Informationen – geschweige glaubwürdige Lebensdaten – überliefert bis auf diese einzige: daß nach ihren Projekten ein Tempel erbaut wurde, der eine neue Epoche im Bauwesen eröffnete und zu einem Weltwunder wurde.

Einhundertzehn Meter lang und fünfundfünfzig Meter breit war diese Wohnstatt der Göttin, von allen Seiten von einer zweireihigen Kolonnade gesäumt, in deren Mitte das eigentliche Heiligtum sich erstreckte. Zweimal acht Säulen von je achtzehn Metern Höhe (die Höhenangabe stammt von Plinius; die Ausgrabungen konnten sie nicht nachweisen) schmückten seine Fassade, zweimal acht Säulen bargen sich im Hintergrund, zweimal zwanzig Säulen waren von der Seite zu sehen. (Zum Vergleich: 8/17 Säulen besitzt der Parthenon zu Athen, 6/12 der Poseidontempel in Paestum.) Der eigentliche Tempel gliederte sich in drei Teile: acht Säulen stützten die Vorderhalle, achtzehn die Haupthalle (Naos bzw. Cella) und vier den Hinterraum, eine stand hinter der Göttinnenstatue in der Cella. Einhundertfünfundzwanzig Säulen gab es dort einschließlich der inneren insgesamt – und was für welche!

Vor allem bestanden sie nicht aus Kalkstein wie in nahezu allen früheren griechischen Tempeln, sondern aus Marmor, der gerade zu Baubeginn an einem nahegelegenen Hügel gefunden worden war. »Ich schweife ein bißchen ab und erläutere, wie

Der Grundriß des Artemistempels nach Hogarth

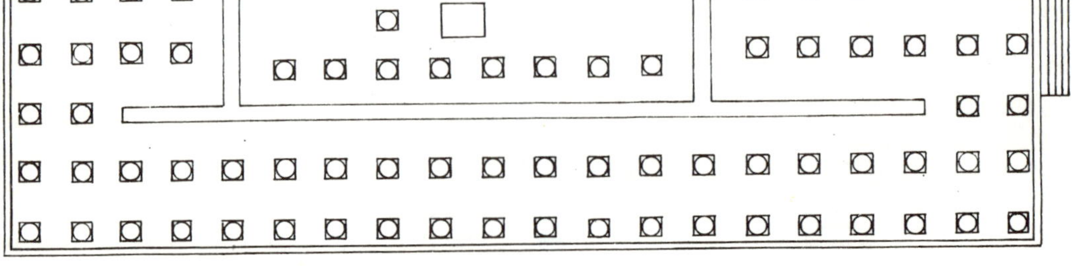

es zur Entdeckung dieses Marmorbruches gekommen ist«, schreibt Vitruvius im Zusammenhang mit der Schilderung des Säulentransports zur Baustelle. »Es lebte einst ein Hirt namens Pixodaros. Er hielt sich in dieser Gegend auf. Als die Epheser sich mit dem Gedanken trugen, der Artemis einen Marmortempel zu erbauen, und beratschlagten, ob der Marmor aus Paros, aus Prokonnesos, aus Herakleia oder Thasos herbeigeschafft werden solle, trieb Pixodaros die Herde auf die Weide und hütete die Schafe an eben dieser Stelle. Und da balgten sich zwei Hammel und verfehlten einander. Der eine prallte in seinem Schwung mit den Hörnern gegen einen Felsen und brach dabei aus der dunkel verwitterten Oberfläche einen Splitter von herrlichem weißen Ton. Pixodaros ließ die Schafe in den Bergen und brachte das Teilchen stracks nach Ephesos, wo die Debatte um die Angelegenheit gerade ihren Höhepunkt zustrebte. Die Epheser einigten sich also sofort auf einen Ehrenpreis für ihn und änderten seinen Namen; statt Pixodaros tauften sie ihn, heißt es, Euangelos, das ist ›Glücksbote‹. Und seither begibt sich Monat für Monat eine Amtsperson an diesen Ort, um zu opfern; und sie würde gestraft, unterließe sie es.«

Dieser Marmorbruch (heute gibt es keine Spur von ihm, doch physikalisch-chemische Analysen der Tempelsäulen haben ergeben, daß dieser Marmor von besserer Beschaffenheit war als der berühmte aus Carrara, und er lag kaum »8000 Doppelschritte«, d. s. etwa 5,3 Kilometer, vom Bauplatz entfernt; dennoch war der Transport der riesigen Säulenschäfte, von denen ein jeder mindestens zwanzig Tonnen wog, ein schwieriges technisches Problem. Chersiphron kam da auf jene Idee, die Vitruvius als genial bezeichnete: Er ließ die Säulenschäfte von allen Seiten mit starken Brettern verschalen, deren Enden in feste Balken einsetzen. Mitten in diese Balken ließ er Spunde treiben, und dieses ganze »Faß« versah er mit großen und äußerst breiten Rädern, in denen die Spunde (und mithin auch die in Bretter gefaßten Säulen) sich frei drehen konnten. Das erinnerte an eine »Walze, mit der auf Übungsplätzen die Kampfbahnen geebnet werden«; hier allerdings mußte die »Bahn« zuvor geebnet und mit Bohlen befestigt werden, und die Walze mußten vielleicht einige ... zig vorgespannte Stiere ziehen. Auf der Baustelle aber stellte sich ein weiteres Problem ein: die unversehrt herangeschafften Säulen waren derart hoch, daß »ihre Aufrichtung Menschenkräfte überforderte«. Aber gewaltige von Stieren gezogene Krane richteten sie doch auf und hievten sie auf die vorbestimmte Stelle, mögen die antiken Autoren auch schreiben, nachts sei »die Göttin selbst gekommen und habe den Bau vollendet, ähnlich Apollo, der ebenfalls beim Bau seines Tempels in Delphi geholfen habe«.

Eine weitere Besonderheit hatten diese Säulen in ihrer Form und vor allem im Kapitellschmuck. Der Epheser Tempel war der erste griechische Monumentalbau, bei dem der bis dahin angewandte strenge dorische Stil aufgegeben und der beschwingtere und gefälligere ionische benutzt wurde. Obzwar die Elemente dieses neuen Stils bereits in Äolien bekannt gewesen waren, erwies sich seine Einführung und Entfaltung in Ephesos als eine solche Umwälzung, daß die Antike seine Herkunft nach Ephesos verlegte und den Artemistempel für seine Wiege erachtete.

Kaum jemandem muß der Unterschied zwischen dem dorischen und dem ionischen Stil erklärt werden. Lediglich zur Gedächtnisauffrischung sei vermerkt: Der dorische zeichnet sich durch größere Einfachheit und Massivität aus, der ionische durch höhere Dekorativität und Beschwingtheit, was vor allem die Form der Säulen und Balken ausmacht. Die dorische Säule ist im Verhältnis zu ihrer Höhe breiter, die ionische schlanker, die dorische hat flache scharfkantige Längsrillen (Kannelüren), die ionische tiefere und durch einen schmalen Steg voneinander getrennte. Die dorische ist ohne Sockel und endet oben in einem Kapitell mit abgerundetem Wulst und quadratischer Deckplatte (Echinus und Abakus); die ionische besitzt einen scheibenartigen Fuß und ein Kapitell, das mit dem charakteristischen frei auslaufenden Doppelschnörkel (Volute) und in einer flachen Deckplatte endet. Das Gebälk, das heißt jener Teil, der auf den Säulen ruht, hat den unteren waagerechten Querbalken (Architrav) beim dorischen Stil ungeteilt und beim ionischen in drei sanft übergreifende Bänder gegliedert. Der Fries über diesem Balken ist beim dorischen Bau mit quadratischen Feldern verziert, in denen sich Kassetten mit drei senkrechten Kerben (Triglyphen) und Felder mit Reliefornamenten (Metopen) abwechseln. Bei ionischer Architektur ist der Fries ungegliedert und gewöhnlich mit zusammenhängendem Relief verziert. Es gibt hier auch noch andere geringfügige Unterschiede, doch anschaulicher als jedwede detaillierte Beschreibung demonstrieren das die Abb. auf S. 116 und 118, wo sich zugleich zur Abrundung das Schema eines Bauwerkes mit korinthischer Säule befindet, die erst im 5. Jh. v. u. Z. aufkam und sich dann in der nachklassischen und römischen Epoche verbreitete.

Und schließlich, um wieder zum Artemistempel zurückzukehren, waren sechsundzwanzig seiner Marmorsäulen über den Sockeln mit fast zwei Meter großen Reliefs ausgestattet, was in der griechischen Architektur einmalig war. Mit gleicher Kunstfertigkeit wie diese Säulen (columnae caelatae) war der Reliefschmuck

Die wichtigsten griechischen Säulentypen: links dorische, Mitte ionische, rechts korinthische Säule

Über den Sockeln von 26 Säulen des Artemistempels befanden sich 2 m hohe Reliefs (columnae caelatae)

des Tympanons ausgeführt, des dreieckigen Giebels über dem vorderen und hinteren Säulengang. Die Spitze dieses Giebels erreichte fünfundzwanzig Meter Höhe, und über ihr erhob sich eine imposante Figurengruppe, von der wir lediglich mutmaßen können, daß sie Artemis mit dem Bogen und dem Hirsch inmitten des Nymphenreigens dargestellt hat. (Vielleicht stammt gerade aus dieser Statuengruppe auch jener Torso des Artemishauptes, der sich im Istanbuler Archäologischen Museum befindet; seine Epheser Herkunft ist unbestritten.) An den Dachrändern ragten vier Marmorstiere in Überlebensgröße. Im Tempelkern, der sogenannten Cella, stand der Altar mit dem Standbild der Göttin aus Zedernholz.

Der Tempel symbolisierte nämlich mit der bildhauerischen Ausgestaltung dasselbe wie mit seiner Architektur: den Gipfel. Überliefert ist der Bericht über ein Preisausschreiben um die Bronzestatue einer verwundeten Amazone. Die Epheser forderten dazu Pheidias auf, den damaligen hervorragendsten Bildhauer und künstlerischen Bauleiter des Athener Parthenons, ferner Kresilos (dessen Porträtplastik Perikles' in jedem Lehrbuch der griechischen Geschichte zu finden ist), den berühmten Athener Bildhauer Phradmon und last not least Polykleitos aus Argos, der dann als Sieger hervorging. Welch ein Werk muß es wohl gewesen sein, daß es Pheidias' Kunst übertraf! Welch eine Kunst muß den Werken geeignet haben, die das Innere, das Äußere und die Umgebung dieses Tempels verschönten!

Und nachdem gegen Ende des 5. Jh. vor unserer Zeitrechnung die Architekten Paionios und Demetrios aus Ephesos den Gesamtbau zum Abschluß gebracht hatten, stand hier ein Tempel, der wahrlich ein Weltwunder darstellte.

Wir sagten: gegen Ende des fünften Jahrhunderts; ein genaueres Datum kennen wir nicht. Wir wissen, daß der Bau 120 Jahre gedauert hat, wissen aber nicht, wann er begann; die Historiker geben Zeiten an, die um etliche Jahrzehnte differieren.

Doch gleichsam zur Entschädigung für diese Ungenauigkeit machten uns antike Schriftsteller mit einem anderen Datum vertraut, das mit dem Artemistempel zusammenhängt, und zwar mit solcher Präzision, daß es nachgerade unglaubhaft erscheint: mit dem Zeitpunkt seiner Vernichtung. »In jener Nacht, als Alexander der Große geboren wurde, brannte der Tempel nieder«, schreiben fast alle in erstaunlicher Übereinstimmung. (Cicero fügt nicht ohne Ironie hinzu: »... da war Diana offenbar nicht daheim.«) Und Alexander der Große kam bekanntlich am 21. Juni 356 v. u. Z. zur Welt.

Der Name des Brandstifters sollte laut Beschluß des Epheser Parlaments, »an dem das ganze Volk teilgenommen hatte«, für alle Ewigkeit aus dem menschlichen Gedächtnis verbannt bleiben – zur Sühne dafür, daß er diese Untat einzig und allein um seiner Unsterblichkeit willen begangen hatte. In Amtsdokumenten wurde daher über ihn ausschließlich als »einem Wahnsinnigen« gesprochen, was durchaus einleuchtet.

Obschon sich über diesen Brandstifter sonst keinerlei Notiz erhalten hat, gibt es massenweise wissenschaftliche und belletristische Arbeiten, die die Motive seiner Tat analysieren und psychologisch auszuloten trachten. Manche sprechen ihn gar, weil es möglicherweise interessanter ausfällt, von aller Schuld frei. Vergebens jedoch suchen wir darunter das Gutachten eines pyrotechnischen Experten, der uns klarmachte, wie man ohne Benzin und einen Stab Helfershelfer einen gewaltigen Marmorbau so anzünden kann, daß er über Nacht in Asche sinke. Immerhin benötigte Hermann Göring, um den Reichstag, ein zweifellos weniger imposantes Gebäude, zudem vollgepfropft mit Büromöbeln, Plüschteppichen und Behördenakten, anzustecken, zwei Hundertschaften SA, fässerweise Benzin und die technische Unterstützung des preußischen Polizeiapparates, und selbst da ging seine Rechnung nicht voll auf. Bis heute werden krankhafte Ehrgeizlinge, die vor keinem Verbrechen zurückschrecken, nur um sich irgendwie hervorzutun, nach dem Brandstifter des Epheser Tempels genannt. So begoß im Jahre 1959 ein gewisser Herr Müller aus München ein Rubensgemälde mit Säure, um auf dem Bildschirm zu erscheinen; im Jahre 1972 zertrümmerte aus ähnlichen Beweggründen ein ungarischer Emigrant Michelangelos Pietá in der Peterskirche. (Reportereifer vertrieb ihre Namen tatsächlich über den Erdball.) Lassen wir Herostratos und dessen größere und kleinere Nachahmer; mögen ihre Taten noch so idiotisch sein, stets wird sich jemand finden, der sie wiedergutmacht. So geschah es auch im Falle des Artemistempels.

Als Alexander der Große in Ephesos einzog, erließ er den Befehl, den Tempel zu erneuern, und betraute seinen Hofarchitekten Deinokrates mit der Aufgabe, die einschlägigen Pläne zu entwerfen. (Dessen Projektionsbüro werden wir auf der Fährte des siebenten Weltwunders in Alexandria besuchen.) Deinokrates beschränkte sich darauf, das ursprüngliche Projekt abzuzeichnen, weil er daran nichts verbesserungswürdig fand, und »erweckte auf diese Weise die ehrwürdige Herrlichkeit dieses Tempels zu neuem Leben in einer Frische, wie sie ihn am ersten Tag nach seiner Vollendung ausgezeichnet hatte«. Die Epheser ließen gleichzeitig die beschädigten Säulen restaurieren, mit der Verzierung einer von ihnen beauftragten sie den berühmten Bildhauer Skopas. Sie luden Praxiteles, den größten griechischen Künstler seiner Zeit, ein, den Altar auszugestalten ... Kein Gott der alten Griechen konnte sich eines solchen Tempels rühmen, weder Apollo in Delphi noch selbst Zeus oder Hera in Olympia.

Und da wir Menschen sind, die nicht allein die künstlerische Seite des Bauwerkes interessiert, sondern ebenso seine Kosten, erlauben wir uns eine Abschweifung. Dieses Problem war auch den Ephesern nicht fremd. »In der bekannten und ausgedehnten Stadt Ephesos«, schreibt Vitruvius, »sollen die Vorfahren in alten Zeiten ein Gesetz erlassen haben, das strenge Bestimmungen enthielt, aber nicht ungerecht war. Ein Architekt, der die Ausführung eines öffentlichen Gebäudes übernimmt, muß verbindlich erklären, wie hoch die Bausumme sich belaufen werde. Nach Übergabe des Voranschlages an die Behörden wird das Vermögen des Architekten beschlagnahmt, bis der Bau beendet ist. Wenn die Kosten nach definitivem Abschluß des Bauvorhabens der vorgelegten Kalkulation entsprechen, erhält der Architekt durch ein Anerkennungsdekret eine Auszeichnung und Ehrengeschenke. Auch dann, wenn der Voranschlag nicht um mehr als ein Viertel überzogen wird, bezahlt es die öffentliche Hand und erlegt keinerlei Regreßpflichten auf. Erhöhen die Baukosten sich jedoch um mehr als ein Viertel, werden die Geldmittel für die Vollendung des Baues aus dem Vermögen des Architekten genommen.« (Dazu bemerkte Vitruvius später: »Hätten doch die unsterblichen Götter verfügt, daß ein solches Gesetz auch das römische Volk beschließen wollte ...!«)

Die Feststellung, daß auch in einer Stadt mit einem solch verschwenderisch großartigen Bauwerk, wie es der Artemistempel war, der Wirtschaftlichkeit des Bauwesens erstrangige Bedeutung zukam, ist für uns gleichermaßen aufschluß- wie lehrreich – und eigentlich wichtiger als die genaue Errechnung des Aufwandes für den Tempel. Die Epheser verrieten ihn schließlich nie, nicht einmal dann, als das Gerücht ging, sie hätten sich beim Brand der Gelder bemächtigt, die von den Persern im Tempel deponiert worden waren. Strabon fragte sie während seiner Ephesosbesuche, was daran wahr sei. Sie antworteten, es handle sich um eine himmelschreiende Verleumdung: erstens seien sie keine Diebe, und zweitens hätten sie es nicht nötig gehabt, etwas zu stehlen, denn das erforderliche Geld hätten sie durch den Verkauf der Säulen des früheren Tempels, des Schmucks ihrer Frauen und einiger Schätze erworben. Ja, mehr noch: sie hätten Alexanders des Großen Anerbieten abgelehnt, den Tempel aus eigenen Mitteln wiederaufbauen zu lassen, wenn sie daran eine Inschrift mit seinem Namen anbrächten. (Sie steckten da in einer vertrackten Situation: Trotz ihres unbestreitbaren Geschäftssinnes widerstrebte es ihnen, den Tempel für Reklamezwecke zu verpfänden. In letzter Minute kam einer aus dem Volke auf den Ausweg. »Es ziemt sich nicht«, sagte er zu Alexander, »daß ein Gott einem anderen Gott Gaben bringe.«)

Länger als ein halbes Jahrtausend prangte der Tempel dann in vollkommener Schönheit und Herrlichkeit. Scharen von Priestern und Priesterinnen zelebrierten hier Gottesdienste, Prozessionen aus der gesamten griechischen Welt pilgerten zu diesem Ort, um der jungfräulichen Göttin zu opfern, jeder römische Statthalter einer asiatischen Provinz mußte vor Amtsantritt Artemis huldigen und durfte keinen Verbrecher anrühren, der in ihrem Tempel Zuflucht suchte.

Dann kamen die Goten und verwüsteten den Tempel. Die Epheser erneuerten ihn angeblich nochmals. Doch schon wandten sich die Wallfahrerströme, die nach Ephesos gelangten, in andere Richtung, zur Kapelle einer anderen »ehrbaren Jungfrau«. Dort entstand schließlich ein, allerdings nur den äußeren Maßen nach größerer Tempel als der Artemis geweihte. Und die Dekrete zweier Kaiser, Theodosius' I. über die Schließung der heidnischen Tempel aus dem Jahre 383 und Theodosius' II. über deren Vernichtung aus dem Jahre 426, fällten auch über den ruhmvollen Artemistempel von Ephesos das Todesurteil. Zum Vollstrecker wurde ein Erdbeben, das den Tempel dem Erdboden gleichmachte. Artemis' Priester zerstreuten sich in alle Winde, und ihre Nachkommen lasen heilige Messen in der Kirche der Jungfrau Maria, bis auch deren Gewölbe einstürzten ...

Und der Schleier tausendjähriger Geschichtslosigkeit senkte sich über das Trümmerfeld zwischen Kaystros und Koressos.

Als im Jahre 1863 der englische Architekt John Turtle Wood hierherkam, fand er bei Ajasolük mückenstarrende Sümpfe und dahinter einen undurchdringlichen Dschungel voller Gesträuch vor. Er steckte ihn in Brand und erstieg im Rauch des knisternden Feuers einen halbeingestürzten Turm der Lysimachosmauer, um sich einen Überblick zu verschaffen. Im Westen sah er einen Streifen blauer See mit einem morastigen Brückenkopf, woraus die Ruinen der großen Stadt aufragten – genauso, wie er sich das seit Jahren ausgemalt hatte.

»In Ephesos gibt es ebensoviele Denkwürdigkeiten wie in Rom«, schrieb der französische Schriftsteller Prosper Merimée, der diese Gegend zwölf Jahre vor Wood besucht hatte. »Allesamt sind sie jedoch hoffnungslos verwahrlost. Dennoch beeindrucken sie aufs höchste; immerhin müssen wir die Vereinsamung des Ortes in Rechnung stellen: Sie treffen hier auf keine zwanzig Bewohner, Esel und Kamele einbegriffen ...«

Wood kannte sich aber in dieser Ruinenwirrnis aus, zumindest vermeinte er es. Er hatte die Topographie des antiken Ephesos wie kaum ein anderer studiert, allerdings lediglich aus alten Berichten. Er war kein Stephens, der einige Jahre zuvor sich den Weg durch den Yucatándschungel mit der Machete hatte schlagen müssen, um unbekannte Bauten rätselhafter Völker zu entdecken, von deren Kultur (ja, Existenz) die Menschheit so gut wie keine Ahnung hatte. Er drang an Stellen alter Kultur, von der die ganze Welt wußte, um ein bekanntes (mehr noch: das berühmteste) Werk griechischer Architektur aufzuspüren. Trotzdem ließ er sich nicht träumen, ebensowenig wie auch nur eines der Mitglieder der Londoner Dilettantengesellschaft und der Verwaltung des Britischen Museums, die ihn auf seinen eigenen Wunsch hergeschickt hatten, daß er sieben lange Jahre brauchen würde, ehe er den Punkt fände, von dem der Epheser Tempel verschwunden war.

Welch ein Dilettant im eigentlichen, ursprünglichen Wortsinn (das ist ein Mensch, der sich aus Begeisterung und ausschließlich zu eigenem Vergnügen, per il suo diletto, einer Sache hingibt, und nicht etwa, um sich den Lebensunterhalt zu verdienen) mußte er sein, wenn er insgesamt elf Jahre Plackerei bei höllischer Glut inmitten malariaträchtiger Sümpfe überstand und tagein tagaus mit einem Häuflein türkischer Tagelöhner das »Ruinenfeld, so groß wie elf Golfspielplätze«, durchwühlte! Dabei zählte er zu jenen, die das Glück nicht gerade zu verwöhnen pflegt; unter Napoleon, der vor jeder Beförderung eines tapferen Offiziers zum General fragte: »Hat Er Glück?«, hätte er es nicht einmal zum Korporal geschafft. Doch Wood verstand es, das mangelnde Glück durch hartnäckige Ausdauer zu ersetzen, und so glich es sich aus.

Aus antiken Quellen wußte er, daß der Artemistempel »im Hain unterhalb des Pion, im Schatten eines hohen Berges« gestanden hatte. Doch auf welcher Seite? Nach Monaten vergeblichen Grabens stieß er am Südhang eines Hügels auf die Fundamente eines großen Bauwerks. Als er sie freilegte, stellte er fest, daß sie das Halbrund des Epheser Odeons (Akustikhalle) bildeten. Kurz darauf fand er die Überreste der Pflasterstraße, die einst Ephesos mit Magnesia verbunden hatte. Er folgte ihr in nordwestlicher Richtung (auf dem Terrain, das er schon umgegraben hatte, ehe er auf das Pflaster stieß, an jener Stelle, wo er damals innegehalten hatte, um ein Schildkrötennest zu schonen, fehlte ihm dahin knapp ein halber Meter) und gelangte an eine Kreuzung, an der er die Grund-

Die Epheser Amazone. Kopie einer Statue, die Pheidias für den Artemistempel gefertigt hatte

festen des Großbaus entdeckt hatte. Der eine Weg führte zum Meer, das heißt ins Zentrum von Ephesos, der andere zu den Pionhängen; er entschied sich für den zweiten. Monate vergingen, die Jahreszeiten wechselten, die Störche kehrten das drittemal aus den nördlichen Gefilden zu ihren Nestern zurück, und Wood schaufelte sich zu den Trümmern des großen Theaters durch. An einem Gesteinsblock fand er dann den Hinweis: »Zum Tempel«. Er traute seinen Augen nicht. Stehenden Fußes wandte er sich in die Richtung, die ihm dieses Wegzeichen gebot, und als er den letzten Zettel vom Jahreskalender 1869 riß, stand er auf der Marmortreppe – auf jener Treppe, über die er später herausfand, daß sie zur Terrasse des Artemistempels geführt hatte.

Zwei Jahre verstrichen noch, bis die sechs Meter dicke Sumpfschicht abgetragen war und darunter der Grundriß des Tempels erschien. Ja, 110 × 55 Meter maß das Rechteck, und in seinem Boden staken Stümpfe von Marmorsäulen ... Nach zwölf Jahrhunderten beschien die Stelle, an der der Artemistempel gestanden hatte, wieder die Sonne.

Wood durchforschte Ephesos mit einer Akribie, wie sie in der Archäologie erst viel später zum Gesetz erhoben wurde. Er fand das Androklosgrab, entdeckte die Überbleibsel der Stadtmauern aus Augustus' und Hadrians Zeiten, förderte den verschütteten Teil der Lysimachosfestung zutage, machte den Grundriß des Hauptmarktes aus, erkundete die Ruinen der Gymnasien, des Stadions, altertümlicher und christlicher Bauwerke. Eine unüberschaubare Menge feiner Bruchstücke und großer Säulenkapitelle, zerbrochener Statuetten heidnischer Götter und christlicher Heiliger, Münzen, die antike Pilger und Justinians Fuhrleute verloren hatten, trug er zusammen, darunter auch einen außergewöhnlich wertvollen Gegenstand: die Basis einer Tempelsäule mit einem Reliefschmuck, auf dem der Name ihres Spenders, des Lyderkönigs Kroisos, prangte. Im Jahre1874 kehrte Wood aus Ephesos heim, und die britische Öffentlichkeit empfing ihn mit Ehrungen, wie sie nur Entdeckern unbekannter – oder sehr bekannter – Dinge zukommen. Die Ruinen hinter Ajasolük blieben späterhin lange Zeit verwaist; das Interesse richtete sich auf eine andere Stadt an der Westküste Kleinasiens, auf Homers Troja. »Die Entdeckungen in Ephesos«, die Wood im Jahre 1877 veröffentlichte, galten bis zur Jahrhundertwende als einzige neuzeitliche Arbeit über das alte Ephesos.

Auf der Fährte der Sieben Weltwunder sind wir mittlerweile Archäologen aus allen europäischen Ländern begegnet. Allein von Angehörigen einer damaligen Großmacht hörten wir nichts: Österreich-Ungarns.

Gegen Ende des Jahrhunderts aber wurde man sich auch in Wien des Postulats aus Großmachtprestige bewußt, sich, koste es was es wolle, in den Kreis jener Staaten mit eigenen Archäologenstationen einzureihen – wo auch immer. Wohin jedoch sich wenden? Nach Ägypten? Dort saßen bereits die Engländer und Franzosen; die Deutschen hatten dort schon alles mit sprichwörtlicher Sorgfalt registriert. Nach Babylon? In eine solch sündige Stadt? Und außerdem waren auch da die Deutschen: Archäologen in Babylon selbst und Ingenieure an der geplanten Eisenbahnstrecke Berlin–Bagdad. Nach Ninive, nach Assur? Nach Griechenland, nach Tunis? Alles war besetzt und wie die leidigen Kolonien aufgeteilt... Und weil momentan allein Ephesos verfügbar war, stimmte der Herr Erzherzog zu, daß dahin gefahren werde. Um so lieber, als es sich um eine Stadt mit großer christlicher Tradition handelte, um die Wirkungsstätte zweier Apostel, und demnach geradezu prädestiniert für Archäologen Seiner Apostolischen Majestät.

Nach langwierigen Vorbereitungen und Aufschüben wurde also im Jahre 1896 der Hofrat Otto Benndorf ausgesandt, ehemals Professor an der Prager Universität und seit 1877 Leiter des Lehrstuhls für Archäologie an der Universität Wien. Er war ein Mann von hervorragendem Wissen und darüber hinaus, was in Wien besonders geschätzt wurde, kein Jüngling wie Lepsius oder Layard, sondern ein Endfünfziger. Ihn begleitete Rudolf Heberdey als Organisationsleiter der Expedition. In Smyrna schloß sich der deutsche Ingenieur Karl Humann an, ein ausgezeichneter Kenner der örtlichen Verhältnisse und erfahrener Archäologe, der seit 1864 in der Türkei lebte und im Auftrage der Sultanregierung zuerst als Kartograph, später als Leiter des Ausbaus des Verkehrsnetzes arbeitete. Nach Entdeckung des Zeusaltars von Pergamon ließ er sich bei den Kaiserlichen Museen zu Berlin anstellen und grub im Jahre 1888 die Hethiterburg von Zindshirli in der Südtürkei aus.

Die österreichische Expedition wirkte in Ephesos zwei Jahre und suchte vor allem im Gebiet der »neuen Stadt« Lysimachos', wo sie sich die reichsten Funde aus der frühchristlichen Epoche erhoffte: sie forschte ebenfalls nach Praxiteles' Altar aus dem Artemistempel, doch ergebnislos. Ihre archäologische Ausbeute fiel am Ende recht üppig aus und war wohlverdient, denn die österreichischen Forscher, durchweg Herren fortgeschrittenen Alters, durchlitten unter den dortigen landschaftlichen, klimatischen und insbesondere hygienischen Bedingungen wahre Martyrien. Eine zweite österreichische Expedition in den Jahren 1898 bis 1913 brachte weitere Entdeckungen; sie reichten zur Gründung eines speziellen Ephesosmuseums in der Wiener Hofburg aus.

Die Engländer kehrten nach Ephesos im Jahre 1904 erneut zurück. Das Aufgebot des Britischen Museums leitete David G. Hogarth, der schon an verschiedenen Orten Kleinasiens gegraben hatte. Er verband die Vorzüge des »dilettantischen« Wood, des »pedantischen« Benndorf und die Organisationsfähigkeiten Humanns in einer Person; vor allem eignete ihm der Sinn für Teamwork, für die Arbeit im Kollektiv verschiedenartigster Spezialisten. Und was an seiner Arbeit uns an dieser Stelle am meisten einnimmt, ist der Umstand, daß er sich in erster Linie auf den Artemistempel konzentrierte. Seine »Ausgrabungen in Ephesos«, die im Jahre 1908 erschienen, sind neben den österreichischen »Forschungen in Ephesos« bis heute das letzte Wort über den Artemistempel – und höchstwahrscheinlich für alle Zeiten.

Während des ersten Weltkrieges, der in Kleinasien eigentlich erst im Jahre 1923 endete, blieben die mühevollen archäologischen Arbeiten in Ephesos' Ruinen brachliegen. Und als sie wieder aufgenommen wurden, stieß kein Spaten mehr in den Bereich des berühmten Tempels. Trotzdem gelang 1956 dem Österreicher Franz Miltner ein bedeutsamer Fund: In den Ruinen des Epheser Rathauses entdeckte er eine prachtvolle, fast zwei Meter hohe vergoldete Statue der ortygischen Artemis. Der Tempel allerdings vermochte weder ihn noch einen seiner Nachfolger zu verlocken. Was an seinem Standort zu entdecken war, wurde entdeckt, und es gibt keinen Grund, dahin zurückzukehren.

Wenn wir nach Besichtigung des Epheser Trümmerfeldes uns an der Station von Seltschuk wieder einfinden, werden wir vor der Tatsache stehen, daß der Zug gerade abgefahren ist; denn in der heutigen Türkei wird im Unterschied zu früher und im Gegensatz zu unseren modernen Vorurteilen auf Pünktlichkeit geachtet. Es bleibt uns also genügend Zeit, den Hügel mit den rekonstruierten Schiffen der St.-Johannes-Basilika zu besteigen und durch die Kuppel der Isa-Bej-Moschee hindurch noch einen letzten Blick auf den Ort zu werfen, wo jener Tempel gestanden hat, der als Weltwunder galt.

Die scharfen Umrisse des Rechtecks, die Woods und Hogarths Arbeiter freigelegt hatten, sind inzwischen von Unkraut überwuchert. Seine Fläche bedeckt eine angewehte Sanddüne, die Regen wiederum in Schlamm verwandelt. Von des Kütschüks Mäandern her naht mit der Geschwindigkeit eines Meters pro Jahr auf heimlichen unterirdischen Wegen der Sumpf, und wir können es uns errechnen, wann dieser gottverlassene Flecken Erde erneut den Sonnenstrahlen entzogen sein wird.

Wie lautet doch jenes vielbenutzte Zitat von Heraklit, das so manchen Gelehrten dunkel dünkte? »Alles kehrt sich in sein Gegenteil ... Feuchtes wird trocken, Trockenes feucht, Unsterbliches sterblich, Sterbliches unsterblich ...«

Das vierte Wunder

4

Pheidias' Zeus in Olympia

Mitten in Griechenlands Herzen, auf heiliger olympischer Erde, stand das vierte Weltwunder – das einzige, dessen Schöpfer ein einzelner Mensch war.

»Zeus' Vater im Himmel ist selbstverständlich Kronos, Zeus' Vater in Olympia jedoch Pheidias. Jenen gebar die unsterbliche Natur, diesen schufen die Hände jenes Menschen, der allein Götter zu zeugen vermochte ... Gewiß bestaunen wir auch die übrigen Werke der Sieben Weltwunder, diesem jedoch zollen wir als einzigem Hochachtung, und wir sind uns nicht schlüssig, wo unsere Bewunderung des Kunstwerkes endet und die Pietät vor der Zeusstatue ihren Anfang nimmt ...

O ihr hellenischen Zeiten, die ihr sämtliche späteren Jahrhunderte mit eurer Vielzahl von Schöpfungen zu Ehren der Götter so unermeßlich überragt und zugleich diesen Künstler, den Schöpfer jenes unsterblichen Werkes, hervorgebracht habt, dessen gleiches kein späteres Zeitalter je mehr zu zeugen imstande war ... «

In diese Zeiten, nach denen Philon sich sehnt, und zu diesem Werk, mit dem »Pheidias hoch über den Olymp selbst gesiegt hat«, begeben wir uns von Smyrna aus nach Athen und dann nach Olympia – wenn wir auch wissen, daß wir dort weder das eine noch das andere finden werden.

Wir haben den roten und grünen Leuchtturm des Hafens von Izmir passiert; wir befinden uns auf dem blauen Ägä-

Mittleres Griechenland und Peloponnes

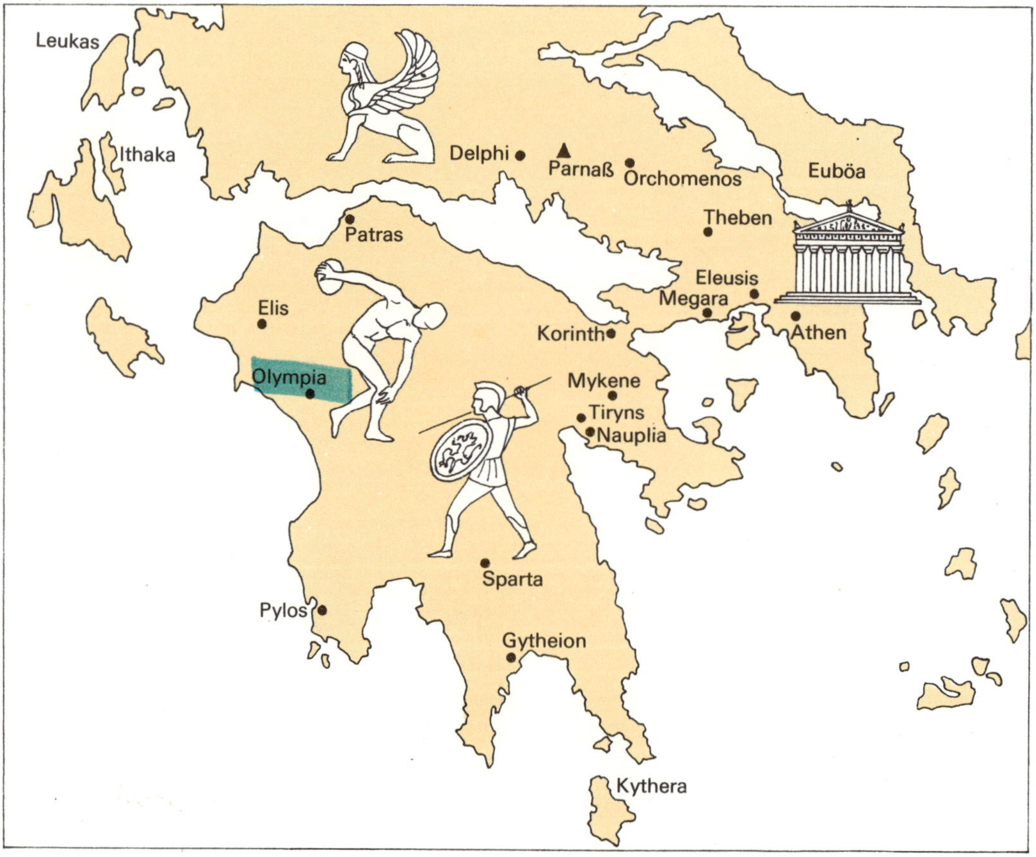

ischen Meer unter blauem Himmel und auf einem kleinen griechischen Dampfer. Wir verlieren hinter dem nördlichen Horizont Lesbos aus den Augen, wo Alkaios seine Verse auf den Wein gesungen, wo die schöne und sanfte Sappho ihre Liebeslieder gedichtet, wo der weise Pittakos regiert hat. Wir schwimmen am hohen felsigen Chios und an den in den Wogen badenden Schären vorbei, wir winken den umherschwirrenden weißen Booten zu. Und Delphine, die einst den Sänger Arion gerettet haben, begleiten uns bis an Attikas Gestade.

Wir kommen in Griechenland an wie Wallfahrer, die in ihre geistige Urheimat zurückkehren: unter die antiken Dichter, Maler, Bildhauer, Baumeister und Philosophen, in den Schoß der Lehrer unserer Lehrer, denen wir mehr verdanken als wir gewöhnlich eingestehen. Deshalb auch wähnen wir uns nach Anlegen im Athener Hafen gleichzeitig im alten Piräus, daher sehen wir nicht lauter schwere Elektrokrane, sondern ebenso Perikles' Lange Wand, deswegen hören wir nicht allein das melodische Neugriechisch der Seeleute und piräischen Kinder, lauschen vielmehr Apollodoros selbst, »wie Agathon, Sokrates, Alkibiades und die anderen sich vergnügten, die auf diesem Gastmahl zugegen waren«, das Plato geschildert hat. Die grellen Neonleuchten der Hotels und Banken auf dem Athener Syntagmaplatz vor dem ehemaligen Königspalast können unseren Blick nicht von der Anhöhe mit der ebenen Fläche lösen, auf der die vertraute Parthenonsilhouette sich herausschält ... Und unsere Besuche und Gespräche widmen wir ausnahmslos alten Freunden, Griechen und Nichtgriechen; mit ihnen verbindet uns das Band des Interesses für die Kultur jenes Volkes, das, wie Engels erklärte, »in der Entwicklungsgeschichte der Menschheit sich einen Rang sicherte, welchen kein anderes Volk beanspruchen kann«.

Selbst wenn Athen nicht das eigentliche Ziel unserer Reise ist, können wir nicht umhin, dort zu verweilen. Es stellt nach wie vor das vortrefflichste Kulturdenkmal des alten Griechenlands, die »Hellas in der Hellas«, dar. Nichtsdestoweniger hat sich dort vieles gewandelt seit jenen Tagen, da ein Zeitgenosse Pheidias' notiert hatte: »Du bist ein Tor, wenn du Athen nicht gesehen hast; du bist ein Esel, wenn du es geschaut hast, ohne dich zu begeistern; und wenn du es freiwillig verlassen hast, bist du ein Kamel«.

Was uns jedoch an dieser Stadt so verblüfft, ist die Tatsache, daß sie modern wirkt – von Aussehen, durch ihren Verkehr, mit ihren Häusern. Das klingt seltsam, zumal wir wissen, daß sie spätestens im 15. Jahrhundert vor unserer Zeitrechnung entstanden ist, als die legendären Pelasger dort ihre befestigten Siedlungen anlegten; zumal wir wissen, daß sie schon vor der dorischen Invasion existiert hat, gegen die sie der mythische König Kodros verteidigte; zumal wir wissen, daß ihren Aufbau lange Künstlergenerationen mitgestaltet hatten, ehe Perikles sie mit den Bauwerken auf der Akropolis verschönen ließ, die sogar in Ruinen architektonische Kleinodien bilden; zumal wir wissen, daß längst bevor die kümmerlichsten Nachrichten über die barbarischen Ahnen aller europäischer Völkerschaften (außer der italienischen) auftauchten, Äschylos, Sophokles und Euripides hier ihre Dramen verfaßten, daß Sokrates, Plato und Aristoteles hier lebten, daß Pheidias, Myron und Praxiteles hier ihre Standbilder schufen, daß Herodot und Thukydides hier ihre Geschichtswerke schrieben, daß Solon und Kleisthenes hier ihre Verfassung entwarfen, daß hier der erste bekannte demokratische Staat der Geschichte seine Wiege hatte ... Und zumal wir wissen, daß wir die Aufzählung Athens historischer Verdienste um die griechische und europäische Kultur beliebig fortsetzen könnten.

Seine höchste Blütezeit erreichte Athen nach dem siegreichen Abschluß der griechisch-persischen Kriege, als an der Spitze seiner Regierung Perikles stand (444–429 v. u. Z.) und Athen selbst die große Gemeinschaft griechischer Staaten, den sogenannten Delischen Bund, anführte. In diesem »goldenen Zeitalter« repräsentierte es nicht allein ökonomisch und militärisch den mächtigsten griechischen Staat, sondern war zugleich das wichtigste Kulturzentrum der gesamten griechischen Welt, man darf getrost behaupten, der ganzen bekannten Erde, denn Ägypten und Babylon mit Assyrien hatten dazumal ihre Ruhmesepoche bereits hinter sich, Persien schüttelte die Krise, und Rom rüstete erst eben zu seinem Auftritt in der Arena der Weltgeschichte. Seine Bürger waren sich der Größe ihrer Zeit bewußt. »In seinen Riesenfußstapfen und keineswegs ohne Zeugenschaft«, sagte in einer seiner Reden Perikles, »werden wir die Bewunderung der gegenwärtigen und künftigen Zeitläufte ernten.«

Auf die schiefe Ebene des Niedergangs geriet Athen aus mancherlei zu dialektischer Einheit verschmolzenen Gründen: zuvörderst infolge der verheerenden Pest in den Jahren 430–429 v. u. Z., die das Kampfpotential des Athener Staates gerade zu Beginn des Peloponnesischen Krieges schwächte; weiter durch die Massenflucht von etwa zwanzigtausend Sklaven, die in Athen zwar unter günstigeren Verhältnissen lebten als anderswo, aber verständlicherweise die Kriegslage nutzten, um die Freiheit zu gewinnen; das legte die industrielle und partiell auch die landwirtschaftliche Produktion in Attika lahm. Dann wegen des Unvermögens der Führer, das der Athener Armee und Flotte im Sizilianischen Feldzug (415–413 v. u. Z.) eine vernichtende Niederlage einbrachte; und schließlich im Ergebnis der Wühlarbeit der Aristokraten, die im reaktionären Sparta den Klassenverbündeten gegen die Athener Demokratie sahen. Die Schlappe im Peloponnesischen Krieg und die bedingungslose Kapitulation im Jahre 403 v. u. Z. beendeten Athens Großmachtrolle; nach der Schlacht bei Chäroneia im Jahre 338 v. u. Z. fiel es im Verein mit den restlichen griechischen Staaten unter die Botmäßigkeit der Makedonier. Im Jahre 146 v. u. Z. bemächtigten sich Griechenlands die Römer, und sie verwandelten Athen in eine Art musealer Reservation seines einstigen Ruhmes. Unter den römischen Kaisern, von denen einzig und allein Hadrian eine freundschaftliche Beziehung zu den Griechen pflegte, bewahrten Athens Namen lediglich noch die alten Bauwerke und philosophischen Schulen. Als Justinian im Jahre 529 Platos Akademie und Aristoteles' Lykeion schließen ließ, sank es auf die Stufe einer Provinzstadt des Byzantinischen Reiches. Während der Kreuzzüge regierten dort fränkische Fürsten, im Jahre 1456 besetzten es die Türken und proklamierten es zu ihrem Paschalik. Daraufhin breitete sich über die Stadt am Fuße der Akropolis undurchdringliche Finsternis, und Europa strich ihre Existenz nach und nach aus dem Gedächtnis. Anfang des 17. Jh. verschlug es einen umherstreifenden Missionar aus Deutschland dahin, und er meldete voller Enthusiasmus seinen Vorgesetzten nach Köln: »Die Stadt Athen, über die in der Antike so viel geredet wurde, existiert tatsächlich noch!« Doch war es keine Stadt mehr, nur ein erbärmlicher Marktflecken.

Im Jahre 1821 entbrannte der Freiheitskampf der Griechen. Nach heldenmütigem Ringen der Patrioten und dem Eingriff europäischer Mächte ergaben sich die Türken, und im Jahre 1834 wurde Athen zur Hauptstadt des neuen griechischen Staates erklärt. Der erste König, Otto, (bayrischer Herkunft) rief nach Besichtigung seiner Residenz, die am Ende der türkischen Besatzung gerade noch zweitausend Einwohner zählte, den Münchener Architekten Klenze zu sich und gab ihm den Auftrag, Pläne zu ihrem Wiederaufbau zu entwerfen. Nach dessen Lineal entstand dann auf dem Boden einer der ältesten Städte Europas ein Schachbrett schnurgerader und diametral zueinander verlaufender Straßen.

Unter Georg I. (aus Dänemark) begannen Klenzes Skizzen langsam Gestalt anzunehmen. Die öffentlichen Gebäude kennzeichnete anfangs der sogenannte neugriechische Stil, den der Kopenhagener Architekt Hansen einführte, später jedoch setzten sich die einfachen und gefälligen Bauten griechischer Architekten durch. Ihr Geschmack verlieh Athen das Gepräge einer modernen Großstadt, die heute (mitsamt dem Hafen Piräus) drei Millionen Einwohner hat.

Während Athen sich solchermaßen zu seiner Größe und heutigem Aussehen mauserte, wechselten auf seinem Thron drei weitere Könige (Konstantin I., Alexander und Georg I.), wurde es im Jahre 1924 zur Republik ausgerufen und kehrte im Jahre 1936 zur Monarchie zurück. Im Jahre 1941 okkupierten es Hitlertruppen (nachdem die Griechen sich vorher der Übermacht italienischer faschistischer Angreifer erwehrt hatten), und im Jahre 1944 befreiten es die Partisanen. Nach der anglo-amerikanischen Intervention und der Niederlage der Volkskräfte wurde wieder die Monarchie in den Sattel gehoben. Georg II. wurde von Paul I. abgelöst; nach dessen Tode im Jahre 1964 bestieg der junge Konstantin II. (auch Olympiasieger in Rom) den Königsthron. Im Jahre 1967 entmachtete ihn ein Offiziersputsch; als er emigrierte, wurde Griechenland im Jahre 1973 republikanisch. Doch unbeschadet aller, oft stürmischer und Nichtgriechen zuweilen kaum begreiflicher politischer Umschläge brachten die Griechen Athens Aufbau »zu einer keiner anderen vergleichbaren Stadt« zuwege – ohne protzige Paläste, aber auch bar aller Elendsquartiere, eine Stadt voller Grün, mit zahlreichen Sportplätzen und frei zugänglichen Stränden, mit mehr als zweitausend Jahre alten und weniger als zwanzig Jahre jungen Theatern, mit neuen Stadtvierteln, die bezeugen, daß die griechischen Baumeister und Städteplaner ihren ursprünglichen Platz in der Weltspitze wieder eingenommen haben.

Mag das heutige Athen sich auch sonstwie modern geben, es atmet darin auf Schritt und Tritt die Antike. Am Rathaus prangt die Inschrift Buleuterion, wie es sie dort vielleicht zu Perikles' Zeiten gegeben haben mag; im Schliemannhaus hat das Oberste Gericht seinen Sitz genommen, das sich als Areopagos bezeichnet wie ehemals, als es Pheidias verurteilt hat; das Museion oder Museum ist der einstige »Musentempel«; das für die ersten Olympischen Spiele der Neuzeit errichtete Stadion steht an der Stelle des antiken Athener Stadions und hat zugleich dessen Grundriß übernommen. Lassen wir die Straßennamen Revue passieren: sie tragen die Namen mythischer Helden und historischer Könige, Dichter und Bildhauer, Denker und anderer namhafter Persönlichkeiten, die aus den Schuljahren uns ebensogut bekannt sind wie den Menschen um uns, woher auch immer sie kommen mögen. Dabei sind sie nicht importiert, vielmehr gleichermaßen heimischer Abstammung wie etwa die Begriffe Philosophie, Poesie, Mathematik, Musik, Grammatik, Physik, Technik, Athletik, Politik usw. oder Kanon und Atom. Und selbst wenn das moderne Athen sich verdoppeln sollte, wird es nie und nimmer seine streets und avenues zu numerieren brauchen ...

Verlassen wir jedoch diese neuzeitlichen Straßen mit ihren altertümlichen Namen und erklimmen auf dem breiten Boulevard um das Dionysios-Theater und Herodes-Odeon jenen Hügel, der Athen zu Athen macht.

Akropolis! Jeder Dichter und Maler, der sie je betreten hat, versuchte sich darin, der überwältigenden Empfindung Ausdruck zu geben, die ihn hier befiel. Keinem gelang es. Alle Verse erweisen sich gegenüber der Wirklichkeit als leblos, fad, unzutreffend; kein Gemälde vermochte die Majestät dieser Sinfonie in Marmor zu offenbaren. »Es gibt Orte, von denen alle behaupten, sie seien herrlich, einzigartig ... Wir dürfen allerdings nicht fragen, wodurch. Niemand weiß darauf Antwort. Und vermeint jemand, sie zu wissen, ist es Lug oder Trug.« Die Akropolis gehört dazu.

Man kann sie vermessen, und das bereitet nicht sonderliche Mühe. Von einem Ende zum anderen durchquert man sie in zehn Minuten. Es ist möglich, sämtliche Steine auf ihr zu zählen und zu registrieren; hundertmal ist das geschehen. Auch beschreiben lassen sie sich, doch nur in der Weise, deren sich professionelle Reiseleiter und Kunsthistoriker bedienen. Und darin erschöpft sich gleichzeitig, was ein Schriftsteller für seine Leser zu leisten vermag. Alles Übrige hängt von dem »geistigen Auge« ab, wie es Philon, Urahn der zu Hause sitzenden Touristen, zu umschreiben beliebt.

Vier großartige Marmorbauten erheben sich auf der Fläche dieses Hügels mit den steilen Felshängen, und niemand wird sie je verwechseln. Es sind insbesondere die Propyläen, jenes monumentale Eingangstor mit seinen dorischen Säulen, das Werk des Architekten Mnesikles aus den Jahren 437–432 v. u. Z.; der verhältnismäßig bescheidene Athene-Nike-Tempel mit den ionischen Säulen an beiden Fassaden, erbaut in den Jahren 427–424 v. u. Z. vom Architekten Kallikrates, auf dem Felsvorsprung südlich der Propyläen; das Erechtheion, eine Tempelgruppe ionischen Stils mit der offenen Korenhalle, deren Pfeiler als weibliche Gestalten geformt sind (Karyatiden), diese stammen aus den Jahren 421–409 v. u. Z. und schließlich der Parthenon, der größte Bau auf der Akropolis, der Tempel der Göttin Athene. Er steht auf einer künstlich aufgeschütteten Terrasse mit zehn Meter tiefen Fundamenten. Seine Schöpfer maßen ihm einen Grundriß von 69,5 mal 30,9 Meter zu, den 46 dorische Säulen von 10,4 Meter Höhe säumten, an der Vorder- und Hinterfront in doppelter Reihe angebracht. Erbaut haben ihn Athener Bürger (nur ein Viertel aller Arbeitenden durften Sklaven stellen), und zwar in den Jahren 447–432 v. u. Z., nach den Plänen der Architekten Iktinos und Kallikrates; an seiner Ausstattung nahmen alle arrivierten Künstler teil. Die künstlerische Leitung des Baues oblag Pheidias, dem größten griechischen Bildhauer; die organisatorische Verantwortung trug Perikles, der bedeutendste Athener Staatsmann.

Und weil die Schilderungen der Dichter versagten, halten wir uns an die nüchterne Charakteristik dieser Architekturwerke aus der Feder eines Kunsthistorikers. Antonin Matějček, ansonsten mit Superlativen geizend, schreibt in seiner »Geschichte der Kunst« (1951): »Nach den Dimensionen des Grund- und Aufrisses, den Maßen der durch den Rhythmus der Linien aus optischen Gründen leicht gekrümmten Elemente, wegen der Genauigkeit und Feinheit der Profile, auf Grund der Vollkommenheit der Steinmetzarbeit, nicht zuletzt dank seiner bildhauerischen Ausgestaltung wurde der Parthenon zum Meisterwerk der griechischen Architektur des klassischen Zeitalters ... Das gleiche künstlerische Niveau erreichte auf der Akropolis das ansehnliche, Propyläen genannte Tor ...« Und sofern es um das Erechtheion geht, »erzielte das Steinmetzhandwerk, das die Bauteile mit plastischer Ornamentik versah, unübertroffene Finesse, Präzision und Subtilität der Form.«

Wortlos staunend betrachteten wir jedes dieser Bauwerke, doch unterscheidet sich unsere Bewunderung grundlegend von jener, die wir den megalomanischen Bauten der Despoten des antiken Orients gezollt haben. Zum einen gleitet unser Blick von ihren Füßen hinab auf die Agora, den einstigen wichtigsten Platz Athens. Es ist ein Trümmerfeld, von Zypressen und Oleander bestanden; an seiner Westseite jedoch steht das Theseion, der besterhaltene Tempel der alten Griechen, und zum Osten hin die rekonstruierte Attalosstoa. Weshalb ist der Parthenon nicht so erhalten geblieben? Und wenn ihm das schon nicht vergönnt war, hätte er nicht ebenfalls erneuert werden können? Ließe er sich tatsächlich wieder so aufbauen, ohne daß die Majestät der Jahrtausende an ihm verblaßte? Wir trauen den Meistern der Restaurationskunst, auch ihrer Technik, dennoch ... Nichtsdestoweniger, sollte nicht zumindest der Reliefschmuck ihm wiedergegeben werden? Er ist ja vorhanden: bis auf geringfügige Ausnahmen im Britischen Museum verwahrt, dem ihn Lord Elgin verkaufte, nachdem er ihn gemäß recht gewagter, großzügiger Auslegung eines Fermans des türkischen Sultans in den Jahren 1801–1803 samt einer Karyatide aus Athen expediert hatte. (Der Erlaß besagte, daß »ihn niemand am Fortschaffen einiger mit Inschriften oder Figuren versehener Steine von der Akropolis hindern« dürfe. Elgin füllte 201 Kisten damit. Möglicherweise hat er ihn wirklich vor »der drohenden Vernichtung durch türkische Barbaren gerettet«, die ohnehin den meisten Statuen die Köpfe abschlugen. Byron allerdings bezeichnete ihn als Dieb. Als gegen

Ende des vorigen Jahrhunderts der griechische Kulturminister die Rückgabe forderte, erhielt er zur Antwort, in London seien sie gut aufgehoben. Auch weitere diesbezügliche Aktionen der griechischen Regierung 1959 und 1982 blieben erfolglos.)

Aber hier weichen schon die Eindrücke den Gedanken und Überlegungen. Wie schrieb doch über diese Bauten Plutarch? »In kurzer Frist für die Ewigkeit errichtet.« Für die Ewigkeit – mag sein; was jedoch versteht er unter kurzer Frist? Veranschaulichen wir es uns wiederum an sämtlichen verfügbaren Quellen: die Propyläen entstanden in fünf Jahren, der Parthenon in fünfzehn ... Und zur Bewunderung, die den Architekten und Künstlern gilt, gesellt sich eine weitere, nämlich angesichts des Organisationstalents jener Männer, die die Ausführung dieser Bauten kadermäßig, materiell und finanziell sicherten, das Staunen über das Arbeitstempo der namenlosen Bauleute ...

Was blieb übrig von der Kriegskunst der Spartaner, von den makedonischen geschlossenen Schlachtreihen gleißender Schilde, was von den wehenden Federbüschen griechischer Söldner in ägyptischen und persischen Diensten, was von den tausenden Geplänkeln und Siegen in jenen kleinen Froschmäusekriegen, von denen es in der Geschichte der hellenischen Stadtstaaten wimmelt? Nichts außer einer Reihe historischer Daten, die letzten Endes leicht anzufechten sind. Die schweigsamen Bauwerke um uns jedoch legen sogar in ihren Ruinen Zeugnis ab von der Größe und dem Genius all derer, die unter Perikles sich um die Athener Demokratie Verdienste erwarben.

Eine große Bibliothek füllten die Bücher über die Akropolis, und es wären darunter Arbeiten in fast allen Sprachen der Welt. Tausende Bände wurden allein dem Parthenon gewidmet, unter ihnen Monographien über jede seiner Skulpturen und über jede einzelne Baumaßnahme, nachdem er durch Theodosius' Dekret zu christlichem Gotteshaus bestimmt worden war, sowie über seinen Verfall und Untergang, als die Türken ihn im 15. Jahrhundert in eine Moschee umwandelten und im 17. Jahrhundert gar zum Schießpulverdepot erniedrig-

Die Akropolis von Athen mit den wichtigsten Bauten

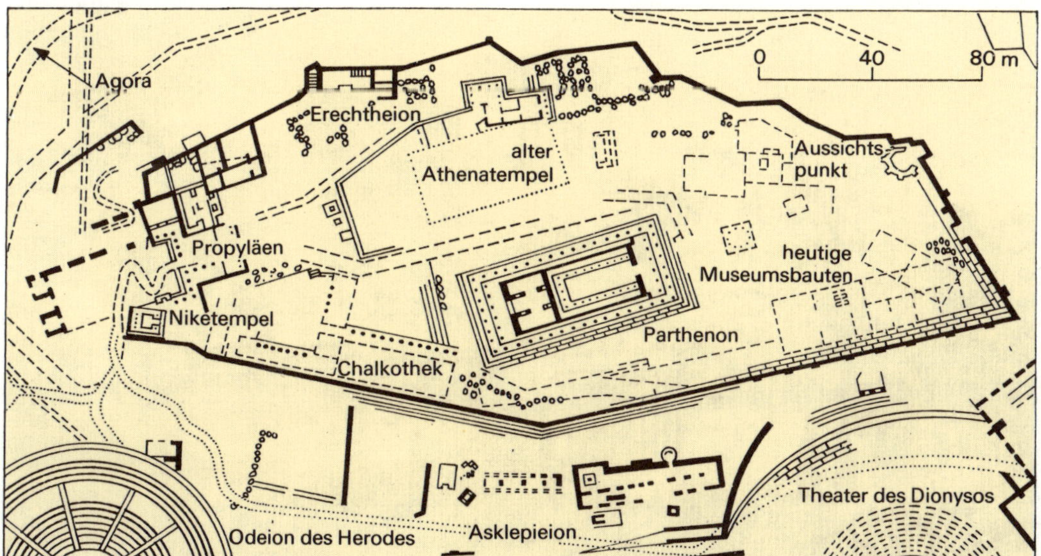

ten. Diesem Umstand verdankt er sein gegenwärtiges Gesicht: Im Jahre 1687, während des türkisch-venezianischen Krieges, schlug eine Kugel der Kanoniere des Grafen Königsmarck ein, der für den Dogen Morosini kämpfte, und vollbrachte in einer Sekunde, wozu der Zahn der Zeit in zwei Jahrtausenden außerstande war. Über den Athene-Nike-Tempel wurden mehr Bücher verfaßt, als darin Platz fänden. Er erstand nach Griechenlands Befreiung neu (aus Originalteilen), denn die Türken hatten ihn im 17. Jh. zerstört, um auf seinem Grund einen Artilleriestützpunkt einzurichten. Mehr als eintausend Positionen umfaßt die Kartothek der Schriften über das Erechtheion – ohne die Romane, deren Handlung in der Zeit spielt, da die Türken es als Harem benutzten. Tragen wir also keine Eulen nach Athen. Trotzdem verzichten wir nicht auf eine Bemerkung – zum Abschluß und Nachdenken.

Die Akropolis mit dem Parthenon

Der Parthenon war der Tempel der Schirmherrin Athens, einer »mächtigen, scharfsinnigen Göttin funkelnden Blicks und harten Herzens«, die »der allweise Zeus ganz allein aus seinem erhabenen Haupte gleich in voller Kampfrüstung geboren hat«, wie Homer sie besingt. Er war Athenes Tempel und das Mahnmal des Ruhmes und der Größe Athens in einem. Nach griechischem Tempelbegriff galt er als öffentliches Gebäude, der gesamten Athener Bevölkerung zugänglich, die darin Opfer darbrachte und um Wohl und Glück für die Stadt und ihren Staat betete. Seine Rolle und Funktion bestanden darin, den ideologischen und ästhetischen Bedürfnissen eines freien Volkes zu dienen, dessen Zusammenhalt zu fördern, sein Selbstverständnis und seine Vaterlandsliebe zu stärken. Die Pyramiden hatten das Volk höchstens einzuschüchtern; daher genügte es, daß sie ein strenges Ausrufezeichen hinter den Befehl setzten. Die Zikkurate sollten das Volk betäuben; sie brauchten nur nach außen massiv und nach innen üppig zu erscheinen. Die griechischen Tempel hingegen mußten in Anbetracht ihrer gesellschaftlichen Aufgabe großartig und schön sein, durch ihre Kunst

Der Niketempel in Athen

wirken. Ein Blick auf den Parthenon beweist, daß die Künstler, die ihn erbauten, wohl begriffen hatten, Volk und Staat nur mit höchster Kunst fördern zu können.

Lange hält der Eindruck vom Besuch der Akropolis nach, eigentlich über den ganzen Weg bis Olympia. Selbst dort noch, wenn wir die Stadt besichtigen: Den Zeustempel, in dem Pheidias' Statue gestanden hat, begreifen wir nur als robusteren Parthenon, ins Tal am Fuß der Kronoshöhe versetzt.

Olympia ist heute mit der Welt durch eine Buslinie von Pirgos und Pirgos durch die Bahn von Patras her verbunden, wohin wir aus Athen entweder mit dem Dampfer über den Korinther Kanal oder mit dem Zug an der Küste der Bucht von Saron und Korinth entlang kommen, wo unter den Schwellen das Land des alten Achaia dröhnt und die Augen den Parnaßgipfel erspähen – einmal am Azurhimmel, ein zweites Mal auf der himmelblauen Meeresoberfläche. Wir gelangen natürlich auch per Auto quer durch den Peloponnes dahin: »durch das blühende Argostal« an den achäischen Burgen von Mykene und Tiryns vorbei, auf den Serpentinen über der Lerna, wo Herakles die berüchtigte Hydra erledigte, und durch den Talgrund zwischen den felsigen Bergen des »glückseligen Arkadiens«.

Wer sich Olympia als ein imposantes Sportzentrum eingebildet hat mit Stadien, Schwimmbecken, Spielplätzen und Turnhallen, ist enttäuscht. Es ist ein Touristenzentrum voller Hotels, Restaurants und Souvenirläden – allerdings ebenso der prachtvollste archäologische Park der Erde, – ein regelrechter Naturpark voller Fragmente antiker Säulen, die im Gestrüpp liegen wie gefallene Soldaten oder in die Höhe sich recken wie Denkmale unvergänglichen Ruhmes, ein duftender Hain mit Auen und stillen Winkeln, in denen Jahrtausende schlummern. Möchten Sie sich auf dem Sockel fotografieren lassen, auf dem vor fünfundzwanzig Jahrhunderten die Plastik eines der Olympiasieger gestanden hat, oder einen Spurt einlegen auf der einstigen olympischen Wettkampfbahn? Niemand wird es ihnen verwehren!

Dieser Ort, dessen Name und, partiell, Tradition bis in die Gegenwart fortleben, gehörte zu den heiligsten in ganz Hellas. Hier wurden über eintausend Jahre jene Spiele abgehalten, während deren kein Grieche gegen den anderen das Schwert zückte, ganz gleich ob es sich um einen Wettkampfteilnehmer oder einfachen Zuschauer handelte, und kein Feind das Blut eines anderen vergoß. Bisweilen begab es sich zwar, daß auch hier Heere entlanggezogen (zweimal: im Jahre 420 v. u. Z. das spartanische und elidische, im Jahre 364 v. u. Z. das arkadische); sie passierten dieses Gebiet jedoch, ohne Unheil zu stiften und seinen Charakter als Insel des Friedens zu verletzen. Mithin war Olympia der Mörtel der griechischen Stämme, ein Forum der Verständigung zwischen den griechischen Staaten, ein Feld edlen Wettstreits der Besten der Besten. Und ergänzen wir: nicht nur der Sportler, sondern gleichermaßen der Künstler und Gelehrten. Als die Olympischen Spiele nach 1500jähriger Pause erneuert wurden (die letzten antiken hatten im Jahre 393 stattgefunden, die ersten der Neuzeit waren im Jahre 1896), gelang es lediglich, ihre sportliche Seite wiederzubeleben. Doch auch das bedeutete einen großen

Fortschritt auf dem Wege zu jenem Ziel, das die olympischen Begegnungen in der Antike verfolgt hatten.

Die Geschichte Olympias und der Olympiaden ist so alt, daß sie keinen rechten Anfang kennt. Die ersten »historischen« Olympischen Spiele wurden im Jahre 776 v. u. Z. veranstaltet; manche Autoren behaupten, es seien in Wahrheit nicht die ersten, lediglich die ersten errechneten Olympischen Spiele gewesen, die den griechischen Kalender einleiteten. (Griechische Historiker datieren die einzelnen Ereignisse nach den Olympiaden, und die Olympiaden bezeichnen sie mit einer Ordnungszahl und dem Namen des Siegers. Der griechische Kalender, so scheint es, beginnt mit einem historisch zuverlässigeren Datum als der römische mit der »Stadtgründung« oder der unsrige mit Christi Geburt.)

»Im ersten Jahr der ersten Olympiade, zu der im Lauf Koroibos aus Elis gesiegt hat«, existierte Olympia zwar längst, standen dort Tempel (auf alle Fälle Heras, wahrscheinlich auch Zeus') und waren auch die Hauptregeln der olympischen Wettkämpfe aufgestellt. Und was noch wichtiger ist: Von allen griechischen Staaten war die *Ekecheiria* anerkannt, die mit den modernen Olympiaden nicht wiederaufgegriffen wurde. Wenn wir uns den Namen des französischen Barons Pierre de Coubertin in Erinnerung rufen, der um das Ende des 19. Jahrhunderts unserer Zeitrechnung zur Erneuerung der Olympischen Spiele maßgeblich beitrug, dürfen wir nicht den Namen des elidischen Königs Iphitos um die Wende vom 9. zum 8. Jh. v. u. Z. unerwähnt lassen, der sich laut griechischer Überlieferung um die Ekecheiria – den allgemeinen heiligen Frieden zwischen den griechischen Staaten während der Olympischen Spiele – verdient gemacht hat.

Bevor wir uns weiteren historischen Ereignissen zuwenden, gestatten wir uns eine kurze Verschnaufpause. Mythen und Sagen pflegen häufig einen geschichtlichen Kern zu bergen; was Olympia anbelangt, ist er jedoch äußerst schwer herauszulösen. Sie verraten höchstens, die Griechen hätten den Olympischen Spielen einen solchen Stellenwert beigemessen, daß sie für deren Initiatoren die größten mythischen Helden erachteten. Die Geschichte Olympias und der Olympischen Spiele ist (und war es stets) dagegen relativ gut bekannt; die griechischen Autoren haben über sie massenhaft Informationen, und zwar meistenteils authentische, übermittelt. Wovon aber bei uns vergangene Jahrhunderte kaum jemand etwas geahnt hatte, war die Stadt Olympia selbst. Es klingt absurd, verhält sich aber so: Sie mußte entdeckt werden – wie Homers Troja, wie Minos' Labyrinth auf Kreta, wie das assyrische Ninive und das ägyptische Memphis.

Das alte Olympia fiel samt all seinen Bauwerken und Kunstschätzen, die von den Griechen hier im Verlaufe von mehr als tausend Jahren angehäuft worden waren, im Jahre 395 u. Z. den wilden Goten zum Opfer (denen wir schon in Ephesos begegnet sind) und später christlichen Fanatikern in die Hände. Sie gehorchten dann Theodosius II. und seinem Dekret aus dem Jahre 426, das die Zerstörung sämtlicher heidnischer Tempel verfügte, und »verheerten und zerstreuten alles Gottlose«, was ihnen in den Weg kam, und es gab hier noch immer allerhand, selbst nach den Goten, ebenso nach den Römern, die schon zuvor über Jahrhunderte aus dieser allgriechischen Schatztruhe ein Kunstkleinod nach dem anderen fortgeschleppt hatten. Den Ruin vollendeten zwei Erdbeben (in den Jahren 522 und 551) und danach das Regiment türkischer Agas, die Olympia in einen Steinbruch verwandelten, um sich aus den Trümmern ihre Festen in Miraki, Lala und Pirgos zu errichten. Was übriggeblieben war, überschwemmte der Alpheios »mit angewehtem Gebirgssand, der einem Leichentuch gleich das ganze Land unter sich begrub, dessen Elend und Erbärmlichkeit zudeckend«.

Der erste neuzeitliche Hinweis auf Olympia geschieht eintausend Jahre nach der Vernichtung – auf der Landkarte des Venezianers Battista Palnese aus dem Jahre 1516. Ein Punkt und die Bezeichnung Andilalo, das ist alles. Mehr als ein Jahrhundert mußte noch vergehen, ehe diesen Boden ein europäischer Gelehrter betrat. Es war der Pommerndeutsche M. Palbitzki, Kunsthistoriker am Hofe der schwedischen Königin Christina. Er hatte im Jahre 1647 dort irgendwelche Ruinen aus dem Land ragen sehen, ohne sie jedoch identifizieren zu können. Den Gedanken, dort zu schürfen, hatte als erster der uns bereits bekannte französische Benediktiner Bernard le Montfaucon geäußert, Autor des ersten neuzeitlichen Verzeichnisses der Weltwunder. Im Vatikanmuseum liegt sein Brief an Kardinal Quirini aus dem Jahre 1723 – des Inhalts, daß dort unter der Erde zweifellos »ungeheure Kunstschätze lägen« und daß es den Versuch lohnte, »sie mit Genehmigung der türkischen Regierung zu heben«.

Montfaucons Vorschlag erwies sich aber als verfrüht. Erst nach mehreren Jahrzehnten, unter anderem mit den Entdeckungen in Pompeji und Herkulaneum ausgefüllt, konnte seine Idee ein Echo finden. J. J. Winckelmann, Begründer der wissenschaftlichen Archäologie, nahm sich ihrer an, dessen »Geschichte der Kunst des Altertums« (1764) das Interesse für antike Denkmale in ganz Europa geweckt hatte. Er entwarf einen konkreten Plan der Grabungen in Olympia, die Ausführung hingegen versagte ihm der tragische Tod; am 8. Juni 1768 zu nächtlicher Stunde starb er inmitten der Arbeit in seinem Triester Hotelzimmer durch die Hand des Raubmörders Arcangeli.

In jener Zeit, als Winckelmann deutsche Fürsten und Maria Theresia zur Finanzierung der Grabungen in Olympia ermunterte, verschlug es den Engländer Chandler auf seinen Streifzügen durch den Peloponnes an den Fuß des Kronoshügels, und er erkannte sofort, wo er stand; seine Schilderung Olympias (in den »Reisen durch Griechenland«, 1776) bewog dann Oberst Leake und zwei weitere englische Reisende, Dodwell und Gell, den Ort genauer zu untersuchen. Als sie im Jahre 1806 dort ihre Zelte aufschlugen, konnten sie allerdings nur das Werk fortsetzen, das mittlerweile der französische Konsul in Athen, Fauvel, begonnen hatte; auch er fand und markierte im Jahre 1787 die Reste des Zeustempels.

Im Jahre 1813 besuchten zwei andere Engländer Olympia, Lord Stanhope und der Architekt Allason; ihnen verdanken wir dessen erste karthographische Skizze. Zuletzt hieben in Olympias Erde die Spitzhakken der Archäologen, die im Jahre 1829 eine der griechischen Befreiungsbewegung gegen die Türken zu Hilfe ausgesandte Expeditionsarmee begleiteten. Die Archäologen Dubois und Blouet legten an der Stelle des Zeustempels eine Reihe Reliefs frei, die deutlich erkennbare Spuren einstiger Bemalung trugen, und schickten sie dem Louvre. Trotz der Entdeckungspublikation der französischen Forscher »Die wissenschaftliche Peloponnes-Expedition« (1834) geriet Olympia erneut in Vergessenheit. Die Aufmerksamkeit der Archäologen wandte sich in eine andere Richtung, den »neuen alten Welten« zu, Ägypten, Mesopotamien. Und der Blick der Öffentlichkeit? Bedenken wir, daß es eine Zeit war, da als Reaktion auf das »Jahrhundert des Klassizismus« sich überall Stendhals Ruf verbreitete: »Wer erlöst uns von den Griechen und Römern . . .!«

Und wieder mußte die Zeit reifen, von neuem mußte das Zünglein des Interesses von den Troubadouren und der Gotik zur Antike ausschlagen. Erst dann konnte der Mann hervortreten, der sich die Entdeckungen Olympias zum Lebensziel gemacht hatte: Ernst Curtius. Der Wunsch, Olympia wiedererstehen zu lassen, wurde in Ernst Curtius bereits in jungen Jahren geweckt. Nach Griechenland kam er als dreiundzwanzigjähriger Jüngling im Jahre 1837, nicht als Archäologe, vielmehr als Hauslehrer. Archäologischen Studien konnte er indessen in Griechenland wie in Deutschland lediglich so viel Zeit einräumen, wie ihm seine noblen Zöglinge beließen.

Zum ersten Mal besuchte Curtius Olympia bereits im Jahre 1838, zum zweiten Mal im Frühjahr 1840. »Von den bedeutsamen Städten der alten Hellas«, schrieb er nach seinem ersten dortigen Aufenthalt, »ist keine dermaßen bis zur Unauffindbarkeit verschwunden wie Olympia. In einer öden

Flußniederung, in stickigem ungesundem Klima, von Ungeziefer geplagt, das hier in den Sümpfen nistet, begreift man die Verzweiflung eher, die jedermann befällt, der in Forscherabsicht herkommt . . .« (Dazumal führte ja nach Olympia keine herrliche Asphaltstraße wie heutzutage, und niemandem in der Gegend mochte einleuchten, was dieser Mann eigentlich im Sinne hatte, als er sich nach »einem gewissen Olympia« erkundigte. »Es gab hier ehemals eines, doch hat es sich, um im Patras zu dienen, zurückgezogen.«)

Schließlich fand Curtius den Ort doch; die Ausgrabungen der französischen Geniesoldaten waren hoffnungslos von üppiger Vegetation überwuchert. Das Rätsel des legendären Ortes zu entschleiern, fehlte es aber an Zeit und an Geld. Da er weder ein Abenteurer vom Schlage Layards war noch das Geschäftstalent eines Schliemann besaß, entschloß er sich, anders zu Werke zu gehen – indem er sich »einen guten Namen in besseren Kreisen« machte. Nach Jahren geduldigen Wartens, in denen er aus jenem Zeitverlust in den Salons fürstlicher und königlicher Schlösser »Kapital des Vertrauens« in seine Fähigkeiten zu schlagen getrachtet hatte, vermeinte er genügend »Renommée« akkumuliert zu haben, um zum Angriff überzugehen. Er leitete ihn wohlüberlegt ein, indem er im Januar 1852 eine öffentliche Vorlesung über Olympia hielt. Er versicherte sich der Anwesenheit seines Schülers und dessen Onkels, des Preußenkönigs Friedrich Wilhelm IV., und mithin der Teilnahme aller, die in Berlin sich für etwas hielten. Und weil auch Humboldt kam, kamen alle, die in Berlin etwas galten. Statt einer Eintrittskarte händigte er jedem ein Bild mit dem rekonstruierten olympischen Zeustempel aus, das nach seinem Entwurf der Maler Strack angefertigt hatte. Als er zum Schluß erklärte, wer sich um die Bewahrung der künstlerischen und historischen Werte, die in olympischer Erde steckten, verdient machte, werde unvergänglichen Ruhm ernten, stand der König auf und verkündete: »Da habe ich doch Lust, mich selber mit der Sammelbüchse an die Tür zu stellen.«

Und als ein Jahr später nach seinem Vortrag über Olympia Ludwig Ross, ein deutscher Archäologieprofessor an der neuen Athener Universität, zu einer Sammlung zugunsten der dortigen Ausgrabungen aufrief, brachte er es auf insgesamt 262 Taler. Mit solcher Summe ließ sich Olympia mitnichten zutage fördern. »Erst die Ereignisse nach 1870«, schreibt Curtius' Mitarbeiter R. Weil in der »Geschichte der olympischen Ausgrabungen«, »schufen in Deutschland völlig neue Verhältnisse, die unvergleichlich größere Finanzmittel boten, so daß diese Unternehmung fortgesetzt werden konnte, und zwar letztlich umfangreicher, als nach dem Plan aus dem Jahre 1869 vorgesehen war.«

Nur war Griechenland kein »offenes Territorium« wie beispielsweise Ägypten, Mesopotamien oder gar Mexiko, wo der Amerikaner Stephens für 50 Dollar einen ganzen Komplex von Pyramiden und Monumentalbauten in Copan, der einstmaligen Metropole des Alten Mayareiches, kaufte. Die deutsche Regierung mußte mit der griechischen Regierung einen internationalen Vertrag schließen (für den Kaiser unterzeichneten ihn sein Athener Gesandter E. von Wagner und Ernst Curtius), wonach sie sich verpflichtete, alle Funde Griechenland zu überlassen; Deutschland durfte lediglich Duplikate, Kopien usw. nehmen, und zwar »ausschließlich nach Ermessen der Regierung Seiner Majestät des Königs der Hellenen«. Daß die griechische Regierung dabei großmütig verfuhr, beweisen die reichen Sammlungen in den Museen zu Berlin und München.

Die Grabungen begannen im Jahre 1875; an ihnen beteiligten sich unter Curtius' Leitung die namhaftesten deutschen Altertumsforscher, darunter Friedrich Adler, Gustav Hirschfeld und der spätere berühmte Schliemannberater in Troja, Wilhelm Dörpfeld. (Schliemann wurde nicht zugelassen; die offizielle deutsche Wissenschaft sah in ihm trotz seiner Entdeckungen in Troja, Mykene und Tiryns weiterhin einen »Dilettanten«.) Formell wurden sie im

April 1887 mit der Eröffnung des Olympischen Museums in Olympia beendet. Damit fand freilich die Erforschung Olympias nicht ihren Abschluß; eine Gruppe deutscher Archäologen wirkt dort noch heute und keineswegs erfolglos.

Die Ergebnisse der Curtiusexpedition brachten bemerkenswerte Überraschungen und, sagen wir es unverblümt: der breiten Öffentlichkeit, die Gold, Silber und sonstige materielle Dinge erhofft hatte, große Enttäuschungen. Deswegen lehnte der Reichstag es auch ab, das Manko des Vorhabens aus dem Staatssäckel zu decken: »Davon ließen sich immerhin Kasernen für ein ganzes Grenadierregiment erbauen!« Der Kaiser beglich es daraufhin aus »privater Tasche« – aus dem Erlös einer seiner neunzehn Domänen.

Dennoch waren zwei Schöpfungen gefunden, die alle Liebhaber der Antike und Menschen mit Kunstverstand in den Bann

Die Nike des Paionios (Rekonstruktion)

schlugen. Beide stehen im Olympischen Museum, und wir wundern uns, daß sie sich dort befinden und nicht im Museum einer der Weltmetropolen oder wenigstens in Athen.

Die erste davon ist Praxiteles' Hermes mit Dionys. Die selbstbewußt lässige Haltung Hermes', die innere Ruhe, die aus den edlen Zügen seines Antlitzes spricht und aus dem traumverlorenen Blick, die männliche Schönheit seines Körpers und die kindliche Zartheit des verspielten, nach der Weintraube in Hermes' nunmehr abgebrochener Rechten greifenden Dionys – das ist dieses marmorne Meisterwerk, eines der wenigen Originale griechischer Skulpturen des 4. Jh. v. u. Z. (es entstand ungefähr nach dem Jahre 340 v. u. Z.). Die übrigen Praxitelesstatuen, darunter die berühmte Aphrodite von Knidos, heute im Pariser Louvre, der Ruhende Satyr, heute in der römischen Villa Borghese, und Apollo, eine Eidechse erschlagend, heute im Vatikanmuseum, sind nur in Nachbildungen erhalten ... Laut antiken Berichten soll Praxiteles etwa fünfzig solcher Figuren geschaffen haben. Ansonsten wissen wir über ihn nur soviel, daß er aus Athen stammte, daß er die Bildhauerei bei seinem Vater Kephisodotos erlernte und daß auch seine Söhne Kephisodotos der Jüngere und Timarchos Plastiker waren. Er lebte um die Jahre 390–330 v. u. Z. Der Zeit seines Wirkens nach gehörte er demzufolge nicht mehr zur Kulminationsetappe der klassischen Bildhauerkunst; die Größe eines Künstlers wird jedoch nicht an der Größe seiner Zeit, sondern des Werkes gemessen.

Der zweite dieser Funde ist der Torso der Nike, der vom Olymp zur Erde herabsteigenden Siegesgöttin, von Paionios' Hand. Die Skulptur stand ursprünglich auf einem neun Meter hohen Marmorsockel unweit des Zeustempels, war selbst aus Marmor und von gleich kühner Auffassung wie vollendeter Ausführung; entstanden ist sie um das Jahr 420 v. u. Z. Ihre Entdeckung bedeutete die erste Begegnung mit dem Werk eines Bildhauers, dessen Name

– ähnlich so vielen anderen, die antike Schriftsteller stets lobend erwähnen – bis dahin lediglich als Wort ohne Inhalt gegolten hatte.

Sicherlich machten allein diese beiden Funde sämtliche Ausgaben für die Gehälter der deutschen Professoren und deren Assistenten sowie für den kargen Lohn der griechischen Arbeiter und die Abfindung der kleinen Weinbauern reichlich wett, die unterhalb des Kronoshügels ohnehin auf keinen grünen Zweig kamen. Mindestens ebenso kostbar wie all die übrigen Entdekkungen – der bildhauerische Schmuck am Giebel des Zeustempels mit der herrlichen Apollofigur, die Metopen mit den Szenen aus Herakles' zwölf Heldentaten, die Vielzahl bronzener und marmorner Torsi, der Ziertraufen an den Dächern der Bauwerke, der Keramiken aus Zeiten bis vor dem Einfall der Achäer in Griechenland – ist für uns die Enthüllung der Fundamente olympischer Bauten und die Feststellung ihrer einstigen Bestimmung. Daher wissen wir heute, welchem Zweck dieser oder jener Bau in diesem einzigartigen archäologischen Park gedient, und größtenteils auch, wie er im Original ausgesehen hat, wenngleich er bereits länger als eintausend Jahre in Trümmern und unter einer sechs Meter dicken Sumpfschicht liegt. Es ist schon wahrlich eine große Leistung, die Curtius hier gemeinsam mit seinen Helfern und Nachfolgern vollbracht hat – die höchste auf griechischem Boden neben der Entdekkung von Delphi durch seine französischen Kollegen. Doch erschöpfen sich seine Verdienste darin nicht.

Die Ergebnisse der Ausgrabungen in Olympia, die Curtius fortlaufend in Sonderberichten publizierte, gerieten unter anderem Pierre de Coubertin, einem Mann von profunder klassischer Bildung und voller Begeisterung für Körpererziehung und Sport, in die Hände. Sie beeindruckten ihn zutiefst, ja wiesen seinen Ansichten und Bemühungen Richtung. »Deutschland hat Olympias Ruinen ans Tageslicht gefördert«, erklärte er, Curtius' archäologische Erfolge bewundernd, »warum sollte Frankreich nicht den Glanz der Olympischen Spiele wiederherstellen?« Wie uns bekannt, blieb es nicht bei dieser rhetorischen Frage; dank seiner unermüdlichen propagandisti-

Das alte Olympia

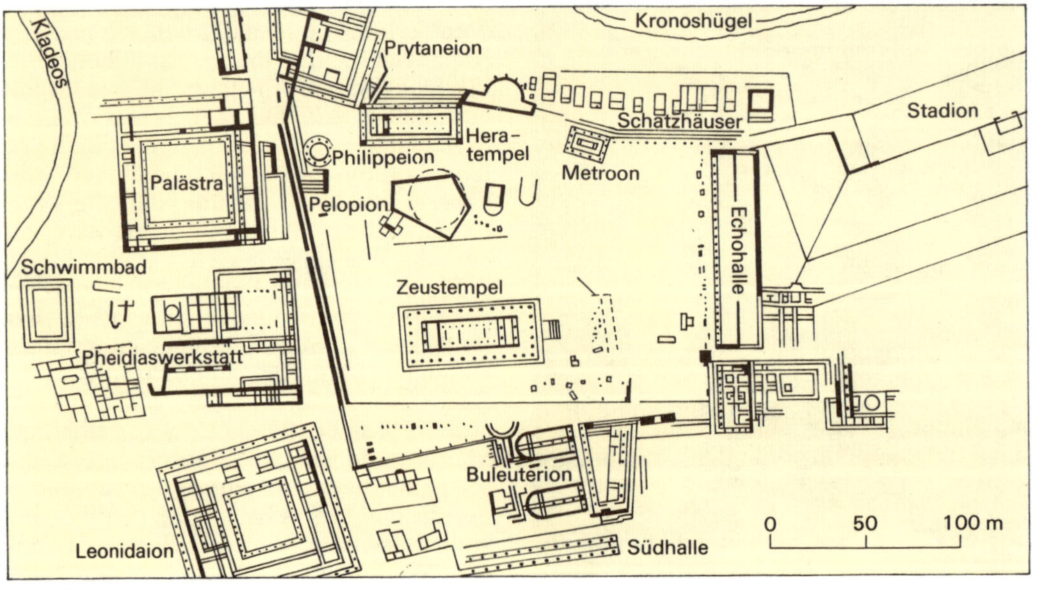

schen und organisatorischen Arbeit wurde es schließlich Wirklichkeit, daß im Jahre 1896 in Athen die ersten Olympischen Spiele der Neuzeit stattfanden. Dann folgten sie in Paris, Saint Louis, London ... Als Coubertin im Jahre 1937 vierundsiebzigjährig starb, errichtete die griechische Regierung ihm zu Ehren in Olympia eine Gedächtnisstele; darunter ruht auf seinen Wunsch auch sein Herz.

In archäologischen Veröffentlichungen über Olympia pflegt Coubertins Name höchstens in Marginalien zu erscheinen; das gleiche läßt sich von Curtius' Namen in Publikationen über Olympische Spiele behaupten. Und dennoch gehören sie untrennbar zueinander. Wäre Olympia, das keine tausend Einwohner zählt, ohne Coubertin einer der bekanntesten Orte Griechenlands, gäbe es ohne Curtius heutzutage etwa Olympische Spiele? Niemals werden wir uns dieser Verbindung so stark bewußt wie eben auf dem Boden, in den einer von ihnen den Spaten gestoßen und der andere sein Herz gelegt hat – in dem sonnigen Tal am Fuße des Kronoshügels.

Von den Hängen des Vater Zeus geweihten Hügels verlaufen die natürlichen Grenzen des alten Olympia: im Westen der Bach Kladeos, im Osten das tote Alpheiosbett, im Süden das Gegenwartsbett dieses Flusses, der sich in gewaltigen Mäandern windet und so seinen Weg zum Meer hinauszögert. Dazwischen schimmern mit dem dunklen Grün der Eichen und Fichten und dem silbrigen Grau der Oliven die Konturen eines unregelmäßigen Vierecks hindurch – die Mauerreste des heiligen olympischen Altisbezirkes. Am Schnittpunkt seiner Diagonalen erhob sich einst ein massiver ovaler Sockel aus unbehauenen Quadern. An dieser Stelle nimmt unsere Besichtigung ihren Anfang.

Es war nämlich nicht allein der geo-

Modell des alten Olympia

metrische, sondern zugleich der geschichtliche ideelle Mittelpunkt ganz Olympias. Hier begannen und endeten die Olympischen Spiele, hier stand auf einem riesigen Totenhügel aus Felsblöcken, besät mit Knochen und Asche geopferter Tiere, der Altar des olympischen Zeus. Zehn Meter hoch war er zu Pheidias' Zeiten, sieben noch zu Pausanias', kaum eine Spur blieb uns von ihm.

Wenden wir uns westwärts. Nach ein paar Schritten gelangen wir an eine kleine baumbewachsene und von einer niedrigen Mauer gesäumte Erhebung; das ist einer der allerheiligsten Punkte im gesamten heiligen Areal: laut Überlieferung birgt er das Grab König Pelops'. Die Untersuchung ergab, daß es etwa im 6. Jh. v. u. Z. als Kenotaph, will sagen symbolische Totenstätte, ausgestaltet wurde; errichtet worden war es wahrscheinlich Anfang des ersten Jahrtausends v. u. Z.

Nördlich dieser Anhöhe erstreckt sich eine weitläufige Terrasse mit abgebrochenen Stümpfen dorischer Säulen; drei auf der entlegeneren Seite und eine auf der näheren ragen jedoch in ihrer vollen Größe auf. Es handelt sich um Überreste des Tempels der Zeusgattin Hera, des ältesten bekannten Tempels auf griechischer Erde überhaupt, der vor 2600 Jahren entstanden ist. Darunter wurden Mauern zweier noch älterer Tempel entdeckt. Aus welchen Zeiten wohl, wenn sie schon Ende des 7. Jh. v. u. Z. aus Altersschwäche verfielen? Läßt sich kein Grundstein mit dem Namen Herakles' selbst darunter ausmachen? Ein Tourist, der sich mit der bloßen Besichtigung nicht begnügt, wird unsere Nachdenklichkeit zu verstehen versuchen. »Ja, hier wurde – das Postament befindet sich an ursprünglicher Stelle – am 8. April 1877 Praxiteles' Hermes mit Dionys gefunden.«

An der südwestlichen Front des Heratempels, direkt an der Mauer, sind Reste eines dekorativen Rundbaus mit Bruchstücken ionischer Säulen: das Philippeion. Erbauen ließ es der Makedonierkönig Philipp II., Vater Alexanders des Großen, und zwar zum Dank dafür, daß die Makedonier zu den Olympischen Spielen zugelassen und solcherweise als gleichberechtigt mit den übrigen Griechen anerkannt worden waren.

Das letzte Bauwerk in diesem Teil des heiligen Hains war das Prytaneion. Hier hatte einst Olympias Verwaltung ihren Sitz, und hier wurden die Olympioniken und hohe Gäste beköstigt. Nur die Fundamente haben sich erhalten; Tüten und zerknüllte Servietten zeugen davon, daß viele neuzeitliche Besucher über genügend historische Kenntnisse (aus dem Baedeker) verfügen, denn im Prytaneion zu speisen zählte zu den höchsten Ehren im alten Griechenland.

Auf östlicher Seite lehnt sich an den Heratempel ein halbrunder Bau an mit einem Bassin und einem korinthischen Säulengang, in dem ehemals einundzwanzig Plastiken römischer Kaiser gestanden haben; er nannte sich Nymphaion, und das Wasser bezog er über eine vier Kilometer lange Rohrleitung aus den Quellen unweit des Dorfes Miraki. Dahinter liegen die Ruinen von dreizehn »Schatzkammern« in Form kleiner Tempel, in denen die einzelnen griechischen Staaten die Opfergaben aufbewahrten. Neben anderen ließen das sizilianische Syrakus, das süditalienische Sybaris, das nordafrikanische Kyrene, das adriatische Epidamnos und Byzantion oder Byzanz am Bosporus sie sich errichten. Vor diesen Schatzkammern stand einst der große Tempel der Ahnherrin der Götter (Metroon) und lag die Terrasse mit den Sokkeln für die »Bußestatuen«, die jene Staaten aufstellen mußten, deren Repräsentanten Regeln der Olympischen Spiele verletzten. (Zur 112. Olympiade wurde Athen verurteilt, gar sechs davon zu liefern, weil ihr Vertreter Kallipos seinen Rivalen im Fünfkampf zu bestechen versucht hatte.)

Die Ostseite hatte keine Mauern. Sie wurde von der über einhundert Meter langen Fassade Echos (»Saal des Widerhalls«) mit einer großartigen Kolonnade flankiert, die gleichermaßen als Schattenspenderin und Regenschutz diente; die Ruinen dukken sich unter dem Geäst wuchernden wilden Weines. Vor der kleineren Halle, in der sich dieser Bau nach Süden fortsetzte, breitete sich der Hauptplatz für die Skulpturen der Olympiasieger. Hier kam auch Paionios' Nike zum Vorschein. Und von diesem Punkt eben, der mit einem Schild gekennzeichnet ist, hat man den günstigsten Blick auf die Ruinen des beeindruckendsten Bauwerkes des olympischen Heiligtums – des Zeustempels. Wuchtige dorische Säulen an seiner Südseite liegen bis in unsere Tage so da, wie das Erdbeben im 8. Jh. sie niedergeschmettert hat. Sie bestehen aus Kalkstein, und ihre Risse sind mit Tausenden Abdrükken kleiner versteinerter Muscheln devonischer Meere durchsetzt.

Wo aber sind die Sporteinrichtungen des antiken Olympias, an die wir bei der Besichtigung dieses Trümmerfeldes altertümlicher Tempel unablässig denken? Was von ihnen übbriggeblieben ist, finden wir außerhalb des heiligen Bezirkes.

Das berühmte olympische Stadion lag im Nordosten unterhalb der Kronoshänge. Heute ist es zugänglich (40 000 m^3 Erde mußten abgetragen werden) und bildet ein Rechteck, dessen Seiten 213 × 31 Meter messen. Es gibt jedoch keinen einzigen Sitzplatz hier, auch keine Steinbänke, wie wir sie beispielsweise aus griechischen Theatern kennen. Nur an seiner Südseite, ungefähr in der Mitte, erhebt sich eine Terrasse aus behauenen Quadern für Schiedsrichterstühle. Stadion bedeutete hier also nicht eine Reihe erhöhter Sitzgelegenheiten für Zuschauer, vielmehr die Wettkampfbahn. Diese Bahn war vom Start bis zum Ziel (bzw. bis zur Kehre) sechshundert Fuß lang – eine Strecke, die zu allgemeingültigem Längenmaß in ganz Griechenland und als Stadion bezeichnet wurde. Mythen zufolge maß es Herakles persönlich aus, und zwar mit einhundert Schritten; nach neuzeitlichen Messungen und Berechnungen betrug dieses olympische Stadion 192,27 Meter. Start und Ziel markierte eine Steinschwelle mit etwa eineinviertel Meter voneinander entfernten Kerben, die den Abstand der Läufer bestimmten. In diese Kerben waren vierkantige Öffnungen eingemeißelt, in die bei Wettkämpfen wahrscheinlich bänderverzierte Stäbe eingelassen waren. Gestartet wurde an der Ostseite des Kampffeldes, das heißt gegenüber dem Eingangstor mit einem Bogen, für dessen Dimensionen ebenfalls Herakles entsprechend seiner Körpergröße den Ausschlag gegeben haben soll.

Das Stadion war von drei Seiten durch einen sacht ansteigenden Wall gesäumt; die vierte bildete der Hang des Kronoshügels, den allerdings im Gegensatz zu heute keine Straße schnitt. Nach modernen Schätzungen faßte es rund 45 000 Zuschauer, und viele darunter besetzten, wie antike Autoren vermerken, schon am Vorabend ihre Plätze und versaßen dort die ganze Nacht. Aber selbst tagsüber hatten sie es nicht sonderlich bequem. »Wollte ich einen recht widerborstigen Sklaven strafen«, sagte Diogenes, »schickte ich ihn nicht Mühlsteine wälzen, sondern auf Olympischen Spielen schmoren.« Die einzige Einrichtung zur Erfrischung der Zuschauer, die hier unter der sengenden griechischen Sonne hockten, war ein ausgemauerter Graben mit fließendem Trinkwasser. Eintrittsgeld wurde übrigens nicht erhoben.

Südlich des Stadions lag der Hippodrom, auf dem Pferde- und Wagenrennen ausgetragen wurden; die Bahn maß vier Stadien, und das Ziel darauf bezeichnete Hippodameias Standbild. Auf westlicher Seite hinter den Mauern des heiligen Hains stand die Palästra, ein großes Gebäude für die Ringkämpfe. Sie hatte einen quadratischen Grundriß (66 × 66 Meter) und in der Mitte einen von Säulensälen flankierten Hof; ein Teil dieser Säulen wurde samt den Kapitellen unlängst rekonstruiert. Der größte Bau in diesem Bereich war das Gymnasion mit seinen Freiräumen und Grasflächen für Körperübungen. An allen Seiten verliefen Säulenhallen, deren längste über 200 Meter lang waren. Die Ostseite mit den Resten von mehr als einhundert Säulen ist erhalten geblieben; die Westseite wurde schon vor Jahrhunderten von den Wässern des Kladeos fortgeschwemmt.

Hinter der Südmauer, nahe dem Tor der Wettkämpfer (drei Tore unterbrachen die zusammenhängende Mauerlinie), sehen wir den Grundriß eines großen Bauwerkes; es hatte zwei in Halbkreise auslaufende und an der Stirnfront durch eine Halle verbundene Flügel. Es handelt sich um das Buleuterion, den »Ratsbau«, in dem die Teilnehmer ihren Eid leisteten: daß sie sich über zehn Monate redlich vorbereitet hatten, daß sie die Vorschriften beachten und ehrlich kämpfen werden und daß sie ein rechtschaffenes Leben führten. Nicht einmal diese letzte Bedingung der Teilnahme an Olympischen Spielen wurde in unserer Zeit wiederaufgegriffen; die Griechen hatten hingegen auf sie, zumindest in klassischer Periode, außerordentliches Gewicht gelegt.

Dieser ganze freie Platz im heiligen Hain und hinter dessen Mauern war mit ungezählten metallenen und marmornen Plastiken von Olympiasiegern und um Griechenland verdienten Männern gefüllt: Dichtern, Gelehrten, Musikern, Staatsmännern, Heerführern und einfachen Soldaten. Plinius schreibt, zu seiner Zeit hätten hier noch dreitausend davon gestanden (und zwar bereits ohne diejenigen, die Nero hatte nach Rom deportieren lassen). Nahezu einhundert Helme, für die Siege griechischer Waffen Zeus geschenkt, fanden Altertumsforscher in den letzten zehn Jahren hier; der eine hatte Miltiades gehört, dem Befehlshaber der Athener Armee in der Schlacht bei Marathon! Olympia war so, wollen wir uns des treffenden, wenn auch nicht gerade poetischen Vergleichs bedienen, auf den nur ein moderner Historiker verfallen konnte, »das Archiv zu Erz und Marmor geronnener hellenischer Geschichte«.

Natürlich haben wir nicht ganz Olympia durchstreift, und das lag auch gar nicht in unserer Absicht. Wir wollten lediglich den Rahmen abstecken, in dem das einzige »offizielle« Weltwunder auf europäischem Boden gestanden hat. Wir haben uns nicht beim Leonidaion aufgehalten, dem größten Bauwerk außerhalb der Mauern des heiligen Hains, das zu Römerzeiten als olympische Kaiserpfalz diente. Wir haben nicht die Ausgrabungen einer Reihe ausgedehnter Bauten für prominente Gäste erwähnt, selbst die beiden weiteren überdachten Säulensäle, die beiden vom Kladeos und Alpheios gespeisten Bassins nicht. Wir haben die Spuren jener bereits im Altertum zerstörten beziehungsweise verlagerten Bauwerke ignoriert, die zeigen, wie Olympia gewachsen ist.

Stattdessen stellen wir uns lieber das Alpheiostal in einer jener sonnigen Sommerwochen vor, als es – einmal in vier Jahren – sich in eine grellbunte Zeltgroßstadt mit lodernden Lagerfeuern verwandelte, zu einem Sammelpunkt Zehntausender Besucher aus allen Gegenden der griechischen Welt, die sich zur großartigsten Schau der Kraft und Schönheit der Antike einfanden. Und stellen wir es uns zur fünfundsiebzigsten Jubiläumsolympiade vor (im Jahre 480 v. u. Z.), als Xerxes' Kundschafter von hier aus meldeten, daß die Griechen keineswegs zur Verteidigung rüsteten, sich vielmehr an Spielen in Olympia vergnügten. Ja, die Blüte der griechischen Jugend wetteiferte hier im Stadion und rang in der Palästra, und alle Hellenen konnten darauf vertrauen, »daß sie in Ring- und Faustkampf, in Springen und Wettlauf alle anderen übertrumpft«. Und nach den Wettkämpfen trafen die redseligen Athener mit den wortkargen Spartanern, die einfachen arkadischen Hirten mit den prahlsüchtigen Seeleuten aus Rhodos, Odysseus' Nachfahren aus dem alten Ithaka und die Kaufleute aus Neapel zusammen, »häuteten Vieh und bereiteten sich ein schmackhaftes Festessen«, mixten in Bechern Wein, kredenzten ihn, sobald der Sänger seine klingende Lyra aus der Hand legte, den unsterblichen Göttern und besiegelten, auf den olympischen Zeus schwörend, den Bruderbund gegen die Barbaren: »Jeder hieß die Rede gut, jeder war dafür . . .«

Ekecheiria war, wie wir inzwischen wissen, das Unterpfand für die Veranstaltung Olympischer Spiele und der feierliche Schwur der Kämpfer, die Bedingung ihrer Teilnahme am Wettstreit. Diese Teilnahme galt als Privileg freier Griechen und seit Beginn unserer Zeitrechnung, wie das Beispiel Tiberius' und Neros es belegt, auch römischer Kaiser. Der Siegerpreis bestand aus einem Kranz Oliven- (nicht Lorbeer-) blätter; das war die höchste Ehrung, die einem Griechen widerfahren konnte. Die Würde eines Tyrannen, eines Archons, eines Strategen usw. bezog sich auf einen einzelnen Staat; der Titel eines Olympioniken besaß gesamtgriechische Geltung. Ein Sieger hatte das Recht, sich in Olympia ein Standbild setzen zu lassen; war er dreimal erfolgreich, durfte es im heiligen Hain stehen. Zeitlebens wurde er von seinen Mitbürgern geachtet und verehrt; mit dem Namen des Siegers im Wettlauf wurde ein Zeitabschnitt des griechischen Kalenders bezeichnet. Die Ehrung, die einem Olympiasieger zukam, war laut Cicero dem römischen Triumph gleichzusetzen – jenem feierlichen Einzug des Heerführers nach einem siegreichen Krieg in Rom.

Seit dem Jahre 776 v. u. Z. fanden die Olympischen Spiele alle vier Jahre statt, und zwar im Juli oder August. Geleitet wurden die Spiele von den Hellanodiken, Vertretern der vornehmen Schicht von Elis resp. Pisa. Sie trugen zum Zeichen ihrer Würde ein Purpurgewand und einen weißen Stab. Die Wettkämpfer mußten dreißig Tage vor Beginn der Spiele in Olympia eintreffen und unter Aufsicht der Hellanodiken trainieren. Wer sich schwach zeigte, wurde ausgeschlossen. Die Hellanodiken fungierten gleichzeitig als Kampfrichter, Siegesverkünder und Wächter des heiligen Friedens.

Noch bis zur 14. Olympiade kannten die Kämpfer als einzige Disziplin den »einfachen Lauf«, eine Schnelligkeitskonkurrenz über eine Stadionlänge. Zum Unterschied zu unseren Laufpisten mit hartem Grund war die olympische Bahn rund ein Viertelmeter hoch mit Sand bedeckt; die Rivalen liefen barfuß.

Zur 14. Olympiade wurde eine zweite Disziplin eingeführt: »der Doppellauf«, ein Schnelligkeitswettkampf über zwei Stadien. Auf der 15. Olympiade lief man schon den Langlauf über zwölf Stadien. Später verlängerte sich dieser anstrengendste Wettlauf bis aufs Doppelte (4,6 km). Gegen die Läufe über lange Distanzen erhoben sich indessen kritische Stimmen. So wandte Sokrates – in Griechenland interessierten sich Philosophen nämlich für den Sport – ein, der Langlauf verunstalte den Körper, denn die Läufer bekämen davon starke Hüften und schwache Schultern.

Auf Vorschlag elidischer Hellanodiken wurde zur 18. Olympiade der »Fünfkampf« aufgenommen: ein kombinierter Wettbewerb in Lauf, Weitsprung, Diskuswurf, Speerwurf und zum Abschluß Ringkampf.

Die Krönung des Fünfkampfes war das Ringen, dessen Regeln angeblich Theseus selbst entworfen hatte, der Bezwinger Minotauros': es siegte, wer den Gegner dreimal zu Boden brachte.

Wir können die sportlichen Leistungen von damals zu unserem Bedauern nicht mit den heutigen vergleichen. Bei griechischen Laufkonkurrenzen wurde nicht die Zeit gestoppt; es siegte, wer als erster im Ziel war. Worum es uns geht, ist das griechische Ideal der Kalokagathie, das Pioniere moderner Körpererziehung, wie Tyrš oder Basedow, und Kenner der Antike, der Vergessenheit entrissen haben, und zwar Jahre vor Coubertins Geburt. Es gab Zeitläufe, da dieses Wort Gebildete fast nicht mehr kannten und Sportler nicht einmal auszusprechen wußten; es besagt ungefähr soviel, daß es nicht peinlich zu sein brauche, einen Wissenschaftler im Schwimmbad zu sehen und einen Olympiasieger in einem Rundfunkinterview zu hören, daß die Entfaltung geistiger Fähigkeiten harmonisch mit der allseitigen körperlichen Entwicklung verquickt sein solle – und umgekehrt. Oder allgemeiner: daß wer vorwiegend geistig tätig ist, auf die Ausbildung seines Körpers, und wer überwiegend körperlich arbeitet, auf die Ausbildung seines Geistes bedacht sein müsse.

Die Spiele, die in Olympia veranstaltet wurden, waren Ausdruck der Bemühungen um die Durchsetzung der Kalokagathie in ganz Griechenland. Sie wurden daher nicht allein von Wettkämpfern und Sportfanatikern besucht, vielmehr traf sich auf ihnen die gesamte hellenische Welt: Dichter und Sänger, um vor versammeltem Volk miteinander zu rivalisieren, Philosophen und Staatsmänner, um ihre Anschauungen zu erläutern und zu vertreten, Maler und Bildhauer, um Achtung zu heischen und Modelle zu gewinnen, Abgesandte aller griechischer Staaten, um Kontakte zu knüpfen und Verträge zu schließen. Die Olympischen Spiele stellten mithin nicht ein bloßes Sportfest dar, sondern waren kultureller und politischer Höhepunkt in Griechenlands Leben, und zwar über die ganze Epoche seit ihrer Begründung im Jahre 776 v. u. Z. bis hin zu ihrer Unterbrechung im Jahre 393 u. Z. – mit anderen Worten: seit der 1. Olympiade, auf der Koroibos aus Elis siegte, bis zur 293. Olympiade.

Und keiner der unzähligen Olympiadebesucher, die hier seit Ende des 5. Jh. v. u. Z. bis Ende des 4. Jh. u. Z. geweilt haben, versäumte es, dem Zeustempel Reverenz zu erweisen, oder: »Es gereichte zum Schaden, zu sterben und nicht zu ahnen, wie Pheidias' Zeus aussieht.«

Der Zeustempel ist heute das größte olympische Trümmerfeld, und es wurde beschlossen, es so zu belassen. Die Kalksteintrommeln von zweieinviertel Metern Durchmesser, woraus die Säulen bestanden haben, sind bereits dermaßen verwittert, daß sie ihr eigenes Gewicht nicht ertrügen. Man könnte ihnen wohl mittels Injektionen und Eisenbetonstützen helfen, doch ... Außerdem: So sind sie tausendjährige Ruinen, im Falle der Rekonstruktion wären sie lediglich eine moderne Imitation.

Wenn wir also erfahren wollen, wie dieser Tempel ausgeschaut hat, müssen wir ihn uns aus antiken Beschreibungen und derzeitigen Überresten wiederherstellen, darunter insbesondere aus dem sorgsam zusammengetragenen Schmuck seines Giebels, der (gemeinsam mit den Abgüssen der ins Ausland geschafften Werke) die Haupthalle des Olympischen Museums füllt.

Erbaut wurde er in den Jahren 468–456 v. u. Z., und sein Architekt Libon aus Elis wies ihm auf einer kleinen Anhöhe im

Zeustempel in Olympia, östliche Fassade

Kentaur im Kampf mit Lapith

Heiligen Bezirk seinen Platz zu, so daß er ein wenig größer erschienen sein mochte, als er in Wirklichkeit war. Seine dorischen Säulen – sechs an der Front, dreizehn an den Seiten – maßen 10,5 Meter und waren somit grob geschätzt ebenso hoch wie die des Athener Parthenons; da sie aber fast doppelt so dick waren, wirkte der ganze Bau bei seiner Monumentalität irgendwie plump. Am Westgiebel des Tempels war der Kampf der Kentauren mit den Lapithen abgebildet. (Die Kentauren, halb Pferd, halb Mann, waren zur Hochzeit des Freundes Theseus', Peirithoos', des Herrschers der kriegerischen Lapithen, eingeladen; angetrunken belästigten sie die anwesenden Frauen und wollten sie entführen. Die lapithischen Damen verhielten sich, wie zumindest aus ihrem Gesichtsausdruck zu schließen, durchaus passiv, doch ihre Männer gaben sie nicht her und stürzten sich in wütendes Handgemenge mit den Kentauren, die fast alle niedermetzelten.) Zu dieser erregenden und dramatischen Szene steht in scharfem Kontrast die erstarrte Spannung, die vom Ostgiebel ausgeht, an dem ein Akt aus der Vorbereitung des Wagenrennens zwischen Oinomaos und Pelops dargestellt ist. Jeden Giebel schmückten insgesamt einundzwanzig Figuren; über dem Ostgiebel, der die Fassade bildete, erhob sich eine vergoldete Bronzestatue der geflügelten Siegesgöttin Nike, an den Seiten befanden sich vergoldete Dreifüße und Wasserspeier in Gestalt von Löwenköpfen, zwölf Metopen versinnbildlichten Herakles' zwölf Heldentaten. Pausanias verzeichnete die Namen der Urheber bildnerischen Schmucks beider Giebel, doch wissen wir nicht, ob wahrheitsgetreu: den westlichen soll Alkamenos, den östlichen Paionios geschaffen haben.

Ein Tempel gliederte sich gewöhnlich in drei Abteilungen; in der mittleren Cella, durch zwei Reihen dorischer Säulen in drei Schiffe geteilt, stand auf dem Pflaster aus rotem Kalkstein, das in weißen Marmor gefaßt war (dessen Reste noch heute an ursprünglicher Stelle zu sehen sind), ein schwarzer Kalksteinquader: der Sockel für die Statue des Olympischen Zeus.

Als einst in den dreißiger Jahren des 5. Jahrhunderts v. u. Z. die Elider Pheidias baten, sie zu schaffen, galt er verständlicherweise bereits als renommierter Künstler. Er gehörte zusammen mit Myron und Polyklet zu jenem Bildhauerdreigestirn, dessen Werke von den Zeitgenossen – seinen und unseren – als »Muster unübertroffener Kunst« anerkannt werden. Dabei stand er in dieser Dreifaltigkeit laut eindeutigen Zeugnissen an der Spitze; seinen Ruhm überschattete selbst kein späterer Bildhauer des alten Griechenlands.

Über Pheidias und sein Leben wissen wir verhältnismäßig wenig, aber schon das genügte zum Vorwurf eines großen Schauspiels. Geboren wurde er kurz nach dem Jahr 500 v. u. Z. in Athen, sein Vater war ein kleiner Handwerker und hieß Charmides. Seine Jugend verbrachte er in den stürmischen Jahren der griechisch-persischen Kriege, einigen Autoren zufolge nahm er an ihnen als einfacher Soldat teil. Die Bildhauerkunst erlernte er bei Euenoros, einem nicht sonderlich herausragenden Künstler. Danach begab er sich zur Praxis nach Argos, einem wichtigen Zentrum der Bronzegußmeister; dort arbeitete er angeblich mit

Myron und Polyklet zusammen. (Das scheint jedoch nicht so recht glaubhaft: Myron, »Meister der bildhauerischen Momentaufnahme«, dessen Diskobolos, »diskuswerfender Athlet«, eine der bekanntesten griechischen Skulpturen ist, war bedeutend älter, und Polyklet, »Meister der monumentalen Harmonie«, Schöpfer Doryphoros', des »lanzentragenden Athleten«, hingegen wesentlich jünger. Mit Polyklet traf Pheidias aber wahrscheinlich beim Preisausschreiben um die Ausgestaltung des Epheser Tempels zusammen.)

Pheidias' Figuren sind uns ausnahmslos verlorengegangen; wir kennen sie nur von Schilderungen und Kopien. Sein erstes großes Werk war das Denkmal zu Ehren des Marathonsieges in Delphi; er schuf es etwa in den Jahren 465–461 v. u. Z., und erhalten blieb davon lediglich ein Teil des Sokkels. In relativ guter Nachbildung wurde seine Bronzestatue Apollos von der Akropolis gefunden; sie ist noch exakt im Stil der vorklassischen Periode gehalten und beweist, daß Pheidias es tatsächlich zuwege brachte, Götter in Menschen und Menschen in Götter umzuwandeln. Aus der Kopie seiner Skulptur Anakreon aus Theos ist auf den ersten Blick zu erkennen, daß sie den Dichter der Freude, der Schönheit und der Behaglichkeit verkörpert, dem »beileibe nicht sympathisch ist, wer unentwegt von Kämpfen schwärmt«. Drei berühmte Statuen der Göttin Athene, durchweg in kolossalen Dimensionen, lieferte er für die Akropolis: Athena Promachos, die vor dem Parthenon stand, Athena Lemnia, die die in Lemnos lebenden Athener in Auftrag gegeben hatten, und Athena Parthenos oder die »jungfräuliche«, die als Hauptstatue des Tempels im Parthenon postiert wurde. Die beiden ersten waren aus Bronze, die dritte aus Gold und Elfenbein; das Gold wog über 1150 Kilogramm, und Pheidias verwandte es für das Gewand der Göttin, das sich nötigenfalls Stück für Stück abtrennen ließ, so daß es als eiserne Reserve des Staatsschatzes diente. Leider erhielten sich diese Statuen nur in zweitrangigen Kopien und Nachbildungen; über das handwerkliche Niveau ragen als einzige die sogenannte Athena Farnese (Nationalmuseum Neapel) und das Haupt der Athena Lemnia (Stadtmuseum Bologna).

Ihre Originale verschwanden unwiederbringlich im Abgrund der Jahrhunderte.

Den Reliefs, an deren Entstehung Pheidias persönlichen oder hauptsächlichen Anteil hatte, war das Schicksal holder gesinnt. Aus seiner Schule blieb das Monumentalrelief erhalten, das die Göttinnen Demeter und Kore mit dem Knaben Triptolemos darstellt, den sie unterweisen, wie die Menschen Getreide anzubauen haben; es ist auf die Jahre 430–420 v. u. Z. zu datieren, wurde in Eleusis entdeckt und befindet sich im Nationalen Archäologischen Museum von Athen. Auch ein Teil des Reliefschmucks des Parthenons blieb bewahrt: in geringfügigen Überbleibseln an ursprünglicher Stelle, in wenigen Fragmenten im Louvre und vor allem in den »Elgin Marbles« des Britischen Museums, wie schon erwähnt. An 92 Metopen, auf 160 laufenden Metern Fries und an zwei Tempelgiebeln mit mehr als 40 Figuren manifestierten hier Szenen aus Mythen und Volksfesten Athens Größe. Dutzende Künstler wirkten an ihrer Gestaltung, und es unterliegt keinem Zweifel, daß Pheidias dabei selbst den Meißel geführt hat; in erster Linie jedoch ist es das Resultat seines Genius. »Über allem walten der Gedanke und die Vorstellung, die Reflexion und das Gefühl des genialen Künstlers, der die Mitarbeiter durch sein Schaffen, ohne Zwang zu Epigonentum zusammenzuführen wußte«, sagt dazu A. Matějček. »In den Figuren der Giebel gibt es weder eine Körperhaltung noch eine Hüftbewegung, keine Form, die nicht der Wirklichkeit entlehnt wäre ... Die körperliche Schönheit der Gestalten, der Adel der Typen und die Erhabenheit des Ausdrucks sind wahrlich die höchste Inkarnation des griechischen Kalokagathieideals in der bildenden Kunst und zugleich der Sieg der künstlerischen Idee über die wirkliche Welt, wie er bis dahin niemals und später nur in wenigen Zeitabschnitten der Kunstgeschichte erzielt worden ist.«

Und just bei der Arbeit an diesem Spitzenwerk griechischer und menschheitlicher Bildhauerkunst, knapp vor dessen Vollendung ereilte Pheidias der Schicksalsschlag. Freilich war da kein »Zeusblitz aus heiterem Himmel« noch die bloße »Wut der Durchschnittlichkeit auf das Genie« im Spiel, sondern einer jener hinterhältigen Pfeile der Reaktion, von denen nur wenige verschont geblieben sind, deren Namen die Annalen des Menschheitsfortschritts füllen.

Eines Frühlingstages des Jahres 432 v. u. Z. drangen in Pheidias' Werkstatt Herolde des Athener Areopags (Gerichtshof für sakrale Angelegenheiten) und forderten ihn auf mitzukommen. Warum? Das erfahre er aus der Anklage. Seiner Schuldlosigkeit bewußt, war er doch ein ergebener Anhänger der demokratischen Regierung und Perikles' Freund, folgte Pheidias gelassen. Vor dem Tribunal erfuhr er zu seinem Entsetzen, daß er eine Reihe Verbrechen begangen habe, darunter zwei besonders verabscheuungswürdige: Gottlosigkeit und Sakrileg. Zum Beweis des ersteren: Auf dem Schild, den auf dem Parthenonfries die Göttin Athene in der Hand hielt, habe er Theseus' Gesicht Perikles' Züge verliehen und so das Angedenken des Heroen entheiligt. Pheidias wandte ein, Theseus' Gesicht sei doch durch die erhobene Hand und das Schwert verdeckt, so daß seine Züge gar nicht zu unterscheiden seien. Das Gericht verwarf diesen Einwand, indem es unterstellte, das Verhüllen des Gesichts Theseus' hinter der Hand sei lediglich ein besonders abgefeimter Trick, mit dem Pheidias seine Absicht zu kaschieren trachtete. Außerdem habe er auf dem Schild sich selbst gestaltet, und zwar als Daidalos, indem er ihm eine Glatze gegeben und einen Steinmetzhammer in die Hand gelegt habe. Die Anklage wegen Sakrilegs wurde damit begründet, daß er den Elfenbeinabfall nicht genau abgerechnet habe, der nach der Verzierung der Athenestatue übriggeblieben sei. Das Indiz dieser Missetat, zweifellos ebenso überzeugend wie das obige, ist nicht überliefert. Erhalten blieb aber der Gerichtsbeschluß: Pheidias wurde für schuldig befunden und abgeurteilt.

Wir wissen nicht genau, welche Strafe der Areopag Pheidias für diese »Verbrechen« zugemessen hat. Laut Ephoros, Historiker aus dem 4. Jh. v. u. Z., wurde er in den Kerker geworfen, wo er starb; nach Diodoros flüchtete er mit unbekanntem Ziel, anderen Berichten zufolge wurde er sogar hingerichtet. Philochoros, ein Athener Geschichtsforscher des 4–3. Jh. v. u. Z., dessen Behauptungen letztlich ein zu Beginn unseres Jahrhunderts entdeckter und im Jahre 1910 veröffentlichter Papyrus bestätigt, meint, Pheidias habe seine letzten Tage auf heiliger olympischer Erde zugebracht. Offenbar stand im Hintergrund der Aktion zu seiner Rettung Perikles selbst. Die Elider sollen für Pheidias eine riesige Kaution – 40 Talente – geleistet und ihn nach Olympia geholt haben, wo er ihnen die Statue schuf, die zum Weltwunder wurde.

Wie hat dieses Werk ausgesehen, wenn es dem Vergleich mit dem Arbeitsergebnis von Millionen Händen standhielt, welche die Pyramiden, Zikkurate und babylonischen Stadtmauern errichtet hatten – ja, sie an Schönheit sogar übertraf? Erhalten sind seine Schilderungen von Augenzeugen (die detaillierteste von Pausanias), und eine gewisse Vorstellung von ihm vermitteln uns auch zwei Abbildungen auf elidischen Münzen aus dem 2. Jh. u. Z., aus der Zeit Kaiser Hadrians.

Das erste, was jeden Besucher des Zeustempels, in dem diese Statue stand, erschütterte, war ihre Kolossalität. »Viele haben ihre Größe besungen«, schreibt Strabon, »darunter Kallimachos in seinen Jamben.« Und Kallimachos berichtet, sie habe 37,5 Fuß gemessen, der Thron allein 30 Fuß und der Sockel drei. Sie war infolgedessen rund zwölfeinhalb Meter hoch. Andere Autoren bekräftigen diese Angaben, einige setzen sie ein wenig herab, doch selbst nach den Minimaldaten erreichte sie ohne den Sockel neun Meter Höhe. Strabon erschien schließlich der Zeustempel im Verhältnis zu ihr zu klein: »Sie ragt so hoch auf, daß ich, obwohl der Tempel eine beachtliche Höhe hat, mich des Eindrucks nicht erwehren kann, als habe sich der Künstler hier gegen die richtigen Proportionen versündigt, denn der Sitzende (Zeus), wie er ihn geschaffen hat, reicht bis zur Decke; auf den ersten Blick erhellt mithin, daß es, wollte er sich vom Thron erheben, notwendig würde, das Dach abzutragen.«

Zum anderen war es ihre Aufwendigkeit. Zeus' Gewand und Haar waren aus Gold, die entblößten Körperteile aus Elfenbein, der Thron aus Zedernholz, ausgelegt mit Ebenholz und Elfenbein. (Der eigentliche Holzkern der Statue blieb den Augen der Besucher verborgen.) »Zu dem Behufe hat die Natur Elefanten erschaffen«, schreibt Philon, »daß Pheidias die abgesägten Zähne dieser großen Tiere forme, und Afrika bot mit seinen Elefantenherden reichlich Material für dieses Werk.«

Diese Kolossalität und Aufwendigkeit kulminierten in der einzigartigen Meisterschaft, mit der Pheidias Zeus' Antlitz und Gestalt modelliert hatte. »Wer auch immer vor diese Statue tritt, sei es zutiefst beklommen, vergißt alles, was es im menschlichen Leben an Häßlichem und Betrüblichem gibt«, sagt der Rhetoriker und Geschichtsschreiber Dionos Chrysostomos, der durch die Ungnade Kaiser Domitians wirklich einiges durchlitten hat. Sein älterer und vom Glück begünstigterer Zeitgenosse, der Römer Valerius Maximus, sagte: »Unter den von Menschenhand entstandenen Statuen gab es keine beeindrukkendere und bewundernswertere.« Plinius, der Informationen über sämtliche zugängliche Kunstwerke seiner und früherer Epochen sammelte, vermerkte zu ihrer Beschreibung: »Viele Statuen werden gerühmt, allen voran jedoch der Zeus in Olympia, von Pheidias aus Gold und Elfenbein geschaffen.«

Den Griechen bedeutete diese Statue jedoch noch mehr; sie bildete nicht nur Abbild und Symbol ihrer höchsten Gottheit, gestaltet mit erlesener Kunst und aus teuerstem Material sowie in größten Dimensionen, sie galt ihnen gleichermaßen als Mahnmal der Größe Hellas', denn Zeus' Thron war mit Szenen aus der griechischen Mythologie verziert, die so ausgewählt waren, daß sie nur als Apotheose ihres Sieges über das Perserreich begriffen werden konnten. Er sprach zu ihnen und durch sie – wenn auch in der Sprache der Mythen, die uns mittlerweile ein wenig fremd ist. Ihnen war sie verständlich und lebendig, volkstümlich.

Pheidias' Zeus saß auf einem Thron mit hoher Lehne, von seinem Antlitz strahlten erhabene Ruhe und die Majestät eines unumschränkten Herrschers über Menschen und über Götter, im Haar trug er den Olympionikenkranz. Über seine linke Schulter hing ein mit Palmen- und Lilienblättern besäter goldener Umhang, in der Rechten hielt er seine Statuette der Siegesgöttin Nike, mit der Linken stützte er sich auf den mit Edelsteinen ausgelegten Hellanodikenstab, auf dem sein heiliger Adler saß. Der Thronschmuck verherrlichte in erster Linie Zeus selbst: Die Seitenlehnen zierten zwei Sphinxe, drei Chariten, Göttinnen der Anmut und Schönheit, und drei Horen, Göttinnen der Jahreszeiten; getragen wurde der Thron von vier tanzenden Nikefiguren. Zweitens pries er Griechenland: Es gab hier Szenen von den Auseinandersetzungen zwischen den Kentauren und Lapithen, dem Symbol der siegreichen Schlachten der Griechen gegen die Barbaren, und Geschehnisse aus dem Heldenleben des dorischen Herakles' und des Athener Theseus', die Griechenlands Einheit versinnbildlichten. Das Postament des Thrones war mit Schauplätzen aus den Abwehrkriegen gegen die Amazonen, den mythischen Stamm der wilden kleinasiatischen Kriegerinnen, ausgestaltet, die alten Sagen gemäß in Athen eingefallen waren

Pheidias' Zeus auf elidischen Münzen

wie kurz zuvor die Perser, obwohl die Griechen sie besiegt hatten. Und schließlich würdigte der Thronzierat die Olympischen Spiele: Acht Athleten standen für die damaligen acht Disziplinen jener sportlichen Wettkämpfe, die Frieden stifteten und den Zusammenhalt der Griechen festigten.

Als Pheidias diese Statue im Zeustempel enthüllte, erstarrten alle Anwesenden vor Staunen und fragten ihn, nach welchem Modell er sie geschaffen habe: ob er auf den Olymp gestiegen sei, um Zeus zu sehen, oder ob Zeus vom Olymp gekommen sei, um sich ihm zu zeigen. Er antwortete, er habe ihn nach dem 528. bis 530. Vers des ersten Gesanges der Ilias gestaltet. Und damit wir erfassen, was einem großen Künstler zum Vorwurf eines vollkommenen Werkes genügt, zitieren wir diese Verse im ganzen: »Kronos' Sohn sprach zu Ende, gab mit seinen düsteren Augenbrauen ein Zeichen. Sogleich fielen die göttlichen Locken dem Herrscher vom göttlichen Haupt in die Stirn, und der große Olymp erbebte.«

Die Entstehungszeit dieser berühmtesten Statue der Antike war Gegenstand gelehrten Meinungsstreits über mehr als einhundertfünfzig Jahre – seit jenem Moment, da Lord Elgin mit seinen gesammelten Marmorwerken das Interesse für Pheidias geweckt hatte. Die Entscheidung der langwierigen Kontroversen der Kunsthisto-

Das Atelier des Pheidias

riker ist ein beredtes Beispiel dafür, daß keine Wissenschaft – selbst die Altertumswissenschaft nicht – auf der Stelle tritt. In den Jahren 1954–1955 entdeckten nämlich deutsche Archäologen westlich der Altis, in den Trümmern eines frühbyzantinischen, aus einem älteren hohen Gebäude errichteten Tempels die Fundamente der ursprünglichen Wände; dazwischen fanden sie in festgestampftem Lehm verschiedene Bildhauergeräte. Der Grundriß des Originalbaues kündete davon, daß es sich um eine Bildhauerwerkstatt handelte; das bescheinigten auch weitere Funde von Meißeln und Hämmern, von Bronzebruchstücken, Eisenstäben, Elfenbeinsplittern. Zuletzt stieß man auf Scherben von Matrizen und Schablonen, die ihrer Form nach jenen Palmen- und Lilienblättern entsprachen, mit denen Pausanias zufolge der goldene Mantel des Pheidias-Zeus verziert war. Das war eine sensationelle Entdeckung, und der erste Bericht des Leiters der Ausgrabungen, Emil Kunze, lockte eine Menge Journalisten nach Olympia; doch das deutsche »Olympiateam« gab sich zurückhaltend. Die neuen Funde begannen die Hoffnung zur Gewißheit werden zu lassen, und als die Konservatoren eines Tages die Scherben einer kleinen Kanne einheimischer Produktion vorlegten, die auf das Jahr 430 v. u. Z. datiert werden konnte, zögerte E. Kunze nicht länger zu verkünden: »Wir haben Pheidias' Atelier entdeckt!« – Auf der Unterseite dieser Kanne stand schließlich in den Zügen monumentaler Inschriften gemeißelt: »Pheidiu eimi«, »Ich gehöre Pheidias«.

»Pheidiu eimi«. Inschrift auf der Unterseite einer Kanne, die zur Gewißheit verhalf, daß man das Atelier des Pheidias entdeckt hatte

Aber Pheidias' Atelier offenbarte uns noch mehr. Die gefundenen Matrizen ermöglichten es, uns – nach vierundzwanzig Jahrhunderten – zum erstenmal ein klares Bild zu machen von der Technik, in der Pheidias seine künstlerische Idee verwirklicht hatte. Zuerst ließ er natürlich ein Modell der Statue in Originalgröße anfertigen, dann es in mehrere Teile zersägen, und auf deren Grundlage stellten seine Mitarbeiter die Matrizen her. Wegen der Abmessungen versteiften sie die Matrizen mit Eisenstäben; heute sind sie bereits verrostet und verbogen, weisen aber trotzdem eindeutig ihre Bestimmung nach. Ähnliche Matrizen ließ Pheidias auch für die zwei Meter hohe Statue der Göttin Nike prägen, die Zeus in der Rechten hielt. Diese Matrizen haben sich in einem Zustand erhalten, daß man aus ihnen nicht nur das Aussehen der Göttin, sondern ebenso den Faltenwurf ihres Gewandes erkennen kann; er ist in demselben Stil gehalten wie bei den späteren Figuren an den Parthenongiebeln.

Wie lange Pheidias an diesem Werk gearbeitet hat, verraten weder irgendwelche Quellen noch Funde. Hingegen bezeugen sie, daß er über eine Reihe hochqualifizierter Assistenten verfügt hat. Zwei von ihnen kennen wir: Kolotes, Bildhauer und Ziseleur, der die technische Seite der Arbeit verantwortete, und Panainos, Pheidias' Bruder (laut einigen Autoren Neffe), der als Mitunternehmer fungierte und die Malerarbeiten am Thron besorgte. Die Namen der übrigen sind in dem strahlenden Glanz der Erscheinung Pheidias' verblaßt wie die Sterne vor dem Hintergrund der Sonne, und für die späteren Generationen blieb die Zeusstatue das Werk eines einzelnen.

Es gab keinen antiken Schriftsteller des klassischen und jüngeren Zeitalters, der das Weltwunder Pheidias' nicht erwähnte.

Der gottesfürchtige Kaiser Theodosius II. ließ das »heidnische Götzenbild« nach Konstantinopel schaffen, wo es, angeblich während einer Feuersbrunst im Jahre 475, spurlos und auf ewig verschwand.

Das fünfte Wunder

5

Das Mausoleum in Halikarnassos

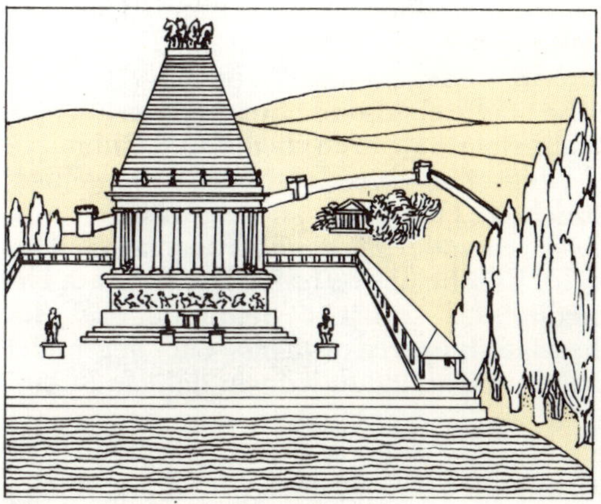

Es gibt wenige Gebiete in der Welt, wo die Jahrhunderte für den Pilger ein solches Paradies erschaffen hätten, wie es der schmale, von unzähligen Buchten zerklüftete Streifen der westlichen Küste Kleinasiens bietet. Dort erhoben sich zu Zeiten, da noch niemand ahnte, hier könnte jemals eine »christliche Zeitrechnung« Einzug halten, prächtige Städte mit erstaunlichen Bauwerken und noch bewundernswerteren Kulturblüten, auf Böden gezüchtet, die zuweilen unversehens abgemäht, anderwärts nach und nach verlassen und behutsam verpflanzt wurden – und allenthalben von Soldaten verschiedenster Reiche, die sich aufplusterten und wie Seifenblasen platzten, zertrampelt.

Am weitesten nach Norden lag unter diesen berühmten Städten Troja; ihr Reigen setzte sich fort über Larissa, Pergamon, Kyme, Phokaja, Smyrna, Klazomenai, Kolophon, Ephesos, Magnesia, Priene, Miletos, Mylasa; die südlichste war, abgesehen von Knidos, das ursprünglich auf einer Insel lag und erst später mit dem Festland verbunden wurde, Halikarnass.

Diese Stadt, von den Griechen Halikarnassos genannt, ist ein weiteres Ziel unserer Reise. In ihr stand ein Grabmahl, das zu den Sieben Weltwundern zählt – jenes Mausoleum, das allen Mausoleen den Namen gab.

In Halikarnassos angekommen, stehen wir wieder auf altdorischer Erde. Bereits in Olympia sind wir auf ihr gewandelt, auf der Fahrt von Athen haben wir sie durchquert. Gewiß – Megara und Korinth waren dorische Städte ebenso wie Sparta. Was aber gemahnt heute an ihren ehemaligen Ruhm?

Megara ist eine kleine Stadt mit weißgetünchten Häuschen an den Hängen von zwei einander gegenüberliegenden Hügeln. Es scheint uns unfaßbar, daß ihre Ursiedler das sizilische Selinunte und das heutige bulgarische Nessebar gegründet haben sollen, kaum jedoch, daß sie Byzan-

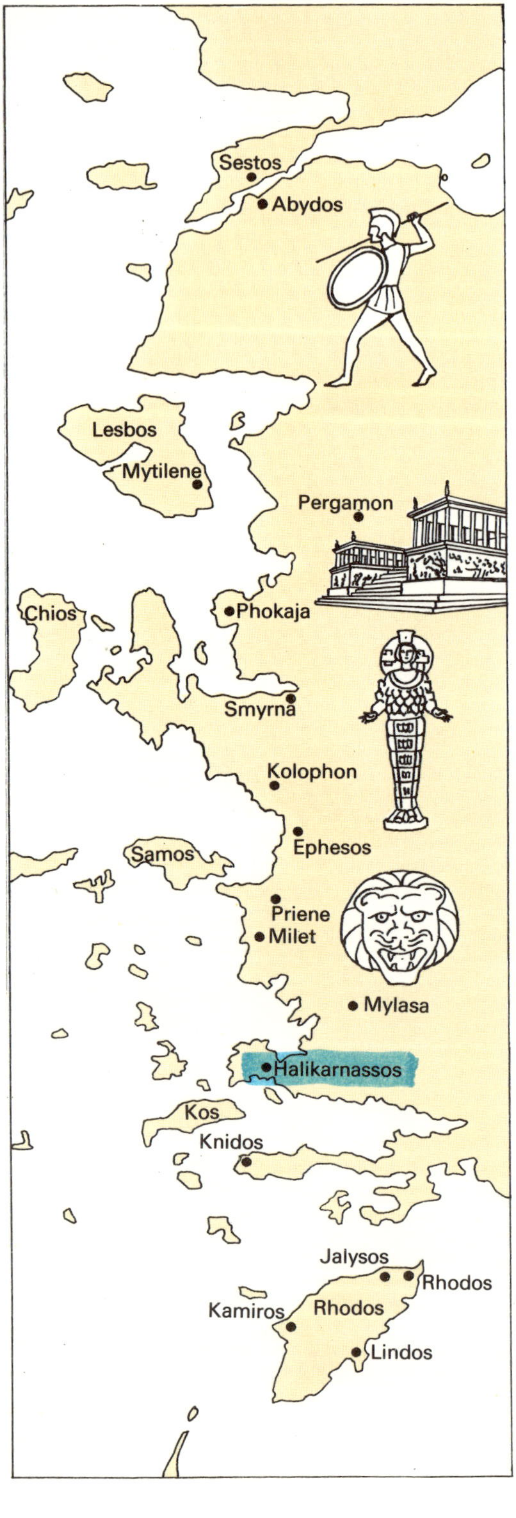

Griechische Städte an der Küste Kleinasiens

tion oder Byzanz, das spätere Konstantinopolis und heutige Istanbul anlegten, wohin sie angeblich der Kaufmann Byzas geleitet hatte. Das allerdings geschah im siebenten Jahrhundert vor unserer Zeitrechnung ...

Korinth erinnert einfach an keine Stadt, die fast drei Jahrtausende Geschichte hinter sich hat; es ist funkelnagelneu. Erbaut wurde es nach einem Erdbeben im Jahre 1928, das die alte Stadt völlig begraben hatte; das frühere Korinth war einem ähnlichen Erdbeben im Jahre 1858 zum Opfer gefallen. Doch auch dieses »Alte Korinth« war nach griechischem Maßstab eine verhältnismäßig junge Stadt gewesen, entstanden erst in der byzantinischen Epoche am Trümmerfeld des »Neuen Korinth«, das Caesar gegründet hatte. Das ursprüngliche Korinth, das aus einer alten Achäersiedlung erwachsen war, verheerten im Jahre 146 v. u. Z. die Römer, und zwar aus Rache dafür, daß es sich zum Zentrum des griechischen Aufstandes gegen ihre Oberhoheit hergegeben hatte, und außerdem (oder hauptsächlich) dafür, daß es ihrem Handel im Wege stand. Das einzige, was die Legionäre damals verschonten, war der Apollotempel (6. Jh. v. u. Z.), nach dem Heratempel in Olympia der älteste Griechenlands. Sieben seiner achtundzwanzig dorischen Säulen, die allesamt aus je einem Kalksteinblock gemeißelt waren, stehen seither als Zeugen der Altertümlichkeit und Ehrwürdigkeit dieser Stadt, die der »Stolz der Dorer« und das »Paris der Antike« war, bis heute ...

Und wie steht es um Sparta, die berühmteste aller dorischen Städte? Um die Stadt, deren Gedenken bis in unsere Tage in der Erinnerung an die bei den Thermopylen gefallenen tapferen lakedämonischen Männer fortlebt? Um die Stadt der »breiten Straßen, in der herrliche Frauen gedeihen«, wie Homer sie besingt? Um die Stadt, gepriesen und geschmäht für die konsequente Gleichheit aller Bürger und die Einfachheit deren Lebens, für das Erziehungswesen, das ausschließlich auf Kriegstüchtigkeit ausgerichtet war, die bedingungslose Unter-

Der Apollotempel in Korinth

ordnung unter die Gesetze und die rücksichtslose Härte gegen die Sklaven ... Um die Stadt, die gegen Athen um die Vorherrschaft im alten Griechenland rang und es im Peloponnesischen Krieg bezwang?

Es ist bis in die Gegenwart eine durchaus ansehnliche und stille Kreisstadt in einem Gebirgstal – mit einem Park und einem Stadion, mit einem Hotel des Namens König Menelaos und einer Statue König Leonidas', die amerikanische Griechen schaffen ließen. Eine Bahnlinie zur Welt besitzt es nicht, und von Olympia aus muß man auf Umwegen über Tripolis fahren, wohin eine einzige Straße führt, die es mit dem übrigen Griechenland verbindet. Ansonsten zeichnet es sich dadurch aus, daß in seiner Nachbarschaft Mistra liegt, die einstige Metropole der Kreuzfahrer – und später byzantinischer Fürsten, wo auch nach der Eroberung der Türkei (und der späteren Brandschatzung durch die Albaner) dutzendweise Paläste, Klöster und Kirchen zurückblieben, die den schönsten Denkmalskomplex mittelalterlicher griechischer Architektur bilden. Ausgrabungen des Britischen Archäologischen Instituts in Sparta, länger als zehn Jahre vor dem ersten und zweiten Weltkrieg unternommen, bestätigten Thukydides' Worte: »Hätte das Siedlungsgebiet der Spartaner sich in Wüsten verwandelt, wären lediglich die Fundamente ihrer Heiligtümer und Bauwerke übriggeblieben, zögen die Nachfahren Spartas große Macht, potenziert durch den Ruhm der Lakedämonier, in Zweifel.« (Übrigens: Während des Peloponnesischen Krieges, als Sparta am stärksten war, hatte es nur etwa fünftausend Soldaten, zu makedonischen Zeiten eintausend.) Von Homers Sparta und dem berühmten Palast König Menelaos' wurde keine Spur gefunden, aus dem vorklassischen Sparta etliche Reliefs und Bronzeplastiken, aus dem klassischen und späteren Reste zweier Heiligtümer (Athenes und Artemis') und ein knappes halbes Dutzend identifizierbarer Ruinen. Mit dem alten hat das heutige Sparta allein den Namen gemein; nach mehr als eintausendjähriger Nichtexistenz gründete es im Jahre 1834 der erste neugriechische König Otto wieder.

Unbestrittenermaßen hinterließ Sparta eine wesentlich seichtere Furche auf dem Geschichtsacker als sein ewiger Rivale Athen; hatte es sie doch ausschließlich mit dem Schwert gezogen, das, wie die Probe der Jahrtausende erweist, ein bei weitem weniger tauglicher Kultivator ist als der Steinmetzmeißel und der Malerpinsel, als das Dichter- oder Philosophenwort. Die Quintessenz der Gegenüberstellung dessen, was man über Sparta in Büchern lesen und vor Ort sehen kann, unterstützt auch ein Besuch Gythions, der ehemaligen Basis der spartanischen Kriegsflotte ... Hier am äußersten Ende der Lakonischen Bucht besteigen wir dann den Dampfer, der, ohne sich um einen Fahrplan zu scheren, nach Kreta übersetzt und von da aus die Inseln des Dodekanes passierend Kos ansteuert, wo schon in Blickweite Halikarnassos liegt.

Aus den bläulichen Wogen, die laut Homer Paris' Schiff mit Helena nach Troja getragen hatte, taucht vor uns allmählich »der Kretainsel Erde auf, inmitten des glitzernden Meeres, herrlich und fruchtbar ...« Wie fährt Homer in seiner Beschreibung fort? »Eine Unmenge Menschen wohnt in diesem Land, und Städte hat es neunmalneun. Jeder Stamm spricht einen anderen Dialekt in diesem Sprachengewirr: es leben hier Achäer, Kydonier und eine Gruppe wackerer Urkreter, drei dorische Stämme und auch der ruhmbedeckte Pelasgerstamm. Knossos, eine große Stadt, liegt dort, in der der edle Minos, Vertrauensmann des großen Zeus, neun Jahre König war ...«

Wir betrachten Kreta während der Schiffsreise längs seiner Nordküste: Felsenriffe steigen direkt aus dem Meer zu Höhen von Tatragipfeln auf, Talgründe voller Apfelsinen- und Bananenhaine wechseln mit Häfen in tiefen Meerbusen und dem weißen Sand der Strände; das Bild bereichern Tausende Windmühlen. Nach einem Aufenthalt in der ehemaligen Hauptstadt Chania legen wir in der heutigen Metropole Iraklion an, die ehedem über zwanzig Jahre der türkischen Blockade widerstanden hat;

auf der Mole an ihrer venezianischen Festung gehen wir an Land. Wenn wir dann in beliebiger Richtung losziehen, überall stoßen wir auf Ruinen und Reste ausgedehnter Paläste, die als die ältesten Europas gelten. Mehr als einhundertzwanzig davon kennen wir heute – mehr, als Homer gekannt hat. Der größte unter ihnen erstreckt sich kaum fünf Kilometer südlich von Iraklion, in Knossos: der Palast König Minos', das berühmte »Labyrinth«.

Diesen Palast erwähnten wir bereits; einige antike Schrifsteller hatten ihn den Sieben Weltwundern zugeordnet. Dabei hatte ihn keiner von ihnen wirklich in Augenschein genommen. Schon zu Zeiten, als die Griechen die Geschichte aufzuschreiben begannen, lag er längst in Trümmern und war mit dem Grabtuch aus Sand zugedeckt. Welch ein Bau muß es wohl gewesen sein, daß er sich nach Jahrhunderten im Gedächtnis der Menschen bewahrte – ohne irgendwelche historischen Dokumente!

Heute wissen wir es – dank dem Engländer Arthur Evans (1851–1941), der im Jahre 1899 herkam, um Spuren der rätselhaften Hieroglyphenschrift zu suchen, die er im Oxforder Museum auf angeblich aus Sparta oder von Kreta stammenden Siegeln entdeckt hatte. Er gedachte hier nicht länger als eine Woche zu bleiben, doch auf einem Spaziergang außerhalb Iraklions lenkte der Hügel Kephalos seine Aufmerksamkeit auf sich, der ihm als eine Düne der Zeiten über einer alten Stadt erschien. Als er die Überbleibsel der Ausgrabungen des griechischen Archäologen Kalokeirinos erblickte (mit dem Vornamen Minos), entsann er sich eines weit zurückliegenden Gesprächs mit Schliemann, der überzeugt war, daß sich hier Knossos barg. Er fing an zu graben, grub fast dreißig Jahre – und förderte zwar keine Stadt, doch einen Palast von der Weite einer Stadt zutage, das Labyrinth von Knossos, mithin eine große, uralte Kultur, die wahrscheinlich einer Naturkatastrophe anheimgefallen war, offenbar nach einem Ausbruch des nahen Inselvulkans Thera. Wann ist sie untergegangen? Vielleicht im 16. Jh. v. u. Z.; bestimmt jedoch noch einmal nach ihrer Wiederauferstehung, und zwar ein paar Jahrhunderte später, diesmal infolge einer Invasion aus Europa.

In drei Etappen teilte Evans die Geschichte dieses Landes und dieser Kultur und bezeichnete sie mit dem Namen des sagenhaften Königs Minos, an den er Kretas Tradition, Aufschwung und Ruhm knüpft: die frühminoische Epoche, die wir heute auf die Jahre 2500 bis 2100 v. u. Z. datieren, die mittlere minoische Epoche in den Jahren 2100 bis 1580 v. u. Z. und die spätminoische Epoche der Jahre 1580 bis 1100 v. u. Z. Die Archäologen allerdings spalteten sich bei der Erforschung dieser lediglich aus Stein gelesenen Geschichte in zwei Lager. Nach Meinung des ersteren, dessen Wortführer Evans wurde, waren Mykene, Tiryns und weitere achäische Burgen in Griechenland lediglich Grenzbefestigungen des Kretischen Reiches und die achäische Kultur bloßer »provinzieller Abklatsch der Kultur der kretischen Metropole«. Der anderen Ansicht zufolge (die inzwischen die Oberhand gewonnen hat) ist das Primat der kretischen Kultur unzweifelhaft, doch ebenso unbestritten sei, daß die Achäer ums 15.–14. Jh. v. u. Z. auf Kreta landeten und sich dessen reifere Kultur aneigneten. Dann stimmen beide Theorien schon darin überein, daß der Macht der dortigen Herrscher und der hoffnungsvollen Entwicklung der kretisch-mykenischen Kultur der Dorereinfall ein Ende bereitete.

Indessen, sei es so oder so – wer waren diese Kreter, welcher Völkerfamilie gehörten sie zu? Sie hinterließen schriftliche Zeugnisse, den Forschern gelang es aber lediglich, ihre jüngste Schrift, die sogenannte Linearschrift B, zu entziffern, und das erst im Jahre 1952: Es stellte sich heraus, daß die Texte dieser Schrift vorhomerisches Altgriechisch sind! Das war eine der frappierendsten Entdeckungen in den Tiefen europäischer Geschichte. Und noch mehr verblüfft es, daß sie nicht von Evans noch von dessen Mitarbeiter Myres noch von einem anderen namhaften Gelehrten gemacht wurde, die sich mit diesem Problem beschäftigten (beispielsweise der Finne Sundwall, der Italiener Meriggi, die Amerikanerin Kober, der Bulgare Georgiew, die Deutschen Bossert und Sittig, der Tscheche Bedřich Hrozný), vielmehr von dem kaum dreißigjährigen englischen Architekten Michael Ventris, der die kretische Schrift nur aus Zeitvertreib studierte (allerdings auf wissenschaftlicher Grundlage und in der letzten Phase unter fachlicher Anleitung des Philologen J. Chadwick). Die ältere Linearschrift A ließ sich bislang nicht dechiffrieren; Versuche gibt es, so von V. Georgiew, das letzte Wort ist aber noch nicht gesprochen. Die älteste kretische, die Hieroglyphenschrift (schon aus dem 18. Jahrhundert v. u. Z.), verschließt sich vorläufig den Hirnen der Wissenschaftler und elektronischen Rechenmaschinen. Gesicherte Erkenntnisse stehen noch aus über die Grundlage, auf die das kretische Volk seine Kultur, seine Kunst, seine stattlichen Bauwerke, seine politische Ordnung, seine optimistische Weltanschauung, seine Religion (die keine Tempel kannte) stützte. – »Das kretische Problem«, sagte vor mehr als einem halben Jahrhundert Ludwig Curtius, »ist das größte Rätsel der Geschichte.« Das gilt bis heute.

»Fragen, lauter Fragen auf Monte Alban«, überschrieb Egon Erwin Kisch ein Kapitel seiner »Entdeckungen in Mexiko« – einen ähnlichen Titel hätte er möglicherweise einer Reportage über Kreta gegeben. Evans und seine Mitarbeiter säuberten und konservierten peinlichst die Wandmalereien des Palastes von Knossos: Woher kamen die kultivierten Damen mit den raffiniert arrangierten Toiletten, den aparten Frisuren, den geschminkten Lippen und dem koketten Lächeln, die ernsthafte Gelehrte als »Pariserinnen« bezeichneten? Welche Vorliebe bewog die jungen Herren dazu, statt zu jagen in »französischen« Parks mit Fontänen und safrangelben und lilienfarbenen Blumenrabatten zu flanieren? Weshalb gestaltete kein Künstler dieses Volkes in einem Werk (und Hunderte sind überkommen) einen Krieger, eine Schlacht, eine Belagerung, die Eroberung einer fremden Stadt? War es der Sport oder die Religion, die die »Artisten« zu Stierkämpfen führte, zu Kraftakten über den Hörnern und Überschlägen über den Rükken in die Knie gehender Stiere bewog? Evans bemühte sich, die Technik dieser Übungen zu ermitteln; die prominentesten spanischen Toreros pflichteten ihm bei, daß einen rasenden Stier an den Hörnern zu packen und über ihm bei seinem Zickzackgalopp einen Salto zu schießen einer Leistung gleichkomme, deren kein Mensch fähig sei. Den Kretern war das ein beliebtes Spiel. Woher nahmen sie die wunderbare eigenständige Ornamentik an Vasen und Wänden der Paläste, und wie kommt es, daß deren Karmin-, Lazur-, Smaragd- und Sepiafarben seither nicht verblaßt sind? Wann gelangten die Herrscher dieses Volkes dahin, sich in ihren Residenzen Bäder, Spülklosetts, Kanalisation zu installieren und die Palastsäle mit Ventilation und Warm- und Kaltluftleitungen auszustatten, die eine beständige Temperatur gewährleisteten? Welcher der kretischen Architekten verfiel auf den Gedanken, daß man zur Sicherung der Gebäude gegen Erdbeben elastische Wände bauen muß –, indem Steinschichten mit Holzeinlagen abwechseln? Auf eine der wichtigsten Fragen, warum nämlich die Kreter ihre Städte und Paläste nicht befestigt haben, kennen wir jedoch nur diese eine aufschlußreiche Antwort: Ihre Schutzmauer bestand in ihrer gewaltigen Kriegsflotte, und der Kreterkönig war zur Blütezeit des Reiches ein wahrer »Herr des Meeres«.

Evans zauderte nicht, den Palast, den er bei Iraklion entdeckt hatte, als den knossischen Palast König Minos' auszugeben, und identifizierte ihn mit dem Labyrinth, das nach griechischer Mythologie der berühmte Athener Baumeister und Erfinder Daidalos errichtet haben soll. Nach Beendigung des Baues wollte Minos Daidalos es nicht erlauben, die Insel zu verlassen, weil er befürchtete, er könnte eventuell ein ähnliches Weltwunder auch woanders erbauen. Da Minos' Flotte die Küste bewachte, entschloß sich Daidalos, zusammen mit seinem Sohn, Kreta auf dem Luftweg zu entfliehen; er konstruierte Flügel aus wachsverbundenen Vogelfedern, und sie flogen davon. Ikarus allerdings gehorchte nicht und stieg zu hoch der Sonne entgegen, die das Wachs in seinen Flügeln zum Schmelzen brachte, so daß er ins Meer stürzte und ertrank; Daidalos glückte es, Sizilien zu erreichen.

Das ist allerdings nur ein Teil dieser Sage. Das Labyrinth hatte König Minos erbauen lassen, um darin das Geheimnis seiner treulosen Gemahlin Pasiphae zu verstecken, die in heißer Liebe zum heiligen weißen Stier entbrannt war und das Ungeheuer Minotauros (oder »Minos' Stier«), einen Menschen mit Stierhaupt beziehungsweise einen Stier mit Menschenleib, geboren hatte. Diesem Stier mußten die Athener alle neun Jahre sieben Jünglinge und sieben Jungfrauen liefern zur Sühne dafür, daß ihr König Aigeus aus Neid Minos' Sohn Androgeos, Sieger der Athener Spiele, erschlagen hatte. Theseus, Aigeus' Sohn, stellte sich freiwillig als Opfer zur Verfügung und tötete, unterstützt von Minos' Tochter Ariadne (die ihm ein Wollknäuel gab, damit er es unterwegs entrolle und dem Faden nach aus dem Labyrinth herausfinde), nach hartnäckigem Kampf Minotauros. Dann bestieg er mit Ariadne ein Schiff, vergaß jedoch in der Eile – er mutmaßte Minos' Verfolgung; einen solchen Stier zu erledigen und zu allem Übel die Prinzessin zu entführen, war schließlich kein Kavaliersdelikt –, die schwarzen Segel gegen weiße zu tauschen, was als Zeichen vereinbart war, das von weitem den Erfolg des Unternehmens signalisieren sollte. Als Aigeus am Horizont die schwarzen, den Tod des Sohnes verkündenden Segel erblickte, stürzte er sich ins Meer, das nunmehr nach ihm das Ägäische heißt. Nebenbei: Wie die Männer nur sind: Ariadne nahm Theseus am Ende nicht zur Frau. Er ließ sie auf der Insel Naxos sitzen, wo er angelegt hatte, um Wasser nachzufassen. Möge sie der Gott Dionysos freien, da es sie geträumt hatte, er habe um ihre Hand angehalten. Er heiratete dann ihre Schwester Phädra, die ihm zwar beim Kampf mit Minotauros nicht beigestanden hatte, aber um etwa ein Jahr jünger war.

Theseus mit dem Minotaurus. Malerei auf einer attischen Schale

Legenden, Mythen, Sagen ... Gewiß! Doch der Bau des knossischen Palastes, eines komplizierten Bauwerkes mit ungezählten Räumen und verwirrenden Gängen ist Realität. Und niemand, der von der kleinen Anhöhe hinter Evans' Villa »Ariadna« einen Blick auf ihn wirft oder zwischen seine nackten Wände tritt, kann sich des Ausrufs enthalten: »Das Labyrinth!«

Mit diesem Besuch des kretischen Labyrinths verabschieden wir uns vom letzten »inoffiziellen« Weltwunder, auf dessen Fährte wir nicht sonderlich vom Weg abzuweichen brauchten.

Nach der Landung auf Kos läuft schon alles glatt: Es genügt, an das nächstgelegene Fischerboot zu treten, dessen Eigner, Kapitän und Belegschaft in einer Person, zu versichern, daß wir Paß und Visum besitzen, und mit ihm den Preis der Überfahrt nach Bodrum zu vereinbaren. Hinter der Meerenge liegt nämlich die Türkei, und Bodrum ist der jetzige Name des einstigen Halikarnassos.

Im Unterschied zu Ephesos lebt diese Stadt – wenn auch als bedeutungsloser türkischer Hafen, vom Hinterland durch bewaldete Berge und wasserlose Ebenen abgeschieden, über die eine gerade noch für

Moto-Cross geeignete Straße führt. Und wie alle türkischen Städte ist sie aus der Ferne viel schöner anzusehen.

Malerisch liegt sie am Fuße karger Weinberge und Gärten, zwischen denen hindurch Gürtel antiker Mauern blinzeln. In den Hafen laufen wir gleichsam wie unter einem Triumphbogen ein: Auf südwestlicher Seite bildet ein hoher Turm über der Erhebung Kaplan Kalesi und südöstlich eine massive und an die Erde geduckte Steinburg, die Anfang des 15. Jahrhunderts die Ritter von Rhodos erbaut haben. Aus ihrem Namen Petronium (sie war dem hl. Petrus geweiht) entstand durch Verballhornung das heutige Bodrum. Die Stelle, auf der sie sich erstreckt, war früher Inselland; Sanddünen verbanden sie schon vor Jahrhunderten über eine schmale Brücke mit dem Kontinent, ähnlich wie das bulgarische Nessebar oder das bretonische Mont Saint Michel.

Schlendern wir durchs altertümliche Halikarnassos, wie es uns Vitruvius geschildert hat. »In seiner Lage ähnelt es einem halbrunden Theaterzuschauerraum. Unten liegen längs des Hafens Plätze, in halber Höhe des runden Raumes und des ihn schneidenden Gürtels führt eine sehr breite Straße, in deren Mitte das Mausoleum in solch hervorragender Ausführung steht, daß es zu den Sieben Weltwundern zählt. Inmitten des höchsten Punktes befindet sich das Aresheiligtum mit einer riesigen Statue aus der Hand des berühmten Leochares, für das Werk Leochares' halten sie aber nur manche, andere für Timotheos' Schöpfung. Am rechten Rande der höchsten Erhebung steht das Heiligtum Aphrodites und Hermes' direkt an der Salmakisquelle. (Salmakis war eine Nymphe, die in dieser Quelle lebte) . . .

Das alte Halikarnassos

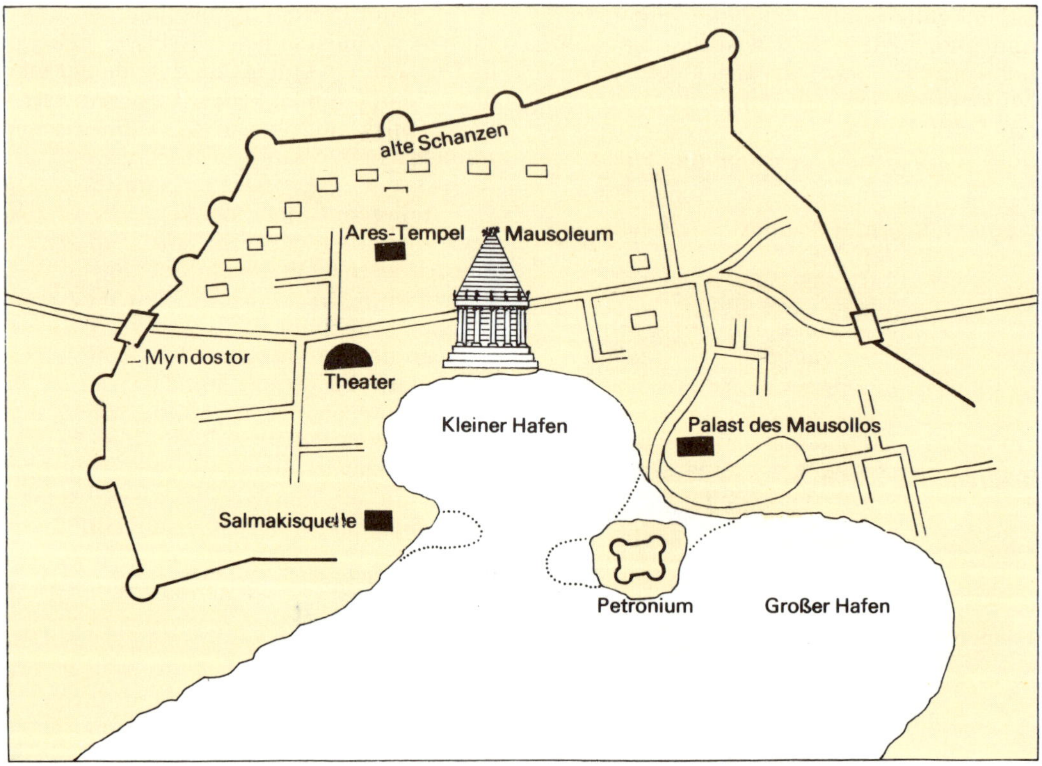

Wenn ich mich schon auf die Schilderung dieser Stadt eingelassen habe, bleibt mir nichts anderes übrig, als sie in ihrer Gänze zu beschreiben. Wie nämlich in ihrem rechten Teil das Aphroditeheiligtum sich befindet, so steht in ihrem linken Teil der Königspalast, den sich König Mausollos (so lautet dessen genaue Namensumschrift) nach eigenen Entwürfen hat erbauen lassen. Rechts sieht man von ihm aus den Markt, den Hafen und das ganze Rund der Stadtmauern, auf der linken Seite unten den Geheimhafen, hinter den Bergen so verborgen, daß niemand zu beobachten und festzustellen vermag, was in ihm vorgeht, während der König seinen Ruderern und Soldaten vom Palast aus Befehle erteilen kann, ohne daß es jemand bemerkt.«

Bis in unsere Tage haben sich, soweit überhaupt, von diesen Bauten lediglich kümmerliche Reste erhalten. Über Mausollos' Palast vermuten die Archäologen, daß er etwa am Nordrand des neuzeitlichen griechischen Viertels gestanden hat, das die Bewohner im Jahre 1922 verließen, um dem Pogrom türkischer Truppen zu entgehen. Von Mausollos' berühmtem Grabmahl blieben an ursprünglichem Standort nur noch wenige Steine, die dänische Archäologen unter der Leitung von K. Jeppersen neuerlich aus dem Schutt an dieser Stelle herausgegraben haben; sonst ist hier nichts zu sehen. Der Arestempel auf den nordöstlichen Hängen oberhalb der Stadt, von dem vor geraumer Zeit noch einige dorische Säulen aufragten, ist ganz verschwunden.

Etwa auf derselben Höhe, unmittelbar über der Stadt, liegen die Ruinen des Theaters von Halikarnassos. Der Größe nach bleibt es weit hinter dem Theater von Epidauros zurück, das ihm als Modell gedient haben soll, doch ein stilles Verharren auf seinen steinernen Sitzbänken unterstreicht entschieden Guy de Maupassants Worte: »Wenn Sie sich in ein Land begeben, wo Griechen gewohnt oder ihre Siedlungen gegründet haben, genügt es, ihre Theater zu sehen, und Ihnen bietet sich der herrlichste Anblick dar. Während sie die Tempel genau an den Punkten erbauten, wo sie am stärksten auf die Zuschauer wirkten, wo sie am besten den Horizont schmückten, so errichteten sie die Theater im Gegenteil gerade dort, von wo aus der Blick sich am meisten der Umschau erfreuen konnte.«

Die »Theaterbühne«, die dieses Städtchen bildet, ist von Mauern umgeben, deren Fundamente bereits aus Zeiten vor der persischen Okkupation stammen, manche Teile aus persischen, hellenistischen und römischen Epochen, andere aus byzantinischen: alle Achtung vor ihren Erbauern, denn sie haben ein Dutzend oder gar zwei Dutzend Kriege und Jahrhunderte überdauert! An nordwestlicher Seite unterbricht sie das Gümüsli-Tor, und dessen Türme sind schon einen Filmstreifen wert – genauso wie das Panorama von der Höhe Kaplan Kalesi, auf der sich einst die Akropolis von Halikarnassos erhoben hat.

Doch unsere Besichtigung Bodrums und Halikarnassos' bliebe unvollständig, wollten wir die Burg nicht besuchen. Sie ist heutzutage allerdings keine Festung oder Kaserne mehr, wie vor einiger Zeit, sondern zu einem attraktiven Touristenziel avanciert – und einem Museum dazu. Die gotischen Säle mit dem wundervollen Rippenwerk und den Wappen französischer, englischer, italienischer und deutscher Ritter stellen hinter dem siebenundzwanzigsten Längengrad östlich von Greenwich wahrlich etwas Unerhörtes dar – eine vielversprechende Vorankündigung dessen, was uns auf Rhodos erwartet ...

Sofern es ums Mausoleum und seine Ausstattung geht, hätten wir natürlich nach London fliegen müssen. Elgins Landsmann Sir Charles Thomas Newton hat es bewahrt – bereits im Jahre 1857.

Da Halikarnassos Geburtsort des Vaters der Geschichtsschreibung ist, hätte man voraussetzen können, daß seine Geschichte vorzüglich aufgearbeitet sei, zumal ein weiterer Geschichtsschreiber dort geboren wurde, zwar nicht von gleichem Ruf, doch immerhin bedeutend: Dionysios mit dem Beinamen von Halikarnassos (etwa 65

v. u. Z. – 10 u. Z.). Indessen widerfuhr ihm dasselbe wie den Schusterkindern aus dem alten Sprichwort, die barfuß gehen.

Herodot schreibt über seinen Geburtsort kaum, der ja damals seine Historie erst vor sich hatte. Er erwähnt ihn lediglich im 144. Kapitel des ersten Buches der »Geschichte«, worin er sich mit dessen Ausschluß aus dem dorischen Städtebund befaßt. Außerdem führt er noch die halikarnassische Königin Artemisia an, die an Xerxes' Seite gegen die Griechen gekämpft hat. Über König Mausollos und dessen Gemahlin Artemisia konnte er sich schließlich nicht verbreiten; sie wurden erst ein halbes Jahrhundert nach seinem Tode geboren.

Wie aus bruchstückhaften und verstreuten Berichten hervorgeht, haben Halikarnassos die Dorer bereits vor der »großen Kolonisation« gegründet, und zwar etwa im 10. Jahrhundert v. u. Z. »Für die einen der Gründer dieser Stadt werden Antes und Siedler aus Troizen gehalten«, schreibt Strabon; über zwei andere haben wir mittlerweile im Zitat aus Vitruvius gelesen, und weitere fänden wir bei weiteren Autoren. Weil die historische Wahrheit in der Regel nicht direkt dem Mittelwert unterschiedlicher Behauptungen der Historiker entspricht, dürfen wir als gesichert nur das betrachten, daß am Standort der jetzigen Festung, der einstigen Insel Zephiria, die Dorer eine der ältesten kleinasiatischen Siedlungen angelegt haben.

Ureinwohner dieses Landes waren die Karer oder Leleger; sie besaßen ihre Wohnstätten auf der Anhöhe Kaplan Kalesi, und die griechischen Zuwanderer ließen sich neben ihnen nieder. Mit der Zeit assimilierten sich die Karer und Dorer (auch Herodots Vater war von Geburt Karer) – genauso wie ihre Ansiedlungen verschmolzen. Im 6. Jahrhundert v. u. Z. bildete Halikarnassos gemeinsam mit Lindos, Ialysos, Kameiros, Kos, und Knidos den dorischen Sechsstädtebund (hexapolis), der seinen gemeinsamen, Apollo geweihten Tempel auf dem Knider Kap Triopion unterhielt. Als in Halikarnassos der ionische Einfluß zunehmend Übergewicht bekam, schlossen die übrigen Städte es aus diesem Bund aus. Der Grund war eine »Versündigung gegen das Heiligtum«: Der halikarnassische Bürger Agasikles hatte angeblich einen Dreifuß, den er im Wettkampf zu Ehren Apollos von Triopion gewonnen hatte, mit nach Hause genommen, anstatt ihn seinem Tempel zu schenken, wie es sich ziemte. Angesichts der Tatsache, daß Staatenpakte normalerweise wegen eines Dreifußes nicht zerfallen, scheint Agasikles' Taktlosigkeit nur Vorwand gewesen zu sein zur Verurteilung Halikarnassos' dafür, daß es sich den dorischen Sitten und Bräuchen entfremdet hatte.

Wann es zu diesem Ausschluß gekommen ist, steht nicht eindeutig fest. Das erste unstreitige Datum aus Halikarnassos' Geschichte ist das Jahr 540 v. u. Z., als es von den Persern unterworfen wurde. Offenbar stand es von Anbeginn mit Persien in engerem Kontakt als Ephesos. Die Perser unterstützten seine karische Aristokratie, so daß sie die dorische aus der Regierung zu verdrängen vermochte, und das herrschende Lygdamidengeschlecht blieb Persien auch während der Wirren nach Kambysos' und Kyros' Tod treu. So findet man unter den Ländern, deren Abtrünnigkeit Dareios I. in der Behistuner Inschrift vermerkt, weder Karien noch Halikarnassos. Wahrscheinlich fungierten die Lygdamiden auf dem halikarnassischen Thron als Satrapen, als persische königliche Statthalter der eroberten Territorien. (Das griechische – und unsrige – Wort »Satrap« leitet sich vom persischen »chschathrapavan«, »Aufseher, Verwalter« her. Es war der Titel des höchsten militärischen, administrativen Steuer- und Gerichtsbeamten der Grenzgebiete, weitreichende Vollmachten, Reichtum, Entlegenheit vom Reichszentrum machten die Satrapen zu fast unabhängigen kleinen Königen mit eigener Hofhaltung und Erbfolge. Daß diese Amtsbezeichnung nach und nach zum Schimpfwort geworden ist, hatte gewiß seine Ursache.)

Als im Jahre 480 v. u. Z. Dareios' Sohn Xerxes gegen Griechenland auszog, herrschte in Halikarnassos Königin Artemisia, die den Thron kurz zuvor nach ihrem Gatten bestiegen hatte. Sie begünstigte die Perser bedingungslos; die Schwächung des griechischen Elements lag in ihrem dynastischen und persönlichen Interesse. Vor Beginn der Kampfhandlungen brachte sie Xerxes' Kinder in den Epheser Tempel, damit sie auf neutralem Boden und in unantastbarem Asyl den Krieg überständen. »Da ihr Sohn zu jung war, zu wenig mutig und kühn«, übernahm sie, wie Herodot schreibt, »obwohl sie niemand dazu zwang«, das Kommando über die halikarnassische Kriegsflottille und »schickte von der ganzen Seemacht die neben den Schiffen der Sidonier berühmtesten Schiffe aus und erteilte dem König (Xerxes) von allen Kriegern die besten Ratschläge«. Sie nahm an der Schlacht bei Salamis teil und zeichnete sich durch eine Tat aus, die Herodot veranlaßte, ihr zwei Kapitel seines achten Buches der »Geschichte« zu widmen. Uns ist sie wenigstens einen Abschnitt wert, denn etwas Ähnlichem sind wir weder bei Napoleons noch Hitlers Generalen begegnet.

Mitten in der Schlacht, als bereits große Teile der persischen Flotte versenkt waren, wurde Artemisia plötzlich gewahr, daß ein Athener Schiff auf sie zusteuerte. (Die Athener hatten »einen Preis von zehntausend Drachmen ausgesetzt für denjenigen, der sie lebend gefangennähme; sie empfanden es nämlich als Schmach, daß sich eine Frau gegen sie aufzustehen erfrecht hatte«.) Sie ergriff die Flucht und rammte, um die Aufmerksamkeit von sich zu wenden, das Schiff ihres eigenen Verbündeten, vom kalyndischen König Damasithmynos befehligt, mit dem sie auf diese Weise zugleich eine alte Rechnung beglich. »Sie erzielte damit doppelten Vorteil: Als der Befehlshaber der attischen Flotte sah, daß sie ein Schiff der Barbaren angriff, nahm er an, ihr Schiff sei entweder ein hellenisches oder sie habe sich von den Barbaren getrennt und eile den Hellenen zu Hilfe; er wendete also sein Schiff und begann die anderen zu verfolgen.« Auch Xerxes, der den Kampf beobachtete, hielt das versunkene Schiff für ein feindliches (»Vom kalyndischen Schiff überlebte niemand, es gab daher keine Kläger«) und überschüttete Artemisia mit Geschenken und Auszeichnungen. »In diesem Krieg erwiesen sich Männer als Weiber, und die Frauen kämpften wie Männer.«

Artemisia erfreute sich der Gunst Xerxes' jedoch nicht lange. Kein Jahr verging, und die bei Salamis geschlagenen Perser wurden bei Plataiai und am Kap Mykale restlos zerschlagen. In Halikarnassos kam es zu einem Staatsstreich, in dem die griechische Partei Oberhand gewann und Artemisia den Thron verlor. Halikarnassos trat daraufhin im Jahre 477 v. u. Z. dem Delischen Bund bei, den ein Jahr zuvor die griechischen Staaten zur Führung gemeinsamer Seeoperationen gegen die Perser geschlossen hatten. Es war eine Föderation gleichberechtigter Staaten; delisch hieß er, weil seine höchsten Organe auf der Insel Delos am Apollotempel tagten, wo sich zudem die gemeinsame Schatzkammer befand. Die Priorität bestritt Athen, dessen Flotte – 300 Trieren – mächtiger war als die Flotte aller übrigen Verbündeten zusammengenommen. Athen behandelte Halikarnassos nicht gerade wohlwollend: nicht allein deswegen, weil es ein gar zu alter

Die »Löwenstraße« in Delos

Gegner und gar zu junger Bündnispartner war, sondern vor allem deshalb, weil es dort nicht gelingen wollte, die demokratischen Reformen durchzusetzen. Die halikarnassischen Herrscher waren insgeheim gegen Athen gesonnen und hintertrieben zielgerichtet die Politik der Demokraten, die für die Zusammenarbeit mit Athen wirkten. Opfer dieser Machenschaften wurde auch Herodots Familie: Herodots Oheim Panyassis, ein bemerkenswerter Dichter, wie wir aus den erhaltenen Bruchstücken seines Epos auf Herakles schließen können, und überzeugter Demokrat, endete auf dem Schafott, und Herodot selbst wurde verbannt.

Nach dem Zerfall des Delischen Bundes, verursacht vornehmlich durch die antiathenischen Intrigen Spartas, blieb Halikarnassos, wo inzwischen die Demokraten zur Macht gelangt waren, Athens Bundesgenosse; im Jahre 413 v. u. Z. fiel es nach der Niederlage der Athener Streitkräfte im Sizilischen Feldzug erneut unter persische Oberhoheit. Sparta hatte es nämlich zusammen mit anderen kleinasiatischen Städten durch einen Vertrag über gegenseitigen Beistand mit dem Satrapen Tissaphernes ans Persische Reich abgetreten, dessen Bestandteil es bis zum Jahre 334 v. u. Z. blieb, als Alexander der Große es eroberte.

Diese sogenannte zweite Phase der persischen Oberherrschaft, unterbrochen in den Jahren 394–352 v. u. Z. durch nahezu völlige Unabhängigkeit, war die höchste Blütezeit Halikarnassos'. Die Gewinne aus allerart Waren, angefangen bei der Muskel- und Geisteskraft der Sklaven bis hin zu den Gewürzkörnern, die in den Schalen der Hafenwaagen gegen Gold aufgewogen wurden, füllten die Kassen seiner Kaufleute und Regenten, um sich schleunigst in Marmorpaläste, Tempel und Kolonnaden zu verwandeln, ausstaffiert und plaziert in einer Weise, daß Vitruvius Halikarnassos zum Vorbild »einer ideal ausgebauten Stadt« erhebt.

Von See her uneinnehmbar und gegen das Festland vortrefflich gesichert, reich und stattlich, griechisch kultiviert und asiatisch schwelgerisch, überholt Halikarnassos in kurzer Frist Mylasa, die alte Hauptstadt Persisch-Kariens. Der Satrap Hekatomnos entschloß sich um das Jahr 387 v. u. Z., seine Residenz dahin zu verlegen, womit er die Bedeutung der Stadt noch erhöhte und ihren Ausbau beschleunigte. Vom verlassenen Mylasa, das am Fuße des Berges mit dem berühmtesten Marmor Kleinasiens lag, blieb fast nichts übrig, obwohl es zur Römerzeit wieder aufgekommen war; im 11. Jahrhundert verheerten es die türkischen Eindringlinge. Archäologisch war es bis zur schwedischen Expedition A. Pearsons in den Jahren zwischen den beiden Weltkriegen so gut wie unerforscht – gleich Dutzenden anderer Städte im kleinasiatischen Binnenland, wo bis in die Gegenwart Ruinen von Tempeln, Theatern und Palästen stehen, von denen niemand weiß, wer sie erbaut hat und wann sie verlassen wurden.

Den allerhöchsten Glanz erreichte Halikarnassos unter der Herrschaft des Nachfolgers Hekatomnos' und Sohnes Mausollos', der in den Jahren 377–352 v. u. Z. regierte. Mit diplomatischem Geschick, gepaart mit wirksamem Einsatz von Heer und Flotte, gewann er praktisch die Unabhängigkeit von Persien und unterwarf sich den ganzen südwestlichen Teil Kleinasiens, darunter das wiedererstandene Milet. Seine Residenzstadt schmückte er mit Bauten, wie sie seinerzeit nirgends in der Welt anzutreffen waren.

Nach Mausollos' Tode folgte auf dem Thron Artemisia II., seine Gemahlin und wahrscheinlich Schwester in einem. So zumindest sagt es Strabon; das karische Recht gestattete Herrschergeschlechtern die Ehe Blutsverwandter, ähnlich wie das ägyptische. Sie regierte bis zum Jahre 348 v. u. Z. und wennschon die Trauer um ihren Gatten den Hauptinhalt ihres Daseins ausmachte, vernachlässigte sie ihre Herrscherpflichten keineswegs. Als Frau auf der Kommandobrücke eines mächtigen Staates und Marinewesens stand sie ihrer Vorgängerin aus Salamis nicht nach. Vitruvius, unser halikarnassischer Stadtführer, berichtet über sie (ohne Quellenangabe):

»Als dann nach Mausollos' Tode seine Gemahlin Artemisia das Zepter schwang, beschwerten sich die Rhoder darüber, daß über die Städte ganz Kariens eine Frau herrsche. Sie stachen also mit ihrer Kriegsflotte in See, um sich ihres Reiches zu bemächtigen. Sobald Artemisia davon erfuhr, ordnete sie an, daß ihre Flotte, mit Ruderern und gerüsteten Marinesoldaten unter Deck, sich in einem Geheimhafen verberge und die übrigen Einwohner inzwischen die Stadtmauern bezögen. Als dann die Rhoder mit ihrer Kriegsflotte im großen Hafen einliefen, befahl sie, ihnen von den Mauern herunter Beifall zu spenden und die Kapitulation anzubieten. Kaum hatten die Rhoder ihre Schiffe verlassen und sich in Richtung Stadt in Marsch gesetzt, fuhr Artemisia auf einem speziellen Kanal mit der Flotte vom kleinen Hafen aufs offene Meer hinaus und brach in den großen Hafen ein. Die rhodische Flotte, nach Landgang der Soldaten verwaist, ließ sie aufs offene Meer schleppen. So wurden die Rhoder, die sich nirgendwohin zurückziehen konnten, inmitten der Stadt umzingelt und auf dem Markt geschlagen.

Artemisia besetzte daraufhin die rhodischen Schiffe mit ihren Soldaten und Ruderern und lief gegen Rhodos aus. Als die Rhoder ihre Schiffe lorbeergeschmückt nahen sahen, glaubten sie, ihre Mitbürger kehrten siegreich heim, und ließen die Feinde ein. Artemisia besetzte Rhodos und ließ die Stadtväter hinrichten. Zum Andenken an ihren Sieg stellte sie in der Stadt ein Siegesmal auf mit zwei Bronzestatuen, deren eine den rhodischen Staat und andere ihre eigene Person darstellten: In ihrem Zorn überreicht sie dem rhodischen Staat das Sklavenzeichen. Die Rhoder, denen religiöse Vorstellungen das Denkmal zu entfernen verboten, weil geweihte Stätten zu zerstören als gottlos galt, friedeten diese Stelle später ein und ließen sie durch einen ausgewählten griechischen Posten bewachen, damit niemand dieses Schandmal zu Gesicht bekäme.«

Mausollos und Artemisia waren kinderlos; die einzige Frucht ihrer Liebe blieb das Mausoleum. Durch dieses Bauwerk ging auch Halikarnassos in die Geschichte ein; ansonsten spielte sich dort nichts ab, was von überregionalem Gewicht gewesen wäre. Als Artemisia an der Trauer um ihren Gemahl zerbrach (etwa um das Jahr 348 v. u. Z.), übernahm Mausollos' jüngerer Bruder Hydrieus das Regiment, starb aber bald darauf. Daraufhin zog in Halikarnassos das Chaos ein. Auf dem Thron repräsentierte es Hydrieus' Gattin und Schwester Ada und auch ihrem Sturz Mausollos' jüngster Bruder Pixodaros, der einen persischen Korregenten berief und seine Tochter Ada heiratete. Diese Ada II. erblickte dann vor den Toren ihrer Stadt Alexanders Truppen, die in ihrem Troß Ada I., ihre emigrierte Tante und Großmutter zugleich, mitführten; sie hatte Alexander mittlerweile zur Königin von Halikarnassos erkoren. Eine lange Belagerung, die festen Mauern hielt ein Trupp griechischer Söldner mit dem hervorragenden Heerführer Memnon an der Spitze, fand ihren Abschluß, indem die Stadt in Brand gelegt und die Burg erobert wurde.

Als Alexander starb, fiel Halikarnassos im Verein mit einigen anderen Städten an der kleinasiatischen Küste dem Ägypter Ptolemäus zu; später beherrschten es Alexanders makedonische Thronfolger, nach ihnen die Attaliden von Pergamon, im Jahre 129 v. u. Z. die Römer. Der Niedergang, der nach einer Etappe seines neuerlichen Aufschwungs unter den Römern eintrat, währte lange, war allmählich, nicht katastrophal. Als im Jahre 1402 der rhodische Ritterorden es besetzte, stand noch eine Menge der altertümlichen Bauwerke, darunter auch das Mausoleum. Im Jahre 1522 überrollten Halikarnassos Suleimans Horden; seitdem sind die Türken seine Herren.

Möglicherweise ist schon aufgefallen, daß in diesem Kapitel unser alter Begleiter Philon noch nicht zu Wort gekommen ist. Er wird es auch nicht; wie wir an dem abrupt unterbrochenen Satz in der Schilderung des Artemistempels ablesen konnten, ist sein Büchlein nicht ganz erhalten geblieben. »Durch die Ungerechtigkeit der Zeit«, meint Orelli, »ist auch die Beschreibung des Mausoleums verlorengegangen«.

Verlorengegangen sind aber nicht die Quellen, aus denen Philon offenbar geschöpft hatte. Das gilt zuvörderst von der Arbeit Aulus Gellius', eines römischen Schriftstellers des 2. Jahrhunderts u. Z., der in seinen »Attischen Nächten« über Mausollos und dessen Gemahlin schreibt, stellenweise gar im selben Wortlaut wie vordem Plinius in seinem 36. Buch. Überliefert sind ebenfalls bescheidene Notizen über das Mausoleum bei Cicero (in den »Tusculum-Gesprächen«), bei Valerius Maximus und bei anderen Autoren; bei Vitruvius finden wir sogar die technische Darstellung des Baues und der künstlerischen Ausstattung. Informationen über das Mausoleum enthalten auch die Chroniken der Ritter von Rhodos. Im vorigen Jahrhundert wurden die literarischen Schilderungen durch Steinzeichnungen ergänzt, die in Halikarnassos, und erstaunlicherweise auch in Italien, Beauftragte des Britischen Museums aufgefunden hatten.

Am Anfang des Mausoleums, des seinerzeit größten Grabmals der Welt nach den ägyptischen Pyramiden, stand nicht der Glaube an die Unsterblichkeit der Seele noch die Hoffart eines Selbstherrschers, sondern eine große Liebe, die am pomphaftesten geäußerte Liebe, über die uns die Literatur je berichtet hat.

Hera und Leandros, Romeo und Julia, Tristan und Isolde, Manon Lescaut und Ritter des Grieux – sie alle und viele andere haben ihre Dichter gefunden. Artemisia hatte nicht das Glück. Es stimmt, daß die größten Baumeister ihrer Liebe ein Denkmal gesetzt und die berühmtesten Bildhauer es ausgestaltet und die namhaftesten Redner es mit Lobeshymnen überschüttet haben – doch Denkmale, beständiger als Marmor und Metall, schaffen Dichter allein ... weil Artemisias großes Liebesabenteuer uns in Plinius' und Gellius' »faktologischem Verzeichnis« überliefert worden ist, vermag es uns nicht sonderlich aufzuwühlen. Lesen wir darüber, etwas wird uns schon ein wenig berühren, wenn es freilich in lyrischer Version entschieden effektvoller klänge.

Mausollos

»Es geht das Gerücht, Artemisia habe ihren Gemahl Mausollos mehr geliebt, als es alle Liebesgedichte auszudrücken und menschliche Leidenschaft zu ertragen vermöchten. Als sich Mausollos' Schicksal vollendete, ließ sie ihn unter Tränen und Händeringen prunkvoll an der Grenze bestatten. In brennender Trauer und glühender Sehnsucht nach dem Gemahl zermalmte sie seine verglühten Gebeine zu Staub, vermengte diesen mit Duftmitteln, goß Wasser hinzu und trank es aus.« (»Weil sie zu Mausollos' lebendiger Grabstätte zu werden trachtete«, ergänzt Valerius Maximus.) »Und sie lieferte noch mannigfache andere Beweise ihrer leidenschaftlichen Liebe. Unter unermeßlicher Kraftanstrengung und mit Großzügigkeit erbaute sie zur Bewahrung seines Andenkens jenes bekannteste Grabmahl, so imposant, daß es zu den Sieben Weltwundern zählt. Sie weihte es Mausollos' Geist und ordnete an, ihn in höchsten Tönen zu preisen. Dafür hielt sie reichlichen Lohn in Geld und anderen Gütern bereit. Zu Wettbewerben in diesen Preisgesängen kamen geachtete Männer, die sich durch Begabung und Beredsamkeit hervortaten: Theopompos, Theodektes, Naukrates und selbst Isokrates ... Zeitlebens gab sie sich der Trauer hin, von Trauer zermürbt starb sie.«

Bevor wir vor Artemisias Liebesdenkmal treten, verharren wir auf ein paar Worte bei den Lobgesangsausscheiden, wenn auch ihre Texte sich nicht erhalten haben. Das bedauern wir besonders bei Isokrates, der neben Demosthenes als berühmtester griechischer Redner gegolten hat. Er lebte in den Jahren 436–338 v. u. Z. und war Inhaber einer Rhetorikschule in Athen; die Gebühr für einen Kursus betrug eintausend Drachmen, wofür er den Zöglingen nicht nur das Ablesen vom Papier beibrachte, sondern sie wirklich frei reden lehrte. Wir kennen rund sechzig seiner Reden; an einer davon, »An Demonikos», soll er zehn Jahre gefeilt haben. Er verhielt sich Honoraren gegenüber nicht gleichgültig, und Plato warf ihm vor, er vernachlässige dem Gelde zuliebe die Philosophie; so wird der von Artemisia ausgeschriebene Preis ihn wohl zur Höchstleistung angespornt haben. Eine ebenso gute Rede hielt, wie verlautet, sein Schüler Theodektes, sprichwörtlich seines scharfen Witzes wegen. Als Sieger indessen ging ein anderer Isokratesschüler hervor, der Historiker Theopompos, ein hervorragender Psychologe und Stilist, der antike Hohepriester des Personenkults.

Das Mausoleum erregte Bewunderung in erster Linie durch seine architektonische Konzeption. Es war eine Verbindung der Pyramide, der Zikkurat und des griechischen Tempels und brachte somit vorzüglich die Sonderstellung Halikarnassos' am Scheidepunkt der griechischen, mesopotamischen und ägyptischen Welt zum Ausdruck. Zeitgenossen staunten über seine Dimensionen, seine Kostspieligkeit und vor allem über seine »unerreichte Vollkommenheit der künstlerischen Ausgestaltung«.

Als Fundament des Gesamtbaues diente ein »Riesensockel aus prokonnesischem Marmor«. In Wahrheit war es lediglich in Marmor gefaßt; sein Kern bestand aus einem massiven Block ungebrannter Ziegel. (Vitruvius richtet dies an die Adresse der damaligen Konservativen, die Ziegel für unsolides Ersatzmaterial hielten und Gestein den Vorrang gaben.) Diese Basis besaß einen rechteckigen Grundriß und maß Plinius zufolge »an der südlichen und nördlichen, d. h. den Stirn- und Schmalseiten 63 Fuß, und der Gesamtumfang belief sich auf 411 Fuß; die Höhe erreichte 25 Ellen«. Übertragen wir diese Daten auf unsere Maße, so erhalten wir einen Kubus von 18,9 × 42,3 × 11,1 Metern. Andere Schriftsteller geben wiederum größere Ausmaße an; nach den maximalen Angaben maß das Fundament 66 × 77 × 30 Meter. Im ersteren Fall wären für seine Errichtung 2,5 Millionen unserer Normziegel vonnöten gewesen, im zweiteren 44,5 Millionen. Kann man hier sagen, die Wahrheit liege in der Mitte?

Wenn wir die genauen Maße dieses »Sockels« kennten, gliche die ganze Rekonstruktion des Mausoleums einem Kinderspiel. In den Quellen wird nämlich einhellig vermerkt, daß darauf ein Grabtempel gestanden habe, umgeben von 36 ionischen Säulen, die das Dach in Form einer vierundzwanzigstufigen Pyramide trugen. Zwischen den Säulen füllte die Räume reichhaltiger bildhauerischer Schmuck, und die Bruchstücke marmorner Löwen und mythologischer Wesen, im vergangenen Jahrhundert hier gefunden, bezeugen, daß er von der Hand größter Künstler stammte. Die Pyramidenspitze endete in einer Plattform, auf der eine Mausollos und Artemisia auf einem vierspännigen Wagen darstellende Doppelstatue emporragt. Die Gesamthöhe vom Fundament bis zum Scheitel des Figurenensembles betrug, wie Plinius und andere Autoren schreiben, 46 Meter. Den Bauplan dieses Grabmals entworfen und realisiert haben die Architekten Pytheos und Satyros. Dem Geburtsjahr und ihrem Wirken nach gehören beide in die sogenannte postklassische Periode der »ionischen Renaissance«, doch das wenige, was sie uns vererbten, beispielsweise die Trümmer des Athenetempels unterhalb des Marmorberges von Priene, den Pytheos aus Alexanders des Großen Dotation erbaut hat, beweist, daß sie die besten Traditionen der Gipfelzeit griechischen Bauwesens fortsetzten. Wären sie einhundert Jahre früher zur Welt gekommen, wären sie nicht allein durch ihr Werk, sondern auch von den Kunsthistorikern den Klassikern zugerechnet worden.

»Diesen beiden«, schreibt Vitruvius, »beschied das glückliche Los fürwahr die größte und höchste Gabe. Zur Ausführung ihrer Ideen trugen mit ihren bedeutsamen Schöpfungen Künstler bei, deren Werke sich nach dem Urteil der Menschen größten und für alle Zeiten sprießenden Ruhmes erfreuen. Einzelne Künstler, miteinander wetteifernd, übernahmen einzelne Teile des Mausoleums zur Ausgestaltung und Mehrung seiner Schönheit, und zwar jeder an einer Seite. Es waren Leochares, Bryaxis, Skopas und Praxiteles; manche meinen, auch Timotheos. Und die unvergleichliche Vollkommenheit ihrer Kunst bewirkte, daß dieses Werk den Nimbus eines der Sieben Weltwunder erlangen mußte.«

Bei der Einteilung dieser Bildhauer nach den vier Himmelsrichtungen fiel der Osten Skopas zu. Er verbildlichte den »Kampf der Griechen gegen die Amazonen« – ein altes, hundertfach aufgegriffenes Sujet. Und es zeigte sich: Mag der Vorwurf noch so »alt« sein, noch so »strapaziert«, einen

Der Kampf der Griechen gegen die Amazonen. Relief vom Mausoleum in Halikarnassos

wahren Künstler kann er in seinem Schaffensflug nicht beeinträchtigen. Skopas entfaltete seine Meisterschaft mit solcher Kraft, daß wir auch ohne Plinius' und Vitruvius' Bericht keinen Augenblick seine Aktie an der Ausstattung angezweifelt hätten. Selbst in den Details der Handlung, so oft vor ihm und nach ihm wiederholt, erkennen wir seine Hand, sein Können.

Skopas' Mausoleumsschmuck ist größtenteils erhalten geblieben, und für diese seltene Gunst des Schicksals sind wir außerordentlich dankbar: Sie ermöglichte es, die bisherigen bescheidenen Belege Skopasscher Kunst um »fundamentale Fonds« hoher künstlerischer und historischer Relevanz zu ergänzen. Und sie erlaubt uns, von neuem den edelsinnigen Realismus seiner Figuren zu bestaunen und uns die Richtigkeit der Wahrnehmung antiker Kritiker zu erschließen, die am höchsten seine Fähigkeit schätzen, »die auch dem Ausdruck nach äußerst ähnlichen Seelenzustände zu unterscheiden«. Die meisten seiner Schöpfungen kennen wir aus bloßen Beschreibungen, so die Statuengruppe »Leto und Ortygia mit Apollo und Artemis« aus dem Epheser Tempel, die von den Goten vernichtet wurde, oder aus hellenistischen und römischen Kopien, die sich infolge ihrer Pedanterie zum Original verhalten wie Blattgold zu Gold. Zu den besten Nachbildungen zählt die Statue Apollo und Athene von Knidos und allen voran der berühmte Apollo, die Musen führend, aus dem Vatikanmuseum (vor dem uns der Museumsführer jedesmal den zweitausendjährigen Satz vorbetet: »Schauen Sie auf die Nakkenmuskeln, und Sie werden sehen, daß er singt.«). Aber hier auf dem Mausoleum, präziser, an den Wänden des Halikarnassos-Saal im Britischen Museum, treffen wir mit Skopas persönlich zusammen.

Ob die Südseite des Mausoleums Timotheos oder Praxiteles gestaltet hat, können wir aus den erhaltenen Dokumenten nicht eruieren. Den westlichen Fries dann schuf nach übereinstimmenden antiken Berichten Leochares, Hofbildhauer Philipps von Makedonien und Alexanders des Großen. Auf Spuren seines Schaffens sind wir schon in Olympia gewesen; er verzierte das Philippeion mit Statuen von Mitgliedern der makedonischen Königsfamilie. Ihre Sockel stehen seither auf der alten Stelle, und an einem von ihnen ist sogar Leochares' Name zu lesen. Sie sind vielleicht deswegen erhalten geblieben, weil die Figuren in den Heratempel geschafft worden waren, um nach Kaiser Neros Besuch in Olympia die Lücken zu schließen, da er hier wie überall »aus purer Liebe zur Kunst« stahl, was nur möglich war. Leochares werden auch zwei wohlbekannte Statuen zugeschrieben, deren Kopien wir gleichfalls bereits begegnet sind: die sogenannte Versailler Artemis (im Louvre) und der sogenannte Apollo von Belvedere (im Vatikan). Seiner Hand ist möglicherweise auch die Demeter von Knidos entsprungen, sie ist im Original erhalten und befindet sich zum Stolz der Londoner im Britischen Museum.

Die Nordseite des Mausoleums bekam durch Los der Athener Bildhauer Bryaxis zugesprochen, Schöpfer von ungefähr dreißig Götterstatuen für verschiedene Tempel im kleinasiatischen Griechenland.

Nach antiken, durch Funde bestätigten Beschreibungen waren in dem bildhauerischen Arrangement der Nord-, Süd- und Westseite des Mausoleums Theseus' Heldentaten, Pelops' Wettkämpfe und die Auseinandersetzung zwischen den Kentauren und den Lapithen gestaltet. Der Kunstwert der einzelnen Tafeln lag wahrlich nicht unter dem »Weltniveau«. Die Schöpfer der herrlichen Löwen-, Götter- und Heroenfiguren, die das Säulensystem des Tempels zierten, bergen sich unter dem Schleier der Anonymität; das drei Meter hohe Standbild Mausollos' auf der Spitze der Tempelpyramide schuf laut antiken Quellen der Koarchitekt des Mausoleums, Pytheos, nach Annahme neuzeitlicher Forscher Bryaxis.

Artemisia erlebte den Abschluß der künstlerischen Ausgestaltung des Mausoleums nicht. Doch das Werk, mit dem sie das Andenken ihres Gemahls ehrte, überdauerte ganze Epochen und lebte im

Wortschatz nahezu aller Völker der Erde bis heute.

Nun noch kurz zum Schicksal des Mausoleums. Im zwölften Jahrhundert unserer Zeitrechnung stand es noch, im dreizehnten wurde es von einem Erdbeben beschädigt, im fünfzehnten vernichtet. Es fiel den Rittern von Rhodos zum Opfer, die es als Baumaterial für die Zinne der St.-Peter-Festung brauchten. Im neunzehnten Jahrhundert wurden seine Überreste entdeckt.

Charles Thomas Newton (1816–1894), der erste Forscher auf Bodrums Boden, war von Beruf Archäologe, und zwar mit solcher Leidenschaft, daß er sich um dessentwillen selbst überwand und vorübergehend in diplomatische Dienste trat. Nach dem Studium in Shrewsbury und Oxford ließ er sich als Assistent am Britischen Museum anstellen und arbeitete in der Abteilung für griechische Altertümer; nach zwanzig Jahren entschloß er sich, vor Ort zu gehen. Es lockte ihn die Welt des einstigen kleinasiatischen Griechenlands, und die britische Regierung, die mit Archäologen die besten Erfahrungen gemacht hatte, richtete für ihn in Mytilene auf Lesbos ein Vizekonsulat ein, was im Wortsinn einer Sinekure gleichkam, denn diesen Hafen lief kaum ein Dutzend englischer Segelschiffe im Jahr an. Sein unmittelbarer Vorgesetzter, der britische Gesandte in Konstantinopel, Sir Stratford Canning, erwirkte für ihn die Erlaubnis, an Stellen eigener Wahl zu graben. Zuerst wandte er sich der Insel Kalymnos (etwa 20 Kilometer nordwestlich von Kos) zu und fand dort aufschlußreiche Inschriften; später ging er auf Knidos, entdeckte und rekonstruierte als erster in der Geschichte der Altertumsforschung den Lageplan einer antiken Stadt. Im Jahre 1856 ließ er sich mit seinem Assistenten Murdoch Smith (der später den Archäologenspaten in die Ecke warf und nach Persien Telegraphenmaste aufstellen ging) in Bodrum nieder, um das Mausoleum zu suchen.

Das war eine Tätigkeit bar aller Abenteuer, aber um so ergiebiger. Newtons Freunde hatten recht, wenn sie ihn mit Polykrates verglichen und »Angst vor sei-

Zwei Rekonstruktionen des Mausoleums. Links nach Cockerell (1856), rechts nach Stevenson (1896)

nem Glück« empfanden: Gleich beim ersten Stadtbummel stieß er auf den Standort des Mausoleums, und seine Spitzhacke traf mit dem ersten Hieb dessen Ruinen. Bis Ende des Jahres 1857 förderte er einige Stufen der eingestürzten Tempelpyramide und sämtliche erreichbaren Reste dessen bildhauerischer Ausstattung ans Tageslicht: Zwei Rosse vom Viergespann, das die Spitze des Mausoleums geschmückt hatte, die Porträtplastiken Mausollos' und Artemisias, eine Menge Figuren und Löwen sowie massenhaft kleinere und größere Fragmente. Die kostbarsten Exemplare schickte er umgehend nach London, einen Teil seiner Funde schenkte er »zum Zeichen guten Willens« der türkischen Regierung, die lange Zeit nicht wußte, was sie damit sollte, und sie bis Eröffnung eines Museums in Istanbul in einer Kaserne deponierte. Während solcherart Lagerung verdarb ein Teil des Fundes, und andererseits verschwand zu allem Übel auch Dokumentationsmaterial. Heute wissen wir nur soviel, daß die Löwenfiguren, die die Vorhalle des unteren Traktes des Istanbuler Archäologiemuseums zieren, aus Halikarnassos stammen, und lediglich beim großen Löwen mit der wunderbar ausgeformten Mähne, der dicht am Treppenaufgang steht, ist sicher, daß er aus dem Mausoleum kommt. – Mausollos' und Artemisias Statuen befinden sich natürlich im Britischen Museum.

Newtons größter Erfolg in Bodrum stellte die Entdeckung von vierzehn Tafeln des Frieses dar, der ehemals die Mausoleumswände geschmückt hat, ebenso wie der Reliefs, die den Kampf der Griechen gegen die Amazonen symbolisierten und von antiken Autoren Skopas zugeschrieben wurden. Diese Tafeln waren allerdings nicht an ursprünglicher Stelle, das heißt an der Nordfront, wohin Mausollos' und Artemisias Statuengruppe gestürzt war, noch im näheren Umkreis; sie waren in die Mauern der St.-Peter-Festung eingemauert – zur Verstärkung des Bollwerks.

Schon zuvor hatten britische Fahnder nach archäologischen Denkwürdigkeiten drei andere Tafeln aus dem Mausoleumsfries aufgespürt, die auf rätselhaftem Wege übers Meer und über Jahrhunderte in die Villa di Negro in Genua geraten waren. Wie ist es herausgekommen, daß sie aus Halikarnassos stammten? Darauf gibt die Hermeneutik genannte Wissenschaft Auskunft, die mittels Stilanalyse gefundener Gegenstände, durch vergleichende Studien, durch Erforschung der Entdeckungsumstände u. ä. sowie mit chemisch-physikalischen Materialuntersuchungen die Entstehungszeit des Werkes und dessen Schöpferhand bestimmt. Es ist eine interessante Disziplin, und sie erfordert allseitige und tiefgründige kunsthistorische Bildung, die Beharrlichkeit eines Laboranten, die Empfindsamkeit eines Künstlers, die Kombinationsgabe eines Detektivs und ein gerüttelt Maß Glück gleichermaßen.

Als Newtons »Entdeckungen in Halikarnassos« erschienen (1862–1863), die er gemeinsam mit R. P. Pullan, seinem zweiten Assistenten bei den kleinasiatischen Ausgrabungen, verfaßt hatte, ergriff die Architekten, Historiker, Philologen und Maler eine seltsame Passion: nämlich die Rekonstruktion des Mausoleums. Während der fünfundzwanzig Jahre, die Newton seit seiner Rückkehr nach London als Chef der griechischen und römischen Abteilung des Britischen Museums wirkte, sammelte er genau fünfzig solche Rekonstruktionen. Und er war schon als Professor für klassische Archäologie der Londoner University College emeritiert, als in der Berliner »Zeitschrift für Bauwesen« eine Studie Friedrich Adlers, Curtius' Mitarbeiters bei den Grabungen in Olympia, mit einer Skizze erschien, die offenkundig das Mausoleum am treffendsten wiedergab. Das war im Jahre 1900; dann hörte dieses ebenso interessante wie harmlose Spiel auf.

Wie das Mausoleum genau ausgesehen hat, werden wir kaum jemals erfahren. Sein Modell ist nicht erhalten geblieben. Doch unweit Halikarnassos', im benachbarten Lykien an der südwestlichen Küste Kleinasiens, steht etwa zehn Kilometer von der Mündung des Flusses Kocatschai ein ausgedörrter Hügel mit den Ruinen Xanthos', der ehemaligen Hauptstadt der lykischen

Satrapie. Vernichtet hat sie im Jahre 43 v. u. Z. der römische Heerführer Brutus, und seitdem finden wir hier Überreste von Palästen, Theatern, Tempeln sowie eines Triumphbogens – und in der Umgebung bemerkenswerte Grabstätten. Sie gehen auf das 5. Jh. v. u. Z. zurück, und geschaffen haben sie nichtgriechische, jedoch unter griechischem Einfluß stehende Künstler – wahrscheinlich lykische, obwohl ihre Herrscher mit den Griechen ständig in Streit lagen: nicht allein während Xerxes' Feldzuges und bei Alexanders Ankunft, sondern Homer zufolge bereits vor Troja.

Ist nicht eine dieser Grabstätten, bekannt als »Nereiden-Denkmal«, das Vorbild des halikarnassischen Mausoleums und zugleich der Schlüssel zu dessen echter Rekonstruktion?

Das sechste Wunder

6

Der Koloß von Rhodos

»Die Insel Rhodos liegt im weiten Meer. Einst, als sie noch auf dem Boden versunken war, holte Helios sie ans Licht und erflehte sie von den Göttern zum Eigentum. Hier steht der Koloß, siebzig Ellen hoch, Gott Helios zum Ebenbild geschaffen«, der auf seinem Sonnenwagen Menschen und Göttern gleichermaßen Licht spendet. »Der Künstler wandte an sein Werk so viel Kupfer, daß für dessen Abguß sämtliche Vorräte nicht ausreichten und Kupferminen der ganzen Welt aushelfen mußten. Hat Zeus die Rhodier mit solchem Reichtum nur zu dem Zweck überhäuft, daß sie ihn Helios zu Ehren verwendeten und eine Statue errichteten, die von der Erde bis zum Himmel reiche?«

Mit den »Minen der ganzen Welt« hat Philon zweifellos ein bißchen übertrieben. Doch im Hinblick auf die Höhe der Statue des »strahlenden Sonnengottes« – 30 bis 35 Meter nach den unterschiedlichen Berechnungen – ist seine Angabe die geringste aller antiken Schriftsteller. Andere schreiben, sie habe 40 bis 50 Meter betragen; ein Anonymus vom Anbruch unserer

Lageplan des alten Rhodos

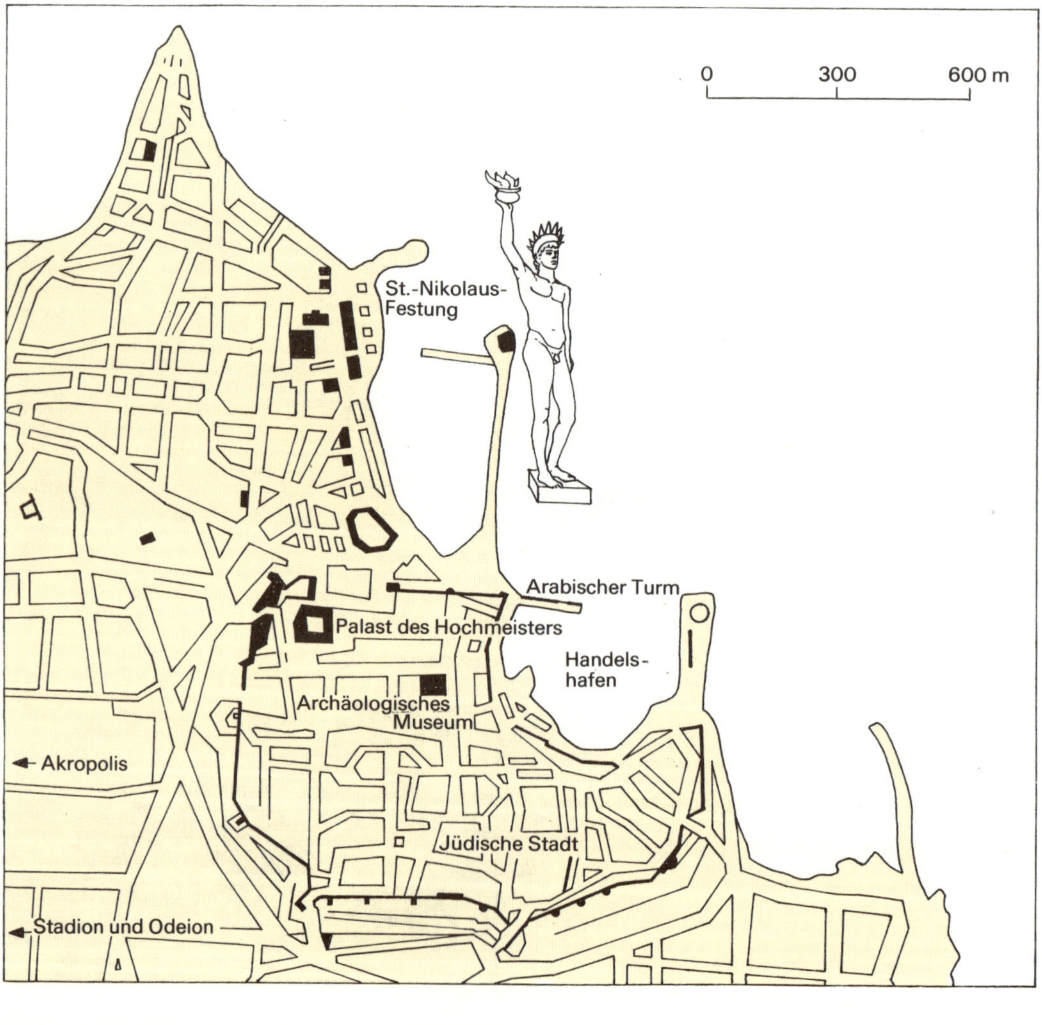

Zeitrechnung behauptet sogar, die Figur habe gegrätscht auf zwei einander gegenüberliegenden Hafendeichen gestanden, so daß die Schiffe, die in Rhodos festmachen wollten, unter ihr hindurchfahren mußten.

Abgesehen von den Daten dieses Anonymus bleiben uns Dimensionen, die im ersten Moment nicht sonderlich imponieren; denn dreißig oder vierzig Meter sind nicht viel – längenmäßig. In der Höhe kommen sie einem Flughafenleuchtfeuer oder einem durchaus stattlichen Hochhaus nahe. Und für eine Statue, eine kupferne zudem, ist das mehr als genug, um sich unter die Weltwunder zu reihen: ein Wunder der Technik und Kunst.

Anscheinend wog der Koloß von Rhodos selbst der Erde zu schwer. Die ertrug ihn auf ihrem Rücken nur etwa fünfzig Jahre. Dann schüttelte sie ihn ab. »Auch liegend war er wunderbar«, schreibt Plinius.

Strabon bezeichnete Rhodos als »die herrlichste Stadt von allen«, die er kennengelernt hatte; und er kannte praktisch alle Städte der antiken Welt.

Vom antiken Rhodos blieb verhältnismäßig wenig erhalten: auf der Akropolis Trümmer des Zeus- und des Apollotempels, des Stadions und des Theaters, des Gymnasiums und der Tribüne, am Hafen geringe Reste des Aphrodite- und Dionysosheiligtums. Im Schatten seines Ruhmes und seiner Ruinen indessen entstand eine neue Stadt: wie einem Rittermärchen entnommen. Und rund um dieses mittelalterliche Rhodos erwuchs und wächst fortwährend weiter das moderne Rhodos ...

Der Urheber jenes Slogans »Neapel sehen und sterben!« hat gewiß Rhodos nicht besucht oder war von der Vereinigung neapolitanischer Hoteliers korrumpiert. Rhodos ist vom Meer aus dem Anblick nach der Stadt am Vesuv zumindest ebenbürtig; es vereint in sich darüber hinaus das Romantische Malagas oder Granadas mit dem orientalischen Zauber von Damaskus. Seine Akropolis ähnelt eigentlich einem Palmen- und Zypressenhain, veredelt durch das Wirken der Archäologen. Sein Zentrum bildet eine von streifenförmigen Promenaden gesäumte Burg, deren Innenhof mit einem Teppich jahrhundertealter Bauten und Kuppeln byzantinischer Tempel und Moscheen ausgelegt ist. Seine Neustadt beweist, daß die Urbanistik hierorts auf uralte Traditionen zurückblickt; die Wohnviertel sind gleichzeitig Seebäder. Und was erst der Hafen mit seinem ganzen Netz von Dämmen und Deichen, mit drei Buchten und dem transparenten smaragdfarbenen und himmelblauen Meer! ... Ja, Rhodos heißt Sehnsucht, dort zu leben.

Von Halikarnassos bis Rhodos sind es keine hundert Kilometer Luftlinie; mit dem kleinen Dampfer, der ein wenig als Vagabund und ein wenig als Omnibus durch die Dodekanes genannte Inselgegend zottelt, vergrößert die Entfernung sich aufs Doppelte. Wenn die Signale vom Arabischen Turm dann dem Kapitän Anlegeerlaubnis erteilen, passieren wir Windmühlen wie aus holländischen Gefilden und alte ausgediente Kanonen. Am Strand sehen wir Menschen aller Typen der Hellas und des Mittelmeers: griechische Matrosen und Bauern, deren Ahnen diese Insel vor dreieinhalbtausend Jahren besiedelt haben; Italiener, die von den Kolonisten aus nicht ferner Vergangenheit übriggeblieben sind; Türken und Araber, die sich hier mit einer Ehefrau bescheiden mußten; (und vor der Besetzung durch Hitlertruppen) spanische Juden, deren Vorfahren sich weder verbrennen noch taufen ließen; Touristen aus aller Herren Länder Europas. Wir lenken unser Augenmerk selbstverständlich und vor allem auf die Griechen, die den Kern dieses Mikrokosmos und darin die entscheidende Mehrheit bilden: den Jahrhunderten fremder Einflüsse zum Trotz sehen sie aus wie in Attika oder Thessalien geboren, und jeder zweite von ihnen könnte Appolonios und Tauriskos oder einem beliebigen Meister der »Rhodischen Schule« Modell stehen, und zwar ebensogut wie dem Athener Pheidias. Lediglich ihr Griechisch weicht unwesentlich ab; es ist ähnlich wie auf Zypern durchsetzt mit Idiomen aus dem Latein und mittelalterlichem Französisch. So sagen die älteren Leute zum König nicht basileus, sondern anax – wie Homer.

Die Besichtigung Rhodos', der Stadt und des Hafens, bereitet heutzutage keine Beschwerlichkeiten, im Gegenteil. Vor dem zweiten Weltkrieg, als es noch zu Italien gehörte, erschien der Ausländer mit Photoapparat allerdings höchst verdächtig; einen Notizblock zu zücken, um das Renaissanceportal der Suleimanmoschee oder das Ritterwappen am St.-Johannes-Tor zu skizzieren, war mit dem Risiko eines Nachtlagers auf Staatskosten verbunden. Jetzt begegnet man, wie übrigens in ganz Griechenland, Zuvorkommenheit und Gastfreundschaft, die für Griechen schon in der Antike sprichwörtlich war.

Lange Jahre nach dem zweiten Weltkrieg noch, nach seiner neuerlichen Heimkehr nach Griechenland, machte Rhodos den Eindruck eines Gebietes, das erst aus kolonialer Knechtschaft erwacht ist. Die italienische Verwaltung gebärdete sich hier zwar nicht wie in einer Kolonie, sondern wie zu Hause – unter Verhältnissen faschistischen Regimes läuft das auf dasselbe hinaus. Es gab keine Industrie, nicht einmal eine Schiffsreparaturwerft. Die Landwirtschaft war rückständig und benutzte mancherorts sogar den römischen Pflug, der die Scholle nur schält, aber nicht wendet. Die Weinberge, die Oliven- und Feigenhaine, die Zitronen-und Apfelsinenplantagen konnten zwei- und dreimal soviel Einwohner ernähren, als die Insel insgesamt zählte. Doch die Menschen lebten vorwiegend von der Auswanderung: Von hier kamen Schiffer, Dienstmädchen und Ammen in alle Staaten westlich des einstigen großen Griechenlands. Kultureinrichtungen repräsentierten ausschließlich die Kirchen, Moscheen, Synagogen und Kinos; darüber hinaus gab es ein archäologisches Museum. Nach der Erkenntnis, daß die Touristik einen bedeutsamen Zweig der Volkswirtschaft stellen kann, änderte sich die Situation zusehends: Rhodos begann sich gleichsam in eine Insel-Schweiz zu wandeln mit ansehnlichen Hotels und den vortrefflichsten Stränden im gesamten östlichen Mittelmeerraum.

Wir starten zu unserem Stadtrundgang natürlich an jener Stelle, an der sich einst der Koloß gereckt hat. Dazu kehren wir den Windmühlen und Kanonen auf der Westseite des Großen Hafens den Rücken und durchschreiten das St.-Pauls-Tor an der schmalen, einen halben Kilometer langen Mole mit der St.-Nikolaus-Festung. Zur Linken breitet sich die stille Fläche des Mandraki-Hafens, der Basis und des Zufluchtorts der Galeeren der Ritter von Rhodos. Wenn wir vor den Gesteinsblöcken am Festungstor stehen, die von weitem schlafenden Schildkröten ähneln, sind wir am Ziel. Uns ist bewußt, daß es Unsinn ist, doch unwillkürlich verneigen wir uns vor der Erde, von der »die gegen die Sonne gerichtete Sonne« geschienen hat. Aus der Ergriffenheit reißt uns erst die Stimme eines Jünglings in Matrosenhosen: Er fragt, was wir suchten und ob er uns helfen könne. »Den Koloß oder zumindest seine Spuren.« – »Den Koloß? Ja! Wir bauen ihn wieder auf. Aus Aluminium. Und oben wird ein estiatorio, ein Restaurant, sein.«

Ähnliches hörten wir auch unterwegs durch den Irak; dort soll der Turm zu Babel wiedererrichtet werden. Also warten wir ab, welche der beiden Vorhaben zur Erneuerung der altertümlichen Weltwunder mittels moderner Technik zuerst verwirklicht werden wird. Währenddessen tauchen wir aber lieber in die Vergangenheit und kehren zwischen die Mauern im Zentrum zurück. Das archäologische Museum ist in einem der größten Paläste untergebracht. Sein Bau hat fünfzig Jahre in Anspruch genommen (1440–1490), und er diente ursprünglich den Rittern von Rhodos als Lazarett; die Türken machten ihn zur Kaserne, die Italiener restaurierten ihn und paßten ihn der jetzigen Funktion an. Anfangs bannt eher seine Architektur unsere Aufmerksamkeit als die Sammlungen. Es sind zwei archaische Jünglingsfiguren, ein Athletenhaupt aus der Lysipposschule, der Bärtige Dionysos und die bekannte marmorne Aphrodite etwa aus dem 1. Jahrhundert v. u. Z. vorhanden, statt der Werke namhafter rhodischer Bildhauer aber lediglich eine gewöhnliche Sammlung von Amphoren, Bronzen und Funden aus Grabstätten, darunter auch ein Skarabäus mit Amenhoteps III. Namen. Dann allerdings kommen wir auf unsere Kosten: an den Vitrinen voller Kelche, Pokale, Gold- und Glaszierat aus Rhodos' kretisch-mykenischer Vergangenheit – aus einer geradezu mythischen Epoche, einer Kultur, an deren einstige Existenz nicht geglaubt wurde, bis Schliemann sein »Mykene« und Evans seinen »Minospalast von Knossos« publizierten.

Und wenn wir das Museum zum Nordausgang verlassen, groß genug für einen Tatra 111 mit aufgeladenem Bagger, mißtrauen wir den eigenen Augen: Wir stehen im fünfzehnten Jahrhundert wie der Ochs vorm neuen Tor. Niemand auf Erden, nicht einmal den Restauratoren Nürnbergs noch den Denkmalspflegern von Avignon, ist es jemals gelungen, das Urbild mittelalterlicher Straßen so zu konservieren, wie es sich auf der hiesigen Ritterstraße darbietet.

Hier stehen »Herbergen« von Rittern aller Zungen (»Zunge«, »lingua«, war die Organisationseinheit des Ordens, gebildet von Angehörigen einzelner Völker). Hier ist die Albergo d' Italia mit Frührenaissancefassade, gleich dahinter die Auberge de France in spätgotischem Stil und mit dem Wappen des Großmeisters d' Aubusson, gegenüber die Auberge de Provence (die Provençalen begriffen sich als Franzosen ebensowenig wie die Auvergner; demgegenüber bildeten die Tschechen späteren Ordensregeln gemäß einen »Zweig deutscher Zunge«). Und unweit in Richtung des Minaretts der Suleimanmoschee befinden sich die Herbergen der Kastilier und Aragoner, durch einen Bogen verbunden, am Hafen die Herberge der Engländer und auch die Deutsche Herberge. Am Ende dieser Straße mit mittelalterlichem Pflaster liegt der Platz mit den Ruinen der St.-Johannes-Kathedrale (und späteren mit einem Schießpulverlager kombinierten Moschee), die durch eine Explosion im vergangenen Jahrhundert zerstört wurde. Über all das ragt der Palast des Hochmeisters.

Drei Reihen massiver Mauern umgürten diesen höchsten Bau auf der höchsten Stelle des mittelalterlichen Rhodos'; vor ihnen und hinter ihnen verlaufen Festungswälle. Unterhalb der d'Ambois-Bastei, von Zypressen und Oleandern überwuchert, liegt die Altstadt mit ihren von den Spiralen der Minarette rundum eingewobenen Gäßchen; sie selbst ist von Mauern umgeben, und bis ins Jahr 1912 war »Christenhunden« der Zutritt verboten. Rechts der Mauern zieht sich das Basarviertel entlang, dessen winzige Häuschen Neubauten weichen; dahinter dann erstreckt sich die ehemalige Judenstadt. Ihre letzten Flachdächer stützen sich bereits auf die steinerne Einfassung der inneren Befestigung, deren vorspringende Bollwerke und Türme einen meisterlichen Beleg mittelalterlichen Festungsbaues liefern. Die Mauerwände trotzen dem Zahn der Zeit, geschützt durch das Moosgeflecht des Farnkrauts und des roten Rhododendrons; hier und da wächst daraus eine schlanke Palme, um mit ihrer Krone über den Horizont zu gucken. Dahinter dann schlängelt sich die »Sonneninsel« antiker Dichter.

Bis in die Gegenwart ist sie »reich an Quellen« (sogar radioaktiven), »friedlich« und »wild«. Von der rhodischen Akropolis aus erblickt man den Berg Philerimos mit den Ruinen der Kreuzfahrerburg und der Akropolis des antiken Ialysos; beim Küstenflecken Trianta sind mykenische Gräber aus der Mitte des 15. Jahrhunderts v. u. Z., die ältesten Zeugnisse hiesiger griechischer Siedlungen. Unweit davon klafft die »Drachenhöhle«, mit deren letztem Gewaltigen der legendäre Ritter Deodat de Gozon zusammengeraten ist, bekannt aus Schillers Ballade »Kampf mit dem Drachen«. Ein Stück weiter dehnt sich das berühmte »Schmetterlingstal«, bewachsen mit wilden Narzissen, zur Küste hin führt der »Räuberpfad« mit den Trümmern der Ritterfeste, weiter südlich gleißen die Tempel- und Häuserruinen Kameiros', die Homer recht geben, es Stadt des »weißen Glanzes« zu taufen. An der Ostküste, fünfzig Kilometer südlich der Stadt Rhodos, liegt Lindos, die dritte im Bunde der von Dorern hier gegründeten Städte – im Unterschied zu Ialysos und Kameiros auch heute am Leben. Auf dem Felsen über ihren beiden kleinen Häfen erhebt sich die antike Akropolis, umwehrt von mittelalterlichen Mauern mit Schmuckzinnen, über denen die wiederaufgerichteten Säulen des Athenetempels leuchten. In ihrer Nähe, auf dem Ausläufer des Aja-Miliana-Kaps, steht ein dekorativer Rundbau: laut Überlieferung das Grab eines der sieben griechischen Weisen, des Herrschers von Lindos, Kleobulos ... Und was ist mit dem Badeort Kallitheos, was mit den Dörfchen Monolithos und Paradision, was mit den Einsiedeleien unter den Palmenfächern und inmitten der Olivenhaine, zu denen mimosengesäumte Pfade führen? Vielleicht ist es abwegig, so zu denken, aber auf dieser Insel sollten Filmateliers aufgeschlagen werden. Es ließen sich hier Shakespeares »Macbeth« und Lottis »Jerusalem« ebenso verfilmen wie ein Dokumentarfilm über die Wikinger drehen, Jack Londons »Südsee-Erzählungen«, Costers »Ulenspiegel« und die Scheherezademärchen auf Zelluloid bannen oder ein beliebiger Troubadourenroman. Für keinen einzigen Streifen würde man Kulissen benötigen.

Die Rittergeschichte von Rhodos, deren Denkwürdigkeiten wir in der Stadt und auf der Insel auf Schritt und Tritt begegnet sind, hat im Jahre 1309 angefangen, als die Abteilungen des Großmeisters Fulco de Villaret gelandet waren, und fand ihr Ende zu Neujahr 1523, als vom Haupthafen eine Flottille von fünfzig Galeeren Philippe Villiers de l'Isle-Adam, des 42. Großmeisters des Johanniterordens, auslief.

Um uns diese 213jährige Episode rhodischer Geschichte zu vergegenwärtigen, müssen wir uns wenigstens flüchtig die Historie des Ordens in Erinnerung rufen, der sich hier einen souveränen Staat einrichtete und eine »Bastion des Christentums gegen die Heiden« anlegte. Und zum Verständnis der Geschichte dieses Ordens wiederum tut es not, ein wenig die verblaßten Kenntnisse über jenes große Abenteuer Mittel- und Westeuropas aufzufrischen, das sich Kreuzzüge benannte.

Die Ritterburg. Das Tor zum Palast des Hochmeisters

Zuerst also einiges zu den Rittern des hl. Johannes oder den Johannitern! Sie sind ein Militärorden der katholischen Kirche. Wir sagen: sind, weil dieser Orden seither existiert, wenn auch unter Kadermangel leidend. Formal gibt er sich als »Wohltätigkeitsverein« und ist in die Vereinsregister einiger westeuropäischer Staaten eingetragen. Sein Mitglied werden darf jedermann – sofern er sechzehn adlige Vorfahren nachweisen kann, über gesichertes arbeitsloses Einkommen verfügt, sich nicht zu verheiraten gedenkt und die vorgeschriebenen Gelübde leistet, darunter, die Belange des westlichen Christentums gegen östliche Heiden zu verteidigen – selbst ohne Schwert in der Hand.

Ursprünglich erfüllte dieser Orden wirklich Wohltätigkeitsaufgaben. Er besaß bereits seit dem Jahre 603 in Jerusalem eine Herberge für Wallfahrer und Kaufleute. Als die Kreuzfahrer Jerusalem eingenommen hatten, wurde diese Herberge samt

Krankenhaus daneben Sitz der Ritterabteilung. Das Personal der ganzen Einrichtung schloß sich zu einem Orden zusammen (was dazumal als ebenso landläufige Organisationsform galt wie ungefähr im vorigen Jahrhundert die Aktiengesellschaft) und gab sich den Namen des Patrons seiner Kirche. Zum Ziel setzte sich dieser Orden, die Pilger zu beschützen und Kranke zu pflegen. Den Pilgerschutz meinte er allerdings militärisch, und daher stellte er außer den Priestern (»Vätern«) und Dienstleuten (»Brüdern«) eine spezielle Formation auf: »Soldaten Christi«, Ritter. Nach und nach mauserte er sich (nach Vorbild des im Jahre 1081 gegründeten Templerordens) zu einer ausschließlich militärischen Organisation mit einem dem Papst direkt unterstellten Großmeister an der Spitze.

Acht Kreuzzüge brachten die westeuropäischen Feudalherren auf die Beine; die ersten drei waren von Erfolg gekrönt, der vierte endete mit der Brandschatzung des christlichen Konstantinopels (1204), der fünfte und der sechste wurden von den Türken zurückgeschlagen, auf dem siebenten geriet der französische König Ludwig IX. in Gefangenschaft, der achte kam nur bis Tunis, wo ihn die Pest holte. Diesen Unternehmungen muß man noch zwei »Kreuzfahrten der Kinder« hinzufügen: Nach der Schlappe des vierten Kreuzzuges verbreiteten die Mönche den irrsinnigen Gedanken, was die sündigen Erwachsenen nicht zuwege gebracht hätten, vermöchten unschuldige Kinder zu leisten. Rund fünfzehntausend solche Kinder versammelten sich ohne Waffen und Nahrungsmittel unter der Leitung des zwölfjährigen Hüteknaben Stephan im Jahre 1212 in Marseille, um ins Heilige Land zu ziehen. Ein Teil von ihnen ging im Sturm auf hoher See unter, den Rest verhökerten die Schiffskapitäne in Ägypten als Sklaven. Ähnlich ging auch der Kreuzzug Tausender Kinder unter dem Kommando des zehnjährigen Nikolaus von Köln zu Ende.

Der Berg Philerimos. Hier befand sich die antike Akropolis Ialysos'

Ergebnis der Kreuzzüge war die Errichtung eines zeitweiligen und stets wankenden Regimes westeuropäischer Feudalherren auf dem schmalen Streifen des Nahen Ostens und in einem Teil Griechenlands. Was Europa auf Dauer gewonnen hat, ist vor allem das »Original« der Dornenkrone Christi und ein Splitter aus dem Heilandskreuz (woran ernsthaft geglaubt wurde), das der französische König Ludwig IX. aus Jerusalem mitgebracht hat; ferner das arabische Zahlensystem, das Rezept zur Schnapsherstellung und Musselin, Melonensamen und Stoffe für Ritterromane. Darüber hinaus eigneten sich die europäischen Monarchen und Magnaten die orientalische Sitte an, vor dem Essen die Hände zu waschen.

Die Kreuzzüge glichen seit der zweiten Hälfte des 12. Jh. nur noch Wellen, die hin und wieder das Ufer des Islams bespülten; zuweilen erreichten sie es nicht einmal. Das Königtum Jerusalem hielt sich ausschließlich kraft der Gewalt der Ordensritter – und der Schwäche der türkischen Sultane. Freilich ist es müßig, im Ringen zweier Rivalen um die Unterwerfung fremder Gebiete positive Aspekte zu suchen; bei der Bewertung der rein militärischen Seite des Wirkens der Johanniter stimmen die Historiker jedoch darin überein, daß sie an Tapferkeit und Opfermut die übrigen europäischen Krieger in den Schatten stellten. Sie führten selbstverständlich keinen »humanen Krieg« (denn welcher Krieg ist schon human?), doch kämpften sie wenigstens nicht gegen Frauen und Kinder und töteten keine Gefangenen wie etwa der englische König Richard Löwenherz »nach mohammedanischem Muster« in Syrien. Die Städte, die nach Ende des 12. Jahrhunderts Sultan Saladin eroberte, gaben sie als letzte auf; im Jahre 1187 fielen auf dem Schlachtfeld ausnahmslos alle Ritter samt ihrem Hochmeister Roger de Moulins, im Jahre 1191 überlebten die Schlacht bei Gaza von dreitausend Rittern ganze 26 Verwundete. Nach Jerusalems Fall zogen sie sich in die Festung Markat zurück, und als Akkon verloren ging (1291), die letzte Kreuzfahrerbastion im Nahen Osten, setzten ihre Kampfreserven auf Zypern über, und die Ritter schworen, nicht nach Westeuropa heimzukehren, vielmehr im Kampf fortzufahren. Sie bauten sich eine Flotte, übten sich im Seekrieg und forderten im Jahre 1309 den byzantinischen Kaiser Andronikos II. Palaiologos auf, ihnen Rhodos zu Lehen zu geben. Als er das abschlug, holten sie es mit Gewalt. Die Johanniter – seitdem Ritter von Rhodos geheißen – befestigten die Insel aufs beste (durch die Hände griechischer Bewohner, denen sie den Mauerbau zur Arbeitspflicht machten) und richteten auf ihr einen Feudalstaat ein, der zugleich die nahegelegenen Inseln Telos, Nisyros, Kos, Kalymnos, Leros und an der kleinasiatischen Küste Halikarnassos vereinnahmte. Zu Zeiten seines größten Aufschwungs zählte der rhodische Staat ungefähr eine Viertelmillion Bürger, darunter reichlich zweihunderttausend auf der Insel selbst. An Rittern lebten auf der Insel rund fünfhundert, ihre Höchstzahl belief sich auf sechshundertfünfzig.

Dieser rhodische Staat trug einen eigenartigen Charakter: Die herrschende Klasse rekrutierte sich aus dem Orden, dessen Mitglieder über keinerlei persönliches Eigentum verfügten und von der übrigen Bevölkerung sich durch Mauern und besondere Kleidung isolierten (schwarzer Mantel, im Kampf purpurrot mit weißem achtarmigem Kreuz). Der Orden selbst war jedoch unermeßlich reich; die Verluste an Grundbesitz und Untertanen im Orient erstattete ihm der Papst durch Zuteilungen aus dem Fonds des aufgelösten Templerordens (1311); außerdem schrieb er zu dessen Gunsten jene berüchtigten »Ablässe« aus, die in ganz Europa feilgeboten wurden. Bis zur ersten Hälfte des 15. Jahrhunderts wurde der Orden nicht nur zur größten Militär-, sondern auch zur größten Finanzmacht der Christenheit.

Die Ritter von Rhodos befanden sich formell und praktisch in ständigem Kriegszustand mit der Türkei und der gesamten moslemischen Welt. Bei dieser Situation verwundert es natürlich nicht, daß die Moslemgewaltigen ihnen ihre Basen zu entziehen trachteten. Den ersten Angriff auf die Insel unternahm der ägyptische Sultan im Jahre 1444 mit einer Flottille von 180 Schiffen; die Flotte und das gelandete Heer wurden vernichtet. In den Jahren 1479–1480 rannte der türkische Sultan Mohammed II., Konstantinopels Eroberer, gegen Rhodos an; ihm gelang es, unter empfindlichen Verlusten mit einhunderttausend Mann zu landen, doch die rhodischen Mauern erwiesen sich für die damalige Kriegstechnik uneinnehmbar. Nach zwei Monaten holten die Ritter zum Gegenschlag aus (gegen hundertfache Übermacht) und trieben die türkischen Truppen ins Meer. Den letzten Sturm wagten die Türken mit einhundertfünfzigtausend Mann im Jahre 1522 während der Regierungszeit Philipps Villiers de l'Isle-Adam. Die Kreuzfahrer widerstanden über sechs Monate und machten achtzigtausend türkischen Soldaten den Garaus; auf einen laufenden Meter Mauer kamen zwanzig tote Türken, auf zwanzig Meter Verteidigungslinie ein toter Kreuzfahrer. Der erbitterte Kampf fand ein ritterliches Ende – von seiten des Sultans Suleiman: Das Heldentum der Verteidiger würdigend, denen kein Entsatz zu Hilfe kam, bot er ihnen ehrenhaften Abzug ohne Kapitulation an. Villiers de l'Isle-Adam ging auf das Angebot ein.

Damit schließt die Ritterhistorie von Rhodos. (Die Geschichte der Ritter von Rhodos geht auf Malta weiter, dessen Namen sie sich fortan gaben; von hier vertrieb sie im Jahre 1798 auf dem Wege nach Ägypten Napoleon. Ihr derzeitiges Hauptquartier haben sie in einem unansehnlichen Renaissancepalais über den Ruinen des Trajanforums zu Rom.) Das neue Kapitel der rhodischen Geschichte schlug Suleiman II. auf mit grauenhaften Massakern unter der Bevölkerung und dem Versuch, die Insel mit Armeeveteranen und Verbrechern zu besiedeln; unter türkischem Regime und Wirtschaftsgebaren verödete und entvölkerte Rhodos dann zusehends. Während der Befreiungskämpfe der Griechen im 19. Jahrhundert rafften sich die enttäuschten und erbarmungslos geknebelten Rhodier zu keiner wirksamen Gegenwehr auf, und so blieben sie bis zum Jahre 1912 unter türkischer Oberhoheit, die hernach von der italienischen abgelöst wurde. Die schüttelten sie dann im Jahre 1943 ab, als ihre Widerstandsbewegung, von einer britischen Fallschirmjägerabteilung unterstützt, den damaligen Gouverneur zur Kapitulation zwang. Formell jedoch wurde Rhodos Griechenland erst durch den Friedensvertrag mit Italien im Jahre 1948 zurückgegeben.

Und was war Rhodos vor der Johanniterinvasion gewesen? Bis ins 14. Jahrhundert gehörte es den Kaisern von Byzanz, denen es nach der Teilung des Römischen Reiches im Jahre 395 zugefallen war. Im 11. Jahrhundert hatten die Venezianer Kaiser Alexis I. Komnenos Stützpunkte und verschiedene Vorrechte abgerungen, im 7. Jahrhundert wurde es wiederholt von arabischen Freibeutern und Piraten heimgesucht und verwüstet, im 5. Jahrhundert von den kleinasiatischen Isaurern. Dem Römischen Reich einverleibt wurde es erst unter Kaiser Vespasian im Jahre 70; vordem war es mit ihm lediglich verbündet gewesen. Mit Ausnahme einiger byzantinischer Kaiser kümmerte sich niemand sonderlich um Rhodos, und jeder beutete es nur aus, falls er es nicht gar plünderte. Auch die Römer, zu denen die Rhodier sich freundschaftlich verhielten, sahen in ihm Beutegut, das man nicht abzurechnen brauchte, und fügten ihm mehr Schaden zu als alle Erdbeben zusammengenommen.

Und doch ist es einst ein mächtiger und unabhängiger Staat gewesen, in der hellenistischen Epoche gar eine Seegroßmacht ersten Ranges und ein bedeutsamer Handelsmittelpunkt. Und das gleiche, wenn nicht noch höheres Gewicht besaß es als kulturelles Zentrum: An seinen Schulen hatten Caesar und Brutus studiert, Pompeius und Cassius, Cicero und Lucretius. Es galt zahlreichen Philosophen, Mathematikern, Geographen und Dichtern als Heimat; seine Bildhauer schufen die Statuengruppe Laokoons und die kolossale Heliosfigur. Und wenn wir schon bei der Kultur sind – mit ihren Zeugnissen aus der kretisch-mykenischen Epoche haben wir uns im archäologischen Museum vertraut gemacht, obwohl die ursprüngliche Kulturschicht auf Rhodos bei weitem älter ist ... Heute wird allgemein angenommen, daß sich die ältesten Bewohner von Rhodos aus kretischen Kolonisten zusammengesetzt haben. Wenn dem so war, wer waren dann diese »kretischen Kolonisten«? Und wer waren die Kreter überhaupt? Mit der Billigung der Theorie von der kretischen Besiedlung Rhodos' geraten wir lediglich vom Regen in die Traufe. Der Holländer van der Gelder, Historiker des antiken Rhodos, faßte seine Ansicht über diese Frage so zusammen: »Ohne Umschweife gesagt, an diese Besiedlung Rhodos' von Kreta her will ich nicht recht glauben. Daß es bereits in ältesten Zeiten Kontakte zwischen beiden Inseln gegeben hat, läßt sich wohl nicht leugnen, ebensowenig, daß so etwas im Grunde durchaus möglich gewesen ist.«

Gesichertes Wissen – und um dieses »gesichert« willen müssen wir mindestens ein halbes Jahrtausend überspringen – haben wir nur darüber, daß während der dorischen Invasion einige Stämme aus Thessalien nach Rhodos geflohen und Dorier von Argos ihnen nachgekommen sind. Konon, dem Verfasser einer Schrift über die Entstehung von rund fünfzig griechischen Siedlungen (aus dem 1. Jh. v. u. Z.), zufolge war der halbmythische Althaimenes ihr Führer. Er gründete hier drei Städte: Ialysos, Kameiros und Lindos, die später zusammen mit Kos, Knidos und Halikarnassos den »Sechsstädtebund« bildeten. In diesen rhodischen Städten herrschten anfangs Erbregenten, dann Oligarchen. Die Insel wurde unter deren Regierung vor allem durch die Herstellung von Metallwaren, durch Handel (auch mit Ägypten) und durch die Lieferung von Söldnern an jedermann berühmt, der gut zahlte (auch Memnon, der Kommandeur jener besten persischen Armee-Einheit, die mit Alexander dem Großen die Klingen kreuzte, war rhodischer Herkunft). Im Jahre 408 v. u. Z. schlossen sich die rhodischen Städte zusammen und gründeten am Nordausläufer

Rhodos. Stadt und Hafen aus der Vogelperspektive

der Insel eine neue Stadt, die nach den urbanistischen Prinzipien des Mileter Architekten Hippodamos erbaut wurde. Sie erhielt den Namen Rhodos.

Rhodos' Geschichte vor den griechisch-persischen Kriegen schrieben eher Kaufleute als Soldaten; das gereichte der Insel nicht nur zum Nachteil. Auch in diesen Kriegen hielt sich Rhodos abseits, ebenso wie während des Peloponnesischen Krieges, als es offiziell auf seiten Spartas gestanden hatte (so ist es richtiger als »gekämpft«). Letztlich verfielen die Rhoder auf eine originelle Lösungsvariante für die Frage »Sparta oder Athen«, sie entschieden sich für Neutralität. Das ging natürlich nicht ohne Bürgerkrieg zwischen der athenischen und der spartanischen Partei ab, worin die dritte den Sieg davontrug: die rhodische. Trotzdem mußte Rhodos noch drei Jahre um Nichtteilnahme an den »Bünden« ringen; im Jahre 354 v. u. Z. endlich war es soweit. Mit wendiger Politik bewahrten sie sie auch gegenüber Alexander dem Großen: Er schickte eine Hilfsflotte zur Belagerung von Halikarnassos, womit er es sich verpflichtete (und beglich gleichzeitig mit Halikarnassos alte Rechnungen, die noch aus den Zeiten Mausollos' und Artemisias offenstanden). Zwei Jahrhunderte hielt sich Rhodos dann als unabhängiger Staat, und diese zwei Jahrhunderte gingen in seine Geschichte als Etappe der höchsten wirtschaftlichen, politischen und kulturellen Entfaltung ein.

Es ist erstaunlich, was diese kleine Insel während ihrer Selbständigkeit und unter der Regierung, die sich auf das rhodische Volk stützen konnte, vollbracht hat. In früheren Zeiten hatten die stärkeren griechischen Staaten sie politisch nicht zur Geltung kommen lassen; sie wandte sich infolgedessen dem Handel zu und trat auf gesamtgriechischem Forum ausschließlich in Olympia auf. (Ihr Repräsentant Diagoras siegte auf der Olympiade des Jahres 464 v. u. Z.; in den Jahren 432, 428 und 424 v. u. Z. war dreimal nacheinander sein Sohn Dorieus erfolgreich. Noch vier Jahrhunderte danach gedenkt Cicero des Doppelsieges der Diagorassöhne an einem Tage. Insgesamt sind zweiundzwanzig Namen rhodischer Männer in den Olympionikenlisten verewigt; mehr Namen haben darin allein Sparta und Athen stehen.) Als sie sich die Souveränität erkämpft hatte, wurde diese »Insel der Kraftmeier, Großtuer und Freßsäcke« zu einer Macht, um deren Bundesgenossenschaft sich Rom bewarb, als es den Kampf um die Weltherrschaft antrat. Es dankte ihr für die Unterstützung gegen den karthagischen Heerführer Hannibal, dessen Flotte die Rhoder im Jahre 191 v. u. Z. bei Side vernichtet hatten. Und zu Zeiten, als das übrige Griechenland bereits unterjocht und verelendet darniederlag, richtete sie die Kolossalstatue des Sonnengottes Helios gen Himmel als Symbol ihrer Stärke, ihren Wohlstand und ihre Freiheit weithin kündend.

Die antiken Schriftsteller heben oft eine bemerkenswerte Eigenschaft der rhodischen Verfassung hervor: Sie war ihrer Form nach oligarcho-aristokratisch, in ihrem Inhalt und ihrer Richtung jedoch demokratisch. »Die Rhodier sorgen fürs Volk«, schreibt in der »Geschichte« Strabon, »obwohl das Volk dort nicht regiert. Regelmäßig wird Getreide verteilt, und die Reicheren nehmen alter Sitte gemäß Arme auf. Außerdem gibt es ein Sonderamt für die Lebensmittelversorgung, so daß die Armen alles Lebensnotwendige haben und die Stadt nicht unter Mangel an Arbeitsleuten leidet, deren insbesondere die Seefahrt dringend bedarf.« Die höchsten Organe des rhodischen Staates stellten die Volksversammlung und der Rat dar; die Regierungsgeschäfte besorgten sechs Prytanen (»Gewährsleute des Rates«), denen alle Beamte unterstanden. Diese höchsten Würdenträger wurden für jeweils ein Jahr und normalerweise aus den Reihen der Aristokraten gewählt. Neben den freien Rhodiern lebten auf der Insel viele Sklaven, die vorrangig »auf dem Bau, in der Produktion von Maschinen, Waffen und ähnlichen Gegenständen« beschäftigt wurden, wie Strabon schreibt, »und solcher Werkstätten gab es auf der Insel mehr als irgendwoanders«.

Das größte historische Verdienst gebührt Rhodos insofern, als es in der Verfallsetappe solch bedeutender Zentren griechischer Kultur, wie es Athen und Ephesos waren, sich zum Bewahrer von deren Haupterrungenschaften auf dem Gebiet der Wissenschaften und der Kunst aufschwang und die Kenntnis griechischer Bildung den neuen Herren der Welt, den Römern, übermittelte. Dabei war es fürwahr kein großes Museum, sondern nahm aktiven Anteil an der Entwicklung der griechischen Kultur, und zwar schon zu Zeiten des klassischen Griechenlands.

Es besaß seine Philosophen. Der älteste von ihnen war Kleobulos aus Lindos, einer der »sieben griechischen Weisen«. Er lebte in der ersten Hälfte des 6. Jh. v. u. Z., und seine Zeitgenossen vertrauten ihm die Regierung über die Stadt an. Von seinem Werk blieben nur Bruchstücke übrig, aus denen sich zehn Sätze rekonstruieren lassen: »Am besten ist es, das Maß einzuhalten.« – »Den Vater sollst du ehren.« – »Hör bereitwillig zu und rede nicht viel.« – »Den Mitbürgern rate das Beste.« – »Beherrsche deine Leidenschaft.« – »Tue nichts mit Gewalt.« – »Erziehe die Kinder.« – »Schlichte Streit.« – »Widersacher des Volkes sind als Feinde (des Staates) anzusehen.« – »Heirate ein dir ebenbürtiges Mädchen, denn nimmst du eine Frau aus vornehmerer Familie, wirst du Herren und keine Verwandten haben.« In der ersten Hälfte des 5. Jahrhunderts wurde auf Rhodos Aristippos geboren, der Begründer jener philosophischen Schule, die später als hedonistisch bezeichnet wurde, weil ihm zufolge »das Glück in der Lust (griechisch hedone) liegt.« Von den übrigen rhodischen Philosophen, die sich zu verschiedenen Richtungen bekannten (zum Stoizismus, Skeptizismus usw.), ist am bekanntesten Hieronymus mit seiner Lehre, »das höchste Gut sei, keine Schmerzen zu haben«.

Es hatte auch seine Dichter; die ältesten kennen wir nur dem Namen nach. Peisinos aus Lindos (etwa um Mitte des 7. Jh. v. u. Z.) wird durch Klemens von Alexandria als Verfasser eines Epos auf Herakles gewürdigt. Dieses Epos soll später Peisandros aus Kameiros abgeschrieben haben, was große Empörung auslöste, obzwar antike Schriftsteller sich bei Verletzung des Urheberrechts nicht so penibel gehabten wie unsere. Der berühmteste rhodische Dichter war Apollonios (3. Jh. v. u. Z.), ursprünglich Bibliothekar der Bücherei von Alexandria, der wegen eines Zerwürfnisses mit seinem Vorgesetzten, dem sonst renommierten Dichter Kallimachos, nach Rhodos verzogen war; dort auch schuf oder beendete er möglicherweise sein mythologisches Epos »Zug der Argonauten«, das das umfangreichste aller überlieferten Werke hellenistischer Poesie ist.

Es hatte ebenfalls seine Redner, Gelehrten und Schriftsteller aller Fachrichtungen. Die berühmte rhodische Rednerschule gründete der Athener Aischines (ungefähr 390–315 v. u. Z.), Widerpart des großen Redners Demosthenes. Dionysios Thrax (der Thraker) war Autor der ersten Elementargrammatik der griechischen Sprache, an Hand deren bis in die Neuzeit unterrichtet wurde. Der Rhodier Eudemos, Aristoteles' Zögling, schrieb eine »Geschichte der Geometrie«, eine »Geschichte der Arithmetik« und eine »Geschichte der Astronomie«; die Fragmente davon sind die einzige Quelle unserer Kenntnisse über die alten griechischen Mathematiker und Astronomen. Zwei Rhodier, Pythion und Epigenes, verfaßten eine Reihe Bücher über die Landwirtschaft, woraus die Römer schöpften. Von den zahlreichen rhodischen Fachautoren (darunter eine Frau) erwähnen wir nur noch Parmenon, dem wir das erste Buch »Über die Kochkunst« verdanken; im Unterschied zu Savarin beginnt er es nicht mit der Beweisführung, das Kochen sei eine Kunst, denn darüber wurde auf Rhodos nicht gestritten.

An Malern gebar Rhodos Protogenes, der zugleich ein namhafter Bildhauer war; die Hohezeit seines Schaffens fällt in die Jahre 320–300 v. u. Z. Sein außerordentliches Talent wurde von Apelles entdeckt; wie er ihm zur Anerkennung verholfen hat, erfuhren wir bereits (auf Seite 111). Und mit Blick auf die Synthese und den Gipfel aller bildenden Künste, die Architektur, überbrachten uns Schriften antiker Autoren die Namen sieben bedeutender rhodischer Landsleute; die meisten sind allerdings verstümmelt, und sie zu nennen erübrigt sich. Einer davon allerdings ist stets richtig und mit besonderer Achtung notiert: Deinokrates, der Name des Architekten, der die Pläne zur Erneuerung des Artemistempels in Ephesos und zum Aufbau Alexandrias entworfen hat.

Es bleiben die rhodischen Bildhauer. Plinius vermerkt, Rhodos hätten »etwa dreitausend Statuen« geziert, davon »mehr als einhundert Kolossalfiguren«. Zu diesen Kolossen haben allerdings etliche Kritiker gemeint, »die Rhodier hätten die Größe der Kunst mit der Elle gemessen«, und vielleicht pflichteten wir dem bei, hätte sich nicht ein Werk der rhodischen Bildhauerschule erhalten, bei dem mit der Elle lediglich die Unmenge Bücher und Polemiken zu messen wäre, die darüber in den letzten vier (beziehungsweise nunmehr allmählich fünf) Jahrhunderten geschrieben worden sind.

Die Laokoongruppe. Das Original wurde von rhodischen Bildhauern geschaffen

Gemeint ist damit die berühmte Laokoongruppe. Dieses Skulpturenensemble ist ebenso bekannt wie die Begebenheit, die es darstellt. Und fügen wir sogleich hinzu, daß es sie mit einer Meisterschaft darbringt, der die alte Welt ebenso wie die heutige nur Bewunderung zollen konnte und kann. Die Genesis dieser Schöpfung verdient es, daß wir die zusammenhängende Würdigung des rhodischen Beitrags zur Kulturgeschichte für einen Moment unterbrechen.

Als die Achäer Troja nicht im guten, das heißt mit Waffengewalt, nehmen konnten, griffen sie zur List. Auf Odysseus' Vorschlag konstruierten sie ein riesengroßes Holzpferd, pferchten die besten Krieger darein (einschließlich Odysseus' nach der Devise: Wer etwas vorschlägt, soll auch Beispiel geben), steckten das Lager in Brand, bestiegen die Schiffe und fuhren davon hinter die nahe Insel Tenedos. Die Trojaner näherten sich dem Pferd und bestaunten es mit offenen Mäulern; kurz darauf fanden sie im Gestrüpp einen Soldaten, den Odysseus dort gelassen hatte. Als sie ihn vor König Priamos schleppten, erklärte er, desertiert zu sein, weil die Achäer ihn den Göttern opfern wollten, um eine glückliche Überfahrt von Troja in die Heimat zu erflehen. Das Pferd hätten sie auf Geheiß der Göttin Athene aufgestellt, und zwar deshalb so groß, damit die Trojaner es nicht in die Stadt zu ziehen vermöchten; denn würden sie es in ihre Burg bringen, könnten ihre Nachkommen Mykene zerstören, wie das Orakel besagte. Die euphorisierten Trojaner begannen stehenden Fußes Stadtmauern zu schleifen, weil das Pferd dermaßen riesig war, daß es selbst durchs große Skaische Tor nicht ging. Allein der Apollopriester Laokoon behielt das nötige Maß Wachsamkeit, äußerte, daß er dem Feind nicht traue, selbst wenn er mit Geschenken komme, und schlug vor, das Pferd auf der Stelle zu vernichten. Doch das Los wollte es, daß Troja fiel: Die Götter mußten also Laokoon zum Schweigen bringen und öffentlich bloßstellen.

Lassen wir uns dies dramatische Geschehnis, dessen Kulmination dem berühmten Standbild zum Inhalt dient, von dem römischen Dichter Vergil erzählen (die Ilias endet mit Hektors Begräbnis und erwähnt daher Laokoon nicht mehr, in der Odyssee wird dem Trojanischen Pferd lediglich ein knapper Verweis gewidmet): Während Laokoon das Volk warnt und mit seiner Lanze das große Pferd zu zerschlagen versucht, »nähern sich auf stiller See, gräßlich das zu beschreiben, von dort, wo Tenedos liegt, zwei Schlangen in schrecklichen Windungen. Die Brust steilt ihnen aus den Wellen empor, die blutroten Rükken ragen übers Wasser, und das Hinterteil der Schlangen schwimmt mit den Meereswogen und die Rücken ringeln sich . . . Wir erblassen bei diesem Anblick und fliehen: Sie zielen in sicherem Angriff direkt auf den Priester, doch vorher windet sich jede um je einen der beiden kleinen Söhne des Priesters, verbeißt sich gierig und zerfleischt die armseligen Glieder. Den Vater, der zu Hilfe eilt und in der Rechten die Lanze schwingt, packen sie, pressen und winden ihm zweifach ihre Schuppenleiber um die Hüfte und zweifach um den Nakken, dann recken sie ihre Hälse und Häupter hoch über ihn. Der Priester müht sich, mit den Händen die Ringe zu sprengen; besudelt am Heiligenkranz von ihrem Schwarzen Gift und Geifer, stößt er einen erbärmlichen Schrei aus, der zum Himmel aufsteigt, als brüllte ein Stier, der das Beil abschüttelt, das ihn leicht ritzte, und vom Altar springt . . .«

Die Laokoongruppe steht heute im Vatikanmuseum und wird jährlich von rund einer Million Besuchern betrachtet, darunter von Hunderttausenden, die in Rom sind und es nicht unbedingt nötig finden, den Papst zu Gesicht zu bekommen. Alle stimmen darin überein, daß es sich um ein einzigartiges Werk handelt. Darin erschöpft sich aber schon, was an ihr klar und unstreitig ist.

Die Unklarheiten beginnen bereits bei der Frage, wann und wo sie entstanden sei. Winckelmann verlegte sie beispielsweise in die Epoche Alexanders des Großen, das heißt in die zweite Hälfte des 4. Jh. v. u. Z.; im vorigen Jahrhundert herrschte die Ansicht vor, sie gehöre in die zweite Hälfte des 2. Jh. v. u. Z., und es fehlte nicht an scheinbar seriösen Behauptungen, sie stamme aus Rom und sei Ende des 1. Jh. v. u. Z. geschaffen worden. Heute halten wir sie für eine Schöpfung, die wahrscheinlich um die Mitte des 1. Jh. v. u. Z. in Rhodos entstanden ist.

Wer hat sie geschaffen? Plinius schreibt: »Errichtet haben sie die größten Künstler: Hagesandrus, Polydorus, Athenodorus, Rhoder.« Der Katalog des Vatikanmuseums hält sich daran.

Doch wann lebten und wirkten diese drei Künstler? Mögen sie laut Plinius auch die größten gewesen sein (und Laokoon bezeugt, daß wir sie getrost dazu rechnen dürfen), über sie wurde uns nicht die geringste Notiz zuteil – weder über ihr Leben noch über ihre anderen Arbeiten. Auf Rhodos wurden zwar Inschriften mit den Namen Athenodoros und Hagesandros gefunden, doch sie tauchten so häufig auf und in derart unterschiedlichen Schichten, daß sich daraus nichts ableiten läßt. Sogar einige Inschriften »Athenodoros, Hagesandros' Sohn«, wurden entdeckt, aber aus einem Zeitraum vom Beginn des 3. Jh. v. u. Z. bis zum ersten Drittel des 1. Jh. v. u. Z. Keinesfalls geht aus ihnen hervor, daß sie einen Bildhauer, geschweige den Schöpfer der Laokoongruppe, bezeichneten.

Übrigens brauchen wir nach unbeantworteten Fragen nicht so weit zu schweifen. So wissen wir nicht einmal mit Sicherheit, wer sie restauriert hat. Die beschädigte Statuengruppe wurde im Frühjahr 1506 beim Ausheben des Fundaments für irgendein Haus auf dem Esquillinhügel in Rom freigelegt, unweit vom einstigen Palast Kaiser Titus'; bei ihrer Ausgrabung war auch Michelangelo zugegen. Laokoon fehlte die rechte Hand und seinem jüngeren Sohn die linke; außerdem waren die »schrecklichen Windungen der Schlangen« stellenweise zerbrochen, doch ihre Fragmente wurden gefunden. Papst Julius II. bat Michelangelo, die fehlenden Teile zu ersetzen; Michelangelo versuchte es, bekannte aber bald, daß er das nicht schaffe. Woran er, einer der größten Bildhauer aller Zeiten, sich nicht traute, wagte einer, dessen Namen seinen Zeitgenossen nicht einmal verzeichnet zu werden würdig erschien – eine treffliche Illustration zum Märchen vom Adler und den Fröschen, doch darum geht es hier nicht. Spätere Forscher stellten insgesamt fünf verschiedene Restauratoren dieser Statuengruppe fest; andere wiesen nach, daß keiner recht hatte.

Nimmt es wunder, daß heftiger Streit auch um den Entstehungsort des Werkes entbrannte? Montfaucon behauptete, es sei Rom; zur »römischen Partei« neigte auch der deutsche Dramatiker und Kunstkritiker Lessing, während Winckelmann die rhodische Herkunft verfocht. Aus diesen Auseinandersetzungen ging eine regelrechte Laokoonliteratur hervor, die zahlreiche Regale in den Universitätsbüchereien füllte und bisweilen noch gelesen wird. Heute stehen wir zwar auf Winckelmanns Seite, indessen ...

Wissen wir sicher, ob der vatikanische Laokoon jener Laokoon ist, den Plinius »im Hause des Imperators Titus« gesehen hat, das heißt spätestens Anfang des Jahres 79, als Titus noch nicht Kaiser war? Ob er nicht eine bloße Nachbildung dieses Titus-Laokoons darstellt und ob dieser Laokoon nicht ebenfalls nur eine Kopie des ursprünglichen Laokoons ist, über den wir die Information haben, daß ihn der rhodische Staat Kaiser Tiberius geschenkt hat, offenbar als Symbol seiner Unterwerfung unter Rom? (Das Präsent sollte ausdrücken, daß es müßig sei, sich dem Schicksal zu widersetzen.) Chemisch-physikalische Analysen belegen nämlich, daß der Marmor, aus dem die Statuengruppe gemeißelt wurde, ein grobkörniges Salino ist, ein Material, aus dem die Venus der Medici besteht, also eine Statue unzweifelhaft römischen Ursprungs.

Anfang Oktober 1957 wurde in Italien der Bau einer Küstenstraße in Angriff genommen, die die Südprovinzen mit Rom verbinden soll. Da ihre Trasse durch eine sogenannte archäologische Zone führte, nutzten die Altertumsforscher die einmalige Gelegenheit (richtige archäologische Grabungen sind in Italien wegen Geldmangels für wissenschaftliche Zwecke äußerst selten) und hefteten sich den Bulldozern und Baggern an die Fersen. Sie hofften, einiges zu finden, denn die vornehmen Römer hatten in diesem Gebiet vor zwei Jahrtausenden ihre »Datschen« gehabt. Und schon begann ihr Aufenthalt Formen bescheiden vergüteter Erholung anzunehmen, als plötzlich am Dorf Sperlongo, etwa einhundert Kilometer von Rom, die Arbeiter die Decke einer geräumigen Höhle aufbrachen. Es zeigte sich, daß der Raum etwa fünfzig Meter breit und sechzig Meter lang war; im Innern lagen Reste einer Einrichtung herum, die anscheinend Bestandteile von antiken Springbrunnen und Wasserspielen waren.

Eingehende Untersuchungen führten dann zu einer überraschenden Entdekkung: Unter der sumpfigen Bodenschicht der Höhle wurden Bruchstücke einer marmornen Statuengruppe gefunden, zuerst das Haupt eines Jungen, dann die Füße, ein Schenkel, Glieder eines Schlangenleibes – alles in allem mehr als vierhundert Dinge. Professor Giulio Jacopi, übrigens ein namhafter Kenner rhodischer archäologischer Denkmale, begann sie zusammenzufügen, und es entpuppte sich daraus – Laokoon! Mit Figuren zweimal so groß wie ein Mensch – und demnach fast dreimal größer als sein Namensvetter im Vatikan.

Das ist aber noch nicht alles: An einigen Splittern befanden sich Signaturen, und als Jacopis Helfer sie verbanden, gelang es ihnen unter gewissen Schwierigkeiten zu lesen: »Athenodoros, Hagesandros' Sohn« und »Hagesandros, Phainias' Sohn«. Griechische Namensformen, die Plinius verzeichnet!

Welchen Schluß zog Professor Jacopi daraus? Denselben wie der Leser: Es wurde das Original des rhodischen Laokoons gefunden. Nur daß – bei Laokoon gibt es immerzu irgendein »nur daß« – es sich hier nicht um einen einfachen wissenschaftlichen Fund handelte, sondern um etwas, was wir bereits nicht mehr recht zu begreifen vermögen. Statt allgemeinen Jubels verbreitete sich in Italien Entsetzen, und nicht allein Entsetzen.

Zuvörderst kalkulierten die Gewerbetreibenden von Sperlongo, das Laokoon-Urbild könnte das entlegene Dörfchen in ein begehrtes Touristenzentrum verwandeln. Gemeinsam mit den Besitzern des Bodens um die Höhle, den geschäftstüchtige Hoteliers und verschiedene Spekulanten sofort aufkauften oder pachteten, bewogen sie die ortsansässige Bevölkerung, mit Sensen und Dreschflegeln die Archäologen daran zu hindern, die Fundstücke abzutransportieren. Als auch die Zusicherung nicht fruchtete, es gehe nur um deren Untersuchung und Zusammenstellung, halfen Gendarmen und Karabinieri nach. Blut floß nicht, doch ohne blaue Flecke ging es auch nicht ab.

Darüber hinaus nahm der Vatikan sich der Sache an. Laokoon ist ja eines der Lockmittel seines Museums. Die offizielle Vatikanzeitschrift »Osservatore Romano« veröffentlichte einen Artikel, der die Echtheit der Funde in der Höhle bei Sperlongo anzweifelte und die Originalität der vatikanischen Statue beteuerte. Tatsache allerdings ist, daß Kaiser Tiberius einst bei Sperlongo seinen Sommersitz gehabt hat; die römischen Historiker Tacitus und Suetonius vermerkten, daß es dort eine Höhle gegeben habe, in der der Kaiser einmal nur durch ein Wunder dem Tode entronnen sei, als sich in seiner Gegenwart ein Felsbrocken aus der Wand löste. (Tacitus schließlich berichtet, diesen Felsen habe der Kommandant der Leibwache Seianus mit eigenem Leibe abgefangen und so den Kaiser gerettet.) Andererseits hat der Autor des erwähnten Artikels unter dem Pseudonym Historicus bestimmt recht, wenn er behauptet, die antiken Bildhauer hätten ihre Werke nicht signiert. Doch die Signaturen existieren, und die Bruchstücke der Statue ebenfalls.

Nach jüngsten Meinungen handelt es sich um eine Kopie des ursprünglichen rhodischen Laokoons aus dem 1. Jahrhundert u. Z. Die Kopisten hätten den Namen des Schöpfers eingemeißelt, damit es klar sei, daß sie nach dem Original gearbeitet hätten. Erscheint das glaubwürdig? Wo ist dann die Originalstatue, die den Kopisten Modell gestanden hat? Ist es etwa doch der vatikanische Laokoon? (Weil er nicht signiert ist?) Und wenn, welche näheren Umstände sprechen dafür? Kennen wir mit Gewißheit Zeit und Ort seiner Entstehung? Und so sind wir zu der Frage zurückgekehrt, von der wir ausgegangen waren ...

Eines jedoch steht fest: Mag der vatikanische oder der sperlongische Laokoon das Original oder eine Kopie sein, seine Abstammung leitet er von den rhodischen Bildhauern her.

Dieses einzige Exempel genügte zum Beweis der hohen Stufe rhodischer Bildhauerkunst. Wir verfügen aber über ein weiteres. Es ist der berühmte Farnesische Stier in Neapel, ein Werk der rhodischen Bildhauer Apollonios und Tauriskos; hier gibt es im Gegensatz zu Laokoon keinerlei Meinungsverschiedenheit über die rhodische Herkunft noch über die Überführung nach Italien, ja selbst über die Entstehungszeit nicht (in den ersten Jahren unserer Zeitrechnung). Ansonsten kennen wir von den rhodischen Bildhauern zumeist nur die Namen, bestenfalls auch die Bezeichnungen der Werke. Die Schöpfungen selbst sind bis auf wenige Ausnahmen verschollen.

Während des ganzen Exkurses in die Geschichte der rhodischen Bildhauerei spukt uns jenes Äsops Fabel Nr. 33 entnommene Sprichwort im Hirn, das man in der Antike – an und ab auch in unserer Zeit – im Sinne »Zeig, was du kannst!« benutzte. Irgendein Mann von Rhodos hatte geprahlt, auf seiner Insel einen Sprung vollführt zu haben, den kein Sterblicher zu wiederholen imstande sei; ein anderer forderte ihn daraufhin auf, an Ort und Stelle sein Können zu beweisen: »Hic Rhodos, hic salta«! »Hier ist Rhodos, hier springe!« – in der Bildhauerei haben also die Rhoder tatsächlich bewiesen, wozu sie fähig waren.

Den Namen rhodischer Bildhauer, die antike Schriftsteller lobend hervorheben, ist noch einer hinzuzufügen: Chares aus Lindos. Dieser Chares ist nämlich Schöpfer des Kolosses von Rhodos. Im übrigen wissen wir über ihn nur so viel, daß er im 4.–3. Jahrhundert v. u. Z. lebte, beim Bildhauer Lysippos aus Sikyon in die Lehre ging und die große Heraklesfigur schuf, die Konsul Lentulus nach Rom brachte und auf dem Kapitol aufstellte. Das ist bescheiden für den Schöpfer eines Werkes, das als Weltwunder in die Geschichte eingegangen ist. Ein Bildhauer, der bei Lysippos lernte, absolvierte eine gediegene Schule. Hier gab es keine Ferien, denn Lysippos, Hofkünstler Alexanders des Großen, Freund Apelles' und Deinokrates', war zeitlebens mit Aufträgen überhäuft: Mit seinen Schülern und Helfern gemeinsam schuf er insgesamt eintausendfünfhundert Skulpturen. Einer seiner Zeitgenossen erklärte, »jede einzelne davon hätte genügt, den Ruhm zu sichern«;

Der Koloß von Rhodos. Eine Phantasierekonstruktion aus dem 18. Jh.

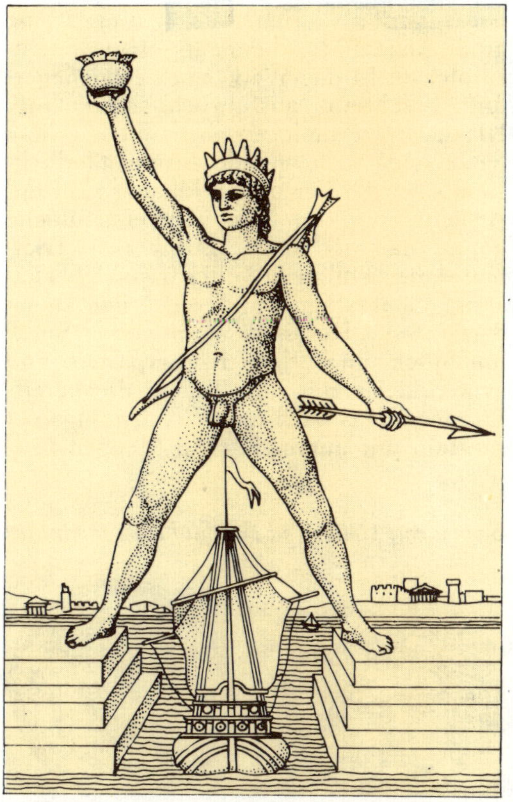

obwohl wir nur einen Bruchteil von ihnen kennen, und zwar ausschließlich in Nachbildungen, können wir darauf vertrauen. Dazu gehören die Statuen Alexanders des Großen (im Louvre), Sokrates' (im römischen Nationalmuseum), des Ruhenden Hermes (im Nationalmuseum zu Neapel), des Eros mit Bogen (im römischen Kapitolinischen Museum) und vor allem die berühmte vatikanische Statue Apoxymenos', »des schweißwischenden Athleten«, die für die nachfolgenden Bildhauergenerationen zum Kanon oder verbindlichen Muster wurde.

Aus seiner Werkstatt stammen vielleicht auch die vier Bronzerosse über dem Portal der St.-Markus-Kathedrale in Venedig, die Kreuzfahrer auf ihrem vierten Zug in Konstantinopel geraubt haben. Überkommen ist, daß er der Stadt Tarent eine zwölf Meter hohe Heraklesstatue geliefert habe, die wahrscheinlich dem sogenannten Herakles Farnese (heute im Nationalmuseum zu Neapel) Modell stand; für Korinth schuf er eine zehn Meter hohe Figur des Meeresgottes Poseidon. Bei der Arbeit an solch kolossalen Skulpturen konnte Chares so seine Erfahrungen sammeln.

Zweifellos war Chares kein Anfänger der zweitklassigen Künstler, als ihn die rhodische Regierung beauftragte, die Statue Helios', des Sonnengottes und Schirmherrn der Insel, aufzustellen, eine Statue solcher Ausmaße, »daß sie alle anderen überragte«. Bei dieser Statue verschmelzen Sage und Wirklichkeit dermaßen, daß wir nur schwerlich zu unanfechtbarer Realität vordringen können, um die es uns zu tun ist. Viele antike Autoren (mindestens fünfundzwanzig) haben sie uns beschrieben, doch keiner von ihnen hat sie stehen sehen. Und dabei widersprechen sie einander, daß man über ihren Texten verzweifeln möchte, wenn sie uns nicht vorher lachen machten.

Stellen wir uns also einen rotbraunen Riesen vor, dreißig oder gar fünfzig Meter groß, der in der Hand eine Pfanne glühender Kohle hält und breitbeinig über dem Hafen von einhundert oder mehr Metern Ausdehnung steht. Unsinn? Nein, eine der anerkanntesten Schilderungen. Noch im 16. Jahrhundert hat ihn durchaus ernsthaft der Holländer Martin Heemskerk so dargestellt.

Stellen wir uns eine fünfundvierzig Meter hohe Figur auf einem Sockel inmitten der Stadt vor, auf jener Anhöhe, auf der im Mittelalter die Kapelle des heiligen Johannnes des Kolossers erbaut wurde, und wir haben die zweite Schilderung diesmal aus einer dem Angelsachsen Beda zugeschriebenen Veröffentlichung entnommen. (Woher übrigens rührt der Name S. Johannes Colossensis, wie er lateinisch lautet? Mittelalterliche Bibeldeuter, die bereits vergessen hatten, daß Kolossai oder Colossae ehemals eine Stadt im kleinasiatischen Phrygien gewesen war, behaupteten letztlich, der bekannte Kolosserbrief des Apostels Paulus sei eben nach Rhodos adressiert gewesen. Noch im Jahre 1696 verfocht der damalige geschätzte Geograph Vincenzo Coronelli diese These.)

Und stellen wir uns drittens vor, Kaiser Nero lasse diese Statue von einem Ort zum anderen verfrachten, dann das Haupt abmontieren und durch sein eigenes, natürlich aus Bronze, ersetzen und Kaiser Commodus wiederhole dasselbe noch einmal. Lange Zeit wurde das für bare Münze genommen, einesteils, weil es drei römische Historiker notiert hatten, zum anderen, weil Nero zu allem fähig war. Außerdem war bekannt, daß Nero zu Rhodos eine enge Beziehung pflegte, weil er dort seine Jugend zugebracht und seine Karriere begonnen hatte; Rhodos bildete auch die einzige Ausnahme in seinem Dekret, wonach sämtliche künstlerisch wertvollen Statuen »aus aller Welt« nach Rom geschafft werden sollten. Schließlich aber kam es im 19. Jahrhundert an den Tag, daß diese Schriftsteller einen völlig anderen Koloß meinten, jenen etwa dreißig Meter hohen nämlich, den der Bildhauer Zenodoros mit Neros Haupt darauf geschaffen hatte. Er war aus Bronze und vergoldet, stand in der Nähe des römischen Kolosseums und wurde nach Neros Tod gegen eine Statue des Gottes Helios ausgetauscht. Laut Philon, dessen Bericht (fußend auf mittlerweile verschwundenen Unterlagen) allgemein für den wahrheitsgetreuesten gehalten wird, hatte der Koloß die Form einer »freistehenden männlichen Gestalt« und stand »auf einem Sockel aus weißglänzendem Marmor«, in den zur Stabilisierung die unteren Teile der Fußsohlen eingelassen waren, allein so hoch, daß »sie andere Statuen überragten«. In der ausgestreckten Hand soll er eine Fackel getragen haben, die sich anzünden ließ, so daß er als Tag- und Nachtleuchtturm dienen konnte. Sein Antlitz ist offensichtlich der rhodischen Vierdrachmenmünze aus der Mitte des 3. Jahrhunderts v. u. Z. aufgeprägt. (Auf der Rückseite der Münze ist eine Rose zu sehen, das Wahrzeichen von Rhodos.) Als Ort, an dem er gestanden haben soll, gilt allgemein die Spitze der heutigen St.-Nikolaus-Mole, die wir unmittelbar nach Ankunft in Rhodos besichtigt haben.

Wie konnte eine Statue dieser Dimensionen errichtet werden? Philon nimmt eine große Anzahl Mitarbeiter an – sie war demzufolge nicht das Werk eines einzelnen – und beschreibt ausführlich ihren Guß. Klassische Philologen behaupten, diese Sätze seien nicht gerade am verständlichsten, doch Gießer und Bildhauer sind der Ansicht, das im Text Unverständliche könne man sich leicht hinzudenken. Diesmal daher Philon in völlig freier Übersetzung: Chares »goß und verfertigte zuerst den Fuß des Kolosses«, dann goß er Stück um Stück die übrigen Körperpartien und »verband sie mit den Teilen, die bereits standen«. Das wachsende Werk »umgab er rundum mit unermeßlichen Mengen Erd-

Sonnengott Helios und Rose auf einer rhodischen Tetradrachme

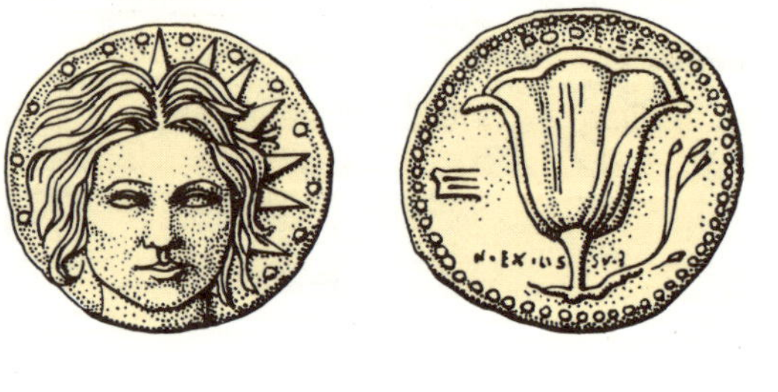

reich und Sand, den vollendeten Teil der Statue mit Erde zuschüttend, und alles schloß er in einen Haufen Steine, die das Werk zusammenhalten sollten«. Er ging also vor wie beim normalen Guß einer Statue oder einer Glocke üblich – mit dem Unterschied, daß er statt der in die Erde eingelassenen Form um die Form Erdreich aufhäufte. Technisch ist das nicht undenkbar, wenn es sich auch angesichts der Statuengröße unzweifelhaft schwierig darstellte. Bedenken wir zum Beispiel, daß der Schmelzpunkt der Bronze bei 900 °C, des Kupfers bei 1083 °C und des Eisens bei 1100 bis 1250 °C liegt; dermaßen glühendes Metall in flüssigem Zustand in die Höhe der Statue zu befördern war wahrlich keine Kleinigkeit.

Nach Philons Angaben stellte Chares diesen »siebzig Ellen großen Gott« aus insgesamt »fünfhundert Talenten Kupfer und dreihundert Talenten Eisen« her, anders gesagt, aus rund dreißig Tonnen Metall. (Das ist das Gewicht eines gewöhnlichen Panzers, also herzlich wenig für ein Weltwunder. Immerhin wiegt der Aussichtsturm auf dem Prager Petřín, der aus vernieteten Trägern besteht und knapp um die Hälfte höher ist, 175 Tonnen.) Er wollte vielleicht sagen, »für 500 Talente Kupfer und 300 Talente Eisen«? Das klänge glaubhafter, wollten wir allerdings unbeachtet lassen, daß eine Kupfer-Eisenlegierung in diesem Verhältnis ungewöhnlich ist, doch grammatikalisch haben wir für eine solche Korrektur keine Handhabe. Schließlich meint Polybios, griechischer Historiker des 2. Jahrhunderts v. u. Z., der ägyptische König Ptolemaios III. Euergetes habe im Jahre 225 v. u. Z. zur Ausbesserung und Wiederherstellung des Kolosses dreitausend Talente Kupfer geschickt, also mehr als dreieinhalbmal soviel, wie Philon zufolge für die Schaffung der Statue gebraucht worden sei.

Antike Quellen informieren uns übereinstimmend, daß die Rhodier den Koloß aus der Kriegsbeute finanziert haben, aus dem Verkauf von Waffen und dem Material der Belagerungsmaschinen, die der makedonische König Demetrios Poliorketes zurücklassen mußte, als er im Jahre 304 v. u. Z. von Rhodos vertrieben wurde. Die Rhodier hätten damals vor die Stadtmauern Wasser fluten lassen, so daß seine Belagerungsmaschinen in Morast versanken und weder vor noch zurück konnten. (»Bei der Verteidigung muß man nicht nur Kriegsmaschinen haben«, bemerkt in diesem Zusammenhang Vitruvius, »sondern allem voran kluge Ideen.«)

Interessant ist, daß der Vorschlag zur Errichtung des Kolosses in der rhodischen Volksversammlung nicht einmütige Zustimmung gefunden hat. Viele verwiesen darauf, daß eine solch große und teure Statue sich erübrige; andere, daß Helios beleidigt sein werde, wenn man »gegen die Sonne eine neue Sonne aufragen ließe«. Es gebrach sogar nicht an Prophezeiungen, eine so große Statue werde eines Tages herabstürzen und Rhodos unter sich begraben. Solcherart Weissagungen – wie alle bewahrheiteten – ziehen sich durch die Literatur bis nach dem Sturz des Kolosses, weil der Koloß bekanntlich gestürzt ist, obwohl er nicht auf tönernen Füßen gestanden hatte.

Wann aber wurde er errichtet? Wie lange hat Chares mit seinen Gesellen an ihm gearbeitet? Auf die zweite Frage gibt uns die Literatur Auskunft: zwölf Jahre. Doch auf die erste?

Mit Bestimmtheit wissen wir (aus mannigfachen Verweisen in der Literatur und aus rhodischen Inschriften), daß im Jahre 281 v. u. Z. der Koloß bereits – oder noch – gestanden hat. Polybios' »Geschichte« berichtet, im Jahre 225 v. u. Z. habe er in Trümmern gelegen. Plinius wiederum gab an, wie lange er gestanden hatte. Allerdings blieb sein 36. Buch in abweichenden Abschriften erhalten: Nach der einen Version stand der bronzene Koloß »LVI Jahre«, nach einer anderen »LXVI Jahre«. Und schließlich ist uns bekannt, daß der Koloß »während des schrecklichen Erdbebens« eingestürzt ist. Über dieses Erdbeben wissen wir, daß es in einer Oktobernacht begonnen hatte; die Meinungen gehen darüber auseinander, ob dies in den Jahren 223, 225 oder 227 v. u. Z. geschehen sei.

Daraus läßt sich immerhin einiges errechnen, wohl nichts Eindeutiges; auch die Daten in der Literatur (der älteren sowohl als auch der jüngeren) weichen stark voneinander ab. Am glaubwürdigsten scheint zu sein, daß Chares die Arbeit am Koloß nach dem Jahre 303 v. u. Z. aufgenommen und sie spätestens im Jahre 291 v. u. Z. abgeschlossen hat. Dann stand der Koloß 66 Jahre bis zum Erdbeben des Jahres 225.

Die nächstliegende verläßliche Kunde über den Koloß besitzen wir erst von Strabon, der Rhodos zum Anbruch unserer Zeitrechnung besucht hat: »Nun liegt er am Boden, hingestreckt vom Erdbeben, gebrochen im Knie. Die Rhodier haben ihn einer Weissagung wegen nicht wiedererrichtet.« Bedenken wir, daß die Mole, auf der er gestanden hat, lediglich etwa zwanzig Meter breit ist, sind wir bereit zu glauben, er sei ins Meer gestürzt; andererseits haben wir keinerlei Anlaß, an Strabons Worten zu deuteln. Was Strabon mit eigenen Augen sah, beschrieb er stets durchaus zuverlässig. Das erhärtet uns ein weiterer Bericht, der letzte über den Koloß aus dem Jahre 653 unserer Zeitrechnung.

In jenem Jahr eroberte Mu'avija, später Kalif von Damaskus, die Insel Rhodos und verkaufte laut Mitteilung des byzantinischen Historikers Zonaras, übernommen aus einer nicht mehr auffindbaren Handschrift, die Trümmer des Kolosses »einem Juden aus Edessa« – höchstwahrscheinlich als Altmetall.

Als sich im Jahre 1330 ein anderer byzantinischer Historiker, Nikephoros Gregorios, nach Rhodos aufmachte, fand er vom Koloß keine Spur mehr – gleich uns reichlich sechs Jahrhunderte danach.

Zweitausend Jahre bewahrte der rhodische Koloß seinen Ruf der höchsten Statue der Welt, bis er im Jahre 1886 von der New-Yorker Freiheitsstatue übertroffen wurde, und zwar, legen wir Philons Angaben zugrunde –, um sechs beziehungsweise elf Meter. Und wenn diese beiden Statuen gleichermaßen aus Kupfer und Eisen bestehen, beide auch Symbol und Leuchtturm zugleich sein sollten, so klafft zwischen ihnen doch ein Unterschied.

Rhodos richtete seine Kolossalstatue aus eigenen Kräften und Mitteln auf, weil es nicht nur reich war und ein Land von allseitig hoher Kultur, sondern ebenso Heimat einer unüberschaubaren Schar hervorragender Künstler. Die Vereinigten Staaten bekamen ihre Freiheitsstatue von Frankreich gestiftet.

Das siebente Wunder

7

Der Leuchtturm auf der Insel Pharos

Wieder sind wir in ägyptischen Gewässern. Dem siebenten Weltwunder zuliebe sind wir hierher zurückgekehrt– geradenwegs vom mittelalterlichen Rhodos nach dem modernen, über zwanzig Jahrhunderte alten Alexandria.

Wir wissen, daß es fast zwecklos ist. Die große Pyramide von Giseh bei Kairo steht bis heute in ihrer ganzen Gewaltigkeit und wird dort für alle Zeiten stehen. Der Leuchtturm auf der Insel Pharos bei Alexandria indessen ist verschwunden – ganz und gar und definitiv.

Zweifeln wir etwa, ob er überhaupt existiert habe? Und wenn es ihn gegeben hat, ob er ein solch großartiger Bau gewesen sei, um zu den Weltwundern zu gehören? Immerhin gönnt Philon ihm kein Sterbenswörtchen...

Wir verfügen aber über Berichte antiker und mittelalterlicher Augenzeugen: Er war angeblich höher als die Pyramiden. Wir kennen seinen Erbauer: der Architekt Sostratos aus Knidos. Uns sind seine Baukosten bekannt: die phantastische Summe von achthundert Talenten. Sein Name lebt als Bestandteil des Wortschatzes von Küstenvölkern fort: Die Franzosen bezeichnen ihn als »phare«, die Spanier und Italiener als «faro«, die Griechen als «faros«, die englischen Dichter als »pharos«.

Versuchen wir den Schleier zu lüften, hinter dem das Geheimnis seiner Erbauer und das Rätsel seines Verschwindens sich bergen. Betreten wir »Ägyptens Tor«.

Den riesigen Bogen des Osthafens, von einem Zirkel mit zwei Kilometern Spannweite gezogen, säumt eine massige Mauer. Sie scheint doppellinig zu verlaufen: eine auf dem Festland, die zweite im Spiegel der klaren See. Wenn wir uns ihr nähern, zerfällt sie in neuzeitliche Gebäude mit flachen Dächern, weiß, rosa, ockerfarben, blaßblau, und zwischen ihnen hindurch schimmern wie himmelwärts gerichtete Raketen die Spitzen der Minarette. So präsentiert sich uns das derzeitige Alexandria auf den ersten Blick vom Meer her.

Das alte Alexandria

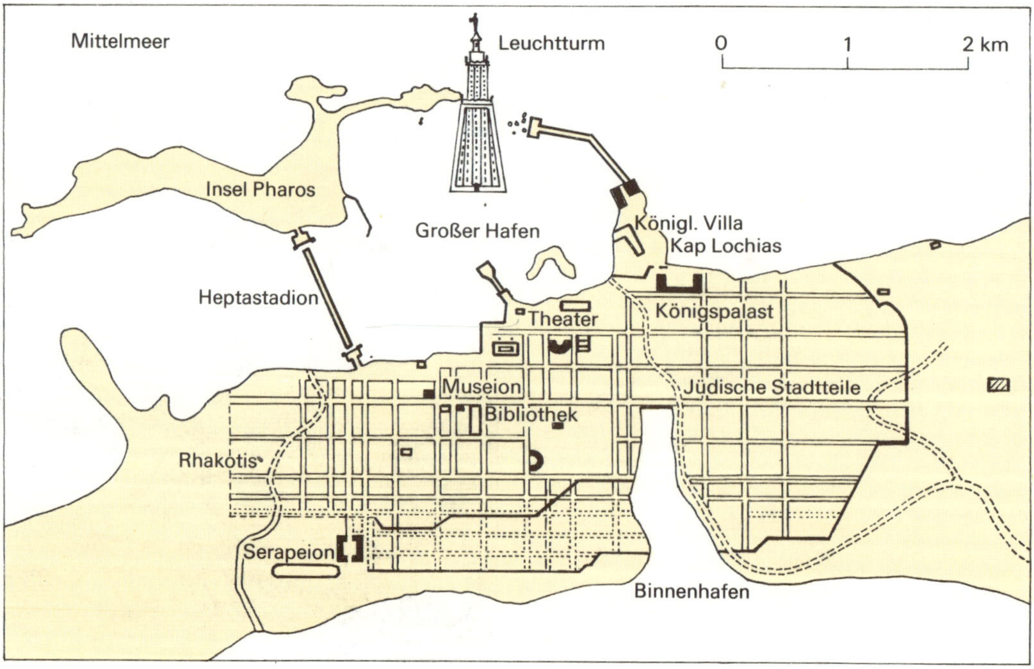

Der Zugang führt über den Westhafen und die mitten ins Leben und Treiben herabgelassene Landebrücke. Wir passen eine Lücke im Strom der bunten Automobile ab und überqueren das alte, abrißreife Viertel zur palmenumstandenen Strandpromenade: Bank- und Reedereipalais, Restaurants mit livrierten Portiers, schwelgerische Reklamen, Straßenboutiquen mit Obstbergen. Uns begegnen und mit uns ziehen Männer in Galabien und Anzügen europäischen Schnitts, Soldaten in sandfarbenen Khakis und Matrosen mit weißen Kragen, Frauen mit verhüllten Gesichtern und geschminkt wie anderswo, Mädchen und Jungen in Jeans, Kinder in einheitlicher Schulkleidung: Ägypter aller sozialer Schichten, Ausländer verschiedener Staatszugehörigkeiten. Rund um uns das Rauschen der Meeresbrandung und das Lärmen der Autohupen, über uns neue und neueste Hochhäuser mit Durchblicken in Seitengassen, die sich zwar malerisch geben, aber . . . Das sind die ersten Eindrücke von jener Stadt, die schon und noch nicht Ägypten ist.

Dabei war Alexandria bis vor kurzem Ägyptens »zweite Hauptstadt«. Bis zum Jahre 1952 quartierten sich hier im Sommer der Königshof, die Regierung und das diplomatische Corps ein, denn in der frischen Kühle der Seebrise ließen sich die Tage (und Nächte) hier angenehmer verbringen als im von sengender Wüste eingeschlossenen Kairo. Und was mehr wiegt: Hier hatte die Mehrzahl ausländischer Banken, Ägyptens eigentlicher Potentaten, ihren Sitz. Die Stadt war kosmopolitisch geprägt, und die patriotischen Ägypter sahen in ihr das Symbol der Fremdherrschaft. Erst deren Überwindung brachte die Voraussetzungen, daß sie sich zu einem organischen Glied der arabischen Welt entwickelte – ohne den Titel der »zweiten Hauptstadt«, doch mit der Würde des größten Hafens Ägyptens und des östlichen Mittelmeers.

Das heutige Alexandria zählt zwei Millionen Einwohner und gliedert sich auf zwanzig Kilometer Länge in sandige Nehrungen, die einst den Meeresbusen in der Weise durchzogen hatten, daß hinter ihnen ein großer See Salzwasser blieb. Zwischen dem Oststrand mit der Straße des 26. Juni und der Westküste mit ihren Docks und Lagerplätzen liegt die Innenstadt, die sich bis zum Marijut-See erstreckt; eindeutig unterscheiden wir darin die Bourgeois- und Proletarierviertel; bis unlängst ließ es sich sagen: die europäischen und arabischen. Ebenso wie in Kairo (oder Bagdad) nahmen jedoch die ansehnlichen Stadtteile allmählich arabischen Charakter an, weil die europäischen Herrschaften sie geräumt hatten. Doch auch in den Elendsvierteln registrieren wir Veränderungen: Errungenschaften des Strebens nach besseren Gesundheits- und Wohnbedingungen. Gewiß ist das für unsere Maßstäbe nichts Überwältigendes, aber hier muß es als Erfolg gebucht werden, daß in den »einheimischen Vierteln« schon seit zwanzig Jahren keine Pest mehr ausgebrochen ist!

Wenn wir durchs neue Alexandria schlendern, um die Denkwürdigkeiten des alten zu suchen, erscheint es uns unfaßbar, wie sie dermaßen unwiederbringlich verschollen sein können. Wo ist das Museion, das Urmuster aller Museen, und wo die Bibliothek mit ihren siebenhunderttausend Rollen antiker Handschriften? Wo ist das Große Theater hin, von dessen Stufenbänken die Zuschauer den Hafen und die Burg auf der Insel Antirhodos gesehen haben? Wo sind die ptolemäischen Paläste, wo Cäsars und Antonius' Palais, wo das Gymnasion, das Stadion, das Hippodrom? Wo ist Sema, die Begräbnisstätte der Könige, wo das Grab Alexanders des Großen? Reste dieser Bauten wurden nicht gefunden, ja selbst die Stellen, an denen sie gestanden haben, lassen sich größtenteils nicht identifizieren. Von Alexandrias stattlichstem Tempel, dem Serapeion, beispielsweise gelang es lediglich die unterirdischen Gänge und Zellen, ähnlich den frühchristlichen Katakomben, auszumachen, deren Besichtigung uns nach all dem, was wir in Ägypten bereits geschaut haben, kaum übermäßig erregen kann. Hingegen finden wir Spuren des antiken Alexandrias, sofern sie künstlerische Bedeutung haben, im Griechisch-römischen Museum zwischen Meerufer und Bahnhof. Natürlich gibt es dort wertvolle Exponate; im ganzen jedoch dokumentieren auch sie, wie wenig von dieser einst zu den bedeutendsten zählenden Stadt geblieben ist.

Als vor einhundertfünfzig Jahren Champollion ägyptischen Boden betrat, entdeckte er in Alexandria zwei Obelisken, die er schon aus Denons Zeichnungen gekannt hatte; auch sie sind nicht mehr vorhanden. Sie stammten aus dem altägyptischen On (Heliopolis) und waren dort im letzten Jahrhundert v. u. Z. aufgestellt worden. Der eine von ihnen, bekannt als »Kleopatranadel«, steht seit dem Jahre 1879 in London an der Themse, wohin ihn aus »patriotischer Begeisterung« Erasmus Wilson gebracht hat (nach einer Überfahrt unter dem üblichen »Pharaonenbann«: Das Schiff zerschellte im Golf von Biskaya, und der Obelisk ging unter, konnte aber gerade noch herausgefischt werden). Der zweite, der auf einem einsamen Felsen im Osthafen gestanden hatte, wurde im Jahre 1889 nach New York geschafft. Auf dem Alexandria-Bild in Brauns und Hogenbergs »Städten der ganzen Welt« vom Beginn des 17. Jahrhunderts sind noch über dreißig monumentale antike Bauwerke verzeichnet, allerdings durchweg als Ruinen; die heutige Moschee Nebi Daniel in der Nähe des Saad-Zaglul-Platzes ist dort als Palais oder Grabstätte Alexanders des Großen ausgegeben.

Das einzige antike Denkmal in Alexandria, auf das die Sonne nie zu scheinen aufgehört hat, ist die sogenannte Pompeiussäule. Warum sie so heißt, weiß niemand mehr; mit Cäsars großem Widersacher, den Ptolemäus XIII. vor Betreten der Stadt ermorden ließ, hat sie nichts gemein. Nach einer älteren Version errichtete diese Säule im Jahre 391 Kaiser Theodosius I. zum Gedenken an »den endgültigen Sieg des Christentums in Ägypten«; nach jüngerer Auslegung durch die griechische Inschrift an ihrem Sockel bestätigt, ließ Kaiser Diokletian sie im Jahre 297 schaffen, nachdem er den Putschversuch des ägyptischen Gegenkaisers Achilles unterdrückt hatte. Sie erhebt sich aus dem Hügel über den Kasematten des Serapeion, besteht aus rotem Assuangranit und mißt samt der Basis und dem herrlichen korinthischen Kapitell 27 Meter. Ursprünglich war sie allem Anschein nach eine unter einigen Hundert (wahrscheinlich 400) Säulen, die das Vestibül und die Kolonnade des Serapeions gebildet haben; ihr Sockel ist aus Quadern gefügt, die aus verfallenen altägyptischen Tempeln herbeigeschafft wurden (an einem davon gelang es den Namen König Setchis' I. aus der 19. Dynastie zu dechiffrieren, an einem anderen den Psamteks aus der 26. Dynastie). Bewacht wird sie von drei Sphinxen, ebenfalls aus rotem Granit, deren Herkunft und Alter sich unserer Kenntnis entziehen.

Selbstverständlich begnügten sich die Archäologen und Historiker mit diesen einzelnen Denkmalen nicht und trachteten weitere zu entdecken. Bereits im vorigen Jahrhundert (1872) brachte der ägyptische Forscher Mohammed al-Falakim es zuwege, einen ungefähren Stadtplan gemäß dem Zustand um die Wende der alten zur neuen Zeitrechnung zu rekonstruieren. Im Jahre 1890 begann der Italiener G. Botti in der Serapeionsregion zu graben; im Jahre 1892 legte er die Felsenkatakomben im heutigen Stadtteil Kom esch-Schukafa frei. Dann gaben sich in Alexandria Archäologen aus Deutschland und England die Klinke in die Hand. Es erwarben sich um Entdeckung und Aufarbeitung gefundener Denkmale die Italiener E. Brecci und A. Adriani Verdienste. Nach dem zweiten Weltkrieg tauchten auf Alexandrias Szene polnische Archäologen unter Leitung K. Michałowskis auf. Im Jahre 1960 glückte ihnen in dem Stadtviertel Kom ed-Dikk die Entdeckung eines großen römischen Bades, mehrerer Zisternenreste und insbesondere ansehnlicher Teile eines Theaters aus dem 4. Jahrhundert (u. Z.), das sie später gleichfalls rekonstruierten.

Von der Bildfläche des altertümlichen Alexandrias verschwanden also in jüngster Zeit, direkt vor unseren Augen, etliche weiße Flecken. Dennoch ist es nach wie vor ein unerheblicher Bruchteil dessen, was im

Dunkel bleibt. Als die Araber am 26. September 642 Alexandria eroberten (nach vierzehnmonatiger Belagerung), meldete ihr Heerführer Amr Ibn al-As dem Kalifen Omar, daß es da viertausend Paläste, viertausend öffentliche Bäder, vierhundert Theater und eintausendzweihundert Parks gebe. Nach Gewohnheit siegreicher Militärs übertrieb er offenkundig, doch selbst halbe Wahrheiten hätten die Größe und Schönheit dieser Stadt bezeugt. Dabei hatte sie damals vor nicht allzulanger Zeit eine persische Plünderung (im Jahre 619), die Zerstörung des Judenviertels auf den Befehl des Patriarchen Kyrill (im Jahre 615) und die Vernichtung einer Reihe Tempel und Denkmale infolge der Dekrete Theodosius' I. und II. gegen die Heiden (aus den Jahren 383 und 426) über sich ergehen lassen müssen. Welch eine Stadt muß es vordem gewesen sein, zu Zeiten ihrer höchsten Machtentfaltung, ihres größten Ruhmes! Und wie kommt es, daß sie bis in die Gegenwart verschollen geblieben ist, daß nach ihrer Auferstehung im vergangenen und in unserem Jahrhundert von ihr fast nichts gefunden wurde?

Als Ägypten nach der Besetzung durch die Araber Teil des Byzantinischen Reiches zu sein aufhörte, sank Alexandrias Rolle als Hafen; zweihundert Jahre genügten, und seine Ausdehnung und Einwohnerzahl schrumpften auf die Hälfte zusammen. Nach Ägyptens Unterjochung durch die Türken im Jahre 1517 erhielt das Land am Nil, ähnlich wie Mesopotamien und Griechenland, die vielleicht unfähigste Regierung, die die Geschichte überhaupt kennt. Ägypten verkam, Alexandria verkam auch. Seinen letztlichen Niedergang verschuldete die Entdeckung des östlichen Seeweges ums Kap der Guten Hoffnung. Die toten Häfen versandeten, die Ruinen der antiken Bauwerke zerfielen.

Im Jahre 1798, als Napoleons Truppen dort landeten, hatte Alexandria siebentausend Einwohner.

Napoleon wandelte (oder besser: wollte wandeln) in Alexanders des Großen Fußstapfen, mit dem bloßen Unterschied, daß

Das Theater aus dem 4. Jh.v. u. Z.

Alexander nach Ägypten nicht als Eroberer, sondern als Befreier gekommen war. Ägypten hatte seit dem Jahre 525 v. u. Z. unter persischer Knechtschaft geschmachtet, der es sich mit Unterstützung der Griechen zu entwinden trachtete. Als es sie in den Jahren 403–343 v. u. Z. brach, knüpften seine Könige Bündniskontakte zu den griechischen Staaten. Nach abermaliger Unterwerfung durch die Perser entfachten die Ägypter einige Aufstände, deren größten im Jahre 338 v. u. Z. die persischen Truppen in Blut erstickten. Angesichts dieses Ungemachs verloren sie das Vertrauen in die eigene Kraft und harrten der Freiheit seitens der Griechen, die mit den Persern mannigfache alte Rechnungen zu begleichen hatten. Nachdem Alexander das kleinasiatische Griechenland vom persischen Joch erlöst hatte, rückte er über Phönizien und Palästina bis nach Ägypten vor. Dort erhob sich gegen ihn allein der persische Kommandant der Grenzfestung Ghasa; nach deren Besetzung begegnete er ausschließlich ihn feiernder Bevölkerung, und die Situation entwickelte sich so, daß der persische Statthalter Mazakes ihm im Jahre 332 v. u. Z. Ägypten kampflos überließ. Die Priester im Haupttempel des Gottes Ptah in Memphis (Mennofer) krönten ihn dann gemäß alter Tradition zum König, und die Priester des Amuntempels in der Oase Siwa proklamierten ihn zu Gott Amuns Sohn. So wurde er zum Nachfolger der ägyptischen Könige, zum Pharao.

Alexanders Eintreffen in Ägypten leitete ein neues Kapitel in der Geschichte dieses uralten Landes ein. Obschon die Ägypter Alexander freundlich willkommen geheißen hatten und auch zu seinen Nachfolgern positive Beziehungen unterhielten, war dieses Kapitel nicht mehr rein ägyptisch. Daran ändert auch die Tatsache nichts, daß die neuen Herrscher die ägyptische Tradition achteten und Ägypten die Großmachtstellung wiedergaben: Sie waren Griechen beziehungsweise Makedonier und modelten Ägypten in einen Bestandteil der hellenistischen Welt um. Griechisch wurde zur Amtssprache und blieb es, selbst als später die Römer sich Griechenlands bemächtigten. Ins Land strömten griechische Einwanderer und änderten allmählich seine ethnische und teilweise auch ökonomische Struktur um. Die betagte ägyptische Kultur hielt der Konfrontation mit der jüngeren und reiferen griechischen nicht stand. Beinahe eintausend Jahre dauerte diese letzte Epoche des alten Ägyptens, die sich von den früheren so sehr unterschied, daß viele Ägyptologen sie bereits nicht der Geschichte des eigentlichen »alten Ägyptens« zurechnen. Abgeschlossen wurde sie erst durch die arabische Okkupation Ägyptens in den Jahren 640–642.

Am Beginn und am Ende dieses historischen Abschnitts stand Alexandria. Hier ergab sich den Arabern die letzte byzantinische Besatzung, hier entstand die erste Hauptstadt des hellenistischen Ägyptens. Alexander schleifte bekanntlich auf seinem Weltherrschaftszug keine Städte (mit Ausnahme einer einzigen: der Residenz der persischen Könige, Persepolis), gründete vielmehr welche. Er gründete Alexandria am Issos (das heutige türkische Iskenderun), Alexandria Charax (am Tigris), Alexandria Nikaia (in Indien), Alexandria Areion (das heutige Herat in Afghanistan), sowie Alexandria Eschate (das spätere Chodshent, das heutige Leninabad) und zahlreiche weitere, im Jahre 332 v. u. Z. auch das ägyptische.

Vor Alexander war auf Alexandrias Boden die Fischereisiedlung Radeket, griechisch Rakotis; über ihren Ursprung wissen wir nichts Bestimmtes und über ihre Bedeutung lediglich soviel, daß es mit ihr nicht weither war. Alexander kam dort mit einer kleinen Flottille von Mennofer her an oder, wie er selbst zu sagen pflegte, aus Memphis, und zwar erst nach seiner Krönung, auf dem Wege in die Oase Siwa. In seiner Suite befand sich neben Heerführern, Historikern, Geographen, Philosophen und Tänzerinnen auch der Architekt Deinokrates, den wir schon von Ephesos und Rhodos her kennen.

Deinokrates begleitete Alexander seit Makedonien. Wie er in seine Dienste geraten war, schrieb Vitruvius im zweiten Band

Alexander der Große

seiner »Zehn Bücher über das Bauwesen«. Zuerst soll er sich auf normalem Weg darum bemüht haben: mit Hilfe von Protektion und Referenzschreiben »an Männer in einflußreichsten Positionen und höchste purpurgekleidete Würdenträger«. Als das nicht fruchtete, entschloß er sich, sein Schicksal in eigene Hände zu nehmen. Er entwarf den Plan einer Stadt auf dem Berge Athos und begab sich in den Königspalast. Seiner ansehnlichen Stellung und seines überzeugenden Auftretens bewußt (zur Erhöhung des Effekts nahm er einen Stock in die Hand), trat er ohne Voranmeldung vor den König und präsentierte ihm seinen Entwurf, »würdig seines Ruhmes«. Alexander, im Bereich Bauplanung für Städte und Dörfer immerhin nicht unbewandert, warf einen Blick darauf und sagte: »Deinokrates, ich sehe, daß das Projekt auf deiner Skizze vorzüglich ist; es gefällt mir. Ich meine aber, daß es dem gesunden Menschenverstand hohnspräche, wollte ich an diesem Ort eine Stadt gründen. Wie ein Neugeborenes sich nicht selbst ernähren und ohne die Milch seiner Mutter oder Amme gedeihen kann, so ist eine Stadt außerstande, ohne Äcker und deren Früchte sich zu ernähren und zu wachsen, ohne ausreichende Lebensmittel sich zu bevölkern, die Existenz seiner Einwohnerschaft ohne Vorrat zu sichern. Und daher, wenn dein Werk meines Erachtens auch Anerkennung verdient, glaube ich, den Gründungsort nicht gutheißen zu können. Doch möchte ich, daß du bei mir bleibst, weil ich deine Dienste wahrzunehmen gedenke.«

Deinokrates blieb also bei Alexander und kam sich unter dessen Militärs und Honoratioren bis Ephesos überflüssiger als der letzte Wagenlenker aus dem Troß vor. Dort jedoch erhielt er eine Aufgabe, die sich lohnte: den Plan der Erneuerung des Artemistempels zu entwerfen. Auf seinen großen Tag mußte er warten, bis Alexander Herr über Ägypten wurde. »Unweit der Insel Pharos, nahe der alten ägyptischen Siedlung Rakotis, zwischen dem Meer und dem See Mareotis ... erkannte der König einen naturgeschützten Ankerplatz, eine vortrefflich zur Anlage eines Handelshafens geeignete Stelle, den üppigen Boden rundum in ganz Ägypten und die großen Vorzüge des Nilflusses« Er hieß Deinokrates hier eine Stadt erbauen.

Wie sah Deinokrates' Entwurfsbüro aus? Eine ganze Reihe antiker Schriftsteller hat es uns geschildert. Er dachte sich keinen Namen dafür aus (obwohl solch ein »Alexandriabauprojekt« sich märchenhaft ausgenommen hätte), noch kümmerte er sich um die Zuteilung von Diensträumen, Assistenten, Sekretärinnen, Fahrzeugen u. ä., erarbeitete nicht einmal einen Plan zur Erarbeitung eines Planes. Er breitete schlichtweg seinen makedonischen Militärmantel aus, dessen Halsbinde sich mit zwei ins Meer ragenden Ausläufern des Festlandes deckte, und bestreute ihn mit Sand. Mit dem Finger zeichnete er Parallel- und Querlinien und markierte sie mit Mehl: die Straßen. Als er Alexander herbeibat, um ihm seinen Entwurf zu erläutern und genehmigen zu lassen, flog ein Taubenschwarm herbei und begann das Mehl zu picken. Das war gewiß ein gutes Zeichen: Der König verzichtete auf eingehendere Investdokumentationen und dekretierte (mündlich, von Schriftstükken hielt er nicht viel) die Stadtgründung. Dann ging er, ohne zu ahnen, daß er zehn Jahre später hierher zurückkehren werde – in goldenem Sarkophag.

Der Bau begann sofort nach Alexanders Abreise. (Er konnte nicht länger verweilen, denn er mußte dem Perserkönig definitiv den Garaus machen, sich Damaskus, Babylon, Persepolis, Ekbatana und überhaupt die ganze Welt unterwerfen, was ihm, wie bekannt, mit Ausnahme jener letzten auch glückte.) Die Stadt wuchs in unerhörtem Tempo, und nach Alexanders jähem Tod in Babylon (am 13. Juni 323 v. u. Z.) erwählte sein Feldherr Ptolemäus sie zu seinem Sitz, der sich um die Herrschaft über Ägypten bemühte (vorerst im Namen des Sohnes Alexanders, Alexander, und Stiefbruders Philippos Arrhidaios, im Jahre 305 v. u. Z. dann im eigenen) und die letzte ägyptische Königsdynastie begründete. Und sie wuchs zu solcher Größe und Herrlichkeit, daß unter den späteren Nachfolgern Ptolemäus' die Römer diese Herausforderung nicht mehr länger dulden mochten: Sie verhängten ihr Protektorat über Ptolemäus XIII. und dessen Schwester Kleopatra, jene berüchtigte Buhlerin, die in der Folge zur Geliebten beider römischer Eroberer Ägyptens, Cäsars und Antonius', und zur rücksichtslosen Mörderin wurde, indem sie nacheinander ihre beiden Brüder, Ptolemäus XIII. und XIV., umbringen ließ, um solcherweise den Thron für ihren Sohn zu räumen, dessen Erzeuger Cäsar war. Schließlich verleibten sie Alexandria, und um die Sache nicht unnütz zu komplizieren, ganz Ägypten dem Römischen Reich ein.

Nach Aufteilung des Römischen Reiches ins östliche und westliche im Jahre 395 fiel Ägypten den östlichen (byzantinischen) Kaisern zu, und Alexandria wurde deren Statthaltern zur Residenz. Die Araber errichteten sich nach Ägyptens Eroberung die neue Metropole el-Fustat auf dem Gebiet des heutigen Kairos. Alexandrias fortschreitender Verfall wurde von Mohammed Ali gestoppt, der es um Mitte des vorigen Jahrhunderts als Ägyptens Hauptseehafen erneuerte.

Auf unserer Wanderung durch Alexandrias Stadtviertel und alte Geschichte, die uns dem Leuchtturm auf der Insel Pharos um keinen Schritt näher gebracht hat, können wir nicht umhin, uns an einen vertrauenswürdigen Augenzeugen der Antike

Gott Nil

zu wenden, aus Zeiten, da das ptolemäische Alexandria noch gestanden hat. Es ist Strabon, der es besuchte, als nach unserem Kalender das Jahr Null geschrieben worden wäre.

»Eine günstige Lage hat diese Stadt«, schreibt er im siebzehnten Band seiner »Geographie«, »und zwar keineswegs nur in einer Hinsicht. Von zwei Seiten wird sie von Wasser umspült: im Norden vom Ägyptischen Meer, im Süden vom Mareotissee. Diesen See füllt der Nil über zahlreiche Kanäle, auf denen mehr Waren transportiert werden als auf dem Meer. Die Ausfuhr aus den Seehäfen übersteigt bei weitem die Einfuhr ... Außer dem Reichtum an beiden Ufern des Hochseehafens und des Mareotishafens zeichnet Alexandria sich durch gemäßigtes und gesundes Klima aus, das es dem Meer und dem vorteilhaften Anschwellen des Nils verdankt, der die Mündung auch im Sommer voll hält; so entstehen in ihr keine Moraste und Sümpfe, woraus gesundheitsschädliche Ausdünstungen aufsteigen und gefährliche Ansteckungskrankheiten sich verbreiten könnten.

Der Grundriß der Stadt ähnelt einem Mantel. Lang ist sie etwa dreißig Stadien, breit sieben oder acht. Sie ist durch und durch mit Straßen durchwoben, die Wagen und Pferdegespanne befahren können, und zwei sind besonders breit; sie sind rund einhundert Fuß voneinander entfernt. Die Straßen schneiden sich rechtwinklig.

Die Stadt besitzt sehr schöne öffentliche Gebäude und Königspaläste, die ein Viertel, vielleicht sogar ein Drittel der Fläche bedecken. Jeder König steuerte hier mit seinem Werk wie der Errichtung öffentlicher Gebäude oder Paläste bei, so daß das Dichterwort gilt: ›Das eine stammt vom anderen.‹ All diese Bauten sind miteinander verbunden, und sie sind auch mit dem Hafen verbunden, der sich an der Innenseite der Stadt erstreckt.

Einen Teil des Königspalastes bildet das Museion mit der großen Säulenhalle, durch die man wandeln kann, und den Konferenzräumen; daran lehnt sich ein großes Gebäude, worin die Speiseräume der am Museion beschäftigten Gelehrten sich befinden. Sie werden vom Staat entlohnt. An ihrer Spitze steht ein Priester, der das Museion leitet, früher vom König und jetzt vom Kaiser berufen.

Der andere Teil des Palastes ist die sogenannte Sema, in der die Sarkophage der Könige, auch Alexanders, aufbewahrt wurden ... Alexanders Leichnam ließ Ptolemäus nämlich in Alexandria bestatten, und er ist bis heute hier, allerdings nicht im ursprünglichen Sarg; der jetzige ist aus Glas, der erste war aus Gold. Ausgeraubt hatte ihn bekanntlich Ptolemäus Kokkes, genannt auch Pareisaktos; er kam aus Syrien, wurde aber bald vertrieben, so daß er von dem Raub nichts hatte.

Unweit des Großen Hafens, an der rechten Einfahrt, liegen die Insel und der Leuchtturm Pharos.« (Beachten wir, daß Strabon die Gegenwartsform verwendet.) »Linker Hand sind versteckte Felsen und die Halbinsel Lochias mit einer Burg. Laufen wir von links in den Hafen ein, erblikken wir andere Königspaläste, die mit der Burg auf dieser Halbinsel verbunden sind, und daneben viele und verschiedene Gebäude und Parkanlagen. Davor ist der Hafen, den ausschließlich die Könige benutzten; jetzt ist er verschlammt und außer Betrieb. Darüber hinaus ist dort die kleine Halbinsel Antirhodos mit einem weiteren Königspalais und einem kleinen Anlegeplatz. Sie wurde nach der Insel Rhodos so bezeichnet, weil sie aussieht wie deren Abbild im kleinen. Hinter ihr (also vom Meer aus gesehen) erheben sich das Theater und dann der Poseidontempel, der in einem Winkel des sogenannten Marktes steht. Hier ließ Antonius einen Deich mit einem Königsbau am Ende aufschütten, den er Timoneion nannte ... Schließlich sind hier der Cäsarentempel, der Handelsplatz und die Hafenlagerhallen, die sich bis zur sogenannten Siebenstadienmole ziehen. Das ist die Umgebung des Großen Hafens.

Auf der anderen Seite der Fahrrinne ist das Serapeion nebst weiteren heiligen Bauwerken. Auch ein Theater ist dort und das Stadion, in dem alle fünf Jahre Spiele stattfinden ... Am stattlichsten ist das Gymnasion mit Turnhallen, länger als ein Stadion; auch das Gerichtsgebäude und ein Park sind hier. Dahinter liegt das Panion, eine künstlich aufgeschüttete kegelförmige felsenartige Anhöhe, zu der man auf einem spiralförmigen Treppenaufgang gelangt. Von ihrem Gipfel bietet sich ein herrlicher Blick auf die Stadt ... Kurzum, die Stadt ist voller Paläste, öffentlicher Gebäude und Tempel.«

Strabons Schilderung mag nüchtern und wenig malerisch erscheinen. Dennoch können wir aus den erwähnten Fakten ein farbenfrohes Bild machen von der Hauptstadt des letzten Ägypterreiches des Altertums, der Metropole der hellenistischen Welt, des großen Mittelpunkts griechischer Wissenschaft und griechischer Kunst, die einer Epoche antiker Kulturen ihren Namen gegeben hat: der alexandrinischen.

Die Blüte dieser Kultur fällt in die Zeit der ersten drei Ptolemäer; Alexandrias Rolle als Kulturzentrum jedoch blieb erhalten, möglicherweise nicht auf gleicher Stufe, bis zum Untergang ihrer Dynastie. Am Rande sei vermerkt: Es handelte sich um ein Herrschergeschlecht, das Ägypten länger regierte als irgendein anderes aus Zeiten seiner Vorgeschichte – dreizehn Jahre fehlten an vollen drei Jahrhunderten ...

Eine unheimliche Macht besaßen diese Nachfahren des nicht sonderlich bedeutenden makedonischen Aristokraten Lagos: Sie waren das Haupt, ja der Inbegriff des mächtigsten Staates der damaligen Welt. Der Staatsbesitz war ihr persönliches Eigentum, die Staatseinnahmen ihre persönlichen Einnahmen, die Staatsbeamten ihre persönlichen Bediensteten. Sie verfügten nach Willkür über Arbeit, Habe und Leben der Untertanen; niemandem gaben sie Rechenschaft über ihr Tun, und niemand standen irgendwelche Rechte ihnen gegenüber zu. Wenn es ihnen beliebte, schufen sie neue Götter; so entstand Serapis, in dem sie den griechischen Zeus und Asklepios mit den ägyptischen Usire (Osiris) und Hapis (Apis) verschmolzen. Sogar sich selbst – zur Festigung und Mehrung ihrer Macht scheuten sie kein Opfer – erklärten sie zu Göttern. Sie waren echte Pharaonen.

Ihre blutigen Kriege gegen die übrigen Nachfolger Alexanders des Großen und ihre Meuchelintrigen interessieren uns an dieser Stelle nicht, noch ihre weltherrschaftlichen Gelüste (die übrigens nicht unrealistisch waren). Was uns jedoch interessiert, sind ihr Beitrag zur Entfaltung der hellenistischen Kultur und daneben zwei ihrer Bauwerke.

Als während der Kämpfe zwischen diesen Nachfolgern Alexanders der Philosoph und Staatsmann Demetrios von Phaleron aus Athen flüchten mußte, schwang er sich auf eine bereitstehende Triere und begab sich nach Alexandria. Er ahnte nicht, wie Ptolemäus ihn empfangen würde, denn seinerzeit hatte er sich über die Vergänglichkeit aller Dinge, zumal der makedonischen Expansionspolitik, geäußert. Allerdings trug er einen Plan mit sich, verlockend für diesen Mann, der die Geschichte nicht allein mit dem Schwert, sondern ebenso mit der Feder schrieb (als Chronist der leider verschollenen »Feldzüge Alexanders des Großen«). Er schlug ihm vor, eine großartige Kulturinstruktion ins Leben zu rufen, nämlich einen Musentempel, d. i. ein Museion, und darin sämtliche literarischen Schätze zu konzentrieren – und dazu Wissenschaftler, die sie betreuen, studieren und bereichern sollten, aus dem Staatssäkkel zu unterhalten.

Ptolemäus I. Soter oder »Retter« gefiel dieser Gedanke; er zählte zu den wenigen Regenten in der Geschichte, die begriffen, daß die Wissenschaft zumindest den gleichen Ruhm garantiert wie der Krieg und zudem billiger ist.

Da es bei Ptolemäus von der Idee bis zur Ausführung nie langer Zeit bedurfte, wurde das Museion im Jahre 307 v. u. Z. feierlich eröffnet; sein erster Direktor wurde selbstredend Demetrios von Phaleron. Es blieb aber nicht beim bloßen Bau und Organisationsreglement; augenblicks flatterten wertvolle Manuskripte aus der ganzen griechischen Welt herbei, für die eine spezielle Bibliothek eingerichtet wurde. Ebenso folgten namhafte Vertreter griechischer Kultur.

Höchsten Ruf erlangte das Museion unter Soters Nachfolger Ptolemäus II. Philadelphos (285–246 v. u. Z.). Ihn prägten zwei Leidenschaften: die Elefantenjagd und die Handschriftensammlung! Er beschloß, alles, aber auch alles zusammenzutragen, was es auf Erden an griechischen Schriften gab und einigermaßen von Wert war, und im alexandrinischen Museion und dessen Bibliothek zu deponieren. Er erstand die kostbaren Handschriften und zeigte sich nicht knausrig. Mitunter verschaffte er sie sich auf nicht gerade faire Weise. So lieh er von den Athenern die Originaltexte der Dramen Aischylos', Euripides' und Sophokles' und hinterlegte dafür die Riesensumme von 15 Talenten; dann ließ er sie verschwinden und rieb sich vor Freude die Hände darüber, wie schlau er die Griechen übers Ohr balbiert hatte. Nach antiken Berichten raffte er insgesamt 200 000 Rollen zusammen; seine Nachfahren setzten diese Tätigkeit fort. Nach Alexandria kam dann auch die Bibliothek der Attaliden von Pergamon. Ammianus Marcellinus, der letzte römische Geschichtsschreiber, der diesen Titel noch zu Recht trägt, vermerkt, daß zu Cäsars Aufenthalt in Alexandria im ganzen 700 000 Rollen lagerten. Die gleiche Zahl führt auch Aulus Gellius an. Darunter befanden sich natürlich Duplikate; das Abschreiben wichtiger Manuskripte gehörte zu den vornehmsten Aufgaben der Bibliotheksangestellten (und war eine der verdienstvollsten, denn gerade diesen Abschriften, die sich über die ganze antike Welt verbreitet haben, verdanken wir die Bewahrung des größten Teils der griechischen Literatur). Jedenfalls war es die bei weitem größte Bibliothek, die bis dahin auf dem Erdenrund existierte. Allein ihr Katalog, das Verzeichnis aller, die in sämtlichen Disziplinen der Menschheitswissenschaft herausragten, und deren Schriften, umfaßte 120 Bände!

Den am Museion beschäftigten Gelehrten – zu Zeiten der ersten Ptolemäer etwa einhundert – oblag es, diese Werke zu studieren und zu jedem Verfasser einen Kommentar mit Anmerkungen zu erarbeiten. Daraus ging eine eigene Literaturgattung hervor, griechisch scholia genannt (woraus sich unsere »Schule« entwickelt hat), die größtenteils erhalten geblieben ist, so daß sie als beachtliche Quelle für das Studium antiken Bildungsguts dient. Die Wissenschaftler bekamen unmittelbar im Gebäude oder in der Stadt Wohnungen nach ihrem Geschmack zugewiesen, wurden beköstigt und ordentlich honoriert. Berufen wurden sie vom König, zu römischen Zeiten vom Kaiser. Doch dieses erste »Museum« besaß nicht nur Studierräume und die Bücherei, sondern auch seinen eigenen zoologischen und botanischen Garten, einigen Informationen zufolge sogar mechanische Werkstätten (beziehungsweise physikalische Laboratorien in unserer Terminologie). An Wissenschaftszweigen wurden hier Philosophie, Geschichte, Erdkunde, Astronomie, Physik, Medizin, Mathematik, Philologie studiert und möglicherweise am eifrigsten das, was wir heutzutage unter Literaturwissenschaft verstehen (in weitestem Sinn, inklusive Textkritik; besonders sorgfältig wurden Abweichungen in den verschiedenen handschriftlichen Versionen verglichen und korrigiert). Die Verfahrensmethode dieser Gelehrten ist bemerkenswert: Die Forschung lief grundsätzlich individuell, deren Ergebnisse aber wurden kollektiv begutachtet. An der Diskussion beteiligten sich die Mitarbeiter der jeweiligen Fachrichtung oder das Plenum der Wissenschaftler, häufig in Anwesenheit des Königs. Auch Externe kamen; so gibt es einen Bericht über den Vortrag eines Literaturkritikers, dessen Name zum Symbol kleinlicher, beschränkter und unbillig harter Rezension geworden ist: »Nach einigen Jahren kam aus Makedonien nach Alexandria Zoilos, der sich Homeromastix – ›Peitsche auf Homer‹ rufen ließ, und las dem König aus seinen Werken vor, die gegen die Ilias und die Odyssee vom Leder zogen. Als jedoch Ptolemäus merkte, daß der Ahnherr der Dichter und allen Schrifttums angegriffen wurde, ohne zugegen sein zu können, und daß er, zu dessen Schöpfungen alle Völker mit Bewunderung aufblicken, durch diesen Menschen verunglimpft wurde, empörte er sich und strafte Zoilos mit Schweigen. Zoilos hielt sich länger im Lande auf, geriet in Not und wandte sich mit einem Gesuch um mildtätige Unterstützung an den König. Da allerdings wies der König ihn zurecht: Homer, der vor Jahrtausenden gestorben sei, nähre für alle Zeiten Tausende Menschen, und demnach solle auch jemand, der von sich behaupte, ihm an Geist überlegen zu sein, nicht schlechthin sich allein, sondern mehr Menschen Unterhalt gewähren als Homer.« – Manchmal sprengten die Debatten im Museion den akademischen Rahmen. Ptolemäus III. Euergetes II., genannt Physkon oder »Dickwanst«, pflegte nach Mitternacht ziemlich ungehalten zu werden, und wenn das Kollegium der Gelehrten sich nicht einigen konnte, die strittigen philosophischen und literarischen Probleme autoritär, mit Faust und Knüppel, zu entscheiden.

Nach Demetrios von Phaleron übernahm die Leitung des Museions und der Bibliothek Kallimachos, Autor des oben erwähnten 120bändigen Verzeichnisses und laut Überlieferung weiterer etwa 800 Schriften, einer der geachtetsten hellenistischen Dichter. (Diese Würde glich der Stellung eines »Königsverwandten«, das entspricht ungefähr dem neuzeitlichen Amt des Chefs einer staatlichen Zentralbehörde; der nächsthöhere Rang, »naher Verwandter des Königs«, deckt sich mit unserer Ministerfunktion). Dieses Amt bekleidete später der uns mittlerweile geläufige Zenodotos aus Ephesos, Literaturwissenschaftler und Herausgeber kritischer Ausgaben der älteren griechischen Poeten. Zu seinen hervorragendsten Fortsetzern gehörten Aristophanes von Byzanz und Aristarchos von Samothrake.

Welch eine Männergesellschaft hat doch im alexandrinischen Museion gelebt und gewirkt! In seinen Gärten erging sich der Mathematiker Euklid mit der Wachstafel in der Hand, in die er seine berühmten Regeln der Flächenberechnung des rechtwinkligen Dreiecks, seither in unseren Schulen gelehrt, ritzte; ebenfalls hier schrieb er irgendwann um die Wende vom 4. zum 3. Jh. v. u. Z. auch seine »Grundlagen der Mathematik«, die bis in die Gegenwart deren Fundamente geblieben sind (und außerdem das Musterbeispiel für Wissenschaftler aller Disziplinen, wie über noch so komplizierte und abstrakte Dinge lebendig und verständlich zu schreiben sei). Gleichzeitig mit Euklid arbeitete dort Straton aus Lampsakos, der spätere Vorsteher des aristoteleischen Lykeions in Athen; er verfaßte vierzig physikalisch-mathematische Bücher, die leider verlorengingen, und führte nach zeitgenössischer Kunde in die physikalische Forschung das Experiment ein. Ihm folgte an die Bibliothek der Mathematiker Eratosthenes aus Kyrene, ihr späterer Direktor; er machte sich auch als Geograph einen Namen (indem er die Landkarten mit Breiten- und Längengraden versah und annähernd den Erdumfang errechnete) und legte vor allem den Grund für den Kalender, den Cäsar dann in Rom für verbindlich erklärte und dessen man sich, nach der Vervollkommnung durch Gregor XIII. aus dem Jahre 1582, bis heute im Weltmaßstab bedient). Ihn löste Hipparchos aus Nikaia ab, Urheber des Sternenkatalogs und nach Aristarchos von Samos und vor Nikolaus Kopernikus der berühmteste Theoretiker des heliozentrischen Systems. Am Museion war auch Archimedes tätig, einer der bedeutendsten und arriviertesten antiken Mathematiker und Physiker. Den Reigen alexandrinischer Mathematiker und Physiker beschließen zwei Einheimische: Ktesibios, Konstrukteur diverser hydraulischer Geräte (Wasserkanone, Wasseruhr, Wasserpumpe), und Heron, dessen erfolggekrönte Dampfversuche zur Erfindung des »Papinschen Topfes« (1700 Jahre vor Papin) und des Rückstoßantriebs führten.

Hervorragende Ergebnisse erzielte ebenfalls die alexandrinische medizinische Schule, die von den Anfängen bis zum Ende der ptolemäischen Periode, also über ein Vierteljahrtausend, ihre Weltgeltung aufrechterhielt. Besonders der gebrechliche Ptolemäus II. Philadelphos ließ ihr alle erdenkliche Förderung angedeihen; selbst die Sektion von Verbrecherleichen erlaubte er ihren Mitgliedern. Die alexandrinischen Ärzte fußten nicht auf altägyptischer Tradition (längst überholt und unersprießlich), machten sich vielmehr die Errungenschaften der griechischen Schule von Keos und Knidos zunutze. Das begehrte »Lebenselixier« fanden sie nicht; statt dessen jedoch analysierte Erasistratos aus Keos die Blutbahn, den Gehirnaufbau und die Anatomie des Herzens, und Herophilos aus Chalkedon tat sich durch seine Gehirnforschungen (hauptsächlich der Hirnzellen), Untersuchungen der Augenanatomie und der Darmfunktionen hervor. Von den späteren Angehörigen der alexandrinischen Schule genossen Bakchios aus Tanagra als Kommentator von Hippokrates, dem Begründer der wissenschaftlichen Medizin, und Demetrios aus Apameia als Pharmakologe Ansehen.

Die ptolemäische Großzügigkeit lockte außer Gelehrten auch Künstler nach Alexandria. Bei den Malern denken wir etwa an Apelles. Unter den Dichtern waren es allen voran die uns bereits bekannten Rivalen Kallimachos und Apollonios, der eine ob seiner geschliffenen Kleinepen (»epyllion«), der andere durch sein großes Argonautenepos. Zu ihnen gehörte neben anderen, zumindest vorübergehend, auch Theokritos aus Syrakus, »Vater der idyllischen Poesie«. Gewiß schmarotzten sich viele in der alexandrinischen festen Anstellung auch nur durch; manche verfertigten lediglich Gedichte aus Gedichten, schöpften nicht aus dem Leben, andere wiederum kehrten bloß ihre Gelehrsamkeit hervor, nicht wenige beherrschten allein die Kunst, ihren Brötchengebern zu schmeicheln. Letztlich brachte Theokritos in seiner Zueignung (Ptolemäus I. Soter gewidmet) zum Ausdruck, Ptolemäus habe als »König-Retter« Alexander den Großen in den Schatten gestellt und »dreihundert, noch dreitausend, darüber hinaus dreißigtausend und dann weitere zweimaldrei plus dreimalneun«, will sagen 33 333 Städte gegründet. Bescheidenere Talente verstiegen sich verständlicherweise zu noch sinnloseren Übertreibungen.

Alexandrias Tradition als Mittelpunkt der Wissenschaften verblaßte selbst unter den Römern nicht gänzlich. Hier lebte und wirkte im ersten Jahrhundert u. Z. Philon von Alexandria, der keineswegs der geringste unter den schon in der Einleitung genannten Philonen war; mit seinen philosophischen Schriften ebnete er den Weg zur Paarung jüdischen Glaubens mit griechischer Philosophie und erlangte für die Schaffung der philosophischen Grundlagen des Christentums solche Bedeutung, daß Engels ihn als »eigentlichen Vater des Christentums« zu bezeichnen nicht anstand. Hier lebten und wirkten Ende des zweiten, Anfang des dritten Jahrhunderts die frühchristlichen Schriftsteller Klemens von Alexandria und Origenes. Und es lebte und wirkte hier (im zweiten Jahrhundert u. Z.) auch Klaudios Ptolemäus, Mathematiker, Physiker, Geograph und Astronom in einem; seine »Große Abhandlung über die Astronomie« wurde zum Fundament christlicher Sicht auf die Beschaffenheit des Alls, woraus die Theologen noch im 16. Jahrhundert ihre Argumente gegen Kopernikus und Bruno und im 17. Jahrhundert gegen Galilei bezogen. Das letzte Wort der alexandrinischen Schule war die »Bestimmung der Weltschöpfung« auf den Tag genau: Julius Africanus zufolge wurde die Welt am 29. August 5492 v. u. Z. erschaffen, was viele Leute lange glaubten.

Diese jüdisch-christliche Gelehrsamkeit hat wohl schon recht wenig mit dem alexandrinischen Museion gemein. Philon von Alexandria berichtet über dessen Geschichte nach Cäsar, als römische Legionäre es in Asche legten. Ein Teil der Schriftrollen gelang es angeblich aus dem brennenden Gebäude zu retten, und Kleopatra bat Antonius, ihren neuen Beschützer und Geliebten, zu ersetzen, was der alte vernichtet hatte; Duplikate soll sie aus Pergamon erhalten haben. Kaiser Augustus ließ sie dann samt den Neuzugängen ins Serapeion überführen, das sich zum neuen – wenn auch nicht gleichrangigen – Zentrum jener Gelehrter aufschwang, die die altgriechische Kultur gegen die christlichen Widersacher hegten. Zuletzt pflegten sie sie nicht mehr, sondern hüteten lediglich die übriggebliebenen Rollen. Aber schon das überstieg das Maß, das der alexandrinische Patriarch Theophilos zuzugestehen bereit war. Im Jahre 391 ersuchte er Kaiser Theodosius I., ihm zu erlauben, die heidnischen Philosophen aus der Stadt zu vertreiben. Die armen Greise verbarrikadierten sich im Serapeion, Theodosius' Soldaten stürmten den Tempel – und was darauf folgte, war kein Gefecht mehr, sondern Gemetzel.

Der Geschichtsschreiber Orosius inspizierte im Jahre 411 die Trümmer des Serapeions. In den verwüsteten unterirdischen Räumen sah er noch Regale, doch ohne Bücher. Das ist die letzte Notiz vom Serapeion, vom Museion und von Alexandria als Kulturzentrum der hellenistischen Welt.

Das erste ptolemäische Bauwerk, über das wir uns nach den alexandrinischen Palästen und Tempeln unterhalten wollen, hat niemand als Weltwunder bezeichnet. Es wurde jedoch – nach vielfältigen Modifikationen und im Verlaufe von Jahrhunderten – der wichtigste Bau Ägyptens und einer der imposantesten der Welt. Es ist der Kanal zwischen dem Mittel- und dem Roten Meer. Strabon besichtigte diesen Kanal (vielmehr dessen Überreste) und schrieb darüber in seiner »Geographie« dies: »Der Kanal mündet ins Rote Meer oder in den Arabischen Golf bei der Stadt Arsinoe, die auch Kleopatris hieß. Er führt durch die sogenannten Bitterseen; sie waren nämlich einst bitter, doch nach Errichtung dieses Kanals vermengten sich ihre Wässer mit Flußwasser und veränderten sich dergestalt, daß sie nunmehr reich an Fischen und Wasservögeln sind. Den Kanal zu bauen begann zuerst Sesostris in den Jahren vor dem Trojanischen Krieg; andere meinen, es sei ein Sohn der Psammetichen gewesen; offenbar hat er ihn nur kurz in Angriff genommen und ist kurz darauf gestorben. Später fuhr Dareios I. im Werk fort. Dieser König ließ sich aber durch falsche Ansichten dazu verleiten, die fast abgeschlossene Arbeit abzubrechen; man hatte ihm eingeflüstert, der Pegel des Roten Meeres überrage den des Ägyptischen Meeres« (des heutigen Mittelmeeres) »und daß demzufolge, wenn ein Durchlaß ausgehoben würde, der diese beiden Meere miteinander verbände, ganz Ägypten unter den Fluten verschwände. Trotzdem erbauten die ptolemäischen Könige den Kanal und konnten nach Belieben das innere oder äußere Meer in beiden Richtungen befahren.«

Die dramatische, leichengepflasterte Historie des Suezkanals nimmt also nicht erst im neunzehnten Jahrhundert und mit Ferdinand Lesseps ihren Lauf, sondern um drei Jahrtausende früher.

Beginnt sie tatsächlich unter Senvosret im 19. Jahrhundert vor unserer Zeitrechnung, wie Strabon behauptet? Belege dafür fehlen uns, und es scheint unglaubwürdig.

Die »Kleopatranadel«. Sie stammte ursprünglich aus On (Heliopolis) und steht heute in London

Jenem König der 12. Dynastie, dem dritten dieses Namens (in griechischer Form Sesostris), schrieben antike Historiker massenhaft Taten zu, von denen mit Sicherheit bekannt ist, daß erst seine viel späteren Nachfolger sie geleistet haben. Aristoteles und Plinius erachten für den ersten Bauherrn des Kanals Ramses II., den Großen. Doch auch über diesen Bau »aus den Jahren vor dem Trojanischen Krieg« (d. i. vor dem 12. Jahrhundert v. u. Z., was mit Ramses' Regierungszeit übereinstimmte) wissen wir nichts Genaues. Hingegen gibt es über das Vorhaben eines »Sohnes des Psammetichen«, d. h. Nekos' II., der etwa um 610–595 v. u. Z. geherrscht hat, nicht den geringsten Zweifel. Wir besitzen sogar Angaben über die Baukosten seines Kanals: 120 000 Menschenleben – die gleiche Summe wie zu Lesseps' Zeiten!

Herodot nimmt im Unterschied zu Strabon an, Dareios habe den Bau beendet. Wer hat recht? Wie schon so oft – der Ältere, in diesem Fall Herodot. Das bestätigen Dareios' Gedenksteine, die noch heute zwanzig Kilometer südlich Ismailias (am Süßwasserkanal), zehn Kilometer nördlich von Suez (an der Bahnlinie), und an anderen Orten stehen. An einem von ihnen ist zu lesen: »Ich, Darajavausch, Perser, habe von Persien aus Ägypten erobert. Ich habe befohlen, diesen Kanal von dem Fluß, Nil genannt, der durch Ägypten fließt, bis an das Meer, das Persien umspült, zu bauen.«

Vergegenwärtigen wir uns die älteste Notiz eines europäischen Historikers über den Suezkanal. Im 158. Kapitel des zweiten Buches der »Geschichte« läßt Herodot uns wissen:

»Psammetichs Sohn war Neko, der als erster den Kanal zum Roten Meer zu bauen anfing, vollendet aber wurde dieser von Dareios, dem Perser. Die Länge des Kanals beträgt drei Tagesreisen, die Breite soviel, daß in ihm zwei Trieren mit langen Rudern nebeneinander schwimmen können. Das Wasser wird aus dem Nil hineingeleitet, unweit der Stadt Bubastist bei Patuma, einer arabischen Stadt. Am anderen Ende mündet der Kanal ins Rote Meer.

Den Kanal zu graben begann man in jenem Teil der ägyptischen Ebene, der an Arabien grenzt; an diese Ebene stößt ein Höhenrücken, der sich nach Memphis zieht und Steinbrüche hat.« (Es ist das heutige Mokattamgebirge, aus dem das Gestein zur Verschalung der Pyramiden gewonnen wurde.)

»Just am Fuße dieses Gebirges zieht sich der Kanal von Westen nach Osten, um dann in einer felsigen Schlucht seinen Weg fortzusetzen, sich vom Gebirge südwärts abzuwenden und im Arabischen Golf zu münden.

Der kürzeste und direkteste Weg vom nördlichen Meer bis ans südliche, das auch Rotes Meer heißt, mißt rund eintausend Stadien. Dieser Weg ist der kürzeste; der Kanal indessen ist viel länger, weil er sich windet.

Bei seiner Errichtung unter König Neko kamen zwölf Myriaden Menschen ums Leben. Inmitten des Baues stellte Neko die Arbeiten ein; den Grund dazu soll eine Prophezeiung gegeben haben, wonach der König im Dienste der Barbaren stehen werde. Als Barbaren bezeichneten die Ägypter alle, die nicht ihre Sprache sprachen.«

Diese Prophezeiung (wie sämtliche nachträglich registrierten Prophezeiungen) ging in Erfüllung: 69 Jahre nach Nekos Tode bemächtigte sich Ägyptens »der barbarische König Kambyses«. Für die Perser hatte die Verbindung mit Ägypten über das Rote Meer großes Gewicht. Kambyses' Nachfolger Dareios I. setzte daher das begonnene Werk fort; ihm kam keine Prophezeiung ins Gehege, und so können wir die Trasse seines Kanals bis heute verfolgen. Sie verläuft längs des Westufers des heutigen Kanals; zwischen Ismailia und den Bitterseen haben sich von ihr etwa 20 Kilometer erhalten, von den Seen bis Suez blieb sie ganz intakt. Vom Flugzeug aus erkennen wir sogar ihre Fortsetzung in den seichten durchscheinenden Wässern des Golfes von Suez, und zwar auf eine Entfernung von rund fünf Kilometern.

Beachten wir, daß Herodot über die Kanalschiffahrt im Präsens und Strabon in der Vergangenheitsform spricht. Zweifellos wurde zu Strabons Zeiten weder Dareios' noch der ptolemäische Kanal noch benutzt. Der großzügige Bau der ersten Ptolemäer überstand natürlich nicht den Verfall, der während der Reichswirren einsetzte, die nahezu das ganze Jahrhundert vor Ägyptens Okkupation durch die Römer ausfüllten.

Den Kanal ließ erst Kaiser Trajan (98–117 u. Z.) erneuern, und römische Schiffe befuhren ihn zwei Jahrhunderte lang auf dem Wege nach Arabien, nach Indien – ja, wir haben einen Beleg, daß eines davon bis an Kampucheas oder Vietnams Küsten gelangt ist. Nach der Teilung des Römischen Reiches dann bleiben antike Nachrichten über den Kanal aus; die letzte stammt aus Kaiser Arcadius' Zeit (aus dem Jahre 395).

Die fast tausendjährige Altertumsgeschichte des Suezkanals kennt aber noch ein Zusatzkapitel im frühen Mittelalter. Als Omars Feldherr Amr Ibn el-As Ägypten eroberte, brachte ihn ein Kopte zum verlassenen Kanalbett an den Bitterseen. Amr Ibn el-As musterte es begeistert: Er wußte, daß Allah groß und Mohammed sein Prophet ist, daß jedoch seine grenzenlose Weisheit auf solche Art den Rechtgläubigen eine Verbindung des eroberten Landes mit Mekka und Medina geschaffen haben könnte, hatte er nicht einmal zu träumen gewagt. In der zweiten Hälfte des 7. Jahrhunderts war der Kanal also wieder in Ordnung und funktionierte erneut über zwei Jahrhunderte. Doch dann erhob sich Medina gegen den Kalifen al-Mansur, der sich nach Osten zurückziehen mußte (am Tigris gründete er darauf Bagdad) und für alle Fälle den Kanal nördlich von Kulzum (so hat Suez ehemals geheißen) zuschütten ließ. Solcherweise wurden dessen Wände zum Unterschlupf für Hyänen und Wüsteneulen.

Jahrhunderte zogen über Ägypten hinweg, und an seiner Spitze wechselten Dynastien, deren Namen unsere Lehrbücher größtenteils nicht erwähnenswert finden. Ab Mitte des 9. Jahrhunderts bis zur Mitte des 19. Jahrhunderts lag der Kanal verlassen – und in der arabischen Welt so gut wie vergessen. In Europa aber wußte man von ihm. Insbesondere besannen sich die Venezianer und Genueser seiner. Im Jahre 1671 legte der deutsche Polyhistor Leibniz dem französischen König Ludwig XIV. einen Plan für die Wiederinstandsetzung vor. Die Königsberater verwarfen ihn allerdings als Utopie – genauso wie die früheren Gesuche einiger Hafenstädte, »einen Kanal von Suez nach Kairo zu errichten, der zu Zeiten altägyptischer Könige existiert hat«. Zu seinem Bau fehlten Voraussetzungen, zumal politische. Die Lage änderte sich erst durch den napoleonischen Feldzug. Unter den »gelehrten Zivilisten« im Troß der französischen Armee befand sich auch der Ingenieur Lepère, der sich schon zuvor mit dem Gedanken, die antike Trasse von Suez zu den Seen und von den Seen zum Nil zu erneuern, befaßt hatte. Napoleon bot ihm alle erforderlichen Mittel an, um das Projekt vor Ort zu prüfen. Und Lepère »stellte fest«, daß die Verbindung beider Meere durch einen Kanal und den Nil unausführbar sei, denn der Wasserspiegel des Roten Meeres überrage den Wasserspiegel des Mittelmeeres um fast zehn Meter. (Er rechnete es präzis aus: um 9908 Millimeter!)

Zu Lepères Entschuldigung: er war des Griechischen unkundig, las keinen Strabon und wußte mithin nicht, daß mit diesem Einwand bereits Dareios' Ingenieure operiert und Nekos und die ptolemäischen Ingenieure ihn vordem und später in praxi widerlegt hatten. Wenn freilich klassische Philologen Strabon beizeiten übersetzt oder die Ingenieure bessere klassische Bildung gehabt hätten ... Lassen wir diesen Gedanken lieber nicht zu Ende gesponnen. Schließlich hatte Napoleon in Ägypten den Kopf voll und wenig Zeit. Trotz Lepères verhängnisvollem Irrtum ging die Kanalidee nicht unter. Sie beschäftigte Politiker, Börsenjobber, Ingenieure und Schwärmer.

Eine grundlegende Wende trat ein, als Ferdinand de Lesseps auftauchte. Von Beruf war er Diplomat. Im Gegensatz zu den »Diplomaten mit Spaten«, denen wir unterwegs durch Ägypten, Mesopotamien und Griechenland begegnet sind, verdiente er sich seine Sporen nicht durch Ausgrabungen alter Welten, vielmehr durch den Kanal für die moderne Welt.

Lesseps wußte freilich, daß bloßer Enthusiasmus keine Berge – in diesem Fall Millionen Kubikmeter Sand – versetzt, und verbündete sich infolgedessen mit Bankiers, Börsianern, Politikern und anderen Mächtigen der damaligen Welt. Auf ihren Wink hin erwirkte er eine Aufbesserung der Konzessionsbedingungen: Sein Freund, der Khedive, erteilte ihm im Januar 1856 die Vollmacht, »den Kanal zu errichten und zu unterhalten sowie 99 Jahre lang ab Fertigstellung und Eröffnung zu benutzen«. Dann vereinbarte er noch etliche Kleinigkeiten (daß Ägypten beispielsweise den Boden für die Kanaltrasse unentgeltlich überläßt; daß es unentgeltlich das nötige Baumaterial aus den Steinbrüchen liefert; daß es unentgeltlich vier Fünftel der Arbeitskräfte für die Schachtarbeiten stellt u. ä. m.) und rief zur Aktienzeichnung auf.

Der festliche Auftakt zu den Bauarbeiten am Suezkanal erfolgte am 22. April 1859 in Port Said. Das Projekt war beachtlich, die Organisation schwächer, dafür überstiegen die Kosten den Voranschlag ums Doppelte; die Differenz mußte Lesseps' Freund, der Khedive, d. h. Ägypten, aufbringen. Nach Mohammed Saids Tod bestieg Ismail Pascha den Thron, der dem Bau nicht besonders gesonnen war: »Ich möchte, daß der Kanal Ägypten gehöre und nicht Ägypten dem Kanal.« Als die Franzosen ihn gebührend »überzeugt« hatten (damals genügte dazu, einige Kriegsschiffe nach Alexandria zu entsenden), stimmte er dem Fortgang der Arbeiten zu. Wieder überließ er 25 000 Arbeiter, wozu er laut Abkommen verpflichtet war; alle drei Monate mußten sie abgelöst werden – wie ehemals beim Bau der Cheopspyramide. Gearbeitet wurde mit allerprimitivstem Gerät: mit Schaufel und Körben zum Lehmtransport – wie zu Dareios' oder der Ptolemäer Zeiten. Karge Kost, zermürbende Plackerei, unzumutbare hygienische und Gesundheitsvorkehrungen richteten 120 000 Menschen am Bau zugrunde – wie unter Neko. Dann kam jedoch der Tag, an dem nach anderthalb Jahrtausenden die Wasser des Mittelmeers und des Roten Meeres sich aufs neue vereinigten, und am 17. November 1869 wurde der Kanal (geplant war eigentlich unter den Klängen der Verdioper »Aida«, eigens zu Ehren dieses historischen Ereignisses komponiert), feierlich eröffnet.

Darstellung des Leuchtturms auf einer Münze Ptolemäus' II.

Kehren wir zurück in das Reich der ersten Ptolemäer, zu deren zweitem großartigen Bauwerk, das die Schiffahrt zu erleichtern und zu befördern hatte – zum Leuchtturm auf der Insel Pharos, der das eigentliche Ziel unseres Alexandriabesuches ist.

Zu seiner Suche genügt uns der Stadtplan des altertümlichen Alexandrias nicht (auf S. 190), denn das derzeitige Alexandria hat einen völlig anderen Grundriß. In Nordwest, wo heute eine langgestreckte Halbinsel mit ihrem dichtbesiedelten Araberviertel und der herrlichen Abu al-Abbas-Moschee liegt, breitete sich zu Zeiten der Ptolemäer Meer aus, präziser: zwei Seehäfen (der Große Hafen und der Hafen der glücklichen Heimkehr), voneinander getrennt durch Dämme mit Schleusen. Gegen die Brandung schützte sie von innen wie ein Felsschild die Insel Pharos.

Beschrieben hat sie uns Strabon im siebzehnten Buch der »Geographie«, und zwar wieder nach seiner Art wenig farbig, dafür um so sachlicher und genauer:

»Pharos ist eine langgestreckte Insel in unmittelbarer Nähe des Festlandes und bildet zusammen mit ihm einen Hafen, der zwei Zufahrten besitzt. Die Küste bildet hier nämlich eine Bucht, aus der zwei Halbinseln ins Meer hinausragen. Die Insel Pharos zieht sich von der einen Halbinsel zur anderen dergestalt, daß sie die Bucht abschließt. Diese Insel hat zwei Ausläufer, deren einer zum Festland und zur daraus ragenden Halbinsel verläuft. Die Halbinsel heißt Lochias und erstreckt sich ins Meer, so daß sie nur eine schmale Hafeneinfahrt frei läßt. In der Meerenge befinden sich außerdem Klippen, teilweise unsichtbar und teilweise über dem Meeresspiegel, gegen die unaufhörlich Wellen schlagen. Den hintersten Vorsprung der Insel Pharos bildet ein seeumtoster Felsen. Auf diesem Felsen steht ein bewundernswerter mehrstökkiger Turm, aus weißem Gestein erbaut, der den Namen der Insel trägt. Errichtet hat ihn Sostratos, ein Freund der Könige, zur Sicherheit der Seefahrer, wie die Inschrift verlautet: ›Sostratos aus Knidos, Dexiphanes' Sohn, den die Seefahrer beschützenden Göttern‹. Die Küste ist nämlich von beiden Seiten ohne Hafen und zudem flach, von Felsen und Sandbänken umgeben; daher ist hier ein hohes und vom Meer aus gut auszumachendes Zeichen den Schiffern vonnöten, damit sie die Hafeneinfahrt leicht finden.«

Seltsamerweise verliert Strabon über das Aussehen und die Höhe des Turmes kein Wort, und er hätte das bestimmt nicht versäumt, wäre das Bauwerk höher gewesen als die Pyramiden. Er bezeichnet es lediglich als »bewundernswert« und »mehrstöckig«, was gewiß recht gering erscheint für eine architektonische Leistung, die zu den Sieben Weltwundern zählt ...

Als Strabon den Leuchtturm auf der Insel Pharos besichtigte, war der Eindruck nicht mehr überwältigend. Der Turm lag halb in Schutt, seine höchste Etage zerschellt in der formlosen Masse rund um die Fundamente, er trug ein improvisiertes Holzdach, und »nur wenige Wächter bewohnten ihn«. In diesen Zustand versetzt hatte ihn »der göttliche Caesar, weil die Inselbewohner zu ihrem eigenen König hielten«. Ja, die römischen Eroberer ließen es Alexandria spüren, das sich erdreistet hatte, sich gegen sie zum Schutz ihrer Selbständigkeit zu erheben; sie steckten nicht allein die größte Bibliothek der Antike in Brand, sondern verwüsteten zugleich das höchste Bauwerk der Welt!

Einhundertachtzig Meter maß dieser Leuchtturm von der Sohle bis zum Scheitel, wie aus den Berechnungen auf Grund der Angaben Flavios Josephos', eines jüdischen Historikers aus dem ersten Jahrhundert unserer Zeitrechnung, erhellt. Nach Informationen anderer antiker Autoren war er niedriger; genau läßt sich seine Höhe nicht bestimmen, denn es handelt sich meistenteils um bloße Schätzungen. Neuzeitliche Forscher streichen von der überlieferten Höhe etwa ein Viertel, H. Thiersch beispielsweise in seiner Arbeit

Zwei Rekonstruktionszeichnungen des Leuchtturms auf Pharos: rechts nach Gerkan (1890), links nach Samir (1936)

»Das antike Pharos« (1909), oder noch mehr. Der offizielle »Alexandrinische Denkmalsführer« aus dem Jahre 1970, zusammengestellt von Mitarbeitern des Griechisch-römischen Museums unter Leitung H. Riads, verzeichnet »annähernd 135 Meter«. Doch selbst ein Turm von dieser Minimalhöhe mußte, auf einem Felsen inmitten des Meeres sich emporreckend, die Antike staunen machen – und nicht minder die Gegenwart.

Betrachten wir aber die Angaben Flavios Josephos' näher. Er schreibt: »Alexandrias Hafen ist den Schiffen schwer zugänglich ... Seinen linken Teil umgeben von Menschenhand erbaute Mauern, auf der rechten Seite vor ihm liegt die kleine Insel namens Pharos, auf der ein überhoher Turm steht und mit heller Flamme den nahenden Schiffern auf dreihundert Stadien Entfernung Zeichen gibt, damit sie nachts von weitem ein sicheres Geleit haben, denn das Anlegen ist beschwerlich.« Die Höhe des Leuchtturmes gibt er also nicht an, vielmehr nur die Entfernung, aus der in der Nacht sein Flammenschein zu sehen ist. 300 Stadien entsprechen nach attischem Maßsystem 53,3 Kilometern. Läßt sich daraus errechnen, wie hoch der Leuchtturm gewesen ist? Natürlich, und zwar gemäß den pharologischen Tabellen. (Der Terminus Pharologie, heute wohl hauptsächlich noch im angelsächsischen und romanischen Sprachraum geläufig, bedeutet mitnichten die »Wissenschaft von der Insel Pharos«, sondern die Lehre über Bau und Transport von Leuchttürmen.) Nach diesen Tabellen ist eine Lichtquelle von durchschnittlicher Stärke nachts aus 28,7 bis 29,7 Seemeilen Entfernung zu sehen, wenn dieses Licht aus 595 englischen Fuß oder 180,8 Meter Höhe ausgestrahlt wird.

Mag der Leuchtturm auf der Insel Pharos 180 oder lediglich 135 Meter gemessen haben, nach Ansicht moderner Experten wäre er von rein praktischem Standpunkt unnütz hoch gewesen, selbst unter Berücksichtigung dessen, daß die Leuchtfeuer alter Leuchttürme relativ schwach gewesen sind. Ein kleiner Vergleich: Der höchste Leuchtturm Europas ist der von Cordouan an der Garonnemündung in den Golf von Biskaya unweit von Bordeaux; sein Leuchtfeuer befindet sich 59 Meter über dem Meeresspiegel. (Übrigens haben ihn die Römer nach dem Vorbild des Leuchtturmes auf der Insel Pharos erbaut; in ursprünglicher Form erhielt er sich bis ins 16. Jahrhundert, später wurde er umgebaut.) Der Leuchtturm auf Hatteraskap, der höchste auf der amerikanischen Seite des Atlantiks, mißt 58 Meter; der Leuchtturm Sombrero Key auf den Korallenriffen vor Florida ist 49 Meter hoch; der »Erste Leuchtturm« auf den Fastnet Rocks (an der Südwestküste Irlands) ragt 48 Meter empor usw. Keiner der neuzeitlichen Seeleuchttürme erreichte folglich die Höhe des ptolemäischen Leuchtturmes in Alexandria, nicht einmal dessen halbe Höhe, selbst dann nicht, wenn wir die geringsten Angaben zugrunde legen.

Wir dürfen getrost sagen, daß der Leuchtturm auf der Insel Pharos für alle Zeiten den Weltrekord behalten wird, nicht etwa weil solch hohe Bauten aus der Mode gekommen seien – der Turm der Lomonossow-Universität in Moskau überragt ihn um nahezu 70 Meter, der Wolkenkratzer Empire State Building in New York sogar ums Doppelte –, sondern weil dermaßen hohe Leuchttürme überflüssig sind. Die einstigen Holzstapel oder Eisenkörbe mit glühender Holzkohle wurden durch elektrisches Licht ersetzt (und durch optische Verstärkungsanlagen), und vor allem werden die Schiffe heutzutage mittels Funk und Radar um ein Vielfaches sicherer geleitet.

Die Ptolemäer haben diesen phantastischen Wolkenkratzer auf dem meerumspülten Felsen allerdings nicht aus »rein praktischen« Erwägungen errichtet. Er symbolisierte die Größe ihres Reiches, ihres Vermögens, ihrer Macht und verkörperte wie das Licht in der Finsternis zugleich das damalige Alexandria und dessen Kulturmission in der hellenistischen Welt.

Wie hat dieses Bauwerk ausgesehen? Nach Strabon und dem späteren Lukian, zuvörderst aber nach Plinius, der seine Schilderung einer mittlerweile verschollenen Schrift entlehnte, hatte er einen quadratischen Grundriß, dessen Seiten 180 bis 190 Meter maßen. Auf dieser Basis stand wahrscheinlich ein mächtiger zweigeschossiger Palast mit vier Türmen an jeder Ecke. Aus seiner Mitte ragte ein breiter, etwa 60 bis 80 Meter hoher viereckiger Turm, der sich nach oben zu verjüngte und einer Festung ähnlich mit Zinnen abschloß. Aus der Mitte dieses Turmes erhob sich ein weiterer schmaler und vermutlich achteckiger Turm, der in einer mehrschichtigen steinernen Plattform auslief. Auf dieser Plattform stand eine runde, nach allen Seiten offene Säulenhalle; darin wurden nachts Holzstöße in Brand gehalten. Auf den Säulen ruhte ein pyramidenförmiger Turm, auf dessen Spitze wahrscheinlich eine Statue des Meeresgottes Poseidon stand. Das »weiße Gestein«, das Strabon notiert, war Plinius zufolge Marmor.

Wir wundern uns angesichts dessen nicht über die Kosten, die der Leuchtturmbau nach antiken Informationen verursacht hat, und bedauern nur, daß in diesen Nachrichten jede Notiz darüber fehlt, welche Technik angewandt worden ist und wie lange der Bau gewährt hat. Allein aus Strabons Formulierung, daß Sostratos »Freund der Könige« war, läßt sich schließen, daß er sich über eine Regierungszeit zweier Herrscher erstreckt hat, d. h. des ersten und des zweiten Ptolemäers, denen er auch als »die Seefahrer beschützenden Göttern« verpflichtet war. Zum Abschluß kam er zweifellos erst unter Ptolemäus II. Philadelphos, und zwar irgendwann nach dem Jahre 280 v. u. Z.

Selbstverständlich entstand auch dieses Bauwerk aus dem Schweiß und der Not von Sklaven und »freien« Ägyptern, selbstverständlich knallten auch hier die Aufseherpeitschen, selbstverständlich gelten auch ihm die Worte Chalil Matrans, des Klassikers der modernen arabischen Poesie, geschrieben im Angesicht der Großen Pyramide: »Ich sehe die Sklaven – wie Sand in der Wüste sind sie, ungezählte Massen schleppen die Lasten: vergilbte Gesichter und schweißige Stirnen, gekrümmte Rükken, stummer Ameisenschritt ... Im Meer fließen sie herabschreitend ineinander, in Ströme teilen sie sich aufwärts strebend ... « Dennoch gab es hier zwei große Unterschiede.

Der erste liegt im gesellschaftlichen Nutzen; darin war der Leuchtturm auf der Insel Pharos der Großen Pyramide und sämtlichen übrigen Pyramiden und Kolossaltempeln des alten Ägyptens himmelhoch überlegen. Der zweite beruhte, wie wir begründet voraussetzen können, in der Bautechnik.

Zu Zeiten, als dieses letzte Wunder der antiken Welt wuchs, hatte die antike Technik ihre größten Entdeckungen und Erfindungen bereits hinter sich. Es war schon die Archimedesschraube bekannt, bekannt war Archimedes' Flaschenzug, bekannt waren Krane, bekannt waren die verschiedensten Baugeräte und -hilfsmittel. Welches Niveau die Technik damals erlangt hat, läßt sich unter anderem daraus ersehen, daß Ptolemäus II. Philadelphos sich ein dreißigreihiges (keineswegs »dreißigrudriges«, wie bisweilen der Begriff »triakonteres« übersetzt wird) Schiff bauen ließ, das dreitausend Ruderer bewegten; es verfügte über eine Mannschaft von 2000 Marinesoldaten und über Schnäbel mit Stahlspitzen, über Katapulte für schwere Steinbrocken, über riesige Lagerräume und eine Mühle. Diese Technik wurde beim Bau des Leuchtturmes bestimmt in breitem Maße genutzt. Davon zeugen auch seine hohen Kosten. Wäre ausschließlich – sagen wir es in unserer Terminologie – »lebendige Arbeit« zum Einsatz gekommen, die so gut wie umsonst zu haben war, hätten die Baukosten keine 800 Talente betragen können.

Dem Namen des Architekten, der den Bau des Leuchtturmes auf der Insel Pharos projektiert und geleitet hat, begegnen wir auf unserer Reise durchs Altertum nicht zum erstenmal. Wir erinnern uns noch, daß viele Gelehrte, als Koldewey die Hängenden Gärten der Semiramis entdeckt hatte, auf einmal behaupteten, ähnliche hängende Bauten habe es in der Antike mehrere gegeben. Dazu gehörte zum Beispiel die »hängende Promenade« auf Knidos. Projektant und Baumeister dieser »hängenden Promenade« war auch wieder Sostratos, Dexiphanos' Sohn. Noch ein anderes einzigartiges technisches Werk wird ihm zugeschrieben: Während der Kämpfe um Memphis (Mennofer) soll er den Nil so verlegt haben, daß die Eroberung möglich wurde. Diese Nachricht stammt allerdings erst aus dem 2. Jahrhundert u. Z., und ihr Wahrheitsgehalt ist möglicherweise mehr als fragwürdig (einzig und allein Lukianos übermittelt sie ohne die geringsten Details); nichtsdestoweniger ist die Tatsache, daß man Sostratos eine solche Leistung zuschanzen konnte, gewiß bezeichnend. In der Literatur finden wir über ihn auch als erfolgreichen Diplomaten Erwähnung, doch erschöpft sich, was von ihm übrigblieb, außer der Erinnerung in einer zu Delphi gefundenen Tafel mit seinem Namen. Leider enthält sie keinerlei Lebensdaten.– Das gibt wahrlich zu denken: Von einem Mann, dessen Taten weder ein Dichter in Versen noch ein Geschichtsschreiber im Lebenslauf verewigt hat, überkommt den Nachfahren höchstens der Name – obwohl er ein Weltwunder geschaffen hat.

Es verbleibt uns noch, das Los des Sostratos-Leuchtturmes nach seiner Erneuerung unter den römischen Kaisern Claudius und Nero festzuhalten. Über die zwölf Jahrhunderte, die er die Seefahrer vor dem Großen Hafen willkommen geheißen hat, genügen sechs Sätze. Zu Zeiten der Byzantiner, im 4. Jahrhundert wurde er durch ein Erdbeben beschädigt, und das Feuer auf ihm erlosch für immer. Als die Araber kamen, um die Mitte des 7. Jahrhunderts, diente er mit seiner weißen Farbe wenigstens als Tagesleuchtturm. Unter den Fatimiden, gegen Ende des 10. Jahrhunderts, ereilte ihn ein neuerliches Erdbeben; nur ein Viertel blieb von ihm übrig. Während der Herrschaft der ersten Mameluken, um Mitte des 13. Jahrhunderts, war er auch als Tagesleuchtturm überflüssig: Das Festland hatte sich der Insel dermaßen genähert, daß die ptolemäischen Häfen sich in eine Sandöde verwandelten. Zu Anfang des 14. Jahrhunderts begann die Bevölkerung ihn als Baumaterial zu demontieren – ähnlich wie Nebukadnezars Babylon oder das römische Kolosseum. Das Erdbeben von 1326 beendete das Werk der Zerstörung.

Die Archäologen vom Ende des 19. Jahrhunderts, die nach seinen Überbleibseln forschten, standen vor keiner leichten Aufgabe. Die Insel Pharos hatte sich ja völlig dem Festland vermählt und außerdem die Fluchtlinie ihrer Nordküste verändert. Schließlich kamen sie überein, daß der Leuchtturm auf dem felsigen Ausläufer der heutigen Halbinsel gestanden habe, die die Einfahrt des Osthafens von Nordwesten abschirmt – aller Wahrscheinlichkeit nach an der Stelle, wo Sultan Kait-Bey Ende des 15. Jahrhunderts die Küstenfestung errichten ließ, die bis heute ihrem Zweck dient

Vergleich zwischen Eiffelturm, Cheopspyramide, Turm zu Babel, Artemistempel und Leuchtturm von Pharos

und nebenher einem kleinen Museum Obdach gewährt.

Konnte aber der größte Leuchtturm der Erde spurlos verschwinden? Offenbar ja. Einige Forscher indessen mutmaßten, Kaitbaj habe seine Festung einfach aus dessen Ruinen erbauen lassen; andere hingegen widerlegten das mittels physikalischer Proben des verwendeten Materials. Mit diesem Stand der Wissenschaft, oder lieber Unwissenheit, mußten wir uns begnügen.

In den sechziger Jahren verbreitete sich im Mittelmeer der Tauchsport. Und ein heute bereits namenloser italienischer Taucher, der sich in eine bescheidene Tiefe unter die Kait-Bey-Festung hinabließ, entdeckte auf dem Meeresboden unversehens Marmorsäulen. Es stellte sich heraus, daß sie offenkundig aus der Fassade des berühmten Leuchtturmes stammten. Weitere Tauchversuche förderten die Skulptur der Isis von Pharos zutage, die einst im nahen Inseltempel gestanden hatte. Der Zugang zur Festung ermöglichte es dann festzustellen, daß einige Stufen ihres dunklen Treppenaufgangs aus weißem Gestein sind und dieses Gestein Marmor ist ...

Heute also wissen wir: Der Leuchtturm hat an der Stelle der Kait-Bey-Festung gestanden oder in unmittelbarer Nähe, und zum Bau dieser Festung wurde zumindest teilweise sein Material verwendet. Wie er jedoch ausgesehen hat, wissen wir nicht mit Bestimmtheit. Die einzige Grundlage seiner Rekonstruktion bilden Strabons Schilderung und die Kehrseite einer ptolemäischen Münze, worauf er allerdings äußerst schematisch dargestellt ist.

Es ist recht wenig für ein Bauwerk, das als siebentes Weltwunder gilt. Doch – es ist noch nicht aller Tage Abend ...

Anhang

Anmerkungen und Erläuterungen

Diese Anmerkungen und Erläuterungen beschränken sich auf die wichtigsten Stichwörter zur antiken Geschichte der Länder der Sieben Weltwunder und zu deren Kulturdenkmalen. Eigennamen sind wie im ganzen Buch in ihrer gebräuchlichsten Form benutzt worden.

Aannipadda, der zweite König der 1. Dynastie im sumerischen Ur, Mesopotamiens ältester Herrscher, der über seine Existenz einen direkten schriftlichen Beleg hinterlassen hat. Er regierte etwa im 28. Jh. v. u. Z. (nach älteren Schätzungen gar im 31. Jh. v. u. Z.)

Abu Simbel, Ort im ägyptischen Nubien mit zwei Felsentempeln, deren größeren Ramses II. sich (und den Göttern Amenres, Raharechtes und Ptah) und kleineren seiner Gemahlin Nefertari (und der Göttin Hathor) erbauen ließ. Vor der Überflutung dieser Stelle durch die Wasser des neuen Assuanstausees wurden beide Tempel in den Jahren 1966–1968 mitsamt dem anliegenden Felsmassiv zerlegt und anschließend am nahegelegenen Hang wieder zusammengefügt. Diese Bewahrungsaktion organisierte die UNESCO

Achäer, einer der mächtigsten griechischen Stämme, die den Raum des heutigen Griechenlands gegen Ende der 1. Hälfte des 2. Jahrtausends v. u. Z. besiedelten. In Homers Dichtung Sammelbegriff für alle Griechen vor Troja

Achämeniden, persische Dynastie der Jahre 549–330 v. u. Z., deren Herrscher ein Persien, Mesopotamien, Anatolien und Ägypten umfassendes Reich gründeten. Ihr Begründer war Kyros der Große und ihr letzter Herrscher Dareios III., der von Alexander dem Großen entthront wurde

Achilleus (lat. Achilles), mythischer Held des Trojanischen Krieges, der stärkste und wackerste aller griechischen Krieger

Achnaton (Amenhotep IV.), ägyptischer König der 18. Dynastie (um 1367–1350 v. u. Z.). Er reformierte die ägyptische Religion und gründete die neue Hauptstadt Achetaton; seine Nachfolger kehrten jedoch zum alten Glauben und in die alte Hauptstadt Veset (Theben) zurück

Adad – assyrisch-babylonischer Gott des Gewitters, der Stürme und des Hochwassers

Adler, Friedrich, deutscher Architekt und Archäologe (1827–1908). In den Jahren 1875–1881 leitete er unter Curtius die Ausgrabungsarbeiten in Olympia

Agamemnon, mythischer mykenischer König, in Homers Epen Oberbefehlshaber der vereinigten griechischen Armeen vor Troja

Agathon, griechischer Tragödiendichter aus der zweiten Hälfte des 5. Jh. v. u. Z., Freund von Sokrates und Platon

Agesandros, rhodischer Bildhauer aus der ersten Hälfte des 1. Jh. v. u. Z., einer der Schöpfer der Laokoongruppe

Ägyptisches Museum, die bedeutendste Sammlung künstlerischer und historischer Zeugnisse des alten Ägyptens. Gegründet wurde es im Jahre 1858 von A. Mariette; zuerst war es im Kairoer Vorort Bulak untergebracht, seit dem Jahre 1902 hat es sein eigenes Gebäude auf Kairos Hauptplatz et-Tahrir

Ahmose I. (griech. Amosis I.), ägyptischer König etwa der Jahre 1580–1555 v. u. Z., Begründer der 18. Dynastie, mit der das Neue Reich beginnt

Aischines, Athener Staatsmann und Redner (etwa 390–315 v. u. Z.), Begründer der Rednerschule auf Rhodos

Aischylos, einer der bedeutendsten dramatischen Dichter Griechenlands (525–456

v. u. Z.). Er schuf 90 Tragödien, von denen uns neun erhalten geblieben sind: »Die Schutzflehenden«, »Die Perser«, »Sieben gegen Theben«, »Der gefesselte Prometheus« und die Trilogie »Oresteia«

Akademie, Platons Philosophieschule in Athen, gegründet um das Jahr 387 v. u. Z. und aufgelöst im Jahre 529 u. Z. durch Kaiser Justinian. Die Bezeichnung leitet sich vom Recken Akademos her, dem jener Hain geweiht war, wo sich der Sitz der Schule befand

Åkerblad, Johann David, schwedischer Diplomat, Archäologe und Orientalist (1763–1819). Er erwarb sich Verdienste um die fortschreitende Entzifferung der Keilschrift

Akkad, Metropole des Akkadischen Reiches, gegründet im 24. Jh. v. u. Z. durch Sargon I. und bislang unentdeckt. Nach ihrem Namen hieß einst ganz Nordbabylonien

Akropolis, 1) befestigte Anhöhe in griechischen Städten; 2) Hügel mit dem Parthenon und anderen Tempelbauten in Athen

Alexander der Große (griech. Alexandros Megalos), makedonischer König, hervorragender Heerführer und Organisator (356–323 v. u. Z.). Den makedonischen Thron bestieg er im Jahre 336 v. u. Z.; im Jahre 334 v. u. Z. zog er gegen Persien ins Feld und befreite in kurzer Zeit sämtliche griechische Staaten Kleinasiens aus dessen Oberherrschaft. Im Jahre 332 v. u. Z. vertrieb er die Perser aus Ägypten und wurde dessen König, im Jahre 331 v. u. Z. rückte er in Babylon und Persepolis ein. Im Jahre 330 v. u. Z., nach dem Tode des Perserkönigs Dareios III., wurde er Herr über ganz Nahost bis nach Indien. Das »Weltreich«, das er geschaffen hatte, war allerdings ein unsicherer Verband und zerfiel nach Alexanders Tode

Alkaios, griechischer lyrischer Dichter aus Mytilene auf Lesbos (etwa 625 – Mitte des 6. Jh. v. u. Z.). Von seinem Werk blieben nur Fragmente erhalten

Alkamenes, Athener Bildhauer aus der zweiten Hälfte des 5. Jh. v. u. Z., Pheidias' Schüler

Alkibiades, Athener Staatsmann und Heerführer (451–404 v. u. Z.). Er wurde berühmt durch seine Fähigkeiten und seinen übertriebenen Ehrgeiz, durch Erfolg und Schlappen; Platon war sein Oheim

Amazonen, sagenhafte Völkerschaft kriegerischer Frauen in Kleinasien, traditionelle Feindinnen der Griechen. Gegen sie kämpften Herakles und Theseus, sie überfielen Athen und kreuzten die Klingen mit den Griechen letztmalig im Trojanischen Krieg

Amenemhet III. (griech. Amennemes), ägyptischer König der 12. Dynastie, Erbauer der Pyramiden bei Dahschur und Hauwara. Unter seiner Regierung (um 1845–1800 v. u. Z.) erlangte das Mittlere Reich seine höchste Entfaltung

Amenhotep III. (griech. Amenophis III.), ägyptischer König der 18. Dynastie. Er regierte etwa in den Jahren 1405–1367 v. u. Z. und ließ bei seinem Totentempel im westlichen Veset von sich und seiner Gemahlin zwei riesige Statuen gestalten, die den Namen Memnonkolosse erhielten

Ammianus Marcellinus, der letzte namhafte antike Geschichtsschreiber (um 332–400 u. Z.). Obwohl geborener Grieche, schrieb er seine 31 Bücher über die Geschichte des römischen Kaisertums lateinisch

Amoriter, Bewohner des antiken Landes Amurru, das sich westlich von Babylon erstreckte. Etlichemal drangen sie in Mesopotamien ein und unterwarfen es sich; auch Hammurabis Dynastie war amoritischen Ursprungs

Amun, eine der höchsten ägyptischen Gottheiten. Er wurde ursprünglich in Veset (Theben) verehrt, seit den Zeiten des Neuen Reiches später in ganz Ägypten. Gestaltet wurde er als Mann mit hoher, durch zwei Federn geschmückter Krone; sein heiliges Tier war der Widder

Anakreon aus Teos, griechischer Lyriker aus der zweiten Hälfte des 6. Jh. v. u. Z., Besinger von Schönheit, Liebe und Lebensgenuß

Anatolien, dem Griechischen entlehnte Bezeichnung für »östliches Land«, das heutige Kleinasien

Antenor – Athener Bildhauer von der Wende vom 6. zum 5. Jh. v. u. Z., Schöpfer der Skulpturgruppe der Tyrannenmörder für die Athener Agora; sie wurde beim Persereinfall von Xerxes verschleppt und durch Alexander den Großen zurückgegeben

Antonius, Marcus, römischer Staatsmann und Heerführer (83–30 v. u. Z.). Während der Bürgerkriege nach Cäsars Tod bemächtigte er sich des Ostteils des Reiches und ließ sich in Alexandria nieder, wo er ganz und gar Kleopatra verfiel; später wurde er vom römischen Senat zum Verräter erklärt und beging nach der Zerschlagung seiner Armee durch Octavian Selbstmord

Anu (sumerisch An), assyrisch-babylonischer Himmelsgott

Anup (griech. Anubis), ägyptischer Totengott, Schirmherr der Verstorbenen und der Grabstätten. Er wurde als Mensch mit dem Kopf eines Schakals oder als sitzender Schakal abgebildet

Äoler, einer jener griechischen Stämme, die das mittlere Griechenland gegen Ende der ersten Hälfte des 2. Jahrtausends v. u. Z. bewohnten, später auch den Nordwesten Kleinasiens

Apelles, der größte griechische Maler (etwa 376–306 v. u. Z.). Berühmt wurde er vor allem durch zarte Ergründung seelischer Zustände und vorzüglichen Realismus bei der Personengestaltung

Aphrodite (lat. Venus), griechische Göttin der Liebe und Schönheit

Apollodoros, Athener Maler aus der zweiten Hälfte des 5. Jh. v. u. Z., antiken Überlieferungen zufolge Entdecker des Perspektivgesetzes

Apollon (lat. Apollo), griechischer Gott des Lichts, der Musik und der Prophetie; Sohn des höchsten Gottes Zeus und der Titanin Leto, Bruder der Artemis

Apollonios von Rhodos, 1) griechischer Dichter aus dem 3.–2. Jh. v. u. Z., Autor des Argonautenepos; 2) rhodischer Bildhauer aus dem 1. Jahrhundert, einer der Schöpfer der Skulpturgruppe Farnesischer Stier

Aramäer, semitische Stämme, deren Gruppen im 2. und 1. Jahrtausend v. u. Z. in Vorderasien einige Staaten bildeten. Ihre Schrift verdrängte die alte mesopotamische Schrift und ihre Sprache das alte Hebräisch

Archimedes, griechischer Mathematiker und Physiker, Begründer der theoretischen Mechanik und Hydraulik, Erfinder und Konstrukteur zahlreicher Maschinen, einer der größten Gelehrten des Altertums. Er lebte in den Jahren 287–212 v. u. Z. und stammte aus Syrakus, bei dessen Eroberung durch die Römer er ums Leben kam

Archon, wörtlich »Herrscher«, der Titel des höchsten Beamten oder Mitglieds eines Gremiums höchster Beamter in den Stadtstaaten des antiken Griechenlands, hauptsächlich in Athen

Ares, griechischer Kriegsgott, Sohn des höchsten Gottes Zeus und dessen Gattin Hera. Der römische Kriegsgott Mars ist mit ihm nicht ganz identisch

Argonauten (aus dem Griech.), wörtlich »Seeleute auf (dem Schiff) Argo«, die laut griechischen Sagen an der Suche nach dem Goldenen Vlies in der Kolchis teilnahmen. Zu ihnen gehörten die größten griechischen Heroen (Herakles, Theseus, Meleagros, Kastor, Polydeukes u. a.), und ihr Führer war der Recke Iason

Ariadne, Tochter des mythischen Königs Minos von Kreta. Sie half dem Athener Theseus das Ungeheuer Minotaurus erschlagen und flüchtete dann mit ihm; auf der Insel Naxos heiratete sie den Gott Dionysos

Arion, griechischer Dichter, Musiker und Sänger um die Wende vom 7. zum 6. Jh. v. u. Z. Er stammte aus Methymne auf Lesbos; von seinem Werk blieb nichts Belegbares erhalten

Aristarchos von Samos, griechischer Mathematiker und Astronom (um 320–250 v. u. Z.), wirkte in Alexandria. Als erster trat er mit der Lehre hervor, daß die Erde die Sonne umkreise

Aristophanes, größter griechischer Komödiendichter (etwa 445–380 v. u. Z.). Er wurde in Athen geboren und wirkte dort, verfaßte 44 Stücke, wovon elf sich erhalten haben, darunter »Die Ritter«, »Die Wolken«, »Die Wespen«, »Der Frieden«, »Die Vögel«, »Die Frösche«, »Das Frauenparlament«, »Lysistrata« und »Plutos«

Aristoteles, griechischer Philosoph und Gelehrter, »der größte Denker des Altertums« (Marx). Er wurde in Stageira auf Chalkidike geboren, lebte von 384–322 v. u. Z. und wurde als bereits berühmter Philosoph Alexanders des Großen Erzieher; um das Jahr 335 v. u. Z. gründete er in Athen seine Philosophenschule, die Lykeion hieß. Er beschäftigte sich mit nahezu allen Gebieten der Humanwissenschaften und verfaßte 400 Bücher vom Gesamtumfang einer Bücherei, wovon knapp 150 erhalten blieben. Sie werden gewöhnlich in logische, metaphysische, naturphilosophische und naturkundliche, in ethische und politische sowie rhetorische Schriften gegliedert

Artemis, griechische Göttin der Jagd, der Tierwelt und der freien Natur, Tochter des höchsten Gottes Zeus und der Titanin Leto, Schwester des Gottes Apollon

Artemisia (II.), Gattin des halikarnassischen Herrschers Mausollos. Nach seinem Tode regierte sie selbst (um 352–348 v. u. Z.) und ließ sein Grabmal (Mausoleum) erbauen und ausgestalten

Asklepios (lat. Aesculapius), griechischer Gott der Heilkunst

Äsop (griechisch Aisopos), Fabeldichter aus dem 6. Jh. v. u. Z. Die erste Sammlung stellte um das Jahr 300 Demetrios von Phaleron zusammen, später erreichte ihre Zahl 426 (außer den Nachauflagen)

Assur, 1) Festung und Hauptstadt des alten Assyriens (heute Kallat Scherkat am rechten Tigrisufer); 2) assyrischer Hauptgott, Schirmherr der Stadt Assur und Assyriens

Assurbanipal, assyrischer König der Jahre 668–631 v. u. Z.; unter seiner Regierung erreichte Ninive die höchste Blüte

Athene (lat. Minerva), griechische Göttin der Weisheit, der Kriegsführung, der Kunst und

Beschützerin Athens; geboren wurde sie aus Zeus' eigenem Haupt, ohne Mutter. Von den zu ihrem Kult errichteten Tempeln ist der Parthenon auf der Athener Akropolis der bekannteste

Athenodoros, rhodischer Bildhauer aus dem 1. Jh. v. u. Z., einer der Schöpfer der Laokoongruppe

Atlantis, von Platon erdachte Insel mit ausgeklügeltem Gesellschaftssystem und idealer Staatsverwaltung. Im Altertum unterlag die Nichtexistenz der Atlantis keinem Zweifel

Aton (wörtl. »Sonnenscheibe«), ägyptische Gottheit, im Rahmen des Sonnenkults verehrt. König Achnaton erhob ihn zum allein anerkannten Gott, um so die Macht der Veseter Amun-Priesterschaft zu brechen; diese Glaubensreform überlebte ihn aber nicht, und seine Nachfolger kehrten zur traditionellen Vielgötterei zurück

Attalos III., letzter Herrscher des Königreiches von Pergamon, das nach dem Sturz des Reiches Alexanders des Großen in Kleinasien entstand. Er regierte in den Jahren 139–133 v. u. Z. und übereignete Pergamon testamentarisch den Römern

Attika, Region in Mittelgriechenland. Sie bildet eine Halbinsel, die dreieckförmig ins Ägäische Meer ragt; ihr Zentrum ist Athen

Augustus (ursprünglicher Name Gaius Octavius bzw. Octavianus), Cäsars Adoptivsohn, erster römischer Kaiser. Er lebte in den Jahren 63 v. u. Z. bis 14 u. Z. und gelangte als Vollstrekker Cäsars Vermächtnisses nach langwierigen Kämpfen zu absoluter Herrschaft; der Beginn seiner Regierungszeit wird auf das Jahr 27 v. u. Z. datiert, als der römische Senat ihm den sakralen Titel Augustus (»Erhabener«, »Gepriesener«) verlieh

Avesta, Sammlung religiöser Schriften der Perser. Einige ihrer Teile stammen aus der ersten Hälfte des 1. Jahrtausends v. u. Z.; bearbeitet wurden sie in den ersten Jahrhunderten u. Z.

Babylon, Hauptstadt des alten Babyloniens, deren Ruinen am rechten Euphratufer liegen, etwa 100 km südlich des heutigen Bagdads. Auf babylonisch hieß sie Bab-ili, d. i. »Gottestor«; daraus entstand das biblische Babel

Baedeker, Karl, Autor und Herausgeber von Reiseführern, Baedeker genannt (1801–1859)

Bel (bibl. Baal, babylonisch »Herr«), Titel und Bezeichnung des babylonischen Hauptgottes Marduk

Belzoni, Giovanni Battista, italienischer Abenteurer, Pionier der archäologischen Ausgrabungen in Ägypten (1778–1823)

Benndorf, Otto, österreichischer Archäologe, Professor an der Prager und Wiener Universität (1836–1907). In den Jahren 1896 und 1897 leitete er die Grabungen in Ephesos

Berossos, babylonischer Priester, Verfasser der griechisch geschriebenen Geschichte Babylons. Er lebte im 4.–3. Jh. v. u. Z.

Borchardt, Ludwig, deutscher Archäologe und Ägyptologe (1863–1942), in den Jahren 1901 bis 1908 Leiter der Forschungsarbeiten auf dem Pyramidenfeld bei Absusir (südlich Kairos)

Botta, Paul-Émile, französischer Konsul in Mossul, Pionier der assyrischen Ausgrabungen (1802–1870). In den Jahren 1843–1846 legte er das Sommerpalais des assyrischen Königs Sargon II. beim heutigen Chorsabad frei

Breasted, James Henry, amerikanischer Ägyptologe (1865–1935). Seine »Geschichte Ägyptens« (1905) hat trotz ihrer Überschätzung der ideologischen Faktoren, trotz ihrer ahistorischen Modernisierung u. a. bis in unsere Tage gewisse faktographische Bedeutung

Britisches Museum, eines der bedeutendsten Museen der Welt mit Sammlungen künstlerischer und geschichtlicher Zeugnisse aller Kulturen und mit einer umfangreichen Bibliothek. Es wurde im Jahre 1753 in London aus den Privatsammlungen H. Sloans, R. Cottons und R. H. Harleys gegründet

Brugsch, Heinrich, deutscher Ägyptologe (1827–1894). Sein Bruder Emil Brugsch, ebenfalls Ägyptologe, entdeckte im Jahre 1881 ein Versteck mit 40 Mumien, darunter auch der Könige Setchi I. und Ramses II.

Bruno, Giordano, italienischer Philosoph und Astronom (1548–1600). Er entwickelte Kopernikus' Lehre weiter und wies nach, daß die Erde nicht Mittelpunkt des Alls ist; dafür wurde er als Ketzer verbrannt

Bryaxis, griechischer Bildhauer aus dem 4. Jh. v. u. Z., Mitschöpfer der Ausstattung des Mausoleums zu Halikarnassos

Carter, Howard, englischer Archäologe und Ägyptologe (1873–1939). Er leitete die Grabungsarbeiten Lord Carnarvons im Tal der Könige (am linken Nilufer gegenüber dem heutigen Luxor), wo er im Jahre 1922 Tutenchamuns Grabmal entdeckte

Cäsar, Gaius Julius, römischer Staatsmann und Heerführer (100–44 v. u. Z.). Er konzentrierte in seiner Hand so viele Staatsämter, daß sie ihm die Macht eines absoluten Monarchen verliehen; er wurde Opfer einer republikanischen Verschwörung

Cassiodorus, Flavius Magnus Aurelius, römischer Politiker (um 490–580). Gegen Ende seines

Lebens gründete er ein Kloster mit einer Bücherei, in der zahlreiche mittlerweile verschollene antike Schriften abgeschrieben wurden

Chafre (griech. Chefren), ägyptischer König der 4. Dynastie (etwa im 26. Jh. v. u. Z.), Erbauer der zweitgrößten Pyramide bei Giseh

Chaironeia, Stadt in Böotien (nördlich des Golfs von Korinth), wo im Jahre 338 v. u. Z. der Makedonierkönig Philipp II. die Truppen der von Athen angeführten griechischen Stadtstaaten schlug und so Makedonien die führende Rolle in Griechenland sicherte. Mit dieser Schlacht endet die Geschichte des »klassischen Griechenlands«

Chaldäer, semitische Stämme, die sich seit der zweiten Hälfte des 2. Jahrtausends v. u. Z. im südlichen Mesopotamien seßhaft machten; ihre Herrscher regierten im Neubabylonischen Reich (625–539 v. u. Z.). In älterer Literatur wurde mit diesem Namen unterschiedslos die Bevölkerung Südmesopotamiens bezeichnet, darunter auch die Sumerer

Champollion, Jean Francois, französischer Gelehrter, gilt als Begründer der Ägyptologie (1790–1832). Im Jahre 1822 entschlüsselte er die ägyptischen Hieroglyphen, später auch weitere Schrift- und Sprachsysteme der alten Ägypter; in den Jahren 1828–1829 leitete er die französische archäologische Expedition in Ägypten

Chares von Lindos, griechischer Bildhauer um die Wende vom 4. zum 3. Jh. v. u. Z., Schöpfer des Kolosses von Rhodos

Chariten (röm. Grazien), griechische Göttinnen der Anmut und Schönheit. Sie waren zu dritt, und meistens wurde der höchste Gott Zeus für ihren Vater gehalten

Chersiphron, kretischer Baumeister aus dem 6. bis 5. Jh. v. u. Z. Gemeinsam mit seinem Sohn Metagenes leitete er den Bau des Artemistempels in Ephesos

Chnum, ägyptischer Fruchtbarkeitsgott. Er wurde als Widder oder Mensch mit Widderkopf dargestellt; im Unterschied zum Ammunwidder hatte er horizontal gewundene Hörner

Chufev (griech. Cheops), ägyptischer König der 4. Dynastie (um Mitte des 26. Jahrhunderts v. u. Z.), Erbauer der Großen Pyramide

Curtius, Ernst, deutscher klass. Philologe (1814–1896). Auf seine Anregung wurden die Grabungen in Olympia unternommen, die er in den Jahren 1875–1881 leitete

Černý, Jaroslav, tschechoslowakischer Ägyptologe (1898–1970). Er wirkte in Prag, Kairo, London und Oxford, wo er Professor des Queen's Colleges war. Sein Hauptfachgebiet war »Neuägyptisch«, d. i. Sprache und Literatur des Neuen Reiches

Daidalos, sagenumwobener Künstler, Baumeister und Erfinder aus Athen. Er baute für den kretischen König Minos das Labyrinth in Knossos, das als Gewahrsam für das Ungeheuer Minotaurus diente. Als Minos ihm Kreta zu verlassen verbot, floh er an Flügeln, die er aus Vogelfedern konstruiert hatte; sein Sohn Ikarus kam dabei um

Daniel, biblischer Prophet, dem die Autorschaft eines der alttestamentarischen Prophetenbücher zugeschrieben wird; laut biblischer Überlieferung lebte er in babylonischer Gefangenschaft und sagte den Untergang des Babylonischen Reiches voraus

Dareios III. (pers. Darajavausch), Perserkönig der Jahre 336–330 v. u. Z., von Alexander dem Großen besiegt

Deinokrates, griechischer Architekt in der zweiten Hälfte des 4. Jh. v. u. Z. Er stand in Alexanders des Großen Diensten, auf dessen Geheiß er den Artemistempel in Ephesos erneuerte und einen Plan für den Aufbau Alexandrias entwarf

Delitzsch, Friedrich, deutscher Assyriologe (1850–1922), Autor einer Grammatik, eines Wörterbuches und anderer grundlegender assyriologischer Werke

Delphisches Orakel, das berühmteste des antiken Griechenlands; es bestand am Apollotempel von Delphi (am Südhang des Parnass). Die Weissagerei betrieb hier die Apollopriesterin Pythia; ihre Prophezeihungen wurden sprichwörtlich ob ihrer Zweideutigkeit

Demeter, griechische Göttin der Fruchtbarkeit und des Ackerbaus; ihr wird zugeschrieben, den Menschen das Korn gegeben und sie das Feld bestellen gelehrt zu haben

Demetrios von Phaleron, athenischer Staatsmann und Philosoph (um 350–283 v. u. Z.). Nach seinem Entwurf gründete im Jahre 307 v. u. Z. Ptolemäus I. Soter das alexandrinische Museion und berief ihn zu dessen erstem Direktor

Demotische Schrift, ägyptische Schrift, die aus der Vereinfachung hieroglyphischer und hieratischer Zeichen hervorging. Ihre Bezeichnung leitet sich vom griechischen »demos«, d. i. »Volk«, her, weil sie die volkstümliche, allgemein auf Papyrus benutzte Schrift war

Demosthenes, athenischer Redner und Politiker (384–322 v. u. Z.). Er war Verfechter demokratischer Ordnung und Führer des griechischen Staatenbundes im Kampf gegen die makedonische Vorherrschaft

Denon, Dominique Vivant de, französischer Diplomat, Maler, Museumsverwalter (1747 bis 1825). Er nahm an Napoleons Ägyptenfeldzug als Zeichner teil

Der el-Bahri, der heutige Name des Talgrunds am linken Nilufer gegenüber Karnak mit den Tempel- und Grabstättenruinen

Diodoros Siculus, griechischer Geschichtsschreiber (etwa 80–29 v. u. Z.). Er verfaßte die vierzigbändige »Historische Bibliothek«, von der 10 Bücher ganz und die übrigen bruchstückhaft erhalten blieben

Diogenes Laertios, griechischer Autor der einzigen Schrift über die Geschichte der Philosophie, die aus der Antike überkommen ist. Wir wissen über ihn nichts Näheres; anscheinend lebte er ungefähr im 3. Jh. u. Z.

Diogenes von Sinope, griechischer Philosoph, der radikalste Vertreter des sogenannten Kynismus. Er lebte um die Jahre 400–323 v. u. Z. und hauste in Athen angeblich in einem Faß

Diokletian (Diocletianus, Gaius Aurelius Valerius), römischer Kaiser der Jahre 284 bis 305 u. Z. Außer einigen Reformen vollzog er im Jahre 297 eine administrative Neugliederung des Reiches, die zur Aufhebung der Zentralverwaltung Ägyptens und einiger traditioneller Verwaltungseinheiten Mesopotamiens führte

Dion Chrysostomos, griechischer Redner und Philosoph, dessen Beiname »Goldmund« bedeutet. Er stammte aus Prusa, lebte in den Jahren (40–120 u. Z.). Autor von 20 Büchern über römische Geschichte, wovon elf erhalten sind.

Dionysos (auch Bakchos, lateinisch Bacchus), griechischer Gott der schöpferischen Natur, auch des Weines und Weinbaus

Djoser, ägyptischer König Anfang des 27. Jahrhunderts v. u. Z. Begründer der 3. Dynastie und Erbauer der Stufenpyramide bei Sakkara

Dorier, eine Gruppe griechischer Stämme, die in Griechenland etwa Anfang des 12. Jahrhunderts v. u. Z. einfielen und die mykenische, von den Achäern getragene Kultur vernichteten. Sie unterwarfen nahezu den gesamten Peloponnes, später auch Kreta, Rhodos und in Kleinasien Halikarnassos

Dörpfeld, Wilhelm, deutscher Archäologe (1853–1940). Er grub in Olympia und Troja, wo er als Schliemanns Hauptberater fungierte

Ea (sumerisch Enki), assyrisch-babylonischer Gott der Erde, des Wassers und der Weisheit

Ebozev (griech. Abydos), Grabstätte und Heiligtum der alten Ägypter in Ober-Ägypten (nahe dem heutigen Girgeh)

Elgin, Thomas Bruce, britischer Diplomat und Antikensammler (1766–1842). Mit Genehmigung türkischer Behörden schaffte er aus dem Athener Parthenon einen Großteil der bildhauerischen Ausstattung fort; einem Beschluß des englischen Parlaments aus dem Jahre 1816 gemäß mußte er alles dem Britischen Museum in London verkaufen

Empedokles aus Akragas, griechischer Philosoph, Dichter und Arzt (um 493–433 v. u. Z.). Seine Lehre beinhaltet eindeutig materialistische Keime

Enlil, sumerischer und assyrisch-babylonischer Gott der Erde, Herr der Stürme

Ephialtes, Verräter der Griechen in der Schlacht bei den Thermopylen im Jahre 480 v. u. Z.

Ephoros aus Kyme, griechischer Historiker (etwa 405–330 v. u. Z.), Verfasser der ersten allgemeinen Geschichte, von deren 30 Bänden lediglich Zitate und Fragmente erhalten blieben

Erasistratos aus Keos, griechischer Arzt aus dem 3.–4. Jh. v. u. Z., einer der ersten, die Leichen sezierten

Eratosthenes aus Kyrene, griechischer Geograph, Astronom und Mathematiker (etwa 275–195 v. u. Z.), wirkte in Alexandria. Er führte Längen- und Breitengrade auf der Landkarte ein, errechnete den Erdumfang und legte den Grund für den Kalender, wie wir ihn noch heute verwenden

Ereschkigal, babylonisch-assyrische Göttin, Gattin des Unterweltgottes Nergal und dessen Mitherrscherin in der Unterwelt

Ese (griech. und lat. Isis), ägyptische Göttin, Schwester und Gattin des Unterweltherrschers Osiris. In den ersten Jahrhunderten unserer Zeitrechnung verbreitete sich ihr Kult fast übers ganze Römische Reich

Eukleides (lat. Euclides), griechischer Mathematiker um die Wende vom 4. zum 3. Jh. v. u. Z., wirkte in Alexandria. Er ist der Autor der »Grundlagen der Mathematik« (13 Bücher), die ältere und seine eigenen Erkenntnisse zu einem geschlossenen System zusammenfassen; seine geometrischen Lehrsätze, beispielsweise über das rechteckige Dreieck, werden bis heute beachtet

Euripides, einer der größten griechischen Dramatiker (480–406 v. u. Z.). Er schrieb 92 Tragödien, von denen achtzehn erhalten blieben. Zu den berühmtesten zählen »Medeia«, »Elektra«, »Iphigenie in Aulis«, »Iphigenie auf Tauris«, »Die Phönizierinnen«, »Die Schutzflehenden«, »Orestes« und das satirische Drama »Kyklops«

Evans, Arthur, britischer Archäologe (1851–1941). Er legte den knossischen Palast auf Kreta frei, aus der Sage als Minoslabyrinth bekannt

Flandin, Eugène Napoléon, französischer Maler und Schriftsteller (1809–1876). Gemeinsam mit Botta nahm er an den assyrischen Ausgrabungen teil; er verfaßte auch ein Buch über die Geschichte der Ritter von Rhodos

Flavios Josephos, jüdischer Politiker und Historiker (37–100 u. Z.). Seine Schrift »Über den jüdischen Krieg« enthält eine Angabe, die es ermöglicht, die Höhe des Leuchtturmes auf der Insel Pharos zu ermitteln

Fourier, Jean Baptiste Joseph de, französischer Physiker und Mathematiker (1768–1830). Er nahm an Napoleons Ägyptenfeldzug teil und war der Sekretär der Ägyptischen Kommission

Galenos, griechischer Arzt und Philosoph aus Pergamon (um 130 bis 200 u. Z.), Autorität der europäischen und arabischen Heilkunst bis in die Neuzeit hinein

Gilgamesch, mythischer König der Stadt Uruk, Held des assyrisch-babylonischen Epos, das sich im Grundbestand als Abschrift aus dem 7. Jh. v. u. Z. erhielt. Er war zu zwei Dritteln Gott und zu einem Drittel Mensch; Hauptmotiv seiner Heldentaten war das Streben nach Unsterblichkeit. Zeitlich wird das Gilgameschepos in das 28.–27. Jh. v. u. Z. eingeordnet

Giseh, südwestliche Vorstadt Kairos mit den größten Pyramiden (Cheops', Chefrens, Menkaures) und dem großen Sphinx

Golenischtschow, Wladimir Semjonowitsch, russischer Orientalist (1856–1947), einer der Begründer der russischen und sowjetischen Ägyptologie und Assyriologie

Gonem, Mohammed Zakaria, ägyptischer Archäologe, Entdecker der unvollendeten Pyramide König Sechemchets bei Sakkara (verstorben 1957)

Grotefend, Georg Friedrich, deutscher Lehrer (1775–1853). Als erster entzifferte er 10 Zeichen der Keilschrift aus Inschriften von Persepolis

Gudea, sumerischer Herrscher der Stadt Lagasch im 23.–22. Jahrhundert v. u. Z. Seine Standbilder waren die ersten Zeugnisse, durch die wir mit den Sumerern Bekanntschaft schlossen; entdeckt hat sie E. de Sarzec in dem Tellohügel in Südmesopotamien

Guignes, Joseph de, französischer Gelehrter (1724–1800), einer der Pioniere der Orientalistik

Gymnasium (griech. Gymnasion), griechische Schule, die der Körper-, später auch der Geisteserziehung männlicher Jugend (ausnahmsweise auch von den Mädchen) diente. An ihm wurden alle Sportarten gepflegt; gelehrt wurden Literatur und Poesie, Rhetorik und Philosophie. Größere Städte besaßen auch mehrere Gymnasien; sie wurden auf Staatskosten eingerichtet und unterhalten

Hades (lat. Pluto), griechischer Gott der Unterwelt, Bruder des höchsten Gottes Zeus und des Meeresgottes Poseidon

Hadrian (P. Aelius Hadrianus), römischer Kaiser der Jahre 117–138. Sein Grabmal am Tiber in Rom, heute als »Engelsburg« bezeichnet, hielten manche römische Schriftsteller für eines der Weltwunder. Den Kern dieses Bauwerkes bildete ein Rundbau von 64 Meter Durchmesser und über 50 Meter Höhe, der sich über einen Unterbau in Form eines Prismas mit 85 Meter langen Kanten erhob; sein Oberteil war ursprünglich bildhauerisch reich verziert. Im Mittelalter wurde es zur päpstlichen Festung umfunktioniert und später zum Gefängnis; heute ist es Museum. Den Namen trägt es nach dem Erzengel Michael auf seinem oberen Aufbau, der die einstige Siegesstatue Kaiser Hadrians ersetzt

Hammurabi, babylonischer König um die Jahre 1791–1749 v. u. Z., einer der ersten großen Gesetzgeber der Geschichte. Unter seiner Regierung erlangte das Altbabylonische Reich seine höchste Machtentfaltung und weiteste Ausdehnung

Hapi (griechisch und lateinisch Apis), heiliger Stier der alten Ägypter, verehrt als Inkarnation des Gottes Ptah, vor allem in Mennofer (Memphis)

Harun ar-Raschid, Kalif von Bagdad in den Jahren 786–809, Förderer von Wissenschaft und Kunst. Er wurde zu einer beliebten Gestalt arabischer Volksmärchen; bekannt ist er besonders aus Tausendundeiner Nacht

Hathor, ägyptische Göttin des Himmels ebenso wie der Liebe und des Glücks, Amme der ägyptischen Könige. Gestaltet wurde sie gewöhnlich als Kuh oder als kuhköpfige Frau

Hatschepsut, ägyptische Königin der 18. Dynastie (etwa 1490–1468 v. u. Z.). Im Unterschied zu ihren Vorgängern und Nachfolgern führte sie keine Kriege, sondern förderte die Handelsschiffahrt; ihre Schiffe gelangten bis nach Somalia. In Der el-Bahri ließ sie sich einen großartigen Tempel errichten, dessen Überreste zu den imposantesten Denkmalen Ägyptens zählen

Hephaistos (lat. Vulcanus), griechischer Gott des Feuers, Meister des Schmiedehandwerks, Waffenschmied der Götter

Helios (lat. Sol), griechischer Sonnengott (und die Sonne selbst). Er kreuzt auf dem Sonnenwagen das Firmament von Osten nach Westen und sieht und hört mit seinen Strahlen alles

Hellas, Griechenland, insonderheit das antike; die Griechen bezeichnen bis heute ihr Land so (und sich als Hellenen). Der Name Griechenland rührt aus dem Lateinischen; die Römer übertrugen ihn auf das ganze Land der Griechen von dem kleinen und sonst kaum bekannten Stamm der Graiken, die in Epeiros siedelten und denen sie als den ersten Griechen begegneten (lat. Graeci)

Hera (lat. Juno), Gemahlin und Schwester des höchsten griechischen Gottes Zeus, Göttin des Himmels, der Naturerscheinungen und der Ehe

Herakleitos aus Ephesos, griechischer Philosoph, Begründer des antiken Materialismus (um 540 bis 480 v.u. Z.). In seiner Lehre verbindet sich der Materialismus erstmals mit der Dialektik

Herakles (lat. Hercules), der größte Held griechischer Sagen, Sohn des höchsten Gottes Zeus und der Königin Alkmene. Mit der Lösung der zwölf übermenschlichen Aufgaben, die ihm der mykenische König Eurysthes auftrug, errang er ewigen Ruhm und Unsterblichkeit. Ihm wird auch die Gründung Olympias und der Olympischen Spiele zugeschrieben

Hermes (lat. Mercurius), griechischer Gott der Kaufleute und Diebe, Bote der Götter, Sohn des höchsten Gottes Zeus

Herodot, der erste griechische Historiker, Verfasser der neun Bücher »Geschichte« (um 484–430 v. u. Z.). Zu Recht wurde er »Vater der Geschichtsschreibung« genannt

Hethiter, indoeuropäisches Volk, das sich Anfang des 2. Jahrtausends v. u. Z. in Kleinasien niederließ und dann zwischen 1800 und 1200 v. u. Z. ein mächtiges Reich und eine bemerkenswerte Kultur ins Leben rief. Seine Sprache, auf keilschriftlichen Tafeln erhalten und sonst völlig in Vergessenheit geraten, entschlüsselte im Jahre 1915 Bedřich Hrozný

Hieratische Schrift, ägyptische Schrift, die durch Adaption der Hieroglyphen zum Schreiben auf Papyrus entstand. Ihre Bezeichnung leitet sich vom griechischen »hieratikos«, »priesterlich«, her; als die Griechen sie kennenlernten, wurde sie nämlich hauptsächlich von Priestern für die Tempelschriften verwendet

Hieroglyphische Schrift, ägyptische Schrift, die offenbar aus ursprünglicher Bilderschrift hervorging. Ihre Bezeichnung ist dem griechischen »hieros«, »heilig«, und »glypho«, »einritzen«, entlehnt, weil die Griechen ihr vorwiegend auf Inschriften begegneten, die an Tempelwänden und -säulen eingemeißelt waren

Hipparchos aus Nikaia, griechischer Mathematiker und Astronom, der in der ersten Hälfte des 3. Jh. v. u. Z. in Alexandria wirkte. Er stellte eine Sternenkarte zusammen und bestimmte mit ungewöhnlicher Genauigkeit eine Reihe astronomischer Größen

Hippokrates, griechischer Arzt und Philosoph, Begründer der wissenschaftlichen Medizin. Er lebte in den Jahren 460–370 v. u. Z. und gründete in seinem Geburtsort auf der Insel Kos eine berühmte Ärzteschule, die sich auf die empirische Beobachtung orientierte. Sein ärztlicher Ruf hielt sich bis in die Neuzeit

Hirschfeld, Gustav, deutscher Archäologe (1847–1895). Er nahm an den Ausgrabungen in Olympia teil und entdeckte dort die Hermesstatue von Praxiteles

Hogarth, David George, britischer Archäologe (1862–1927). Er führte auf Zypern, Kreta und in Ephesos Ausgrabungen durch

Homer (griech. Homeros), größter griechischer Dichter, Schöpfer der Epen »Ilias« (über den Trojanischen Krieg) und »Odyssee« (über die abenteuerliche Heimkehr des ithakischen Königs Odysseus aus dem eroberten Troja). Er lebte etwa im 10.–9. Jh. v. u. Z.; einige Forscher datierten ihn allerdings gar ins 12. Jh. v. u. Z. zurück, andere wiederum nur ins 6. Jh. v. u. Z. oder bezweifeln seine historische Existenz überhaupt. Homers Schöpfungen sind seither unübertroffene Werke der epischen Weltdichtung

Hopej, ägyptischer Gott der fruchtbarkeitsfördernden Kraft des Nils. Er wurde als feister Mann mit Schüsseln voller Früchte dargestellt

Hor, ägyptischer Sonnengott, Sohn des Gottes Osiris. Er wurde in Gestalt eines fliegenden Falken oder eines falkenhäuptigen Mannes dargestellt; bei Krönungen teilte er sich offizieller Auslegung gemäß dem König körperlich mit

Horen, griechische Göttinnen der Jahreszeiten und der Ordnung in Natur und Gesellschaft. Sie waren Töchter des höchsten Gottes Zeus und der Göttin Themis; über ihre Anzahl besteht in den Mythen keine Übereinstimmung. Laut Homer bewachten sie die Tore des Olymps

Hrozný, Bedřich, tschechoslowakischer Orientalist (1879–1952), Professor der Karlsuniversität. Im Jahre 1915 dechiffrierte er die Sprache des antiken Hethitervolkes. Er leitete 1924 die ersten tschechoslowakischen Ausgrabungsarbeiten in Syrien und der Türkei.

Humann, Karl, deutscher Ingenieur und Archäologe (1839–1896). Im kleinasiatischen Pergamon entdeckte er den Zeusaltar, den er nach

Berlin schaffte; im südtürkischen Sindschirli entdeckte er eine hethitische Burg. Er wirkte auch bei den österreichischen Ausgrabungen in Ephesos mit

Iktinos, griechischer Architekt und Baumeister aus dem 5. Jh. v. u. Z., Mitgestalter des Athener Parthenons

Imhotep (griech. Imuthes), der höchste Würdenträger König Djosers aus der 3. Dynastie (etwa Anfang des 27. Jh. v. u. Z.), Erbauer der Stufenpyramide Djosers und der unvollendeten Sechemchet-Pyramide bei Sakkara. Später wurde er als Schirmherr von Kunst und Wissenschaft verehrt, zuletzt als Gott der Medizin

Ionier, Gruppe griechischer Stämme in Attika, auf den meisten Inseln des Ägäischen Meeres (Chios, Samos, Naxos) und im Mittelteil Kleinasiens (Ephesos, Milet)

Ischtar (sumerisch Innana), assyrisch-babylonische Liebesgöttin

Isis, griechischer und lateinischer Name der ägyptischen Göttin Ese; siehe dort

Isokrates, Athener Redner (436–338 v. u. Z.), Begründer einer Rednerschule, die ihren Studenten allseitige Bildung vermittelte. Mit der künstlerischen Gestaltung seiner Reden übte er starken Einfluß auf die gesamte spätere Prosa

Justinian I. (griech. Justinianos), Kaiser des Oströmischen Reiches in den Jahren 527–565. Er ordnete die schriftliche Fassung des Römischen Rechts an; im Jahre 529 schloß er Platons Akademie und Aristoteles' Lykeion

Kallikrates, griechischer Baumeister aus dem 5. Jh. v. u. Z., Mitgestalter des Athener Parthenons

Kallimachos aus Kyrene, griechischer Dichter (um 300–240 v. u. Z.), nahmhafter Vertreter der sogenannten alexandrinischen Poesie und Leiter des Museions. Laut Überlieferung verfaßte er 800 Gedichts- und Prosabücher

Kallinos aus Ephesos, griechischer Dichter aus der ersten Hälfte des 7. Jh. v. u. Z., Begründer der elegischen Poesie

Kambyses (pers. Kambushija), persischer König der Jahre 529–522 v. u. Z., Eroberer Ägyptens. Seine Grausamkeit führten Zeitgenossen auf Wahnsinn zurück

Kapitol, römischer Hügel mit dem Tempel des höchsten römischen Gottes Jupiter. Kümmerliche Überreste dieses Tempels blieben in den Fundamenten des derzeitigen Kapitolinischen Museums erhalten

Karien, Gebiet im südwestlichen Kleinasien mit den Städten Milet und Halikarnassos

Karnak, heutiges Dorf auf dem Boden der Hauptstadt des ägyptischen Neuen Reiches, Veset (Theben), mit den Ruinen einiger Tempel, vor allem des Amuntempels

Kassiten, Stämme aus den Gebirgsregionen östlich von Babylonien. Nach Babylons Besetzung durch die Hethiter um das Jahr 1594 v. u. Z. fielen sie in Babylonien ein und herrschten dort mehrere Jahrhunderte lang (sog. Mittelbabylonisches Königreich)

Kentauren, mythisches Volk von halb Männern, halb Pferden, das Mittelgriechenland bewohnte. Manche davon waren Freunde der griechischen Helden, andere wild und bösartig; die Mehrheit kam im Kampf mit den Griechen um, der auf der Hochzeit des Lapithenkönigs Peirithoos entbrannte

Kleobulos von Lindos, einer der sieben griechischen Weisen; er lebte in der ersten Hälfte des 6. Jh. v. u. Z.

Kleopatra, griechischer Name, im Ptolemäergeschlecht häufig vertreten. Am bekanntesten ist Kleopatra VII., die letzte ägyptische Königin, die bestrebt war, mit desparater Rücksichtslosigkeit Ägyptens Unabhängigkeit von den Römern zu bewahren. Sie ließ ihre Brüder Ptolemäus XIII. und XIV. meucheln, freundete sich mit Cäsar an, dem sie einen Sohn gebar, und später mit Antonius, den sie ehelichte. Als sie dann Augustus unterlag, nahm sie sich im Jahre 30 v. u. Z. das Leben

Koldewey, Robert, deutscher Architekt und Archäologe (1855–1925). Im Jahre 1899 begann er seine achtzehnjährigen Ausgrabungsarbeiten in Babylon, in deren Verlauf er die Fundamente des Turmes zu Babel, der Babylonischen Stadtmauern, der Mardukstraße und der Hängenden Gärten der Semiramis freilegte

Kolosseum, das größte römische Amphitheater, erbaut durch Kaiser Vespasian (69–79) und Titus (79–81). Es hatte einen elliptischen Grundriß mit Achsen von 188 und 156 Metern, war 50 Meter hoch, und etwa 50 000 Zuschauer fanden darin Platz. In Betrieb war es bis ins 6. Jahrhundert u. Z., heute ist etwa ein Drittel von ihm erhalten

Konstantin der Große (Flavius Valerius Constantinus), römischer Kaiser der Jahre 306–337. Im Jahre 313 erkannte er die Freiheit des christlichen Glaubens an, im Jahre 324 gründete er auf dem Territorium der griechischen Kolonie Byzantion die neue Hauptstadt Konstantinopolis (das heutige Istanbul)

Koptisch, letzte Entwicklungsstufe der altägyptischen Sprache; als lebende Sprache ging sie in Ägypten erst im 16.–17. Jh. u. Z. unter, doch die koptische (christliche) Kirche benutzt sie im Gottesdienst bis heute

Kroisos (lat. Croesus), Lyderkönig um die

Jahre 560–547 v. u. Z., bekannt durch seinen sprichwörtlichen Reichtum. Er unterwarf Ephesos und andere griechische Städte in Kleinasien, achtete jedoch die griechischen Kulturen und förderte ihr Eindringen in sein Reich. Er wurde vom Perserkönig Kyros dem Älteren in der Schlacht am Fluß Halys besiegt; sein Reich fiel Persien zu

Kronos, Sohn des Himmelsgottes Uranus und der Erdengöttin Gaia, Vater des höchsten Gottes Zeus und dessen Geschwister Poseidon, Hades, Hera, Demeter und Hestia. Ihm war der Hügel geweiht, an dessen Südhängen Olympia entstand

Ktesias aus Knidos, griechischer Historiker aus dem 5.–4. Jh. v. u. Z., Leibarzt des Perserkönigs Artaxerxes II. Er schrieb die babylonische Geschichte und Mythologie auf, wovon Zitate und Bruchstücke erhalten geblieben sind

Kyros der Ältere (pers. Kurusch), Perserkönig der Jahre 558–529 v. u. Z., Begründer des Perserreiches. Er schlug den Mederkönig Astyagos und im Jahre 547 v. u. Z. den Lyderkönig Kroisos; im Jahre 539 nahm er Babylon ein und setzte dessen Selbständigkeit für immer ein Ende

Lakedaimon, offizielle Bezeichnung für das antike Sparta, die Hauptstadt Lakoniens (auf dem südöstlichen Peloponnes). Zuweilen heißt auch der ganze spartanische Staat so

Laokoon, antiken Dichtern zufolge ein Apollopriester aus Troja, der die Trojaner vor jenem von den Achäern am Ufer zurückgelassenen großen Pferd warnte. In dem Pferd hielten sich die Krieger versteckt; damit Laokoon sie nicht entlarvte, schickte die Göttin Athene, die auf seiten der Achäer stand, zwei Schlangen aus dem Meer, die ihn und seine Söhne erdrosselten

Lapithen, mythischer Stamm im griechischen Thessalien, wo König Peirithoos regierte, der zu seiner Hochzeit auch Kentauren, halb Mann, halb Pferd, einlud. Als das Fest seinen Höhepunkt erreichte, versuchten die trunkenen Kentauren, die anwesenden Lapithenfrauen zu entführen. Peirithoos und seine griechischen Gäste jedoch überwältigten die Kentauren und töteten die meisten von ihnen

Layard, Austen Henry, britischer Archäologe, Politiker und Diplomat (1817–1894), einer der Pioniere der mesopotamischen Altertumsforschung, Entdecker Ninives

Leochares, griechischer Bildhauer aus dem 4. Jh. v. u. Z.; er beteiligte sich an der Ausgestaltung des Mausoleums von Halikarnassos

Leonidas, Spartanerkönig des 5. Jh. v. u. Z., heldenmütiger Verteidiger der Thermopylen gegen die Perser im Jahre 480 v. u. Z.

Lepsius, Richard Karl, deutscher Ägyptologe und Archäologe (1810–1884). In den Jahren 1842–1845 leitete er die erste deutsche archäologische Expedition nach Ägypten und Nubien

Leto (lat. Lato), griechische Göttin, Tochter des Titanen Koios, Mutter des Zwillingspaares Apollon und Artemis, deren Vater der höchste Gott Zeus war

Lexa, František, Begründer der tschechoslowakischen Ägyptologie (1876–1960), Professor der Karlsuniversität. Er befaßte sich vordringlich mit den ägyptischen Sittenlehren und magischen Schriften, erarbeitete außerdem eine Grammatik des demotischen (siehe Demotische Schrift) Ägyptisch; von Bedeutung war auch seine pädagogische, übersetzerische und popularistische Tätigkeit

Lucretius, Titus L. Carus, römischer Dichter (um 97–55 v. u. Z.). In seinem Werk »Über die Natur« vermittelt er auf dichterische Weise die materialistische Lehre des griechischen Philosophen Epikuros

Lukianos aus Samosata, griechischer Schriftsteller (um 120–180), Autor geistreicher satirischer Schriften, er wird auch der »Voltaire der Antike« genannt

Luxor (arab. el Uksur), Name der heutigen Stadt, die auf dem Boden der Metropole des ägyptischen Neuen Reiches, Veset (Theben), entstand, mit ansehnlichen Tempelruinen aus der Zeit Amenhoteps III. und Ramses' II.

Lykeion (lat. Lyceum), Bezeichnung der aristotelischen Philosophenschule in Athen, gegründet um das Jahr 335 v. u. Z. und geschlossen im Jahre 529 u. Z. durch Kaiser Justinian. Ihren Namen leitete sie von ihrem Sitz im Heiligen Hain des Apollon Lykeios ab (in der Nähe des heutigen Athener Hauptmarktes Syntagma)

Lykurgos, spartanischer Gesetzgeber aus dem 9.–8. Jahrhundert v. u. Z. Ihm schrieb die Überlieferung die meisten Anordnungen zu, die auf die Gleichheit und Kriegstauglichkeit der Spartaner abzielten; seine Person ist teilweise in Sagen gehüllt

Lysippos, griechischer Bildhauer aus Sikyon auf dem Peloponnes; er wirkte in der zweiten Hälfte des 4. Jh. v. u. Z. Nach alten Berichten schuf er 1500 Werke, in erster Linie herausragende Porträtplastiken. Zu seinen Schülern zählte auch Chares von Lindos, Schöpfer des Kolosses von Rhodos

Mameluken, Angehörige türkischer Truppenteile in Ägypten während des 16.–19. Jh. Sie bildeten eine privilegierte Kaste, die die türkische Vorherrschaft zu gewährleisten hatte; ihre

Führer erkannten die Oberhoheit des Sultans an, herrschten jedoch im Lande so gut wie souverän

Manehto, (griech. Manetho), ägyptischer Priester aus Sebennytos im Delta. In der ersten Hälfte des 3. Jh. v. u. Z. schrieb er nach ägyptischen Quellen und in griechischer Sprache »Die ägyptischen Denkwürdigkeiten«, wovon Zitate und Auszüge in den Schriften frühchristlicher Autoren erhalten blieben. Es ist das erste und einzige Buch über die ägyptische Geschichte, das ein Ägypter verfaßt hat und das wenigstens in Fragmenten bekannt ist

Marduk, babylonischer Hauptgott; er wurde mit den Insignien königlicher und großpriesterlicher Macht, einem Blitz in der Hand und einem Drachen zu Füßen, dargestellt

Mariette, Auguste, französischer Ägyptologe und Archäologe (1821–1881), Gründer des Ägyptischen Museums in Kairo

Mastaben (aus dem Arab.), Gräber altägyptischer Würdenträger, in ältesten Zeiten auch der Könige

Memnon, mythischer König der Äthiopier, Homer zufolge Sohn der Göttin der Morgenröte Eos und des Königs Tithon, ein Neffe des Trojanerkönigs Priamos. Er eilte Troja zu Hilfe, als die Achäer es belagerten, und übernahm nach dem Tode des ältesten Priamossohnes Hektor das Kommando über dessen Truppen; er fiel im Zweikampf mit Achilles. Nach ihm nannten die Griechen die großen Sitzstatuen des Ägypterkönigs Amenophis III. und dessen Gemahlin an der Veseter (thebischen) Grabstätte, die er errichtet haben soll, als er von seiner Heimat über Ägypten nach Troja gezogen ist (»Memnonkolosse«)

Memnon von Rhodos, Heerführer griechischer Söldnerformationen in Diensten des Perserkönigs Dareios III., der gegen Alexander den Großen kämpfte

Memphis, griechischer Name der bedeutenden ägyptischen Stadt Mennofer; s. dort

Menelaos, mythischer Spartanerkönig; seine Gemahlin Helena entführte der trojanische Königssohn Paris und gab so den Anlaß zum Trojanischen Krieg, über den Homer berichtet

Meni (auch Menej; griech. Menes), der erste Herrscher der 1. Dynastie ägyptischer Könige; laut Überlieferung hat er Ägypten vereinigt (um das Jahr 3000 v. u. Z.). Er wird auch mit König Narmer oder Aha gleichgesetzt

Menkaure (griech. Mykerinos), ägyptischer König der 4. Dynastie (etwa im 26. Jh. v. u. Z.), Erbauer der sogenannten Dritten Pyramide bei Giseh

Mennofer (griech. Memphis), erste Hauptstadt des vereinigten Ägyptens. Ihre bescheidenen Überreste liegen am linken Nilufer zwischen den Dörfern Bedraschen und Mitrahina, rund 20 Kilometer südlich von Kairo

Mentuhotep I., ägyptischer König vom Anfang des 21. Jh. v. u. Z., Begründer des Mittleren Reiches. Bei Der el-Bahri (am linken Nilufer gegenüber Karnak) ließ er sich einen gewaltigen, mit einer kleinen Pyramide ausgestatteten Tempel errichten, dessen Reste erhalten blieben

Mesannipadda, König der I. Dynastie von Ur, Aannipaddas Vater. Er ist der älteste inschriftlich bezeugte Herrscher in Mesopotamien (gegen Anfang des 28. Jh. v. u. Z.)

Mesilim, der erste bekannte Herrscher aus der Stadt Kisch (um das Jahr 2600 v. u. Z.). Er vereinigte einen großen Teil Sumers und regierte die Städte Lagasch, Umma und Adab

Metagenes, kretischer Baumeister aus dem 6.–5. Jh. v. u. Z. Zusammen mit seinem Vater Chersiphron leitete er den Bau des Artemistempels in Ephesos

Miltiades, Athener Staatsmann und Heerführer, Befehlshaber der griechischen Truppen in der siegreichen Schlacht bei Marathon

Minos, mythischer Kreterkönig mit Sitz in Knossos (südlich des heutigen Iraklion), wo Daidalos ihm das berüchtigte Labyrinth erbaute. Die Trümmer des knossischen Palastes, der mit dem Labyrinth gleichgesetzt wird, legte zu Beginn unseres Jahrhunderts der britische Archäologe Evans frei

Minotauros (lat. Minotaurus), Ungeheuer mit menschlichem Körper und Stierhaupt; er hauste nach griechischen Sagen im Labyrinth von Knossos und wurde unter Beihilfe der Minostochter Ariadne vom Athener Helden Theseus erschlagen

Mohammed (arab. Muhammad), Begründer des islamischen Glaubens, von seinen Anhängern (den Moslems) für »Göttlichen Propheten« gehalten. Er lebte in den Jahren 570–632, und seine Flucht von Mekka nach Medina (16. Juni 622), zu der er durch seine Feinde gezwungen wurde, bildete das Anfangsdatum der moslemischen Zeitrechnung

Montfaucon, Bernard de, französischer Archäologe und Kunsthistoriker (1665–1741), Pionier neuzeitlicher Forschung über antike Kunstdenkmale und Handschriften

Moses, biblischer Gesetzgeber, dem die Verfasserschaft der ersten fünf Bücher des Alten Testaments zugeschrieben wird. Laut Bibel führte er die Juden aus der »Ägyptischen Gefangenschaft«; aus ägyptischen Quellen allerdings gibt es über diese Gefangenschaft und über Mosis Wirken in Ägypten keinerlei Nachricht

Murad Bej, Mamelukenhäuptling; seit dem Jahre 1773 herrschte er gemeinsam mit Ibrahim Bej in Ägypten unter türkischer Oberhoheit. Im Jahre 1798 wurde er von Napoleon geschlagen

Musen, griechische Göttinnen der schönen Künste (einschließlich der Geschichtsschreibung und der Sternkunde), neun an der Zahl: Kaliope – epische Dichtung, Euterpe – lyrische Dichtung, Erato – Liebesgedichte und -lieder, Melpomene – Tragödie, Thaleia – Komödie, Terpsichore – Tanz, Kleio – Geschichte, Urania – Astronomie, Poly(hy)mnia – Hymnen und Chorgesang. Sie wohnten auf dem Parnass und im Heiligen Hain Helikon (nördlich vom Golf von Korinth)

Mykene, achäische Burg in Argolis auf dem Peloponnes, in der Homer zufolge Agamemnon herrschte, Oberkommandierender der griechischen Armeen im Trojanischen Krieg. Aus den Trümmern dieser Burg förderte H. Schliemann Gräber und Schätze achäischer Könige des 16.–14. Jh. v. u. Z. zutage

Mykerinos, siehe Menkaure

Myron, griechischer Bildhauer aus dem 5. Jh. v. u. Z. Er stammte aus Eleuther in Attika, wirkte vorwiegend in Athen; sein bekanntestes Bildnis des Diskobolos (Diskuswerfer) ist lediglich in späteren beschädigten Kopien erhalten

Nabonid, der letzte babylonische König (558–539 v. u. Z.)

Nabopalazar, chaldäischer Heerführer in assyrischen Diensten. Nach einem Putsch gegen den assyrischen König gründete er das Neubabylonische Reich, über das er in den Jahren 625–604 v. u. Z. herrschte

Nannar, sumerischer Mondgott, babylonisch Sin. Ihm war die Zikkurat in Ur geweiht, eine der ältesten Zikkurate, die erhalten geblieben sind (aus dem 30.–28. Jh. v. u. Z.)

Nebukadnezar II., babylonischer König der Jahre 604–562 v. u. Z. Unter seiner Regierung erlangte das Neubabylonische Reich seine größte Macht und Ausdehnung

Neko II. (griech. Necho), ägyptischer König der 26. Dynastie. Unter seiner Regierung (etwa 610–595 v. u. Z.) wurde der Bau eines Kanals zwischen dem Nil und dem Roten Meer begonnen

Nergal, babylonischer und assyrischer Gott der Unterwelt, Gemahl der Göttin Ereschkigal

Newton, Charles Thomas, englischer Archäologe und Diplomat (1816–1894). Im Jahre 1858 entdeckte er die Ruinen des Mausoleums von Halikarnassos

Niebuhr, Carsten, deutscher Reisender in dänischen Diensten (1733–1815). Er durchquerte Ägypten und Arabien und brachte aus Persepolis Belegstücke keilschriftlicher Inschriften

Nike (lat. Victoria), griechische Siegesgöttin

Nikephoros, Gregorios, byzantinischer Historiker aus dem 14. Jh.

Nikolskij, Michail Wassiljewitsch, russischer Gelehrter (1848–1917), Begründer der russischen und sowjetischen Archäologie

Ninive (assyr. Ninua), eine der assyrischen Metropolen. Sie lag am rechten Ufer des oberen Tigris, wo ihre Ruinen in den Jahren 1842–1845 von Botta und Layard entdeckt wurden. Ihre höchste Blüte erlebte sie unter König Assurbanipal (668–631 v. u. Z.), vernichtet wurde sie von den Medern und Babyloniern im Jahre 612 v. u. Z.

Ninurta, assyrisch-babylonischer Gott des Krieges und der Jagd, der biblische Nimrod

Noah, biblischer Patriarch, der laut Erstem Buch Mosis die Sintflut überlebte. Sein literarisches Vorbild sind Utanapischtim aus dem assyrisch-babylonischen Gilgameschepos und Ziusudra aus noch älteren sumerischen Mythen

Nut, ägyptische Himmelsgöttin, die das Firmament verkörperte; ihr Gemahl war der Erdengott Geb

Obelisk, hohe vierkantige und allmählich sich verjüngende pyramidenförmig auslaufende Säule. Obelisken gehörten zur Ausgestaltung des Vorplatzes ägyptischer Tempel; sie waren gewöhnlich aus Granit und mit hieroglyphischen Inschriften versehen

Odeon (griech. Odeion), Gebäude für Musik- und Gesangsveranstaltungen in griechischen Städten. Sie hatten zumeist einen halbkreisförmigen Grundriß, die Zuschauerbänke waren stufenweise angeordnet

Odysseus (lat. Ulixes), mythischer König der Ithaker, einer der achäischen Heerführer im Trojanischen Krieg, Titelheld der homerischen Odyssee. Er war stark und mutig, besonnen und klug; auch das Trojanische Pferd geht auf seine Idee zurück

Omar, der zweite Kalif (634–644). Unter seiner Regentschaft besetzten die Araber Damaskus (636), schlugen die Perser (637), eroberten Palästina, Syrien (638) und Ägypten (640–642)

On (griech. Heliopolis), wichtige ägyptische Stadt mit dem Tempel des Sonnengottes Re. Sie wurde schon in prähistorischer Zeit gegründet, lag zu Beginn unserer Zeitrechnung in Trümmern; heute steht auf ihrem Boden die nordöstliche Vorstadt Kairos

Oppert, Jules, französischer Orientalist deutscher Abstammung (1825–1905). Er fand heraus, daß die Keilschrift von einem älteren Volk als den Babyloniern geschaffen wurde, und nannte es Sumerer

Orelli, Kaspar von (lat. Orellius), schweizerischer klassischer Philologe (1787–1849), Herausgeber von Texten antiker Autoren, u. a. der Schrift Philons »Über die Sieben Weltwunder« (1816)

Orosius, christlicher Historiker aus der ersten Hälfte des 5. Jh.; er besuchte im Jahre 411 Alexandria und beschrieb das verlassene Serapeion

Osiris, griechischer und lateinischer Name des ägyptischen Gottes Usire; s. dort

Pahlavi, Sprache der Perser, das sogenannte Mittelpersisch, bis ins 10. Jh. u. Z. als Gelehrtensprache des Vorderen Orients erhalten

Paionios, griechischer Bildhauer vom Ende des 5. Jh. v. u. Z., von antiken Autoren hochgeschätzt. Er stammte aus Mende in der Chalkidike; von seinen Schöpfungen blieb uns der Torso der Nikestatue in Olympia erhalten

Palästra (aus dem Griech.), Übungsplatz, Wettkampfstätte; eigenständiger Bau oder speziell für Sportzwecke abgegrenzter Raum im griechischen Gymnasion

Paris, Homer zufolge der Sohn des Trojanerkönigs Priamos, der die Gattin des Spartanerkönigs Menelaos, Helena, entführte und so den Trojanischen Krieg auslöste

Parthenon, Tempel der Göttin Athene auf der Athener Akropolis, erbaut von den Architekten Iktinos und Kallikrates in den Jahren 447–432 v. u. Z. In der byzantinischen Epoche diente er als christliche Kirche, während der türkischen Okkupation als Moschee und später als Schießpulverdepot, dessen Explosion ihn im Jahre 1687 zerstörte. Heute gilt er als ansehnlichstes Architekturdenkmal Griechenlands und Europas

Pausanias, griechischer Schriftsteller aus dem 2. Jh. u. Z., Autor der »Reisebeschreibung Griechenlands«

Peiraieus (neugriech. Piräus), antiker und neuzeitlicher Seehafen Athens. Perikles ließ ihn mit Athen durch »Lange Mauern« verbinden, die die Athener jedoch nach ihrer Niederlage gegen die Spartaner im Jahre 404 v. u. Z. schleifen mußten

Peisistratos, Athener Herrscher (um 560–527 v. u. Z.). Er setzte eine Reihe Gesetze zugunsten von Kleinproduzenten durch und machte sich um Athens Aufbau verdient

Pelops, mythischer König in Elis, Tantalos' Sohn. Den Thron bestieg er als Gemahl Hippodameias, der Tochter des Eliderkönigs Oinomaos, der ihn zu einem Wagenrennen herausforderte und dabei das Leben verlor; später dehnte er seine Macht auf den gesamten Peloponnes aus, der seinen Namen erhielt. Zur Erinnerung an seinen Sieg über Oinomaos soll er die Olympischen Spiele ins Leben gerufen haben

Pergamon, griechische Stadt im westlichen Kleinasien, gegründet von den Aiolern, das heutige türkische Bergama. Nach Alexanders des Großen Tod wurde es Hauptstadt des gleichnamigen Reiches und unter der Attalidendynastie zu einem wichtigen Zentrum hellenistischer Kultur. Auf seiner Akropolis blieben Ruinen ausgedehnter Tempel und Paläste erhalten, an ihrem Fuße Reste eines Theaters und eines Stadions, in der Nähe Trümmer des Asklepieions; von dort stammt auch der berühmte Zeusaltar des Berliner Pergamonmuseums. Seine Selbständigkeit büßte es im Jahre 133 v. u. Z. ein, als Attalos es testamentarisch den Römern vermachte

Perikles, Athener demokratischer Staatsmann. Unter Perikles' Regierung (444–429 v. u. Z.) erreichte Athen den Gipfel politischer Macht, wirtschaftlichen Aufschwungs und kultureller Entfaltung (»Athens goldenes Zeitalter«). Geboren wurde er um das Jahr 500 v. u. Z.; er starb im zweiten Jahr des Peloponnesischen Krieges an der Pest

Persepolis, griechischer Name der Stadt Parsa, der Metropole des antiken Persiens und Königsresidenz der Achämenidendynastie. Im Jahre 331 v. u. Z. wurde der dortige Königspalast durch Alexander den Großen vernichtet. Aus den Ruinen stammen die ersten keilschriftlichen Texte, die nach Europa gelangt sind

Petrie Flinders, William Matthew, britischer Ägyptologe und Archäologe (1853–1942). Während seiner nahezu fünfzigjährigen Grabungen in Ägypten entdeckte er einige verschollene Städte, Festungen, Grabstätten, Skulpturen u. a. und wurde zu einem der besten Pyramidenkenner

Phaiaken, mythische Bewohner der Glücksinsel aus Homers Odyssee. Ihr König Alkinoos nahm sich Odysseus' an, als dieser auf dem Wege von Troja an der Küste ihres Landes strandete

Pharao, ägyptischer Königstitel, in die modernen Sprachen aus biblischem Hebräisch übernommen. Er leitet sich vom ägyptischen »per – oa«, »großes Haus« (d. i. Königspalast), ab, als welcher der jeweilige Herrscher bezeichnet wurde

Pheidias, einer der größten griechischen Bildhauer (um 500–429 v. u. Z.). Er leitete die künstlerische Ausgestaltung des Athener Parthenons und schuf eine Reihe bewundernswerter Statuen, darunter drei Kolossalplastiken Athenes für die Akropolis und die Zeusskulptur für den Tempel in Olympia. Wenn auch anzunehmen ist, daß er an der Schaffung des erhalten gebliebenen Fragments des Parthenonschmucks einen persönlichen Anteil hat, blieb keines seiner mit Sicherheit belegbaren Werke erhalten; seine Bildnisse kennen wir nur aus Kopien und Nachahmungen

Philai (ägyptisch Pilak), Nilinsel südlich von Assuan mit einer Vielzahl an Tempeln und Heiligtümern, insbesondere dem großartigen Tempel der Göttin Ese (Isis) aus ptolemäischer Zeit. Ihrer Farbigkeit wegen heißt sie zu Recht »Ägyptens Perle«

Philochoros, griechischer Historiker (um 340–265 v. u. Z.). Aus dem Bruchstück seiner Schrift, die in unserem Jahrhundert entdeckt wurde, erfahren wir über Pheidias' Tod

Philon von Alexandria, jüdischer Philosoph und Schriftsteller (um 20 v. u. Z. bis etwa 50 u. Z.). Er war bestrebt, den jüdischen Glauben mit der griechischen Philosophie zu verschmelzen, und übte großen Einfluß auf die Herausbildung frühchristlicher philosophischer Anschauungen

Philon von Byzanz, 1) griechischer Baumeister und Mechaniker aus dem 2. Jh. v. u. Z.; 2) wenig bekannter antiker Autor der Schrift »Über die Sieben Weltwunder«

Phönikien, Land an der Ostküste des Mittelmeeres. Es umfaßte etwa den Küstenstreifen des heutigen Syriens und Libanons

Pindaros, griechischer lyrischer Dichter aus Theben (etwa 520–432 v. u. Z.); er besang u. a. die Olympiasieger

Platon, griechischer Philosoph, einer der bedeutendsten Repräsentanten des antiken Idealismus (427–347 v. u. Z.). Er wurde auf Aigina geboren, begann sich unter Sokrates' Einfluß der Philosophie zu widmen, gründete um das Jahr 387 v. u. Z. in Athen eine als Akademie bezeichnete philosophische Schule, die dann über 900 Jahre bestand. Sein Werk ist außergewöhnlich umfangreich; wir kennen davon insgesamt 34 Bücher (wovon einige zu Unrecht ihm zugeschrieben werden). Zu den wichtigsten gehören: »Die Verfassung«, »Gesetze«, »Verteidigung des Sokrates«, »Kriton« (über die Treue gegenüber den Gesetzen), »Protagoras« (über die Tugendhaftigkeit), »Gorgias« (über die Redekunst), »Symposion« (über die Liebe), »Timaios« (über die Entstehung der Welt und die Natur) u. a.

Plinius der Ältere (Gaius P. Secundus), römischer Staatsmann, Heerführer und Schriftsteller (23–79 u. Z.). Er war einer der fruchtbarsten und vielseitigsten Autoren des antiken Roms

Plutarch, (griech. Plutarchos), griech. Schriftsteller (46–120 u. Z.), Autor populärer philosophischer Schriften und vor allem der »Parallelbiographien« 46 berühmter Griechen und Römer

Polybios, griechischer Politiker und Historiker (um 200–120 v. u. Z.). Er verfaßte die Geschichte der griechisch-römischen Welt vom ersten Punischen Krieg bis zu den ersten Jahren der Unterwerfung Griechenlands durch die Römer (264–144 v. u. Z.) in 40 Büchern, von denen ein Teil erhalten blieb

Polykleitos, renommierter griechischer Bildhauer aus dem 5. Jh. v. u. Z. Er stammte aus Argos und schuf vorrangig Standbilder von Olympiasiegern; sein Doryphoros (Speerträger) wurde wegen seiner Proportionen späteren Bildhauern zum Vorbild

Polykrates, Tyrann auf der Insel Samos (um 537–522 v. u. Z.). Er förderte den Handel und schmückte Samos mit stattlichen Bauten aus; sprichwörtlich wurde er durch sein Glück

Pompeius, Magnus Gnaeus, römischer Staatsmann und Feldherr (106–48 v. u. Z.). Im Machtkampf mit Cäsar unterlag er in der Schlacht bei Pharsalos (Nordgriechenland) und floh nach Ägypten, wo er auf Geheiß Ptolemäus' XIII. ermordet wurde

Pompeji, römische Stadt, im Jahr 79 u. Z. (zusammen mit Herkulaneum und Stabiae) durch einen Vesuvausbruch verschüttet. Seine Trümmer wurden in der ersten Hälfte des 18. Jahrhunderts entdeckt; seither wird dort bis in die Gegenwart gegraben

Pontisches Reich, erstreckte sich entlang der Südküste des Schwarzen Meeres (griech. Pontos Euxeinos). Sein bedeutendster Herrscher war Mithridates (besser: Mithradates) VI. Eupator (120–63 v. u. Z.), der blutige Feldzüge gegen die Römer unternahm; nach der Niederlage durch Pompeius ließ er sich von seinem Sklaven töten

Poseidon (lat. Neptunus), griechischer Gott des Meeres, Bruder des höchsten Gottes Zeus und des Gottes der Unterwelt, Hades

Praxiteles, berühmter griechischer Bildhauer (um 390–330 v. u. Z.). Er wurde in Athen geboren und wirkte auch dort. Soweit bekannt, schuf er den ersten weiblichen Akt (Aphrodite von Knidos). Aus Olympia kennen wir sein Original Hermes mit dem jungen Dionysos.

Priamos, mythischer Trojanerkönig. Aus Altersgründen nahm er laut Homer nicht mehr an den Kämpfen gegen die Achäer teil und übertrug den Oberbefehl seinem Sohn Hektor. Er wurde nach Trojas Eroberung von Neoptolemos, Achilles' Sohn, erschlagen

Protogenes, griechischer Maler und Bildhauer aus dem 4. Jh. v. u. Z. Er wirkte auf Rhodos, wo er geboren wurde, und in Athen

Prutký, Václav Remedius, tschechischer Missionar in orientalischen Ländern (1701–1770). Während seines Aufenthaltes in Ägypten betrat er als nachweisbar erster Europäer Snofrus nördliche Pyramide bei Dahschur

Psamtek III. (griech. Psammetich), der letzte ägyptische König der 26. Dynastie. Im Jahre 525 v. u. Z. wurde er vom persischen König Kambyses besiegt und hingerichtet

Ptah, ägyptischer, hauptsächlich in Mennofer (Memphis) als Schöpfer der übrigen Götter und der Menschen verehrter Gott. Dargestellt wurde er in menschlicher Gestalt mit Zepter und vom Mantel engumwickelten Beinen

Ptolemäer, ägyptisches Königsgeschlecht makedonischer Herkunft (305–30 v. u. Z.). Sein Begründer war Ptolemäus I. Soter, Alexanders des Großen Heerführer, der sich nach dessen Tode im Jahre 323 zuerst im Namen dessen Sohnes und Stiefbruders, später im eigenen der Herrschaft über Ägypten bemächtigte (305–285 v. u. Z.). Unter den ersten Königen dieser Dynastie wurde Ägyptens Hauptstadt Alexandria zum Mittelpunkt hellenistischer Kultur. Die letzte ptolemäische Königin war Kleopatra (VII.); nach ihrer Niederlage und ihrem Freitod im Jahre 30 v. u. Z. sank Ägypten zu einer römischen Provinz herab. (Im Text sind die Könige dieser Dynastie nach ihrem offiziellen Verzeichnis aufgeführt; manche Historiker rechnen ihnen den ermordeten Ptolemäus VII. Eupator nicht zu, und demzufolge fällt bei ihnen die Ordnungszahl geringer aus)

Pytheos, griechischer Architekt aus dem 4. Jahrhundert v. u. Z. Gemeinsam mit dem Architekten Satyros beteiligte er sich am Bau des Athenetempels in Priene und des Mausoleums von Halikarnassos

Ramses II. Der Große (ägypt. Ramesse), ägyptischer König der 19. Dynastie. Unter seiner Herrschaft (um 1290–1224 v. u. Z.) erreichte das antike Ägypten den Gipfel seiner militärischen Stärke, seines politischen Einflusses und seiner kulturellen Entwicklung

Rassam, Hormuzd, Diplomat in britischen Diensten und Assyriologe (1826–1910). Gemeinsam mit Layard grub er in Ninives Ruinen die Bibliothek König Assurbanipals aus

Rawlinson, Henry Creswicke, britischer politischer Agent im Vorderen Orient und Orientalist (1810–1895). Er kopierte die Dareiosinschrift am Behistuner Felsen und trug wesentlich zur Entzifferung der Keilschrift und der Sprachen Altmesopotamiens bei

Re, ägyptischer Sonnengott und die Sonne selbst, eine der höchsten ägyptischen Gottheiten. Dargestellt wurde er in zahlreichen Formen (über 100), zumeist aber als Mann mit den Insignien königlicher Gewalt und der Sonnenscheibe auf dem Haupt. Mit ihm wurden auch andere Götter in Verbindung gebracht, beispielsweise Amun (Amun-Re oder Amenre), Ptah (Ptah-Re). Ägyptische Könige erklärten sich zu seinen Söhnen, und viele unter ihnen gliederten seinen Namen ihrem eigenen ein

Rheia (lat. Rhea), griechische Göttin, Kronos' Gemahlin und Zeus', Heras, Hestias, Demeters Hades', Poseidons Mutter

Rich, Claudius James, Agent der Ostindischen Gesellschaft (1787–1821). Er war der erste moderne Forscher, der in Babylons Ruinen Ausgrabungsarbeiten vornahm

Rosellini, Ippolito, italienischer Ägyptologe (1800–1843). Er beteiligte sich an Champollions Ägyptenexpedition der Jahre 1828–1829

Sahure, ägyptischer König der 5. Dynastie (aus dem 25. Jh. v. u. Z.), Erbauer der ersten Pyramide bei Abusir

Saj (griech. Sais), Stadt in Unterägypten, mit der sich die letzte Blüteperiode der ägyptischen Kultur verbindet. Zu dieser »Saiter Renaissance« kam es unter den Königen der 26. Dynastie (um 664–525 v. u. Z.), die die wirtschaftliche und kulturelle Entwicklung des Landes allseitig förderten. Das Ende bereitete ihr der Einfall der Perser

Sakkara, Ortschaft etwa 20 Kilometer südwestlich von Kairo, auf deren Boden eine der größten Begräbnisstätten ägyptischer Könige und Würdenträger liegt. Insgesamt wurden dort 12 Königspyramiden einschließlich der ersten (Djosers) und der letzten (Chendjers) erbaut

Salomo, (hebr. Schelomo), israelisch-jüdischer König des 10. Jh. v. u. Z., laut biblischer Überlieferung Weiser, Dichter und Erbauer des Jerusalemer Tempels

Samsuditana, babylonischer König der Jahre 1597–1594 v. u. Z. etwa. Mit seinem Sturz endet die Herrschaft der Amoriterdynastie (Hammurabis)

Sancherib (Sinacherib), assyrischer König der Jahre 704–681 v. u. Z.; im Jahre 689 v. u. Z. eroberte er Babylon und ließ davon keinen Stein auf dem anderen

Sappho, griechische Dichterin von der Insel Lesbos (7.–6. Jh. v. u. Z.), die erste Frau in der Literaturgeschichte

Sargon I. der Akkadier (akkadisch Scharrukin), Begründer des ersten Großreiches in Mesopotamien und Eroberer ausgedehnter Gebiete vom Persischen Golf bis zum Mittelmeer (etwa 2360–2295 v. u. Z.)

Sargon II., assyrischer König der Jahre 722–704 v. u. Z. (babylonischer König seit dem Jahre 709 v. u. Z.), Gründer der königlichen Sommerresidenz Dur-Scharrukin (beim heutigen Chorsabad)

Sarzec, Ernest de, französischer Konsul in Basra und Archäologe (1837–1901). Im Jahre 1880 entdeckte er im Tello-Hügel in Südmesopotamien die ersten Spuren der Sumerer

Sasaniden, persisches Herrschergeschlecht der Jahre 226–644 u. Z., genannt nach Sasan, dem Vater des ersten Königs dieses Geschlechts, Ardeschirs I. Zu Fall brachten die Sasanidendynastie die Araber unter Führung des Kalifen Omar, der im Jahre 644 Persien sich unterwarf

Satrap (aus dem persischen chschathrapavan), Statthalter eines persischen Verwaltungsdistrikts (Satrapie) mit der Funktion eines Vizekönigs und des höchsten Verwaltungs-, Gerichts-, Steuer- und Militärbeamten

Satyros, griechischer Architekt und Baumeister aus dem 4. Jh. v. u. Z. Zusammen mit Pytheos erbaute er das Mausoleum von Halikarnassos

Schamasch, babylonischer und assyrischer Gott der Sonne, der Gerechtigkeit und der Weissagung, der sumerische Utu

Schinsarischkun, der letzte assyrische König (619–612 v. u. Z.); bei der Eroberung Ninives durch die Meder und Babylonier ließ er sich im Jahre 612 v. u. Z. samt allen seinen Schätzen und Frauen verbrennen

Schliemann, Heinrich, deutscher Archäologe (1822–1890). Er entdeckte Troja und durchforschte Mykene, Tiryns und andere Burgen der homerischen Versepen

Schubad (Puabi), Königin von Ur aus der Mitte des 28. Jh. v. u. Z., die bislang älteste geschichtlich bekannte Monarchin aus Mesopotamien

Seleukiden, Dynastie makedonischer Herkunft, die in der Zeit von 312–85 v. u. Z. über Syrien und Mesopotamien herrschte. Begründet wurde sie von Seleukos I. Nikator, Feldherr Alexanders des Großen, der sich nach Alexanders Tod (323 v. u. Z.) den größten Teil dessen Reiches unterwarf. Ursprünglich reichte die Macht dieses Geschlechts bis an den Indus, nach und nach jedoch schrumpfte sie, bis sie sich gegen das Jahr 100 v. u. Z. auf Syrien beschränkte. Nach dem Tode des letzten Gliedes dieser Dynastie übernahm die Macht über die Reste des Reiches der armenische König Tigranes, der im Jahr 65 v. u. Z. Pompeius unterlag; Syrien wurde daraufhin römische Provinz

Semiramis (assyr. Schammuramat), Gemahlin des assyrischen Königs Schamschiadad V. Um die Jahre 810–806 v. u. Z. regierte sie als Vormund ihres Sohnes Adadnirar III.

Semiten, Völkergruppe, die ihre Urheimat wahrscheinlich auf der heutigen Arabischen Halbinsel hatte; laut Bibel Nachfahren des Noah-Sohnes Sem (daher ihre Bezeichnung). In erster Linie verbindet sie die Sprachverwandtschaft. Die semitischen Sprachen werden gewöhnlich in die östlichen (das alte, mittlerweile tote Akkadisch, d. h. Babylonisch und Assyrisch), die nordwestlichen (das tote Phönizisch und das nordafrikanische Punisch, Moabitisch, das biblische und postbiblische Hebräisch, das Aramäisch und Syrisch, das moderne Hebräisch) und die südwestlichen (das klassische Arabisch mit dem ägyptischen, syrischen, irakischen, omanischen und nordafrikanischen Dialekt) untergliedert; zu den semitischen Sprachen zählen auch das tote Äthiopisch und das derzeitige äthiopische Amharisch. Die semitische Kultur ist eine der ältesten bekannten reifen Kulturen, und die semitische Schrift (die phönizische) wurde zur Grundlage des griechischen Alphabets, woraus sich das lateinische und kyrillische entwickelten

Senvosret I.–III. (griech. Sesostris), ägyptische Könige der 12. Dynastie, Erbauer der Pyramiden bei Lischt, Dahschur und Illahun. Der letzte von ihnen trug sich in Ägyptens Geschichte durch ausgedehnte Kriegszüge ein, die spätere Historiker unverhältnismäßig übertrieben

Serapis (auch Sarapis), griechisch-ägyptischer Gott, der den griechischen Zeus und Asklepios (gelegentlich Dionysos) mit den ägyptischen Usire und Hapi in sich vereint. Seinen Kult führte Ptolemäus I. Soter ein, um auf diese Weise ein religiöses Bindeglied zwischen seinen griechischen und ägyptischen Untertanen zu schaffen; später verbreitete sich dieser Kult nahezu über das gesamte Römische Reich und bestand bis ins 5. Jh. u. Z. Serapis wurde mit langem Haar und Bart und mit einem ährengeschmückten Getreidemaß auf dem Haupt dargestellt; unter seinen zahlreichen Tempeln war der alexandrinische am größten

Setchi I. (griech. Sethos), ägyptischer König

der 19. Dynastie, Vater und Vorgänger Ramses' des Großen. Er regierte um die Jahre 1309–1290 v.u.Z. und hinterließ außer Kriegsruhm einen großartigen Tempel zu Ehren des Gottes Usire in Ebosev (Abydos)

Skopas, griechischer Bildhauer. Er lebte im 4. Jh. v. u. Z., stammte von der Insel Paros und wirkte als geachteter Künstler in verschiedenen griechischen Städten; er beteiligte sich an der Gestaltung des Artemistempels in Ephesos und des Mausoleums in Halikarnassos

Smith, George, englischer Assyriologe, ursprünglich Graveur in einer Druckerei (1840–1876). Im Jahre 1872 entdeckte er eine Tafel aus der Niniver Bücherei des Königs Assurbanipal, die einen Teil der Geschichte über die Sintflut aus dem Gilgameschepos enthielt; später förderte er die übrigen Tafeln in Kujundshik ans Tageslicht

Snofru, ägyptischer König, Begründer der 4. Dynastie (Anfang des 26. Jh. v. u. Z.). Er ließ sich zwei Pyramiden bei Dahschur errichten und offenbar die Pyramide seines Vorgängers Hunej bei Medum vollenden

Sophokles, einer der größten griechischen Dramatiker (um 497–406 v. u. Z.). Er schrieb 123 Tragödien, wovon sieben erhalten blieben: »König Öidipus«, »Oidipus auf Kolonos«, »Antigone«, »Philoktetes«, »Aias«, »Trachinierinnen« und »Elektra«

Sokrates, griechischer Philosoph (469–399 v.u.Z.), bedeutender Repräsentant des antiken Idealismus. Seine Lehre kennen wir ausschließlich über die Schriften seiner Schüler, insbesondere Platons; selber schrieb er nichts. Auf Grund einer Anklage, er führe neue Götter ein und verderbe die Jugend, wurde er zum Tode verurteilt; obwohl ihm Fluchtmöglichkeit eingeräumt wurde, respektierte er den Gerichtsentscheid und ließ sich hinrichten

Solon, Athener Staatsmann und Gesetzgeber, einer der sieben griechischen Weisen (um 635–555 v.u.Z.). Seine Gesetze stellten den ersten Artikel der Verfassungsreformen dar, die zur klassischen athenischen Demokratie führten

Sostratos von Knidos, griechischer Architekt aus dem 4.–3. Jh. v. u. Z. Er erbaute den Leuchtturm auf der Insel Pharos und die Hängende Promenade auf Knidos

Sphinx, bei den alten Ägyptern Bildnis eines sitzenden Löwen mit dem Haupt eines Herrschers oder Gottes, Symbol der Löwenkraft des dargestellten Menschen; in der griechischen Mythologie ein geflügeltes Ungetüm mit Löwenkörper und Frauenkopf, Sinnbild der Rätselhaftigkeit und Verderbnis

Stadion, griechisches Längenmaß, dessen Grundlage die Entfernung vom Start bis zum Ziel bei olympischen Wettkämpfen im sogenannten einfachen Lauf bildete. Die Länge eines Stadions differierte in den verschiedenen Städten und zu verschiedenen Zeiten zwischen 177,6 und 196,8 Metern, ein olympisches Stadion maß 192,27 Meter

Strabon, griechischer Reisender und Geograph (64 v. u. Z.–19 u. Z.). Er stammte aus Amaseia (nordöstlich vom heutigen Ankara) und verfaßte über seine Reisen 17 Bücher unter dem Sammeltitel »Geographika«, die ihm den Ehrennamen »Vater der Geographie« einbrachten. Alle diese Bücher sind erhalten

Stratege (griech. strategos, Feldherr), Rang eines griechischen Heerführers. In Athen wurden die Strategen von der Volksversammlung gewählt, und der Rat der zehn Strategen bildete das Oberkommando der Armee

Straton aus Lampsakos, griechischer Philosoph mit naturwissenschaftlichen Ambitionen (um 330–268 v.u.Z.). Er war Ptolemäus' II. Lehrer in Alexandria und etwa seit dem Jahre 288 v.u.Z. Vorsteher des aristotelischen Lykeions in Athen

Sumer, Südteil Mesopotamiens an der Mündung des Euphrats und des Tigris in den Persischen Golf. Dieses Gebiet war ungefähr in der zweiten Hälfte des 4. Jahrtausends v. u. Z. von einer Völkerschaft besiedelt, die wir als Sumerer bezeichnen. Hier entstanden die ersten Stadtstaaten und die ersten Gesetze, hier wurden die ersten Zikkurate erbaut, hier wurde die erste Schrift geschaffen. Die außerordentlich hohe Kultur der Sumerer ist die älteste historisch bezeugte Kultur auf Erden

Susa, Hauptstadt der persischen Provinz Susiana, von König Dareios I. an der Wende vom 6. zum 5. Jh. v.u.Z. als Winterresidenz der persischen Könige gegründet. Im Jahre 331 v.u.Z. besetzte es Alexander der Große; unter dessen Nachfolger Seleukos wurde es in Seleukia umbenannt. Nach Eroberung dieses Gebietes durch die Araber im 7. Jh. u. Z. verkam es; seine Ruinen liegen im südlichen Iran, am Südlauf des Flusses Kercha

Tacitus, Publius Cornelius, namhafter römischer Historiker (um 55–120 u.Z.). Er verfaßte 14 Bücher der Geschichte, wovon vier und der Anfang des fünften erhalten sind, und 16 Bücher Annalen, von denen uns zehn vollkommen und zwei teilweise überkommen sind

Tal der Könige (arab. Biban el-Muluk) – »Stadt der toten Könige«, Teil der Begräbnisstätte in der Metropole des ägyptischen Neuen

Reiches, Veset (Theben). Es liegt am linken Nilufer, gegenüber dem heutigen Luxor

Talent (griech.), griechisches Gewichtsmaß (später Geldeinheit), in den verschiedenen Epochen und Städten unterschiedlich; nach attisch-euböischem System betrug es 26,2 kg, nach aiginischem 37,8 kg. Mit Talent bezeichneten die Griechen auch das babylonische Gewichtsmaß (ungefähr 29,5 kg)

Theben (griech. Thebai), erstens Stadt Böotiens in Mittelgriechenland; – zweitens dem Griechischen entlehnte Bezeichnung für Veset, Ägyptens Hauptstadt im Neuen Reich

Themistokles, Athener Staatsmann und Feldherr, Sieger über die persische Flotte in der Schlacht bei Salamis im Jahre 480 v. u. Z. Er ließ den Hafen von Peiraieus befestigen und schuf eine mächtige Kriegs- und Handelsflotte. Als Vertreter der demokratischen Partei wurde er von den Konservativen angefeindet, die im Jahre 471 v. u. Z. seine Verbannung aus Athen erwirkten. Der persische König vertraute ihm daraufhin als seinem Statthalter die Herrschaft in Magnesia am Mäander an

Theodosius I., römischer Kaiser der Jahre 379–395. Im Jahre 380 erklärte er das Christentum zum einzigen staatlich anerkannten Glauben; später erließ er eine Reihe Gesetze gegen die Heiden und ordnete die Schließung ihrer Tempel an. Nach seinem Tode wurde das Römische Reich in das östliche und das westliche gespalten

Theodosius II., oströmischer Kaiser der Jahre 408–450. Er verbot das Heidentum in seinem Reich und ließ einige alte Tempel zerstören

Theokritos, griechischer Dichter aus Syrakus (um 300–260 v. u. Z), Begründer der idyllischen Dichtung

Theopompos, griechischer Redner und Historiker (um 378–320 v. u. Z.). Von seiner »Hellenika« und »Philippika« blieben nur Bruchstücke erhalten; in einem davon ist auch der Name des Brandstifter des Artemistempels von Ephesos erwähnt

Thermopylen, Engpaß in Mittelgriechenland, wo im Jahre 480 v. u. Z. die Abwehrschlacht der Griechen gegen die Perser stattfand, in der der Spartanerkönig Leonidas mitsamt seinem ganzen Heer fiel

Theseus, mythischer Held, König von Athen. Gemeinsam mit seinem Freund Peirithoos, dem Lapithenkönig, kämpfte er gegen die Kentauren, mit Herakles focht er gegen die Amazonen, mit Ariadnes Hilfe erschlug er im kretischen Labyrinth das Ungeheuer Minotauros

Thout, ägyptischer Mond- und Weisheitsgott; ihm schrieb man auch die Erfindung der Schrift zu. Dargestellt wurde er in Gestalt eines Ibisses oder als Mann mit Ibishaupt, zuweilen als Pavian

Thukydides, griechischer Historiker (um 460–395 v. u. Z.). Er schrieb die Geschichte des Peloponnesischen Krieges, an dem er zu Beginn selbst als Kommandeur der athenischen Flotte teilnahm. Durch seine kritische Wertung von Quellen, seine systematische Darlegung und Deutung der Geschehnisse aus den natürlichen Ursachen heraus (insbesondere den machtpolitischen und ökonomischen Verhältnissen) wurde er zum Begründer der wissenschaftlichen Geschichtsschreibung

Thutmose III. (griech. Thutmosis), ägyptischer König der 18. Dynastie, Mitherrscher und Thronfolger der Königin Hatschepsut (um 1490 resp. 1468–1436 v. u. Z.). Unter seiner Regierung erreichte das alte Ägypten seine weiteste Ausdehnung, auf Kriegszügen unterwarf er sich im Osten das Gebiet bis zum Mittellauf des Euphrats und im Süden bis zum vierten Nilkatarakt. Die ägyptische Herrschaft in diesen Regionen war jedoch unsicher, und seine Nachfolger büßten die entfernteren Landstriche bald wieder ein

Tiglatpilesar III., assyrischer König der Jahre 745–727 v. u. Z. Er eroberte weite Gebiete bis an die Küste des Mittelmeeres; in Babylon herrschte er unter dem Namen Pulu

Timotheos, griechischer Bildhauer aus der Mitte des 4. Jh. v. u. Z., bekannt vor allem durch die Statue der Leda mit dem Schwan. Er beteiligte sich an der Ausgestaltung des Asklepiostempels in Epidauros und des Mausoleums in Halikarnassos

Tiryns, Burg in Argolis auf dem Peloponnes, der Sage nach Herakles' Sitz. Erbaut wurde sie etwa um die Wende vom 15. zum 14. Jh. v. u. Z., geschleift durch die Argiver während des Krieges mit den Spartanern in der ersten Hälfte des 5. Jh. v. u. Z.; einige ihrer Mauern sind bis zu 17,5 Meter dick

Titanen, nach griechischer Mythologie Nachkommen des Himmelsgottes Uranus und der Erdengöttin Gaia. In erster Generation zählten sie zwölf; der jüngste von ihnen, Kronos, entmachtete Uranus und erhob sich zum Herrscher über Himmel und Erde. Vom Thron stürzte ihn nach hartnäckigem Kampf sein eigener Sohn Zeus, der dann seine Stelle als höchster Gott der Griechen einnahm

Titus (T. Flavius Vespasianus), römischer Kaiser der Jahre 79–81

Trajan (Marcus Ulpius Nerva Traianus), römischer Kaiser der Jahre 98–117

Trojanischer Krieg, Homer zufolge Heerzug der verbündeten achäischen Armeen unter dem Oberbefehl des mykenischen Königs Agamemnon gegen die kleinasiatische Stadt Troja. Anlaß zu diesem Krieg war die Entführung der Gemahlin des Spartanerkönigs, Helena, durch den trojanischen Prinzen Paris. Er dauerte zehn Jahre und endete mit Trojas Eroberung und Vernichtung. Im Altertum wurde der Trojanische Krieg für geschichtliche Wirklichkeit gehalten, moderne Wissenschaftler zweifeln ihn an. Ausgrabungen der deutschen Archäologen Schliemann und Dörpfeld und jüngere Forschungen des Amerikaners Blegen allerdings erwiesen, daß Homers Dichtungen einen geschichtlichen Kern haben und daß Troja in den Jahren 1250–1200 v. u. Z. gefallen ist

Turajew, Boris Alexandrowitsch, Begründer der russischen und sowjetischen Ägyptologie (1868–1920)

Tutenchamun, ägyptischer König der 18. Dynastie, dessen fast unversehrtes Grab mit erhaltener Mumie und einer Vielzahl an Schätzen im Jahre 1922 H. Carter entdeckte. Seine Regierungszeit kennen wir nicht genau; es werden die Jahre 1347–1339 v. u. Z. angenommen. Er war ein durchaus unbedeutender Herrscher und starb etwa achtzehnjährig

Tyrann (griech. tyrannos), Alleinherrscher im griechischen Stadtstaat. In vorklassischer Zeit um das 7.–6. Jh. v. u. Z. trug die Tyrannenherrschaft zumeist fortschrittlichen antiaristokratischen Charakter (frühe Tyrannis), in der hellenistischen Epoche stützten sich die Tyrannen allein auf die Kriegsgewalt ihrer Truppen (späte Tyrannis); in den kleinasiatischen griechischen Staaten waren die Tyrannen vorwiegend Handlanger persischer Herrscher

Tyrtaios, der einzige bedeutende spartanische Dichter. Er kam in der zweiten Hälfte des 7. Jh. v. u. Z. aus dem kleinasiatischen Ionien nach Sparta und schuf Militärmärsche und Elegien

Ur, sumerische Stadt am unteren Euphrat, das heutige Mukajjar im Irak. Hier entstand der erste historisch nachgewiesene Stadtstaat, und hier wurde die älteste bekannte mesopotamische Zikkurat erbaut (ums 30.–28. Jh. v. u. Z.)

Urnammu, sumerischer Herrscher, Begründer der 3. Dynastie von Ur. Er regierte gegen Ende des 22. Jh. v. u. Z.

Urnansche, sumerischer Herrscher, Begründer des Königtums Lagasch etwa im 26. Jh. v. u. Z.

Uruk, sumerische Stadt am unteren Euphrat, das heutige Varka im Irak. Der Sage nach herrschte dort der Held Gilgamesch; sein Regent Lugalzaggesi errichtete im 25. Jh. v. u. Z. das erste Großreich in Mesopotamien

Usire (griech. u. lat. Osiris), eine der höchsten ägyptischen Gottheiten, Bruder und Gatte der Göttin Isis und Vater Gottes Hor. Ursprünglich wurde er als Gott des Bodens und dessen Fruchtbarkeit verehrt, später hauptsächlich als Herr der Unterwelt

Utanapischtim, Held des assyrisch-babylonischen Gilgameschepos bzw. dessen Sintflutepisode. Gilgamesch besuchte ihn auf seiner Unsterblichkeitssuche und erfuhr von ihm, wie er sich gerettet hatte; seinen Bericht übernahmen fast wörtlich die Verfasser der biblischen Geschichte von Noah und der Sintflut

Vatikanisches Museum, eines der bedeutendsten Museen griechisch-römischer und anderer Kunstdenkmale. Es entstand aus den Sammlungen antiker Skulpturen des Papstes Sixtus IV., gegründet im Jahre 1471, und der Privatsammlung des Kardinals Ludovisi, gegründet im Jahre 1622

Vergilius (Publius V. Maro), einer der größten römischen Dichter (70–19 v. u. Z.). Er wurde durch seine »Bukolica« und »Georgica« berühmt und vor allem durch das Epos »Aeneis« (über das Schicksal des trojanischen Flüchtlings Aeneas, der in Italien eine Stadt gründete, aus der Rom erstand)

Veset (griech. Theben), Hauptstadt Ägyptens während des Neuen Reiches (um 1580–1090 v. u. Z.). Auf seinem Boden entstanden einige arabische Dörfer, von denen Karnak am bekanntesten ist, und die Stadt Luxor. Die Reste seiner Tempel und Grabstätten gehören zu den imposantesten ganz Ägyptens

Vespasianus (Titus Flavius Vespasianus), römischer Kaiser der Jahre 69–79

Villiers de L'Isle Adam, Philippe, Hochmeister der Ritter von Rhodos (1464–1534). Im Jahre 1522 ergab er sich den Türken und verlor Rhodos. Sein indirekter Nachkomme Philippe Auguste Villiers de L'Isle Adam (1840–1889) war als Dichter und Schriftsteller ein namhafter Vertreter der französischen Dekadenz

Vitruvius, römischer Architekt und Baumeister um die Wende der Zeitrechnung. Als Autor der »Zehn Bücher über die Baukunst« machte er sich um die Erschließung von Erkenntnissen antiker Architekten verdient

Wilkinson, John Gardner, britischer Ägyptologe (1797–1875), Pionier der ägyptischen Archäologie

Wood, John Turtle, britischer Architekt und Archäologe. In den Jahren 1863–1874 grub er in Ephesos und entdeckte dort im Jahre 1869 die Überreste des Artemistempels

Woolley, Leonard Charles, britischer Archäologe (1880–1960). Er schürfte vor allem im südlichen Mesopotamien, seit dem Jahre 1922 in Ur, wo er die älteste Zikkurat, das Grabmal der Königin Schubad und eine Inschrift des Sumererkönigs Aannipadda fand

Xerxes I. (pers. Chschajarscha), persischer König der Jahre 485–464 v. u. Z. Im Jahre 480 überfiel er Griechenland, eroberte und verwüstete Athen, wurde aber im selben Jahr noch in der Seeschlacht bei Salamis, ein Jahr später bei Plataiai in Böotien und in der Seeschlacht am Kap Mykale geschlagen

Young, Thomas, britischer Arzt, Physiker und Naturwissenschaftler (1773–1829). Er befaßte sich mit der Entzifferung ägyptischer Hieroglyphen und bestimmte schon vor Champollion die richtige Deutung einiger Zeichen

Zenodotos aus Ephesos, griechischer Literaturkritiker und -historiker (um 320–260 v. u. Z.), Bibliothekar am alexandrinischen Museion. Er stellte ein Wörterbuch zu Homer zusammen und versuchte als erster dessen Verse in ursprünglicher Fassung wiederzugeben

Zeus (lat. Jupiter), höchster griechischer Gott, Sohn des Titanen Kronos und dessen Gattin Rheia, uneingeschränkter Herrscher über Götter und Menschen

Zikkurat, mesopotamischer Tempelbau in Form eines Stufenturmes mit Treppenaufgängen und Heiligtum auf dem höchsten Absatz (»Turm zu Babel«)

Zoilos aus Amphipolis, kleinlicher Kritiker homerischer Dichtung (4.–3. Jh. v. u. Z.), als »Homergeißel« bezeichnet

Literaturverzeichnis (Auswahl)

Allgemeine Werke

Awdijew, W. I., »Geschichte des Alten Orients«, Berlin 1953
Aymard, A. – Auboyer, J., »L' orient et la Grèce antique/Der Orient und das antike Griechenland«, Paris 1955
Ceram, C. W., »Götter, Gräber und Gelehrte«, Berlin 1972
– »Belebte Vergangenheit«, 1957
Diodoros, »Historische Bibliothek«/deutsche Übersetzung aus dem Griechischen, Stuttgart 1827–1831
Herodotos, – »Geschichte«
Irmscher, Joh. (Hrsg.), Lexikon der Antike, Leipzig 1977
Strabon, – »Geographie«/deutsche Übersetzung aus dem Griechischen, Stuttgart 1829–1932

Das alte Ägypten

Borchardt, L., »Die Pyramiden«, Berlin 1911
Breasted, J. H., »Ancient Records of Egypt/alte ägyptische Texte I–V«, Chicago 1906–1907
–: Geschichte Aegyptens, Wien 1938
Brugsch, H.: Die Aegyptologie, Leipzig 1891
Carter, H. – Mace, A. C., »The Tomb of Tutankh-Amen/Tutanchamons Grab«, London 1924 uff.
Černý, J., »Ancient Egyptian Religion/Altägyptische Religion«, London 1952
Edwards, I. E. S., »The Pyramids of Egypt/Ägyptens Pyramiden«, London 1961
Hartleben, H., »Champollion«, I–II, Berlin 1906
Petrie, W. M. F., »The Pyramides and Temple of Gizeh/Die Pyramiden und Tempel von Giseh«, London 1883

Das alte Mesopotamien

Botta, P. E., »Monuments de Ninive . . ./Ninives Denkmale . . .«, I–V, Paris 1847–1850
Das Gilgameschepos«, Praha 1975
Koldewey, R., »Das wiedererstehende Babylon«, Leipzig 1914
Layard, A. H., »Niniveh and its remains/Ninive und seine Überreste I–II«, London 1849/deutsche Übersetzung Leipzig 1850
– »Niniveh and Babylon/Ninive und Babylon«, I–II, London 1853/deutsche Übersetzung Leipzig 1856
Parrot, A., – »Ziggurats et Tour Babel/Zikkurate und der Turm zu Babel«, Paris 1949
Ungnad, A., »Die Religion der Babylonier und Assyrier«, I–II, Gießen 1905–1912

Das alte Griechenland

Hogarth, D. G., »Excavations at Ephesus, the archaic Artemision/Ausgrabungen in Ephesos, das alte Artemision«, I–II, London 1908
Homer, »Ilias«, – »Odysseia«
Miltner, F., »Ephesos«, Wien 1958
Newton, Ch. T. – Pullan, R. P., »Discoveries at Halicarnassos/Entdeckungen in Halikarnassos«, London 1862–1863
Pausanias, »Reise durch Griechenland«
Schliemann, H., »Mykenae«, Leipzig 1878
– »Troja«, Leipzig 1884
Wood, J. T., »Discoveries at Ephesus/Entdekkungen in Ephesos«, London 1887